BAEDEKER

# N

# NEUSEELAND

»

Drehe dein Gesicht zur Sonne und die Schatten fallen hinter dich.

«

*Maori-Weisheit*

W0335906

baedeker.com

## DAS IST NEUSEELAND



## TOUREN

LEGENDE

**Baedeker Wissen**
● Textspecial, Infografik & 3D

**Baedeker-Sterneziele**
★★ Top-Reiseziele
★ Herausragende Reiseziele

## ZIELE AUF DER NORDINSEL

## ZIELE AUF DER SÜDINSEL

## HINTERGRUND



## ERLEBEN & GENIESSEN



## PRAKTISCHE INFORMATIONEN



## ANHANG



## PREISKATEGORIEN

**Restaurants**
Preiskategorien
für ein Hauptgericht

| | |
|---|---|
| €€€€ | über 50 NZ$ |
| €€€ | 35 – 50 NZ$ |
| €€ | 25 – 35 NZ$ |
| € | bis 25 NZ$ |

**Hotels**
Preiskategorien
für ein Doppelzimmer

| | |
|---|---|
| €€€€ | über 300 NZ$ |
| €€€ | 200 – 300 NZ$ |
| €€ | 100 – 200 NZ$ |
| € | unter 100 NZ$ |

## MAGISCHE MOMENTE



## ÜBERRASCHENDES



Ein Muss: Vor Kaikoura auf der Südinsel können Sie den grauen Giganten begegnen.

# D
# DAS IST …

## *Neuseeland*

Die großen Themen rund um
das Land der langen weißen Wolke.
Lassen Sie sich inspirieren!

Der Weg ist das Ziel – wie hier
im Tongariro National Park. ▶

# TANZ AUF DEM VULKAN

Neuseeland ist ein Traumziel – und eines der erdbebenreichsten Länder der Welt. Kein Wunder, denn es liegt direkt auf dem Pazifischen »Ring of Fire«, wo zwei gigantische Teile der Erdkruste aufeinander treffen. Die Kollision der Australischen und Pazifischen Platte verursacht Vulkanausbrüche und heftige Beben, hat aber auch faszinierende Thermalgebiete, spektakuläre Vulkangipfel und fantastische Hochgebirge geschaffen.

◄ Tongariro Alpine Crossing – atemberaubende Tagestour mitten durch die Vulkanlandschaft

**VERGLEICHT** man unseren Planeten mit einem Pfirsich, so ist die **Erdkruste** etwa so dick wie seine Haut. Unter den Kontinenten reicht sie bis zu 40 km in die Tiefe, unter den Ozeanen nur 7 km. Die Erdkruste besteht allerdings nicht aus einem Stück, sondern aus mehreren tektonischen Platten, die aneinanderreiben und gegeneinanderdrücken.

## Plattentektonik als treibende Kraft

Eine Kollisionszone ist der »**Ring of Fire**«, der den Pazifischen Ozean hufeisenförmig von der südamerikanischen Westküste über die Westküste der USA, Russland und Japan bis nach Südostasien und Neuseeland umschließt. Im Norden Neuseelands taucht die **Pazifische Platte** unter die **Australische Platte** ab, im Süden ist es umgekehrt. Auf der Nordinsel macht der bebenreiche »Feuerring« seinem Namen alle Ehre, zeugen zahlreiche Vulkane von den ständigen Aktivitäten im Untergrund. Auch die Auffaltung der Alpen auf der Südinsel ist Resultat der Plattentektonik. Fast 5 cm pro Jahr schrammen die Platten aneinander vorbei. Dabei verhaken sie sich immer wieder, kommt es zu Stauchungen, wird Spannung aufgebaut. Irgendwann reicht die Festigkeit des Plattenrandes nicht mehr aus, dann wackelt die Erde.

## Beben-Hotspots

Die meisten Beben in Neuseeland gehen sehr glimpflich aus. Doch von Zeit zu Zeit entlädt sich die Kraft mit verheerenden Folgen. Seit 1855 ein schweres Beben die Hauptstadt **Wellington** traf, gibt es strenge Bauvorschriften. Errichtet werden vor allem Holzhäuser, die beim Einsturz weniger Schaden anrichten – und weniger kosten. 1931 starben 258 Menschen durch Erdstöße in **Napier**, das daraufhin als Art-déco-Juwel wieder aufgebaut wurde. 2011 zerstörten heftige Erdbeben die zweitgrößte Stadt **Christchurch** und forderten 185 Menschenleben. Doch die Südinselmetropole nutzt den Neuanfang als Chance für ein Stadtzentrum mit schicken Einkaufspassagen, Gastrotreffs und bezahlbarem Wohnraum am Wasser. Ende 2016 verwüsteten Beben bis Stärke 7,9 auf der Richterskala Häuser und Straßen rund um Kaikoura. Dass im Erdinnern noch allerhand los ist, bestätigen vielerorts Warnschilder für Tsunami-Evakuierungsrouten und Fluchtwege bei Vulkanausbrüchen. Heute werden selbst erloschene Vulkane wie in Auckland kontinuierlich mit modernster Computertechnik überwacht.

## Feuerberge

Zischende Geysire, rauchende Schlote und blubbernde Schlammlöcher lieferten rund um **Rotorua** und im Tongariro National Park die bizarren Kulissen für die Oscar-Streifen »Herr der Ringe«. Schon am Stadtrand von Rotorua kündet penetranter Schwefelduft von vulkanischer Aktivität. Rauchende Krater, smaragdgrüne Seen und umwerfende Ausblicke machen das anspruchsvolle **Tongariro Alpine Crossing** zur unvergesslichen Tageswanderung. Wo heute der **Lake Taupo** einen riesigen Krater füllt, schleuderte vor 26 000 Jahren ein Supervulkan 1200 Mal mehr Gesteinsasche und Magma in die Luft als der Mount Saint Helens 1980 bei der drittgrößten Eruption des 20. Jahrhunderts.

## WÄRMSTENS ZU EMPFEHLEN

Eine zweistündige Wanderung führt zwischen Rotorua und Taupo durch das **Waimangu Volcanic Valley** zum größten »kochenden See« der Welt. Das **Wai-O-Tapu Thermal Wonderland** 30 km südlich lockt mit schillernden Champagner Pools.

(▶ S. 130, 131)

# MENSCHEN MIT MANA

»Kia ora«, »möge es dir gut gehen« – so lautet häufig die Begrüßung der Besucher. Ein freundliches Willkommen ist in Neuseeland die Norm. Die herzliche Gastfreundschaft und der große Gemeinschaftssinn gehen auf Gedanken und Werte zurück, die für das indigene Volk der Maori eine zentrale Rolle spielen.

◂ Beim Hongi drücken die Grüßenden Stirn und Nase sanft aneinander und atmen hörbar aus.

»Du bist eingeladen, deinen Ärger, deine Unzufriedenheit und deine Fragen mitzubringen, aber wenn du gehst, nimm Frieden, Gutmütigkeit und Freundschaft mit.«

*Maori-Gruß*

**MANA** ist ein Wort mit Nachhall. Die Maori glauben, dass alle Menschen und viele Dinge in der Natur »Mana« besitzen, eine Kombination aus Charisma, Ehre und spiritueller Kraft. Um das Mana bei sich und anderen zu stärken, lautet die zentrale Botschaft: **Rücksicht und Respekt** vor dem Land und den Menschen, egal ob Familie, Freunde oder Fremde. Das erklärt die besondere Gastfreundschaft und den nachhaltigen Umgang mit der einzigartigen Natur von **Aotearoa**, dem »Land der langen, weißen Wolke«, wie die Maori ihre Heimat nennen. Ein Drittel Neuseelands steht unter Naturschutz – so viel wie in keinem anderen Land der Erde. Den ersten Schritt dazu machte 1887 Häuptling Horonuku Te Heuheu, der den Kiwis das heilige Stammesland um die Vulkane Tongariro, Ngauruhoe und Ruapehu auf der Nordinsel schenkte – unter der Bedingung, sie durch einen Nationalpark zu schützen. So wurde der Tongariro National Park nach dem Yellowstone Park in den USA der zweite Nationalpark der Welt und zählt heute zum Welterbe der UNESCO.

## Minderheit mit Macht und Problemen

Der 1840 von fast 500 Häuptlingen unterzeichnete **Treaty of Waitangi** zum staatlich verbrieften Schutz der heiligen Stätten kam aber eher einer Enteignung gleich. Verklausuliert besaß die englische Krone damit die Souveränität und das Vorkaufsrecht für Maori-Land. Seit 1975 beschäftigt sich ein außerordentlicher Gerichtshof mit Rückforderungen der Maori in Milliardenhöhe, darunter die Rechte am Lake Waikaremoana und Wälder auf der Nordinsel im Wert von 160 Mio. NZ-Dollar – mehr Wald besitzt niemand in Neuseeland. Jeder Siebte des Fünf-Millionen-Staates bezeichnet sich heute als **Maori**. In keinem anderen westlichen Land mit Urbevölkerung sind sämtliche Bereiche des öffentlichen Lebens so ethnisch durchdrungen wie bei den Kiwis. Die Maori leben in der Mitte der Gesellschaft, sichtbar und selbstbewusst. Ihre Sprache **Te Reo** ist neben Englisch offizielle Landessprache. Jede Forschung, jeder Schulunterricht muss die Belange und Bräuche der Maori berücksichtigen. Einige **Iwi**, wie die Stämme heißen, besitzen Großunternehmen, Radio- und TV-Sender. Tourismus ist ohne die Maori undenkbar. Doch der Kluft zwischen Tradition und Moderne sind auch viele nicht gewachsen. So stellen die Maori den Großteil der Arbeitslosen und Sozialhilfeempfänger.

## Wanderin zwischen den Welten

Wer Neuseeland als Ganzes verstehen will, sollte **Patrica Grace** lesen. Die Tochter eines Maori-Vaters und einer europäischen Mutter wurde von beiden Kulturen geprägt. Ihre Bestseller wie »Potiki« führen gezielt an Orte, wo die Welten aufeinandertreffen. Sie schildern Fortschritt, Missstände und die Verlockung des großen Geldes, aber auch die Fürsorge der Maori, dank der jeder in ihrer Gemeinschaft seinen Platz und besonderen Sinn findet.

OBEN: Pionierin der zeitgenössischen Maori-Literatur Patricia Grace. UNTEN: Tanz, Gesang, Haka und Hangi gehören zum Programm der Maori im Te Puia Kulturzentrum von Rotorua.

## HAKA UND HONGI

Ihre Gastfreundschaft ist den Maori so wichtig, dass schon das Powhiri, die Begrüßung auf einem Marae, dem typischen Versammlungsplatz, ein Festakt ist. Den gespielten Angriff des Haka-Tanzes mit martialischen Drohgebärden beendet ein melodischer Willkommensgesang der Gastgeber – die Besucher sind in friedlicher Absicht gekommen. Der Hongi-Nasenkuss der beiden Grüßenden soll ihren Lebensatem verbinden. Zum Abschluss wird zu einem deftigen Hangi-Essen aus dem Erdofen eingeladen – eine authentische Vorstellung liefern die Maori von **Te Puia in Rotorua**. (▶ S. 123)

# KIWIII KIWIII

Er sieht fast nichts, ist keine Schönheit aus der schillernden Farbenwelt der Vögel, und er kann nicht einmal fliegen. Trotzdem gibt es ihn immer noch, und er hat es sogar zum Nationalsymbol der Neuseeländer geschafft. Die Inselbewohner nennen sich sogar selbst mit Stolz »Kiwis«. Woher kommt aber die Faszination eines so unscheinbaren Tieres?

Neuseelands Nationalvogel ist vom Aussterben bedroht. ►

Gesundes Grün: Kiwis haben doppelt so viel Vitamin C wie Orangen, aber kaum Kalorien.

**WER** nachts durch Neuseelands Wälder streift, kann gelegentlich ein schrilles »Kiwiii Kiwiii« oder ein dumpfes »Quaak Quaak« vernehmen. Die Laute sind aber meist die einzige Möglichkeit, das berühmteste Tier Neuseelands in freier Natur kennenzulernen. Denn es ist ziemlich scheu und nur nachts aktiv.

## Schräger Vogel

Der neuseeländische Laufvogel ist nach dem **Ruf des Männchens** benannt, das ab und zu ein schrilles »Kiwiii Kiwiii« ertönen lässt. Der Ruf des Weibchens hört sich eher wie das Quaken eines Frosches an. Haben Kiwis sich einmal für einen Partner entschieden, leben sie meist monogam. Die Weibchen sind größer als die Männchen und legen stattliche Eier, die einem Fünftel ihres Körpergewichts entsprechen. Das Brüten übernimmt häufig das Männchen. Vor dem Schlüpfen frisst das Küken noch den restlichen Dotter und kommt so satt zur Welt – Kiwis müssen ihre Küken also nicht gleich füttern. Kiwis können bis zu 25 Jahre alt werden und gehen in der Dunkelheit im dichten Busch auf Nahrungssuche. Mit ihrem spitzen und gebogenen Schnabel stöbern sie im Laub Larven und Würmer auf oder graben die Leckerbissen mit ihren starken, krallenbewehrten Beinen aus. In der Regenzeit und wenn die Waldbeeren reif werden, legen Kiwis nachts oft ziemlich weite Strecken zurück.

Wegen ihrer **Flugunfähigkeit** sind sie leichte Beute für Katzen, Wiesel und Opossums und inzwischen vom Aussterben bedroht. Deshalb stehen sie heute unter strengstem Naturschutz. Der Oktober ist »**Save Kiwi Month**«.

Dann sind alle Neuseeländer aufgerufen, Kiwi-Sichtungen zu melden und Geld zur Rettung des **nationalen Maskottchens** zu spenden. Woher das Faible für den Schnepfenstrauß kommt, ist nicht leicht zu sagen. Sicher ist, dass er bereits bei den Maori eine tragende Rolle gespielt hat. Heute nennen die Neuseeländer nicht nur sich selbst »Kiwis«, sondern auch eine Frucht und sogar eine Bank, die »Kiwibank«, trägt den Namen des Vogels. Und dann gibt es da noch das Nationalgefühl »Kiwiana« …

## Echt neuseeländisch

»**Kiwiana**« beschreibt Bräuche, Dinge und Eigenschaften, die den »richtigen Neuseeländer« ausmachen. Dazu gehören Hilfsbereitschaft, Optimismus und Can-Do-Mentalität. Kiwis lobpreisen ihr Land und lästern mit Hingabe über Australien. Sie sind sehr naturverbunden, grillen gern mit Nachbarn, lieben die All Blacks, Hokey-Pokey-Eis, Fish'n Chips, Football und faire Entscheidungen, Shorts, Shirt & FlipFlops, Segeln und Spaziergänge am Strand.

## Noch ein(e) Kiwi

Der eiförmige Exot mit grasgrünem, feinsäuerlichem Fruchtfleisch findet sich längst auch in europäischen Supermärkten. Von April bis November kommen die Vitamin-C-reichen Kiwis von der südlichen Halbkugel aus Chile und Neuseeland zu uns. Im September beginnt die Ernte in Italien, Griechenland und Frankreich.

Ursprünglich stammt die Frucht aus Südwestchina, doch die Neuseeländer merkten schnell, dass die Kiwi auf dem fruchtbaren Vulkanboden hervorragend gedeiht. Als **chinesische Stachelbeere** bekannt, diente sie den Europäern nur als Zierbaum. Als die Neuseeländer die Frucht in den 1970ern nach ihrem Wappentier benannten, revolutionierte das den Export auf die andere Seite der Welt.

Die **Kiwiplantagen** konzentrieren sich um die Bay of Plenty auf der Nordinsel. Helfende Hände werden bei der Beschneidung, Bestäubung und Ernte gebraucht. So ist es nicht unüblich, dass man als Work-&-Travel-Besucher auch mal bei der Kiwiernte mithilft.

BAEDEKER DAS IST …

### DEN KIWIS AUF DER SPUR

Sie müssen nicht die ganze Nacht am Waldboden auf der Lauer liegen, um einen Kiwi zu sehen. Mit **Habitat Tours** können Sie die Vögel aus nächster Nähe im Tawharanui Regional Park beobachten. Die in kleinen Gruppen geführten Touren mit Picnic Dinner starten um 14 Uhr in Auckland beim Hotel, Rückkehr ist gegen 23.30 Uhr – warme Jacke und festes Schuhwerk nicht vergessen (www.habitattours.co.nz).

# AUF NACH MITTELERDE!

Die Gärten Isengarts, das Schattenbachtal und das Nebelgebirge, der Fluss Anduin und der Fangorn-Wald: Hier klingt Mittelerde nicht nur traumhaft, sondern ist es auch! Die sagenhaften Schauplätze findet man in Neuseeland, das eine herrliche Kulisse bietet und nicht nur dem Kinobesucher ein grandioses Erlebnis beschert.

◂ Genau wie im Film: In Hobbiton können Sie Bilbos Auenland mit eigenen Augen sehen.

»We don't want any adventures here, thank you! You might try over the hill or across the water.«

*Bilbo Beutlin*

**BILBOS** Abenteuer, die er in J.R.R. Tolkiens Fantasyroman »Hobbit« überstehen muss, möchte man tatsächlich nicht alle selbst erleben. Wer wird schon gern von Orks verprügelt oder von einem Feuer speienden Drachen bespuckt? Aber trotzdem möchte man in das Land von **Mittelerde** eintauchen, denn diese Welt und insbesondere diese Landschaft fasziniert – vor allem wenn man gerade die Verfilmungen des Buches gesehen hat. Die beeindruckenden Bilder entstanden in Neuseeland, dem Land der Landschaften mit gewaltigen Felsformationen, endlosen Weiten und sanften Hügeln, goldenen Sandstränden und sattgrünem Regenwald.

## Erfolgreiche Verfilmung

Bereits mit der »**Herr der Ringe**«-Trilogie konnte Peter Jackson, Regisseur und Neuseeländer, **17 Oscars** einheimsen. Zu verdanken hat er diese Anerkennung aber nicht nur seinem Können, sondern auch der fantastischen neuseeländischen Kulisse und der tätigen Mithilfe seiner Landsleute. Mit seinen überaus **erfolgreichen Verfilmungen** des umfangreichen, fantasievollen Stoffs von J.R.R. Tolkien ließ Jackson nicht allein die Kassen der Kinobesitzer klingeln. Vor allem der neuseeländische Tourismus profitiert bis heute von Globetrottern, die gern jene Stätten aufsuchen, an denen Schlüsselszenen der Filme aufgenommen wurden. 2021 starteten wieder Herr der Ringe-Dreharbeiten in Neuseeland/Mittelerde, diesmal für die teuerste je gedrehte Serie – Amazon Prime investiert über eine Milliarde US$, Premiere soll im Herbst 2022 sein.

## Das Land des Bösen

Wo die Erde nach Schwefel riecht, Schlammtöpfe blubbern und heiße Wasser über Felsen zischen, dort liegt Mordor, das unheimliche Land des Bösen. Was wäre besser, als die von Asche und Stein geprägte Vulkanlandschaft des Tongariro National Park und die **Feuerberge** Ruapehu, Ngauruhoe und Tongariro als Kulisse für die dramatischen Filmszenen zu nutzen?

BAEDEKER DAS IST ...

### »WELCOME TO HOBBITON«

Östlich von Hamilton, bei Matamata, befindet sich die Heimat der ziemlich menschenscheuen Hobbits. Dort können Sie mit eingezogenem Kopf die Häuser der Hobbits in den Hügeln betreten und richtiges Hobbit-Bier trinken. Wer Glück hat, begegnet vielleicht Bilbo oder Frodo (► S. 131). Informationen zu weiteren Drehorten: www.newzealand.com

Frodo, Bilbo & Co.: Im Auenland leben versteckt zwischen den Hügeln die kleinen Hobbits.

Aber nicht nur die unruhige Nordinsel liefert tolle Drehorte. Elronds Haus liegt auf der Südinsel bei den paradiesischen **Marlborough Sounds**, das Ewige Eis der **Südalpen** ist Teil des Königreichs Rohan. Und wenn es abends dämmert, meint man beinahe, in der Ferne einen Schwarzen Reiter erkennen zu können.

## Elbenland Lothlorien

Das Gebiet um **Glenorchy** am Nordende des **Lake Wakatipu** ist als Elbenland Lothlorien verewigt. Zum »Hot Spot« für alle Tolkien-Fans dürfte auch die gebirgige und von reißenden Flüssen zergliederte Landschaft um **Queenstown** werden. Hier erheben sich die sagenhaft wirkenden Misty Mountains, und hier trifft man auch auf die Hügel von Amon Hen, an der die Gemeinschaft des Rings fast zerbricht.

## Tolkien Trails

Auf mehreren »Tolkien Trails« können Herr-der-Ringe- und Hobbit-Fans außerdem Gandalfs, Bilbos oder Frodos Spuren folgen oder nach Ringen und Orks forschen. Hobbingen, Mordor und den Fluss Anduin lernen Sie während einer Fahrt auf der Nordinsel von Auckland über Hamilton, Rotorua und Taupo bis Wellington kennen.
Drei Teilstrecken sind auf der Südinsel ausgewiesen. Die erste führt von der Stadt **Nelson** aus in den Chetwood Forest und ins Dimrill Dale. Zu Fuß gelangen Sie zu Schauplätzen am Takaka Hill, Mount Olympus und Mount Owen. Von Christchurch aus können Sie Edoras erkunden mit seinen atemberaubenden Ausblicken. Mehrere Tage benötigt, wer sich auf Frodos Spuren bewegt: Von Queenstown geht es nach Glenorchy, zum Mount Cook, nach Te Anau, Twizel und an den Lake Wanaka.

# SEHNSUCHT NACH MEHR

Wer einmal in Neuseeland war, will wiederkommen. Neben der Natur und den sympathisch entspannten Menschen gibt es einen weiteren wichtigen Grund, um hinzufliegen: Fangfrische Meeresfrüchte und die exzellenten Weine Neuseelands sind eine unschlagbare Kombination.

Zu Neuseelands Grünlippmuscheln passt gut ein Glas Sauvignon Blanc. ▶

**ALS** Vorspeise gibt es zum Sauvignon Blanc ein halbes Dutzend Austern oder Avocadosalat mit Jakobsmuscheln, Zitronengras und Dressing aus Manuka-Honig und Limetten. Zur Hauptspeise begleitet ein Pinot Gris das Felchenfilet an australischen Riesengarnelen. Wer lieber die zarte Lammschultur aus der Hawke's Bay wählt, dem wird im »**Elephant Hill**« (▶ S. 93) ein kräftiger Reserve Merlot Malbec empfohlen. Das Spitzenlokal ist ein Weingut nicht weit von Napier am **Wine Trail**, der von der Hawke's Bay auf der Nordinsel bis nach Marlborough auf der Südinsel führt, mit Zwischenstopps in Wairarapa und Wellington. Ob Selbstfahrer oder auf Food Tour, per Fahrrad, Motorrad oder ganz klassisch im Mietwagen, atemberaubende Landschaften, familiäre Weingüter und jede Menge Möglichkeiten zur Verkostung, Gourmettreffs, kleine Boutiquen und Bootsausflüge liegen am Weg.

## Reben soweit das Auge reicht

Rebstöcke wurden in Neuseeland bereits ab 1819 gepflanzt, doch richtig in Schwung kam der Weinbau erst in den 1970ern, als man begann, mit Rebsorten und Anbaumethoden aus Europa zu experimentieren. Heute gibt es über **700 Weingüter**, davon mehr als die Hälfte auf der Südinsel, und der Weinhandel ist zum Milliardengeschäft geworden.
**Waiheke Island** bei Auckland ist für seine ausgezeichneten Syrahs und Cuvées bekannt. In **Martinborough** gehören Wine Tours und Verkostungen bei Ata Rangi oder auf dem Palliser Estate zum Pflichtprogramm. Die Winzer aus **Marlborough** haben Neuseeland auf die internationale Weinkarte katapultiert. Ihr fruchtbetonter, frischer **Sauvignon Blanc** war und ist ein Bestseller. **Cloudy Bay** war eines der ersten Weingüter, das ihn abfüllte. Mit den Aromen von Gras, Stachelbeere und Melone erzielt sein Sauvignon Blanc jedes Jahr Bestnoten bei den Weinkritikern. Aber auch Chardonnay, Riesling und Pinot Noir werden mittlerweile hier angebaut.

## Rotes Gold

130 Jahre nach dem großen Goldrausch bescherte der **Pinot Noir** der Südinsel einen erneuten Boom. Den Anfang machte der österreichische Weinpionier Rudi Bauer, der 1985 nach Central Otago kam, einer Mischung aus schottischem Hochland und südafrikanischem Westkap. Auf seinem **Weingut Quartz Reef** kelterte Bauer intensive, lebendige Spätburgunder, die im Sturm die Welt eroberten. Bald zogen immer mehr Winzer ins jüngste Weinland am 45. Breitengrad, das heute fast 180 Betriebe zählt. Nick Mills wollte eigentlich auf Skiern olympisches Gold für die Kiwis holen. Doch eine Knieverletzung zwang ihn zum Umdenken und so studierte er Weinbau im Burgund, brachte neue Ideen aus der alten Welt mit und erzeugt jetzt auf dem **Familienweingut Rippon** mit Blick auf Lake Wanaka beste biodynamische Naturweine.

## Alles bio

Fast alle Kiwi-Winzer haben sich den Erhalt der Natur auf die Fahne geschrieben und produzieren inzwischen **nachhaltig** – 2013 erkannte die EU den biologischen Anbau als gleichwertig an. Für alle Weine gilt, dass sie aus einem Land mit sauberer Umwelt und klarer Luft stammen, in dem das Meer nie weit ist. Und das schmeckt man.

## FREUNDE EDLER TROPFEN

Hans Herzog produziert pro Jahr auf 11 ha Grand-Cru-Lagen nur 2500 Kisten seiner eleganten Weine im europäischen Stil, die perfekt zum Essen in seinem wunderschönen Gourmetrestaurant und Bistro in Blenheim passen (81 Jeffries Road, RD3, 7273 Blenheim, Marlborough, Tel. 03 572 87 70, auch Weinproben, www.herzog.co.nz).

# T
# TOUREN

## *Durchdacht, inspirierend, entspannt*

Mit unseren Tourenvorschlägen
lernen Sie Neuseelands beste Seiten kennen.

Der höchste Berg im Inselstaat: Von allen Seiten türmen sich um den Aoraki Mount Cook die Southern Alps auf. ▶

# UNTERWEGS IN NEUSEELAND

*Wilde Natur, europäisches Erbe und die faszinierende Kultur der Maori – Neuseeland ist eine wunderschöne fremde Welt, für die Sie drei bis vier Wochen einplanen sollten, wenn Sie schon die weite Reise ans andere Ende der Welt auf sich nehmen. Die Nordinsel lockt mit spektakulären Vulkangebieten, traumhaften Stränden, Hobbit-Kulissen und Maori-Events, die Südinsel mit majestätischen Gletschern, Whale Watching, einsamen Fjorden und dem höchsten Berg Neuseelands. Dazwischen liegen reizvolle Städte mit ganz eigenem Gesicht, von der charmanten Hauptstadt Wellington bis zur quirlingen Adrenalincity Queenstown.*

Stressfreier Verkehr

Die meisten Urlauber bereisen Neuseeland im **Mietwagen**, um die herrlichen Landschaften abseits der gängigen Touristenpfade selbst zu entdecken. Am besten reservieren Sie Auto, Wohnmobil oder Campervan schon zu Hause – und vergessen Sie nicht, sich zum nationalen Führerschein auch einen **internationalen Führerschein** ausstellen zu lassen. Beim familiengeführten Unternehmen Jucy können übrigens auch Fahrer ab 18 Jahren ohne Aufpreis buchen. Haben Sie sich erst einmal daran gewöhnt, **rechts im Auto** und **links auf der Straße** zu fahren, ist es ein Kinderspiel. Alle Entfernungen werden in **Kilometern** angegeben. Außerhalb der großen Städte gibt es kaum Autobahnen. Die Straßen sind in gutem Zustand, gut ausgeschildert und die Verkehrsdichte ist außerhalb der Städte gering. Auf Strecken durch die Berge können die Straßen sehr **schmal und kurvenreich** sein. Dadurch schätzt man Entfernungen mitunter falsch ein.
In Neuseeland können Sie nicht selten alle **vier Jahreszeiten an einem Tag** erleben. Wenn gerade noch die Sonne lacht, kann es wenig später heftig regnen oder hageln. Wenn auf der Südinsel eine Schneefront aufzieht, sollten Sie unbedingt Schneeketten dabeihaben – lassen Sie sich vor Abfahrt zeigen, wie diese aufgezogen werden. Neuseeländer drängeln nicht im Verkehr, lassen andere, die es eilig haben, gern überholen und bedanken sich mit netten Handzeichen. Genießen Sie den angenehm entschleunigten Verkehr ohne Stress, Aufregung oder Rechthaberei – Welcome to New Zealand!

Zwischen den Inseln

**Busse** pendeln regelmäßig zwischen allen Orten der Nord- und Südinsel – ein ideales Verkehrsmittel für Rucksackreisende. Die **Fähre** zwischen Nord- und Südinsel kann noch nach Ankunft bei Bluebridge oder Interislander gebucht werden. **Hin- und Rückflug** von Auckland nach Christchurch kosten etwa 180 NZ$. Das ganze Jahr gehören festes Schuhwerk, warmer Pullover und regendichte Kleidung ins Gepäck.

★★Cape Reinga
TOUR 1
★★Bay of Islands
Hokianga Harbour
★Tutukaka Coast
★Waipoua Kauri Forest
★Matakana
★★Coromandel Peninsula
★★Auckland
Waihi
★Bay of Plenty
★White Island
North Island
★Tauranga
Te Araroa
★★Hobbiton
★East Cape
★Whakatane
★★Waitomo Caves
Te Puia Springs
★★Rotorua
Opotiki
★Lake Taupo
Cooks Cove Walk
★Te Urewera Nat. Park
★Gisborne
★★Tongariro Nat. Park
★Hawke's Bay
TOUR 3
★★Napier
TOUR 1
★Hastings
★Marlborough Sounds
★★Abel Tasman Nat. Park
★★Wellington
★★Nelson
★★Pancake Rocks
★Blenheim
Tasman Sea
★Hanmer Springs
TOUR 2
Greymouth
★★Kaikoura
Hokitika
★★Fox Glacier • Franz Josef Glacier
TOUR 4
★★Aoraki/ Mt. Cook Nat. Park
★Christchurch
★Lake Tekapo
South Island
★★Milford Sound
★Arrowtown
Cardrona Distillery
★Lake Pukaki
Timaru
★Lake Wanaka
★Lake Te Anau
★Central Otago
South Pacific Ocean
★Moeraki Boulders
★★Queenstown
©BAEDEKER
★★Fiordland Nat. Park
★Dunedin
★★Catlins
TOUR 2
★Stewart Island

# DER WEG IST DAS ZIEL

*Schneebedeckte Berge, sanfte Hügel und dichter Regenwald, weitläufige Nationalparks, faszinierende Vulkanlandschaften und einsame Strände, wo die Brandung unaufhörlich wogt: Neuseeland ist ein wahres Wanderparadies mit genug Auswahl für jedes Fitnesslevel und jeden Erfahrungsgrad..*

Viele Wanderwege sind uralte Pfade der Maori, die später von Siedlern, Goldsuchern und Jägern ausgebaut worden sind. Mindestens eine Wanderung gehört zu den Must-Dos jeder Neuseelandreise.

## Kurze Tour oder langer Track?

Die meisten Wege führen durch Naturschutzgebiete, die vom neuseeländischen **Department of Conservation** (DOC, www.doc.govt.nz) verwaltet werden. Es hat die Wege in unterschiedliche Schwierigkeitsgrade eingeteilt: **Short Walks** sind etwa einstündige Touren auf gut befestigten Wegen, für die man außer festen Schuhen keine besondere Ausstattung benötigt. **Walking Tracks** können bis zu eintägige Touren umfassen. Hierfür braucht man Wanderschuhe und eine

Küstenparadies: Erkunden Sie den Abel Tasman Nationa Park zu Fuß.

mittlere Kondition, denn diese Wege können schon mal schlammig oder steinig werden. Für die zehn mehrtägigen **Great Walks** sollten Sie fit sein. Obwohl sie unterschiedlich lang und schwer sind, haben sie alle gemeinsam, dass sie durch Gegenden Neuseelands führen, die selbst für das mit Natur und Schönheit reich gesegnete Land besonders sind – drei liegen auf der Nordinsel, sechs auf der Südinsel und einer auf Stewart Island. Die meisten Wege gehen durch öffentliches Gelände und sind gebührenfrei.

## Great Walks

Aktive Vulkane, schroffe Gipfel und unberührte Regenwälder – die zehn Great Walks sind Wanderwege der Extraklasse, die 3 bis 5 Tage von der Zivilsation fernhalten (www.doc.govt.nz/great-walks). Der viertägige **Milford Track** im wilden Fjordland gilt als einer der spektakulärsten Wanderwege weltweit. Dementsprechend schnell sind seine Hüttentickets ausgebucht (▶ S. 220). Längster ist der **Heaphy Track** (▶ S. 166), der über Holzpfade und Hängebrücken durch Urwälder der Westküste verläuft. Bizarre Felsformationen, versteckte Buchten und goldene Sandstrände verspricht der **Abel Tasman Coast Track** (▶ S. 163). Zur mystischen grünen Welt des **Lake Waikaremoana Track** (▶ S. 81) gehört ein »Feenwald«. Alpine Abenteuer verspricht der **Routeburn Track** (▶ S. 237), der **Kepler Track** ist ein maßgeschneiderter Panorama-Weg (▶ S. 222). Eine der denkwürdigsten Erfahrungen dürfte der **Tongariro Northern Circuit** (▶ S. 143) rund um den aktiven Mount-Ngauruhoe-Vulkan sein. Eine ganz eigene Welt erschließt der **Rakiura Track** durch die Farn- und Fuchsienwälder von Stewart Island (▶ S. 210). Auf der **Whanganui River Journey** (▶ S. 103) sind Sie im Kanu unterwegs. Als zehnter Great Walk wurde Ende 2019 der **Paparoa/Pike29 Memorial Track** (▶ S. 255) an der wilden West Coast der Südinsel eröffnet.

An den Tracks gibt es Hütten und Campingplätze zum Übernachten, am Milford Track nur Hütten. Die 950 Hütten des DOC müssen im Voraus gebucht werden, im Sommer besser Wochen vorab (www.doc.govt.nz/parks-and-recreation/things-to-do/walking-and-tramping/great-walks).

## Reisezeit & Sicherheit

Die beste Zeit für ein Trekking ist **zwischen Oktober/Anfang November und Ende April**. Dann ist das Wetter noch beständig, es ist nicht mehr so heiß, die Urlaubermassen sind abgeflogen und in den Hütten ist mehr Platz. Giftschlangen und Raubtiere gibt es nicht, dafür können Sandfliegen eine echte Plage sein. Marschieren Sie nie ohne vernünftige Ausrüstung los. Rasche Wetterwechsel sind an der Tagesordnung, das ganze Jahr kann es stark regnen und heftig stürmen. Schneefall in den Alpen ist keine Seltenheit. In der weitläufigen Landschaft kann man sich zudem leicht verirren. Und oft besteht gar kein Handy-Empfang.

Wachsende Besucherzahlen erfordern einen nachhaltigen **Umgang mit Natur** und Umwelt. Nur wenn jeder Tiere und Pflanzen schützt, Mülltonnen gut verschließt bzw. seinen Abfall einpackt, nur an erlaubten Stellen Feuer macht, die Toiletten sauber hinterlässt und Rücksicht auf andere nimmt, bleiben die neuseeländischen Nationalparks so unvergleichlich schön wie bisher.

# HIGHLIGHTS DER NORDINSEL

**Länge der Tour:** ca. 1800 km | **Tourdauer:** 3 – 4 Wochen

Tour 1

*Entdecken Sie zwischen Auckland und Wellington lässigen Lifestyle und traumhafte Strände, uralte Baumriesen und historische Stätten, aktive Vulkane und blubbernde Thermalteiche, authentische Maori-Kultur, Hobbit-Kulissen und eine Hauptstadt mit Flair.*

Sonnige Metropole, Kiwi-Küche und Taucherparadies

Ausgangspunkt ist ❶ ★★ **Auckland**, die pulsierende »City of Sails« mit einer Leidenschaft für ausgezeichnetes Essen, Wein und Shopping. Verpassen Sie nicht die fantastische Aussicht vom Sky Tower. Nur eine Stunde nördlich von Auckland hat sich ❷ ★**Matakana** zu einem Gourmettreff entwickelt. Samstags sollten Sie unbedingt den Bauernmarkt am Fluss besuchen und hausgemachte Aufstriche, selbst gebrautes Bier, Olivenöl, Käse, Crêpes oder Muschelfrikadellen zu einem Chardonnay der Region probieren. Auf dem Highway 1 geht es weiter Richtung Norden zu den herrlichen Stränden der ❸ ★**Tutukaka Coast** bei Whangarei. Tutukaka ist außerdem das Tor zu den ★**Poor Knights Islands**, einem Meeresschutzgebiet und für den Ozeanforscher Jacques Cousteau einer der Top-10-Tauchplätze.

Endlose Strände und charmante Städtchen

Beste Ausgangsbasis, um die bezaubernde ❹ ★★ **Bay of Islands** zu erkunden, ist **Paihia** – machen Sie eine Bootstour, Delfinsafari oder nehmen Sie die Fähre zum charmanten **Russell**. Die ★**Waitangi Treaty Grounds**, wo die Gründungsurkunde Neuseelands unterzeichnet wurde, sind ein toller Ort, um die Kultur der Maori kennenzulernen. In ★**Kerikeri** erwarten Sie eine Schokomanufaktur, Boutiquen, Cafés und das historische Mission House. Wandern Sie zu den verwunschenen **Rainbow Falls**, der perfekte Ort zum Picknick am Ende des Regenbogens. Bekannt für spektakuläre Sonnenuntergänge ist der schier endlose ★**Ninety Mile Beach** zum ❺ ★★**Cape Reinga**, wo die Tasmanische See auf den Pazifischen Ozean trifft. Am Kap steht ein uralter Pohutukawa-Baum, wo sich laut Legende die Seelen der Maori auf ihre letzte Reise zu den Ahnen begeben.

Turmhohe Kauri-Riesen

Nächster Halt auf der Rückfahrt ist ❻ **Hokianga Harbour.** Hier setzten die ersten Maori Fuß auf Aoteara – Neuseeland. Nach kurzer Fährfahrt können Sie auf 150 m hohen Dünen zum Sandboarden gehen. Ein fünfminütiger Spaziergang führt vom Highway vor Dargaville in den ❼ ★ **Waipoua Kauri National Forest** zum Kauri-Riesen **Tane Mahuta**, dem »Gott des Waldes« und mit 51 m größten Baum Neuseelands, der bereits 2000 Jahre alt ist.

Im Gables-Restaurant in Russell speisen Sie direkt am Wasser.

**Goldene Küste trifft hitzige Mittelerde**

Goldene Strände und bergiges Hinterland kombiniert die herrliche 8 ★★ **Coromandel Peninsula** östlich von Auckland. Steigen Sie in ein Boot zum Strand der berühmten ★★**Cathedral Cove** oder buddeln Sie sich am ★**Hot Water Beach** selbst ein heißes Strandbad – Schaufel nicht vergessen! Im The Lost Spring Geothermal Spa in **Whitianga** können Sie in Thermalbecken wohlig ausspannen, Neuseelands ertragreichste Goldmine in 9 **Waihi** erzählt vom legendären Goldrausch – wer will, kann tief in die Mine einfahren. Im sonnenverwöhnten 10 ★**Tauranga** mit vielen Cafés, Restaurants und Nachtclubs können Sie segeln gehen oder mit wilden Delfinen schwimmen. Neuseelands einziger aktiver Meeresvulkan lässt sich auf der ★**White Island Tour** in der 11 ★**Bay of Plenty** erleben. Der Ohiwa Harbour am Südende der Bay of Plenty ist wie geschaffen für eine Kayaktour.

Mit heißen Quellen, blubbernden Schlammlöchern und den höchsten Geysiren punktet das geothermische Wunderland 12 ★★ **Rotorua**, die Heimat faszinierender Maori-Kultur. Sehen Sie zu, wie kunstvolle Holz- und Jadearbeiten entstehen, kosten Sie ein traditionelles Hangi aus dem Erdofen und besuchen Sie eine authentische Maori-Aufführung. Ein Muss sind die »Herr der Ringe«-Filmsets in 13 ★★**Hobbiton** mit

5 ★★Cape Reinga
Te Kao
Ninety Mile Beach
Pukenui
Merita
Mangonui
Taupo Bay
Awanui
Kataia
Kaeo
Ahipara
Herekino
Mangamuka
Kerikeri
Russell
4 ★★Bay of Islands
Hokianga Harbour
6
Ohaewai
Paihia
Oakura
Kawakawa
Taheke
Kaikohe
3 ★Tutukaka Coast
Omapere
Whakapara
Hikurangi
Ngunguru
Maunga-tapere
7
Kaihu
Whangarei
★Waipoua Kauri Forest
Maunga-karamea
Waiotira
Waipu
Dargaville
Te Kopuru
Kaipara Harbour
Maungaturoto
Mangawhai
Ruawai
Kaiwaka
Great Barrier Island
Pizroy
Leigh
Wellford
2 ★Matakana
Pouto Point
South Head
Warkworth
Puhoi
Orewa
Kaukapakapa
Great Mercury Island
Redvale
Albany
Helensville
Kumeu
Coromandel
Kuatonu
Muriwai Beach
★★Coromandel Peninsula
1
★★Auckland
8
Manurewa
Papakura
Talrua
Kaiaua
Thames
Clarks Beach
Waitakarutu
Kopu
Waiuku
Puke-kohe
Pokeno
Mangatarata
Ngatea
Glen Murray
Paeroa
9
Waihi
Port Waikato
Te Kauwhata
Katikati
★Tauranga
Huntly
Tatuanui
Te Aroha
North Taranaki Bight
Ngaruawahia
★★Hobbiton
10
Hamilton
Raglan
13
Te Puke
★Bay of Plenty
Cambridge
Hinuera
Matata
11
Tirau
Taharoa
Te Pahu
Te Awamutu
Arapuni
Ngongotaha
Putaruru
Te Teko
Taneatu
Moutea
★★Waitomo Caves
12
★★Rotorua
Tokoroa
14
Otorohanga
Te Anga
Te Kuiti
Waikato River
Atiamuri
Waiotapu
Murupara
Reporoa
Aria
Bennydale
Ruatahuna
Awakino
Wairakei
Mangatupopo
Kinloch
15
Ongarue
★Lake Taupo
Ohura
Taumarunui
Ahiti
Kuratau
Manunui
New Plymouth
Turangi
Rangipo
Kotemaori
Waitara
Oparau
Tahora
Okato
Inglewood
National-park
Tutira
16
50 km
©BAEDEKER
★★Tongariro Nat. Park
Rahotu
Stratford
Bay View
Kaponga
Eltham
Raetihi
Ohakune
Waipuru
Opunake
Hawera
Makakaho Junction
17
★★Wellington
Clive
Manaia
Kakatahi
39 Entfernungsangaben in km

tollen Spaziergängen durch Tolkiens Auenland und die funkelnden Glühwürmchenhöhlen der ⓮ ★★**Waitomo Caves**. Am ⓯ ★ **Lake Taupo** donnern die mächtigen Huka Falls durch eine enge Schlucht. Segeln Sie auf dem türkisblauen See zu den Maori-Felskunstwerken von Mine Bay und probieren Sie vulkanischen Wein und Craft Beer oder relaxen Sie in den warmen Thermalbecken der Wairakei Terraces.

Feuerberge und Hauptstadt mit Stil

Wenige Kilometer südlich von Taupo beginnt der ⓰ ★★ **Tongariro National Park** mit der wohl besten Tageswanderung Neuseelands. In jedem Fall ist das anspruchsvolle ★★ **Tongariro Alpine Crossing** durch alpines Vulkangelände mit grünblau schimmernden Kraterseen unvergesslich. Der Vulkankegel des Mount Ngauruhoe wurde durch die Herr-der-Ringe-Filme als »Schicksalsberg Mount Doom« weltberühmt. Bummeln Sie durch die lebendige Hauptstadt ⓱ ★★ **Wellington**, entdecken Sie die Geheimnisse der Filmproduktion bei einer geführten Tour und planen Sie mindestens zwei Stunden für das sensationelle Te Papa Tongarewa Nationalmuseum ein. Es heißt übrigens, Wellington hätte pro Kopf mehr Bars und Restaurants als New York.

# HIGHLIGHTS DER SÜDINSEL

**Länge der Tour:** ca. 2700 km | **Tourdauer:** ca. 3 Wochen

Tour 2

*Die zweite Tour begeistert durch aufregende Naturerlebnisse diesseits und jenseits der mächtigen Southern Alps mit stillen Seen und gigantischen Gletscherzungen, wildschöner Westküste, Whale Watching und Weinproben, flirrenden Polarlichtern und der pulsierenden Abenteuerhauptstadt Queenstown.*

Goldene Strände, Wow Design und gewaltige Gletscher

Von ❶ ★★ **Wellington** aus bringen Sie die großen Interislander- oder Bluebridge-Fähren in drei Stunden über die stürmische Cook Strait und durch den wunderschönen Queen Charlotte Sound der ❷ ★ **Marlborough Sounds** nach **Picton**, dem »Tor zur Südinsel«. Alternative zur Fähre sind Inlandsflüge direkt von Auckland oder von Wellington nach ❸ ★★**Nelson**. Ein Muss sind dort das ★★**National Wow Museum** und ein Ausflug in den ❹ ★★ **Abel Tasman National Park**, wo Sie im Kajak verwinkelte Buchten und goldene Sandstrände ansteuern können – super Sonnenplatz zum Baden ist die Akersten Bay. Auch die Weingüter der Nelson Region und der Craft Beer Trail lohnen einen Stopp. Folgen Sie dann der wildschönen West

Coast an der Tasmanischen See zu den wie Pfannkuchen gestapelten, bizarren 5 ★★ **Pancake Rocks** im Paparoa National Park. Etappenziel ist 6 **Greymouth**, bekannt für seine Brauerei, Seekajaktouren und die nahe Goldgräbersiedlung ★**Shantytown** aus den späten 1860ern. Juweliere und Kunsthandwerker haben sich in der Jadehauptstadt 7 **Hokitika** auf Schmuck aus Pounamu spezialisiert, dem Greenstone der Maori. Eine Gletscherwanderung oder Heliskiing auf dem 8 ★★ **Fox Glacier und Franz Josef Glacier**, die im Westland National Park von den Südalpen bis fast zum Meeresspiegel abfallen, gehört zu den absoluten Highlights. Bei Haast verlässt der SH 6 die Küste und folgt dem Haast River in die Neuseeländischen Alpen. Der kristallklare 9 ★**Lake Wanaka** ist ein Hotspot für Jetboats, Segler und Kajaker. Der Wild Wire Wanaka verspricht eine aufregende Wandertour über Kabelhängebrücken zum Doppelwasserfall. Probieren Sie auch das preisgekrönte Eis Wanakas und bummeln Sie über den bunten Wochenmarkt.

**Gold und der absolute Thrill**

Aus Goldgräbertagen erzählen historische Häuschen im verträumten 10 ★ **Arrowtown.** Spitzenweingüter, epische Filmkulissen, Mega-Nervenkitzel und Entspannung im Spa – 11 ★★ **Queenstown** hat alles und das rund ums Jahr. Machen Sie eine Weinprobe auf der **Chard Farm Winery** im Gibbston Valley, bevor sie am Talende Bungee-Springern beim spektakulären Jump aus 134 m Höhe zusehen. Schon die Seilfahrt auf die **Kawarau Bridge** ist ein Abenteuer. Genug Thrill auch ohne freien Fall garantieren die rasanten Wildwasserfahrten im Jetboat und Helikopterflüge durch den **Skippers Canyon**.

**Wunder und Welterbe**

Planen Sie auf jeden Fall genug Zeit ein für den 12 ★★ **Fiordland National Park**, ein UNESCO-Welterbe mit schneebedeckten Gipfeln, dichten Regenwäldern und donnernden Wasserfällen, die sich Hunderte Meter tief in gewaltige Fjorde stürzen. Wandern Sie vom Nordende des 13 ★ **Lake Te Anau** über Hängebrücken, Holzstege und einen Bergpass durch die Bilderbuchlandschaft des ★★**Milford Track**, Neuseelands berühmtester Great Walk. Besichtigen Sie auch die glitzernden Glühwürmchenhöhlen der ★**Te Anau Caves**. Der 14 ★★ **Milford Sound** mit dem Mitre Peak ist ein Wahrzeichen Neuseelands. Buchen Sie eine Bootsfahrt zu den Bowen Falls oder Stirling Falls, die aus 160 m Höhe auf das Wasser des Fjords niederprasseln. Wem im Milford Sound zu viel Trubel ist, kann ab Manapouri den wilden ★**Doubtful Sound** mit dem Boot erkunden.

**Ganz tief im Süden**

Zurück in Te Anau folgen Sie dem SH 6 in südlicher Richtung bis nach **Invercargill**, um auf Neuseelands drittgrößte Insel überzusetzen, das Wanderparadies 15 ★ **Stewart Island**. Auf Rakiura, wie die Maori das »Land des glühenden Himmels« nennen, leuchten oft Polarlichter am südlichen Horizont. Mit etwas Glück können Sie auf geführten Touren

sogar Kiwis in ihrer natürlichen Umgebung sehen. Folgen Sie der National Southern Scenic Route zu den ⑯ ★★ **Catlins**. An der Curio Bay erwarten Sie hier ein versteinerter Wald und Gelbaugenpinguine. Die Cathedral Caves sind nur bei Ebbe erreichbar. Keine 10 Minuten trennen den Parkplatz von den mächtigen **Purakaunui Falls,** und auf den Felsen am ★★ **Nugget Point** tummeln sich Seehunde.

Vorzeigearchitektur von ⓱ ★**Dunedin**, der zweitgrößten Stadt der Südinsel, ist ihre Railway Station im edwardianischen Barockstil. Das moderne Toitu Otago Settlers Museum punktet indes mit einer Zeitreise von den ersten Maori über schottische Pioniere bis zu den Goldgräbertagen. Als einziges Schloss Neuseelands thront ★**Larnach Castle** über der Otago-Halbinsel. Vergessen Sie nicht am Koekohe Beach kurz von Oamuru einen Stopp bei den mysteriösen, tonnenschweren Felskugeln der ⓲ ★**Moeraki Boulders** einzulegen, die vor 65 Millionen Jahren entstanden sind.

Delfine und Wale

In ⓳ **Timaru** können Sie eine Badepause an den weiten Stränden der Caroline Bay einplanen, bevor Sie in ⓴ ★ **Christchurch** Station machen, das sich nach der Erdbebenkatastrophe 2011 mit neuen Attraktionen, toller Gastroszene und instand gesetzten Klassikern zurückgemeldet hat. Samstags lohnt am Hafen der Farmers Market von ★ **Lyttelton**. In ★ **Akaroa** auf der Banks Peninsula können Sie am Wasser flanieren oder mit Delfinen schwimmen gehen. Wellness im Warmen bieten landeinwärts die ㉑ ★ **Hanmer Springs** Thermal Pools & Spa. Zweifellos der beste Ort, um Wale, Robben und Delfine zu erleben, ist ㉒ ★★ **Kaikoura**. Mehrmals täglich stehen dort Whale Watching Cruises und geführte Wanderungen zu Robben- und Seevogelkolonien auf dem Programm. Die letzte Etappe vor der Rückkehr nach Picton führt zum sonnenverwöhnten Städtchen ㉓ ★**Blenheim** im Herzen des Weinbaugebietes Marlborough. Erkunden Sie die Rebberge per Rad und nehmen Sie an einer Verkostung der rund 20 Weingüter teil.

# WEIN UND WILDES EASTLAND

**Länge der Tour:** 800 km | **Tourdauer:** ca. 1 Woche

Tour 3

*Die dritte Tour erschließt jenseits der Hauptroute über die Nordinsel naturbelassene Einsamkeit, kleine Maori-Dörfer und die weltweit erste Stadt, die jeden Morgen die Sonne begrüßt, elegantes Art déco und das Weinland rund um die Hawke's Bay.*

Auf dem Pacific Highway zum East Cape

Nirgendwo sonst scheint in Neuseeland so viel Sonne wie in ❶ ★**Whakatane** an der ★**Bay of Plenty**, dem Zentrum der Kiwi-Plantagen. Absolutes Highlight ist hier die ❷ ★**White Island**, ein aktiver Meeresvulkan 50 km vor der Küste. Die von James Cook ent-

deckte urgewaltige Insel ist Privatbesitz, kann aber als Bootstour oder Helikoptertrip mit Wanderung besucht werden. Endlose Strände und Dünen begleiten die Küstenstraße am Pazifik von 3 **Opotiki** Richtung East Cape. An der Brücke über den 4 **Motu River** laden Jet Boats zu rasanten Flussfahrten ein. In der kleinen Maori-Siedlung 5 **Te Araroa** können Sie ein Picknick unter dem größten Pohutukawa der Inseln einplanen, dem neuseeländischen Weihnachtsbaum. Auf unbefestigter Straße erreichen Sie den weißen Leuchtturm am 6 ★**East Cape**, 150 m über dem Meer. Wer bei Sonnenaufgang am stürmischen Pazifik in der ersten Reihe sitzen will, erklimmt rechtzeitig die 700 Stufen. Hot Pools, gutes Essen und bequeme Betten gehören zu den viktorianischen 7 **Te Puia Springs**. Der leichte 8 **Cooks**

**Cove Walk** führt an der Tolago Bay in 20 Minuten zu einer Aussichtsplattform mit Blick auf die Bucht, in der Captain Cook 1769 vor Anker ging. 9 ★ **Gisborne** ist nicht nur »First city to see the light« des neuen Jahres, sondern gilt auch als Chardonnayhauptstadt Neuseelands mit ausgezeichneten Weingütern. 10 ★ **Te Urewera**, der größte Nationalpark der Nordinsel, ist ein Wanderparadies und schützt fast alle heimischen Vogelarten.

Art Déco und edle Tropfen

Die Pioniere des Weinanbaus pflanzten an der 11 ★ **Hawke's Bay** die ersten Reben, heute öffnen in der Genussregion mehr als zwei Dutzend Winzer ihre Keller für Weinproben. 12 ★★ **Napier** verdankt einem schweren Erdbeben seine wunderschöne Art déco Architektur beim Wiederaufbau in den 1930ern. Einer der besten Bauernmärkte wird samstags im benachbarten 13 ★**Hastings** veranstaltet.

# DER HÖCHSTE BERG UND BIG SKY COUNTRY

**Länge der Tour:** 700 km | **Tourdauer:** ca. 2 Wochen

Tour 4

*Von der lebendigen Südinselmetropole Christchurch geht die vierte Tour ins ewige Eis zum höchsten Berg Neuseelands und ins sonnenverbrannte Central Otago, Heimat des Pinot Noir und historischer Goldminen.*

Funky Metropole und ewiges Eis

Verbringen Sie einen Tag in 1 ★ **Christchurch**, um den fortschreitenden Wiederaufbau zu bestaunen und die spannende Gastroszene zu genießen. Am 2 ★ **Lake Tekapo** können Sie wunderbar wandern oder tiefenentspannt im Thermalbad auf den See blicken. In Winternächten zählt der See zu den besten Orten, um südliche Polarlichter tanzen zu sehen. Der alpine Gletschersee 3 ★**Lake Pukaki** ist das größte türkisfarbene Juwel im 4 ★★**Aoraki/Mount Cook National Park**, wo der höchste Berg und gewaltige Gletscher vor einem schier endlosen Himmel verschmelzen. Man muss kein Bergsteiger sein, um die atemberaubende Natur zu erkunden, der ★**Hooker Valley Track** und Tasman Glacier Lake Walk sind beispielweise in drei Stunden machbar. Helikopter bringen Sie auf den dem ★★**Tasman Gletscher** für geführte Skitouren oder zur zweistündigern Eiswanderung auf dem längsten Gletscher des Landes. Das **Aoraki Mackenzie International Dark Sky Reserve** ist das weltweit größte geschützte Himmelsgebiet und ein Paradies für Sternengucker.

»Big Sky Country« wird das entlegene, wettergegerbte 5 ★**Central Otago** auch genannt, wo 1860 der Goldrausch ausbrach und Tausende von Glücksrittern nach den Sternen griffen. Im verschlafenen Dörfchen **Clyde** beginnt der ★ **Otago Central Rail Trail**, eine herrliche Radroute auf einer stillgelegten Bahntrasse dicht an Goldgräbergeschichten durch die Weiten Central Otagos. Am **Central Otago Arts Trail** können Sie in Cromwell und Alexandra Kunsthandwerkern bei der Arbeit zusehen. Zum wahren Gold der Region hat sich der Wein entwickelt. Dutzende von Winzern laden heute zu ★**Pinot-Noir-Verkostungen** und Gourmetfood ein.

Die panoramareiche Crown Range Road verbindet den 6 ★**Lake Wanaka** mit Queenstown. Auf halbe Strecke zum Lake Wakatipu empfängt seit Goldgräbertagen das Cardona Hotel Gäste, nicht weit von der familiengeführten 7 **Cardrona Distillery**, wo mit Leidenschaft Whisky, Gin und Wodka destilliert werden (tgl. Führungen, www.cardronadistillery.com). Letzte Station ist der fantastische Abenteuerspielplatz 8 ★★**Queenstown** mit jeder Menge Möglichkeiten, seine Grenzen zu überschreiten, aber auch einfach nur die Seele baumeln zu lassen.

# Z

# ZIELE AUF DER NORDINSEL

*Magisch, aufregend, einfach schön*

Alle Reiseziele sind alphabetisch geordnet. Sie haben die Freiheit der Reiseplanung.

Die Schnitzereien der Maori sind nie rein dekorativ, sondern erzählen immer eine einzigartige Geschichte. ►

»
There's a real purity in New Zealand that doesn't exist in the states. It's actually not an easy thing to find in our world anymore. It's a unique place because it is so far away from the rest of the world. There is a sense of isolation and also being protected.
«

*Elijah Wood (Frodo in »Herr der Ringe«)*

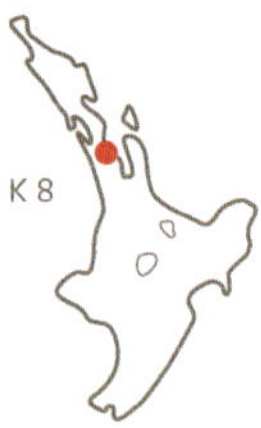


# ★★ AUCKLAND

**Region:** Auckland | **Höhe:** 0 – 260 m | **Einwohner:** 1,6 Mio.

***Unübersehbar britisch und doch ganz eigen. Das Tor zu Neuseeland ist eine lebenslustige Weltstadt am Wasser mit lässigem Lifestyle. Und wer in Auckland Stress hat, setzt einfach ins verträumte Küstendörfchen Devenport über, nur eine kurze Fährfahrt von der größten Metropole im Inselstaat entfernt.***

Modern, kosmopolitisch und direkt am Meer: die Millionenstadt Auckland

Ein Drittel aller Neuseeländer lebt in Auckland, Tendenz steigend. Entsprechend wird hier alles geboten, kulturell, kommerziell, gastronomisch und sportlich. Die »**Stadt der Segel**« macht Lust auf Meer. An schönen Tagen wimmelt es im Hauraki-Golf nur so von Segelbooten. Allein in der Westhaven Marina liegen über 2000 Luxusjachten, laut Statistik besitzt jeder vierte Aucklander ein eigenes Boot. Dass die Begeisterung keine Grenzen kannte, als das neuseeländische Team 2021 zum vierten Mal den begehrten **America's Cup** gewann, versteht sich von selbst (▶ Baedeker Wissen, S. 298). Für tolle Aussichten über die Stadt sorgen Sky Tower, Harbour Bridge und **48 erloschene Vulkane**, auf denen die Millionenstadt siedelt. Traumstrände finden Sie im Westen an der wilden Tasmanischen See, im Osten umspült der Pazifik die Inseln im Hauraki Golf. In Neuseeland ist **Rugby** Nationalsport Nr. 1 und als die All Blacks 2015 erneut die Weltmeisterschaft gewannen, bebte **Eden Park** (▶ Baedeker Wissen, S. 48).

City of Sails

**Auf und ab der heimlichen Hauptstadt**

Tor zu Neuseeland

Tamaki Makau Rau lautete der Name Aucklands zur Zeit ihrer Besiedlung durch die Māori im 14. Jh. Bis ins 18. Jh. war die Landenge zwischen der Tasmanischen See und dem Südpazifik, auf der Auckland liegt, heiß umkämpft. Nach endlosen Stammesfehden um den fruchtbaren vulkanischen Boden hatte sich der Iwi von Kiwi Tamaki durchgesetzt. 1840, als die britische Oberhoheit durch den Vertrag von Waitangi besiegelt war, entschied sich Gouverneur Hobson, den Regierungssitz an den Isthmus von Auckland zu verlegen. Die Stadt wuchs durch den stetigen Einwandererstrom. Als eigentlicher »Vater« Aucklands gilt **John Logan Campbell** (1817 – 1912), der als Mitbegründer von Banken, Versicherungen, Reedereien und späterer Bürgermeister den Aufschwung zur pulsierenden Großstadt vorantrieb, dem Tor zu Neuseeland, wo heute die meisten Urlauber ihre Reise beginnen. Nach der Entdeckung reicher Goldvorkommen auf der Südinsel musste Auckland 1865 den Hauptstadtstatus an ▶Wellington abtreten – seither herrscht Rivalität zwischen beiden Städten.

## Wohin in Auckland City?

**Maritimes Flair und junge Gastroszene**

★ Viaduct Harbour

Die Hafenstadt ist Seglerhochburg, seit der **America's Cup** dort um die Jahrhundertwende zum ersten Mal ausgetragen wurde (▶Baedeker Wissen, S. 298). Die Kais rund um den **Viaduct Harbour** wurden nach der Jahrtausendwende für Rennjachten zur Lifestylemeile aufpoliert mit schicken Restaurants, Bars und Klubs. Eine Fußgängerbrücke führt hinüber ins **Wynyard Quarter** zum ehemaligen Viertel kleiner Werften, wo heute rund um den **Fish Market** junge Gastroszene die Marinas belebt – lohnt auch als schöner Spaziergang zum Sonnen-

# MEHR ALS EIN SPORT

*Zwar hat auch Neuseelands Fußball-Nationalmannschaft schon an Weltmeisterschaften teilgenommen, doch Nationalsport Nr. 1 ist Rugby. Hier zählt das Nationalteam »All Blacks« zu den Großen in der Welt. Und sie haben ihren Gegnern etwas ganz Besonderes zu bieten: Vor jedem Match tanzen sie den Maori-Kriegstanz »Haka«.*

▶ **Vereinsmannschaften**
Die nationale Meisterschaft der Profis wird im ITM Cup ausgespielt. Um den Super Rugby Cup spielen 15 Mannschaften aus Australien, Neuseeland und Südafrika.

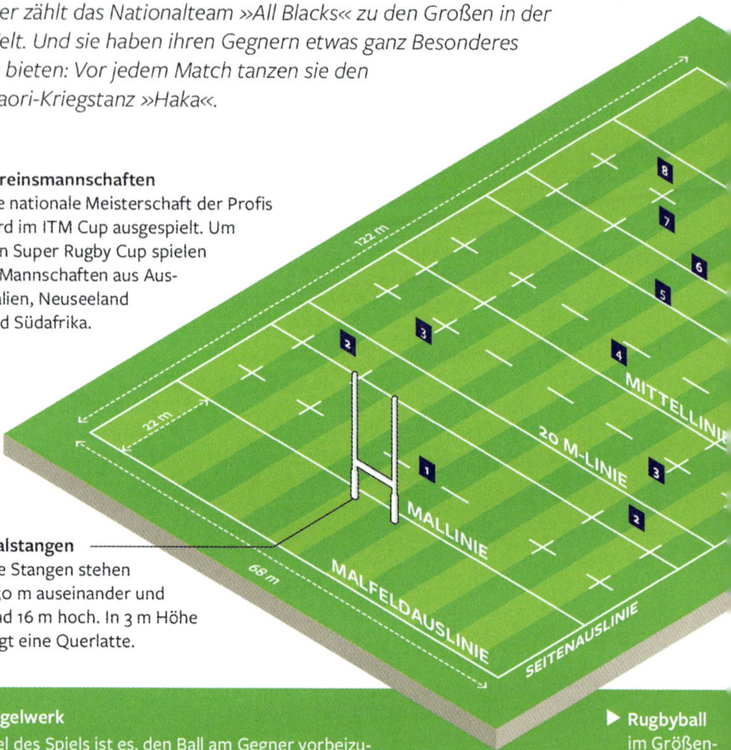


**Malstangen**
Die Stangen stehen 5,50 m auseinander und sind 16 m hoch. In 3 m Höhe liegt eine Querlatte.

▶ **Regelwerk**
Ziel des Spiels ist es, den Ball am Gegner vorbeizutragen oder zu -kicken und so Punkte zu erzielen. Pässe aus der Hand zu einem Mitspieler sind nur nach hinten erlaubt. Punkte können auf folgende Arten gemacht werden:

**TRY** Der Ball muss dazu im gegnerischen Malfeld auf dem Boden abgelegt werden.

**CONVERSION** Nach einem erfolgreichen Versuch wird der Ball von einem beliebigen Punkt parallel zur Seitenauslinie auf der Höhe des gelegten Versuchs zwischen die Malstangen über die Querstange getreten.

**DROP KICK** Ein Schuss aus dem Spiel heraus zwischen die Malstangen über die Querstange

**PENALTY KICK** Ein Schuss auf die Malstangen nach einem schweren Regelverstoß

▶ **Rugbyball** im Größenvergleich

## Spielerpositionen

1 Fullback
2 Left and Right Wing
3 Left and Right Centre
4 Stand-Off
5 Scrum-Half
6 Loose Forward
7 Second Row
8 Prop
9 Hooker

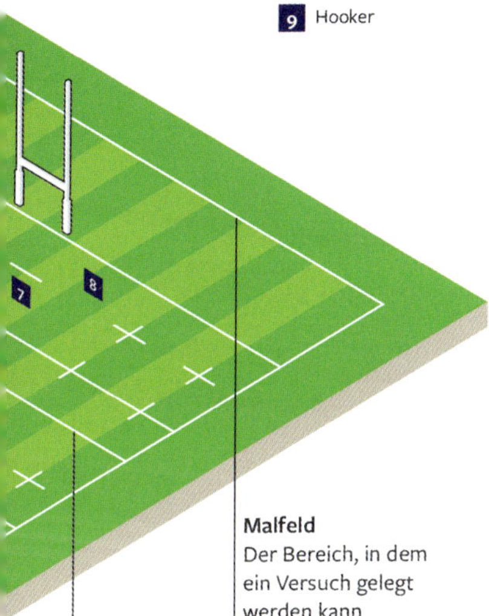


**Malfeld**
Der Bereich, in dem ein Versuch gelegt werden kann

**20 m-Linie**
Von hier wird das Spiel vom verteidigenden Team neu angetreten.

▶ **All Blacks**
Die neuseeländische Rugby-Union-Nationalmannschaft ist weitaus bekannter unter ihrem Spitznamen All Blacks, weil die Spieler ganz in Schwarz gekleidet sind.

NEW ZEALAND ALL BLACKS

**Erstes Länderspiel:** 15. August 1903
Australien 3:22 Neuseeland

**Höchster Sieg:** 4. Juni 1995
Neuseeland 145:17 Japan

**Höchste Niederlage:** 10. August 2019
Australien 47:26 Neuseeland

**Weltmeister 1987, 2011 und 2015**
Neuseeland ist damit das erste Team, das den Titel verteidigt hat.

**Trikot**

Heim | Auswärts

▶ **National- und Vereinsteams**

www.allblacks.com

## Rugby-Weltmeister seit 1987 (erste Austragung)

1987 in Australien und Neuseeland | 1991 in England | 1995 in Südafrika | 1999 in Wales | 2003 in Australien | 2007 in Frankreich | 2011 in Neuseeland | 2015 in England | 2019 in Japan | 2023 in Frankreich

Nationen
- Argentinien
- Australien
- England
- Frankreich
- Neuseeland
- Schottland
- Südafrika
- Wales

## AUCKLAND ERLEBEN

### AUCKLAND I-SITE VISITOR CENTRE

Sky City, Atrium, Princes Wharf
137 Quay St. und am Flughafen
Tel. 08 00 28 25 52
www.aucklandnz.com

Die meisten Neuseelandurlauber landen am **Auckland International Airport** 23 km südl. im Stadtteil Mangere. Der **Skybus** bringt Sie rund um die Uhr in 45 – 60 Min. vom Flughafen in die Stadt, zu Stoßzeiten fährt der Bus alle 10 Min. (Airport – City Erw. 19 NZ$, www.skybus.co.nz). Preiswerte Taxis per App bietet **Uber** (Fahrt 30 Min. Airport – Queen St., ca. 45 NZ$, www.uber.com).
Vier Bahnlinien enden im **Britomart** an der Queen Street. Ihr Busticket können Sie online oder bar beim Busfahrer mit passenden Münzen bezahlen. Mit dem **Journey Planner** finden Sie die schnellsten Verbindungen für Bus, Bahn und Fähren unter https://at.govt.nz/bus-train-ferry. Der **Explorer Bus** hält an 14 Stationen einer Rundtour, wo Sie beliebig oft ein- und aussteigen können (Tgl. ab Ferry Building, im Sommer 9–16 Uhr alle 30 Min., im Winter 10 –15 Uhr jede Std., Tagesticket 65 NZ$, www.explorerbus.co.nz).

### FÄHREN ZU DEN INSELN IM HAURAKI GULF

Fähren und Wassertaxis verbinden die Inseln mit Auckland.
www.fullers.co.nz
http://kawaucruises.co.nz
http://aucklandseashuttles.co.nz

### BESICHTIGUNG ZU FUSS

Ausgesprochen reizvoll ist der 7 km lange **Waterfront Walk** ab Chief Post Office. Wer gut zu Fuß ist, kann dem 13 km langen **Coast to Coast Walkway** vom Ferry Buidling am Ende der Queen Street aus folgen.
www.freewalks.nz/auckland

Am letzten Januar-Wochenende erinnert die Stadt mit Segelregatten und Open-Air-Konzerten an ihre **Gründung**. Im Februar gibt es das große **Harbour Festival**, beim **Taste of Auckland Festival** stellen die besten Lokale und Gourmethandwerker im November Köstliches vor.

### DISCOVER AUCKLAND PASS

Mit dem Citypass können Sie Auckland Zoo, Auckland Art Gallery, Museum of Transport & Technology, New Zealand Maritime Museum und das Stardome Planetarium & Observatory günstiger besichtigen.
Erw. 75 NZ$, https://discoveraucklandpass.co.nz

### THE BIG FOODY TOURS – WAKA ON THE WAITEMATA

In einem traditionellen **Maori-Kanu** werden Sie um den Waitemata Harbour geschippert. Unterwegs gibt es Hangi, Geschichten und Kultur.
Huapai, Waimauku
Halbtagestouren tgl. 9–17.30 Uhr
ab 180 NZ$
www.thebigfoody.com

Zentrale Shoppingmeile ist die **Queen Street**, kleine, feine Boutiquen finden Sie in der High Street. Exklusives Outfit haben downtown die Geschäfte hinter dem **Britomart** (www.britomart.org) und im neuesten Shopping-Palast **Commercial Bay** (www.commercialbay.co.nz). Populäres Einkaufszentrum ist St. Lukes (www.westfield.co.nz/stlukes).

**1 HEADQUARTERS**
Livemusik, leckeres Essen und süffiges Craft Beer mit Blick aufs Wasser
115 Customs St West
Viaduct Harbour
Tel. 09 394 73 00
www.hqviaduct.co.nz

**2 LONGROOM**
Tagsüber stylisches Café, abends angesagte Bar im Szeneviertel Ponsonby
114 Ponsonby Road, Ponsonby
Tel. 09 360 88 03
http://longroom.co.nz

**3 THE GLASS GOOSE**
Coole Cocktails im CBD mit Dachtterrasse samt Blick auf den Sky Tower
78 Federal St, Auckland Central
Tel. 09 379 94 04
www.glassgoose.co.nz

**1 ORBIT RESTAURANT €€€€**
Rotierendes Restaurant mit 360-Grad-Blick auf der Spitze des Sky Tower. Authentische neuseeländische Küche mit frischen saisonalen Zutaten.
87 Federal St, Tel. 09 363 60 00
www.skycityauckland.co.nz/restaurants/orbit

**2 THE SUGAR CLUB €€€€**
Mix aus asiatischen und europäischen Aromen von Starkoch Peter Gordon
72 Victoria St West, Tel. 09 363 63 65, https://skycityauckland.co.nz/restaurants/the-sugar-club

**3 THE FRENCH CAFÉ €€€€**
Französisch inspiriertes Spitzenlokal mit exzellentem Service; mit dem Taxi rund 20 Minuten von der Innenstadt entfernt
210 Symonds Street
Eden Terrace, Tel. 09 377 19 11
www.thefrenchcafe.co.nz

**4 BRACU €€€**
Mikey Newlands Restaurant liegt etwas außerhalb in einem Olivenhain. Er kocht am liebsten mit Zutaten aus den Gärten seines Anwesens und unterstützt lokale Produzenten. Gegessen wird in einer Villa aus Kauriholz.
49 Main Road, Bombay
Tel. 09 236 10 30
https://bracu.co.nz

**5 MEKONG BABY €€€**
Junges Lokal mit moderner Fusion-Küche, am Wochenende reservieren!
262 Ponsonby Rd, Ponsonby
Tel. 09 360 11 13
www.mekongbaby.com

**6 SWASHBUCKLERS €€**
Seemannskneipe mit leckerer Fischküche am Jachthafen
23B Westhavn Drive, tgl. ab 11 Uhr, https://swashbucklers.co.nz

**7 CAFE HANOI €€**
Garküchen-inspirierte vietnamesische Gerichte, serviert in einem stilvollen Raum mit Betonwänden und Papierlaternen in der Nähe vom Britomart.
Excelsior Building, Galway Street & Commerce Street
Tel. 09 302 34 78
https://cafehanoi.co.nz

**8 PREGO €€**
Beste italienische Gerichte mitten im charmanten Szeneviertel Ponsonby
226 Ponsonby Rd, Ponsonby, Auckland 1011, Tel. 09 376 30 95
www.prego.co.nz

**9 SPQR €€**
Auch diese Bistrobar mit italienischen Gerichten und ausgesuchten Weinen liegt im Ausgehviertel Ponsonby.

**Restaurants**

1. Orbit Restaurant
2. The Sugar Club
3. The French Café
4. Bracu
5. Mekong Baby
6. Swashbucklers
7. Cafe Hanoi
8. Prego
9. SPQR
10. The Tasting Shed
11. Federal Delicatessen

**Hotels**

1. Cordis Hotel
2. Copthorne Anzac Avenue
3. Hotel DeBrett
4. Ponsonby Manor House
5. Sky City Hotel
6. The Sebel Auckland
7. Hotel M'Social
8. Haka Lodge Auckland

**Bars**

1. Headquarters
2. Longroom
3. The Glass Goose

150 Ponsonby Rd, Ponsonby
Tel. 09 360 17 10
www.spqrnz.co.nz

**⑩ THE TASTING SHED €€**
Hier isst, wer gerne teilt. Die kreativen Kompositionen kommen in teilbaren Portionen. Das Ambiente dazu ist rustikal-schick. Bei schönem Wetter kann im Garten gegessen werden. Direkt gegenüber befindet sich übrigens das Weingut Coopers Creek, das Verkostungen anbietet.
609 SH 16, Kumeu
Tel. 09 412 64 54
www.thetastingshed.co.nz

**⑪ FEDERAL DELICATESSEN €**
Koschere Delikatessen, wie es sie sonst nur in New York gibt, wie Latkes und den »best ugly bagel«, kreiert von Starkoch Al Brown. Gute Adresse zum Brunch am Wochenende.
86 Federal Street
Tel. 09 363 71 84
www.thefed.co.nz

**① CORDIS HOTEL €€€€**
Zentrales Hotel mit stilvoller Lobby Lounge, ausgezeichnetem Eight Restaurant, preisgekröntem Wellnessbereich im Chuan Spa und Pool
83 Symonds Street, Grafton
Auckland Central
Tel. 09 379 51 32
www.cordishotels.com

**② COPTHORNE ANZAC AVENUE €€€**
Wenige Gehminuten von der Queen Street. Einige Zimmer blicken auf den Hafen Waitemata, andere auf die Skyline der Stadt.
150 Anzac Ave, Tel. 09 379 85 09
www.millenniumhotels.com

**③ HOTEL DEBRETT €€€**
Farbenfrohes Boutiquehotel im Zentrum mit 25 großzügigen Zimmern, Art déco Bar und junger neuseeländischer Küche aus regionalen Zutaten
2 High Street, Tel. 09 925 90 00
https://hoteldebrett.com

**④ PONSONBY MANOR HOUSE €€€**
Charmantes, viktorianisches Herrenhaus im Szeneviertel Ponsonby mit Küche. Gefrühstückt und gegrillt wird im Garten. Auch die Bungalows sind gemütlich und haben Terrassen.
229 Ponsonby Rd, Ponsonby
Tel. 09 360 79 77
www.ponsonbymanor.co.nz

**⑤ SKY CITY HOTEL €€€**
Das moderne Hotel mit geräumigen Zimmern ist in den Vergnügungskomplex am Sky Tower integriert.
Ecke Victoria und Federal Street
Auckland Central
Tel. 08 00 75 92 48
https://skycityauckland.co.nz

**⑥ THE SEBEL AUCKLAND €€€**
Entspannte Atmosphäre mit Panoramablick auf Jachthafen und Harbour Bridge. Vor der Haustür liegen beste Bars und nette Restaurants.
85 – 89 Customs Street West
Tel. 09 978 40 00
www.accorhotels.com

**⑦ HOTEL M'SOCIAL €€€/€€**
Alle Zimmer haben Blick aufs Wasser und die Harbour Bridge, nur einen Sprung von der jungen Gastroszene.
196-200 Quay Street
Tel. 09 377 03 49
www.milleniumhotels.co.nz

**⑧ HAKA LODGE AUCKLAND €**
Schönes, gepflegtes Hostel für Backpacker. Wer schnell mit anderen Reisenden in Kontakt treten will, ist hier genau richtig. Neben den klassischen Dorms gibt es auch Privatzimmer.
373 Karangahape Rd, Tel. 09 379 45 59, https://hakalodges.com/auckland

untergang. Auf dem Fischmarkt können Frühaufsteher unter der Woche ab 6 Uhr die Fischauktion erleben und sich danach durch Essstände, Wein-Erlebniscenter und Seafood School probieren.

**Fishmarket:** 22 Jellicoe St, Freeman's Bay | tgl. 6–22 Uhr
www.afm.co.nz

### Nervenkitzel hoch oder tief

Harbour Bridge

Den Waitemata Harbour überspannt die 43 m hohe Autobahnbrücke des SH 1. Dank ihrer Form trägt sie den Spitznamen Kleiderbügel. Wer die atemberaubende Aussicht auf den Hafen von oben genießen möchte und schwindelfrei ist, bucht den **Auckland Bridge Climb**, der sogar nachts angeboten wird. Von einer Plattform unter der Fahrbahn in 40 m Höhe gibt es auch die Möglichkeit zum **Bungee Jump**.

**Bridge Climb & Bungee:** www.bungy.co.nz/auckland/auckland-bridge

### Seglerlegende

★ New Zealand National Maritime Museum

Das Museum auf der Hobson Wharf vermittelt umfassende Einblicke in die Geschichte der neuseeländischen Seefahrt. Kanus und Auslegerboote der Maori können Sie hier ebenso in Augenschein nehmen wie Walfängerausrüstung, traditionelle Instrumente und Werkzeuge. Unbedingt anschauen sollten Sie die schnittige Jacht »**Black Magic**«: Sie errang 1995 mit ihrer neuseeländischen Crew unter der Führung von Seglerlegende Sir Peter Blake einen phänomenalen Sieg gegen das amerikanische Team und holte den begehrten **America's Cup** erstmals nach Neuseeland (▶ Baedeker-Wissen, S. 298).

tgl. 9–17 Uhr | Führungen Mo.–Fr. 10.30 u. 13 Uhr | Eintritt: 20 NZ$
www.maritimemuseum.co.nz

### Zukunftspläne

Ferry Building

Der repräsentative viktorianische Fährterminal mit Restaurants und Cafés an der Einmündung der Queen in die Quay Street ist Blickfang am Hafeneingang. Das aus Coromandel-Granit, Ziegel und Sandstein errichtete Gebäude wurde 1912 von Alexander Wiseman im Stil des englischen Barock fertiggestellt. Ein Jahr früher war das benachbarte elegante **Chief Post Office** nach Plänen von John Campbell eröffnet worden. Das Gebäude ist heute der Verkehrsknotenpunkt **Britomart** mit Kopfbahnhof und Busbahnhof. 2024 soll hier die **City Rail Link** den Betrieb aufnehmen, eine neue S-Bahnlinie, durch die dreimal so viele Reisende bewältigt werden können.

### Schicke Shoppingmeilen

★ Queen Street

Hauptgeschäftsstraße ist die fast 2 km lange Queen Street, an der gläserne Bürotürme von Banken und Versicherungen, Dienstleistungsunternehmen und Nobelgeschäften in den Himmel wachsen. Bummeln Sie zwischen Ferry Building und K' Road durch Kaufhäuser und Einkaufspassagen wie das **Old Customhouse** aus der Kolonial-

OBEN: In den frühen Abendstunden gewährt der Mount Eden einen herrlichen Blick auf die Weltstadt am Wasser.
UNTEN: Multikulturelle Metropole: Auch internationale Marken haben in der Shoppingmeile Queen Street einen Flagship Store.

Lieblingseis der Nation ist »Hokey Pokey«, Vanille-Eis mit Karamellstückchen. Am Viaduct Harbour gibt's auch köstliche Sorbets, Shakes und ein Lächeln on top.

zeit und die fast 100 jahre alte **The Strand Arcade** (Nr. 233). Lokale Labels, anspruchsvolles Kunsthandwerk und nette kleine Cafés finden Sie eher in den Parallelstraßen **High Street** und **Lorne Street**. Hinter dem Britomart-Bahnhof wurden alte Lagerhäuser und unter Denkmalschutz gestellte Wohnhäuser saniert und mit modernen Bauten ergänzt. Der Mix aus Alt und Neu macht den Charme des Viertels aus, den auch neuseeländische Avantgardedesigner wie Trelise Cooper und Karen Walker mögen, die im **Britomart**-Shoppingkomplex in ihren Flagship Stores neueste Trends vorstellen.

### Nichts für schwache Nerven

★ Sky Tower ▸Abb. S. 55

Westlich der Queen Street ragt seit über 20 Jahren die 328 m hohe Betonnadel des Sky Tower als ein Wahrzeichen der »City of Sails« in den Himmel. Von den beiden Aussichtsplattformen in 192 m und 220 m Höhe und vom Drehrestaurant des Turms haben Sie einen atemberaubenden Ausblick. Wer sich traut, bekommt außerdem den Mega-Nervenkitzel beim **Sky Jump**, eine teure Variante des Bungee Jump. Nicht ganz so kostspielig ist mit 145 NZ$ der **Sky Walk**, für den Sie aber auch schon absolut schwindelfrei sein sollten. Bei diesem Ba-

lanceakt laufen Sie in 192 m Höhe auf dem äußersten Turmring, ganz ohne Geländer. Vor dem freien Fall schützen Sicherungsseile.
**Sky Tower:** tgl. 8.30–22.30 Uhr | Bungee-Sprung: 225 NZ$

**Vorhang auf!**
Auckland Town Hall
**The Edge** heißt der Gebäudekomplex rund um den Aotea Square, der das große Veranstaltungszentrum der Metropole bildet. Dazu gehört auch das Rathaus an der südlichen Queen Street, das 1911 vom Brüderpaar Clark entworfen wurde. Die von einem Turm gekrönte Fassade besteht aus Oamaru-Marmor, der Sockel aus Melbourne-Bluestone. In der Town Hall tagt nicht nur der Stadtrat, sie beherbergt auch zwei Konzertsäle, die für ihre **hervorragende Akustik** bekannt sind. Das benachbarte flache Aotea Centre besitzt den **größten Konzertsaal des Landes.** Sein Architekt E. Wainscott orientierte sich 1990 an der Finlandia Hall von Aalto. Auf dem Aotea Place erinnert ein Standbild an **Lord Auckland**, den Gouverneur Hobson als Namenspatron für die damalige Hauptstadt Neuseelands gewählt hatte.
Im Norden wird der Aotea Square vom 1929 im Rokokostil erbauten **The Civic** begrenzt. Mit knapp 2400 Plätzen im Auditorium auf zwei Ebenen ist es das größte Theater Neuseelands und Schauplatz von Konzerten, Musicals, Theater und Filmen aus aller Welt.
Veranstaltungsinfos: www.aucklandlive.co.nz

## Albert Park und Universität

**Im Schatten alter Bäume**
Albert Park
Im Osten der Kernstadt weitet sich der Albert Park mit seinem alten Baumbestand. Der Ostteil der grünen Oase ist von diversen Instituten der renommierten Auckland University besetzt. Die dazugehörige **St. Andrew's Church** ist 1849 erbaut worden.

**Selbst Museumsmuffel sind begeistert**
★★ Auckland Art Gallery Toi o Tamaki
Ein Muss nicht nur für Kunstliebhaber ist Neuseelands größte Kunstgalerie. Das eindrucksvolle Gebäude wurde 1887 nach Plänen des Melbourner Architektenbüros Grainger & D'Ebro mit Türmchen und hohen Dächern im Stil der französischen Renaissance erbaut. Seine berühmte **Grey Gallery** vereint alte europäische und zeitgenössische neuseeländische Meister wie McCahon und Wollaston. Die Galerie besitzt außerdem Ölbilder des aus Böhmen eingewanderten Deutschen **Gottfried Lindauer** (1839–1926), der durch seine realistischen Maori-Porträts bekannt wurde. Glasierte Oberflächen sorgen für kontrolliertes natürliches Licht. Blickfang am Eingang ist die wunderschön geschnitzte Decke aus dem heimischen Kauribaum.
Wellesley Street | tgl. 10–17, Führungen tgl. 11.30, 12.30 u. 13.30 Uhr
Eintritt frei | www.aucklandartgallery.com

## Auckland Domain

★ Auckland Institute & Museum

**Grüne Oase mit Cityblick**

Die größte Grünanlage südöstlich der City sorgt für abwechslungsreichen Freizeitspaß. Auf dem höchsten Punkt des Parks steht das monumentale **War Memorial Museum.** Von seinen Freitreppen bietet sich ein herrlicher Blick über die Stadt und den belebten Waitemata Harbour. Das neoklassizistische Gebäude ist 1929 als Gedenkstätte für die im Ersten Weltkrieg gefallenen neuseeländischen Soldaten und für das Auckland Museum errichtet worden. Heute wird hier aller Gefallenen Neuseelands bis zu Vietnam und Afghanistan gedacht. Das Museum zeigt Sammlungen zur Natur- und Kulturgeschichte des südpazifischen Raumes. Der **Maori Court**, ein mit reichem Schnitzwerk verziertes Versammlungshaus von 1878, stammt aus der Gegend von Thames.

BAEDEKER MAGISCHE MOMENTE

### BLÜTENMEER

Pink, rot, gelb, blau: Die volle Farbenpracht erblüht und duftet herrlich. In den **Wintergardens** der Auckland Domain können Sie sich das ganze Jahr über an vollendetem Grün freuen. Kommen Sie in den viktorianischen Garten, wenn es draußen trist und grau ist, dann genießen Sie die einzigartige Pflanzenwelt umso mehr. Im Blumenduft schwelgen bei Kaffee und Kuchen können Sie im kleinen Café nebenan (tgl 9–16.30 Uhr, Eintritt frei).

Das wundervolle Maori-Portal wurde aus dem Raum Rotorua hergebracht. Besonderes Interesse weckt das 25 m lange **Waka-Kanu** aus der Zeit um 1836, mit dem Maori-Krieger einst über den Manukau Harbour segelten. Mehrmals täglich werden Tänze und Bräuche demonstriert. In der naturwissenschaftlichen Sammlung sind riesige Skelette des ausgestorbenen **Moa**-Vogels zu bewundern.

**Museum:** tgl. 10–17 | Maori-Vorführungen: Nov.–März tgl. 12.45 u. 14.30 Uhrg | Eintritt: 25 NZ$ | www.aucklandmuseum.com

## Parnell & Ponsonby

### The Place to be

Keine 500 m östlich verführen tolle kleine Läden und gestylte Lokale an der **Parnell Road** zum Geldausgeben. Wenn Sie mit dem Hop-on-Hop-off-Bus unterwegs sind, sollten Sie hier eine Pause einlegen. Besonders bei schönem Wetter laden die Boutiquen, Galerien, jungen Cafés, Bistros und Confiserien in den sorgsam restaurierten Holzhäuschen von Parnell Village zum ausgiebigen Bummel ein.

★ Parnell Village

### Schlendern und Shoppen

Im Westen der Kernstadt können Sie im **Victoria Park** spazieren gehen, joggen oder einfach im Grünen entspannen. Das einstige Müllheizkraftwerk ist zum hippen **Markt** umfunktioniert worden, in dem man allerlei Krimskrams findet, aber auch frisches Obst und Gemüse. Old style Feeling mischt sich in Ponsonby mit junger Medienwelt. Die **Ponsonby Road** gehört zu den angesagtesten Einkaufsmeilen mit schönen viktorianischen Häusern aus dem späten 19. Jh., schicken Boutiquen, unabhängigen Buchhandlungen, Lifestyle-Shops, Bars und Cafés, Gourmet-Imbisswagen, gehobenen Gastropubs und Fischbistros (►Restaurants S. 51).

★ Ponsonby

http://iloveponsonby.co.nz

## Wohin in den Außenbezirken?

### Aussichtsreicher Vulkan

Einen schönen Blick über die City gewährt der Mount Eden (►Abb. S. 55). Die Maori nennen den grünen Vulkankegel im Süden der Stadt »Maungawhau«, den »Berg des Whau-Baumes«, obwohl dort tatsächlich fast kein Baum mehr steht. Die englische Bezeichnung Eden kommt von Lord Auckland, dessen Familienname Eden war. Die mit 196 m höchste natürliche Erhebung der Stadt wurde also nach ihrem Stadtpatron benannt. Der **Eden Garden** punktet mit wunderschönem Baumbestand und einer umfangreichen Kameliensammlung.

Mount Eden

**Eden Garden**: 24 Omana Ave | tgl. 9–16 Uhr | www.edengarden.co.nz

### Maori-Dorf und Aucklands ältester Bau

One Tree Hill

Einer der reizvollsten Aussichtspunkte von Auckland ist der weiter südlich aufragende 183 m hohe **Vulkankegel** One Tree Hill. Von hier oben sind noch die alten Befestigungsgräben und Wälle des großen Maori-Pa aus dem 17./18. Jh. zu erkennen, in dem bis zu 4000 Menschen lebten. Im Cornwall Park steht das älteste erhaltene Bauwerk, das 1841 von John Campbell errichtete »**Acacia Cottage**«. Als er 1912 hochbetagt starb, wurde er auf dem One Tree Hill beigesetzt. Neben seinem Grab steht ein Obelisk, der seine Anerkennung der Maori würdigt. Eine tolle Sound- und Lichtshow bietet das **Stardome Observatory.**

**Stardome Observatory**: 670 Manukau Rd | Mo. 9.30–15, Di.–Fr. 9.30–16.30 u. 18.30–21.30, Sa. 12.30–17 u. 18.30–23, So. 11.30–21.30 Uhr
Eintritt: 12 NZ$ | www.stardome.org.nz

### Oldtimer und Flugpioniere

★ Museum of Transport & Technology (MOTAT)

In diesem Museum im Stadtteil Western Springs wird die Geschichte der Technik und des Transportwesens in Neuseeland vorgestellt. Großes Interesse finden die Objekte von Flugpionier Richard Pearse (1877 bis 1953), der etwa um dieselbe Zeit wie die Brüder Wright seine ersten Flugversuche unternahm sowie **Jean Batten** (▶ Interessante Menschen), die in den 1930ern als »die Garbo der Lüfte« zur Ikone der frühen Fliegerei wurde. 1936 gelang ihr der erste Soloflug von England nach Neuseeland. Zwischen dem Museum und dem nahen Zoo verkehrt eine Oldtimer-Straßenbahn.

805 Great North Rd | tgl. 10–17 Uhr | Eintritt: 19 NZ$
www.motat.org.nz

### Dem Nationalvogel begegnen

★ Auckland Zoo

Ebenfalls im Stadtteil Western Springs bietet das **Kiwi-Nachthaus** im Zoo einen der wenigen Orte im Land, wo Sie das neuseeländische Wappentier aus nächster Nähe beobachten können (▶ Baedeker Wissen, S. 70). Landschaften von der Küste bis zum kargen Hochland der Südinsel sind hier eindrucksvoll nachempfunden.

Tgl. 9.30–17.30 Uhr, im Winter nur bis 17 Uhr | Eintritt: 30 NZ$
www.aucklandzoo.co.nz

### Zu kleinen Fischen und großen Haien

★★ Kelly Tarlton's Sea Life Aquarium

Eine **einzigartige Unterwasserwelt** lässt sich im Sea Life Aquarium am Tamaki Drive im östlichen Stadtteil Orakei erleben. Im riesigen Acryltunnel können Sie Haie und Stachelrochen aus der Nähe bestaunen. Eine Show erzählt von den Tauchgängen des legendären Kelly Tarlton (1935–1985), der die Meeresfauna des Südpazifiks und auch die vor den Küsten Neuseelands liegenden Schiffswracks inzensiv erforscht hat. Besonderen Nervenkitzel verspricht das Abtauchen in einem Käfig im Haiaquarium. Weiteres Highlight ist der **Antarktisbereich**, in dem nicht nur eine der größten Pinguinkolonien der Süd-

BAEDEKER ÜBERRASCHENDES

# 6X

## EINFACH UNBEZAHLBAR

*Erlebnisse, die für Geld nicht zu bekommen sind*

### 1. ON TOP

Eine gratis Mega-Aussicht auf Neuseelands größte Metropole inklusive einem netten Spaziergang bekommen Sie auf dem **Mount Eden**. Der Vulkankegel ist die höchste Erhebung **Aucklands**. (▶ S. 59)

### 2. STERNENKLAR

Besonders am **Lake Tekapo** leuchtet der Himmel nachts sternenklar. Hier kann man sich zurücklehnen und genau das »Kreuz des Südens« sehen – ganz umsonst natürlich. (▶ S. 244)

### 3. ANFASSEN, AUSPROBIEREN, STAUNEN

Maori-Kultur, europäisches Erbe und junge Kunst der Inselnation – entdecken Sie kostenlos das Beste von Neuseeland im sensationellen Nationalmuseum **Te Papa Tongarewa** in Wellington. (▶ S. 151)

### 4. HEISSER POOL

Schaufel eingepackt und los! Am **Hot Water Beach** auf der Coromandel Peninsula kann sich jeder seinen eigenen Pool buddeln. Aus dem Sand sprudeln bei Ebbe heiße Quellen. Das verspricht Entspannung pur! (▶ S. 75)

### 5. ZWEI OZEANE

Es gibt nicht viele Orte auf der Welt, wo Sie zusehen können, wie zwei Ozeane aufeinandertreffen. **Cape Reinga** an der Spitze der Nordinsel ist perfekt für fantastische Fotos und Ausblicke bis zum Horizont. (▶ S. 120)

### 6. WELTERBE

Erstarrte Lava, aktive Vulkankrater, tiefgrüne Seen und epische Aussichten – für das anspruchsvolle **Tongariro Alpine Crossing** brauchen Sie nur Kondition. (▶ S. 142)

halbkugel lebt, sondern auch ein originalgetreuer Nachbau der Antarktis-Forschungsstation von 1911 steht. Damals brach unter der Leitung von **Captain Robert F. Scott** ein Forschertrupp zur Expedition ins ewige Eis auf. Dabei lieferte sich das Team einen erbitterten Wettlauf mit dem norwegischen Polarfoscher Roald Amundsen. Scott setzte dabei auf Ponys statt auf Schlittenhunde wie Amundsen und erreichte dadurch erst fünf Wochen später den Südpol.
Tgl. 9.30–17 Uhr | Eintritt: 41 NZ$ | www.visitsealife.com/auckland

## Rund um Auckland

★ Devonport

**Idylle in Sichtweite**
Nur zehn Minuten Fährfahrt trennen Devonport mit viktorianischen Villen und gepflegten Gärten von der Hektik der Großstadt. Bereits 1840 gegründet, ist es einer von Aucklands ältesten Vororten. Hier herrscht entspannte Urlaubsatmosphäre mit entsprechendem Strandleben, Jachthafen und schnuckeligen Boutiquen. Von Devonport hat man den wohl schönsten Blick auf die Skyline von Auckland. Am Waitemata Harbour informiert das **Naval Museum** über die Royal New Zealand Navy.
**Naval Museum:** tgl. 10–17 Uhr | Eintritt frei

Waitakere Ranges

**Baumriesen im dichten Grün**
In den ursprünglichen Regenwäldern der Waitakere Ranges 30 km südwestlich von Auckland lassen sich mächtige **Kauri-Bäume** (▶Baedeker Wissen S. 108) entdecken. Beliebte Wanderwege sind der Hillary Track, eine Viertagestour, und der Kitekite Track, der in 45 Minuten zu einem wunderschönen Wasserfall führt.

★ Baden und Surfen

**Sonnenanbeter und Wassersportler ...**
... finden rund um Auckland schöne Strände. Gut besucht sind die Strände am Nordufer des **Waitemata Harbour** von Cheltenham bis Long Bay. Die schönsten Sandstrände haben Takapuna und Milford. Anfänger wie Fortgeschrittene finden am Bilderbuchstrand von **Piha Beach** gute Surfbedingungen – Brett und Neoprenanzug verleiht die Piha Surf School, die auch Kurse anbietet. Oberhalb von **Muriwai Beach** nisten Tausende von Tölpeln. An der Ostküste entdeckt man Strände mit einem ganz besonderen Highlight: Der **Pohutukawa**, Neuseelands Weihnachtsbaum, blüht während der Adventszeit in leuchtendem Rot. Da Weihnachten bei den Kiwis in die Sommerzeit fällt, wird zum Fest einfach unter den Bäumen ein Picknick serviert.
www.regionalparks.aucklandcouncil.govt.nz/parks

Howick Historical Village

**Leben anno dazumal**
23 km südöstlich von Auckland erinnert am Hauraki-Golf das unter Denkmalschutz gestellte Dörfchen Howick an **koloniale Zeiten**. Es

gehörte 1847 zu der von Gouverneur Grey geplanten Kette von »Fencible Settlements«, befestigten Siedlungen. Die gut erhaltenen historischen Gebäude sind heute ein lebendiges Freilichtmuseum. Erleben Sie den Alltag der Soldaten im 19. Jh., womit Kinder damals spielten und wie sie in der Schule lernten. Die All Saints Anglican Church wurde von Frederick Thatcher entworfen, die Grabsteine auf dem Kirchhof stammen aus der frühen Siedlerzeit. Werfen Sie auch einen Blick ins 1852 erbaute Bell House, das heute ein Restaurant beherbergt.
Tgl. 10–16 Uhr | Eintritt: 16 NZ$ | www.fencible.org.nz

**Feinschmeckerparadies & Land Art**
★ Matakana
Bekannt ist Matakana, 70 km nördlich von Auckland, für seinen **Bauernmarkt**, der Samstagvormittag mit leckeren Spezialitäten und

besten Tropfen der bekannten Weinregion lockt. Mehr als 400 fantastische Kunstwerke füllen die drei Gärten und sechs Galerien des **Sculptureum**, wo Sie im Rothko Restaurant eine Pause einlegen können. Morris & James Pottery erlaubt Einblicke in die Herstellung und verkauft wunderschöne Töpferwaren. 40 km weiter westlich sollten Sie noch einen Stopp auf **Gibbs Farm** einplanen, wo renommierte Land-Art-Künstler wie Andy Goldsworthy, Daniel Buren und Peter Roche ihre raumgreifenden Skulpturen ausstellen.

**Sculptureum:** 40 Omaha Flats Rd, Auckland | tgl. 10–17 Uhr
Eintritt: 40 NZ$ | www.sculptureum.nz | **Morris & James Pottery:** 48 Tongue Farm Rd, Laly Haddon Place | tgl. 9–17 Uhr, gratis Führung: Mo.–Fr. 11.30 Uhr | www.morrisandjames.co.nz
**Gibbs Farm:** 2421 Kaipara Coast Hwy, Makarau | Besichtigung n. V.
www.gibbsfarm.org.nz

## Sheepworld

★ Sheep and Wool Centre

Alles zum Thema Schaf bietet das Sheepworld Centre nördlich von Warkworth und südlich von Matakana. Auf einer riesigen Farm erfahren Sie nicht nur Wissenswertes rund um die **Schafhaltung,** sondern

Verrückt, fantastisch und immer anders: ein Schneckenrennen im Sculptureum

können mitten ins Geschehen eintauchen, ob beim Schafscheren oder bei Hundevorführungen. Im Shop gibt es flauschige Stiefelchen, Schafsfelle, Pullis und vieles mehr aus Wolle zu kaufen.
324 State Highway One | tgl. 9–17 Uhr | Eintritt: Erw. 22,50 NZ$, Kinder 14 NZ$ | ww.sheepworldfarm.co.nz | Shop: www.ecowool.com

## ★ Hauraki Gulf

### Aucklands größte Bucht

Inselparadies und Segelrevier

Hauraki heißt Nordwind in der Sprache der Maori. Mit seinen vielen smaragdgrünen Inseln eröffnet der Golf vor der Haustür von Auckland endlose Wassersportmöglichkeiten. Jetboot- und Kajaktouren, Angeln und Segeln – vielleicht buchen Sie sogar einen Törn auf einer ehemaligen Jacht des **America's Cup** (▶Baedeker Wissen S. 298).

### Über schwarze Lava zum Vulkangipfel

Rangitoto Island

Die per Fähre von Auckland aus erreichbare Insel, die sich erst vor rund 600 Jahren bei einem Vulkanausbruch aus dem Meer erhob, ist der jüngste und höchste von Aucklands 48 Vulkankegeln und Heimat des größten **Pohutukawa-Waldes** der Welt. Ein Allradfahrzeug bringt Besucher im Rahmen einer geführten Tour auf den Vulkangipfel mit weitem Rundumblick auf die grüne Inselwelt, den Sie auch in einer Stunde zu Fuß erklimmen können. Wer eine Taschenlampe dabeihat, kann unterwegs schwarze **Lava-Höhlen** erkunden – ein echtes Abenteuer auch für Kinder.

### Entschleunigung & edle Tropfen

★ Waiheke Island

Mehr als ein Dutzend renommierter **Weinkeller** wie die Batch Winery, Cable Bay Vineyard oder das Tantalus Weingut, kleine Galerien, Kunsthandwerkerateliers, Boutiquen, Cafés und Restaurants entführen die Besucher der Ferieninsel in eine andere Welt. Wandern Sie entlang der Klippen zu weiten Sandstränden, die zum Baden und Picknicken einladen. Buchen Sie ein Cottage in **Connells Bay Sculpture Park** mit Blick auf zeitgenössische Kunst und eine türkisfarbene Bucht.
www.waiheke.co.nz, www.connellsbay.co.nz

### Seltene Fauna

Motuihe Island

Eine Stunde braucht das Boot zu der kleinen Insel unter dem Schutz des Department of Conservation (DOC), die seltene und vom Aussterben bedrohte Vogel- und Insektenarten schützt. Wer will, kann den Rangern des Motuihe Island Trust freiwillig zur Hand gehen.

### Historisches Herrenhaus

Kawau Island

In den 1840ern wurden Mangan und Kupfer auf Kawau abgebaut, das per Boot ab Sandsplit zu erreichen ist. Gouverneur Grey kaufte die

Insel 1862 und importierte exotische Pflanzen und Tiere aus aller Welt, darunter Pfaue, die heute noch hier leben. Das Haus des Minenverwalters ließ er zu einem eleganten Herrenhaus umbauen.

**Mansion Kawau Island:** Mo.–Fr. 12–14, Sa., So. 12–15.30 Uhr
Eintritt: 4 NZ$ | www.doc.govt.nz

### Isolierte Natur

Great Barrier Island

Das gut 28 000 ha große Great Barrier Island ist die viertgrößte Insel im Hauraki Gulf und bietet eine faszinierende unberührte Natur, meist leere, weiße Sandstrände, aber auch Regenwald und Gebirgszüge. Hier können Kaka-Papageien und Delfine beobachtet werden.

### Vogelparadies

Tiritiri Matangi Island

Der Katamaran braucht 75 Minuten von Auckland zur Insel mit ihrem weithin sichtbaren Leuchtturm vor der Halbinsel Whangaparaoa. Die Insel ist Naturschutzgebiet und ein Traum für Ornithologen, die hier seltene, vom Aussterben bedrohte Vogelarten beobachten können.

# ★ BAY OF PLENTY

**Region:** Bay of Plenty | **Höhe:** 0–232 m | **Einwohner:** 238 500

*Endlose Strände, ein aktiver Meeresvulkan und nette Küstenstädtchen machen die sanft geschwungene Bucht zwischen der Coromandel-Halbinsel und dem East Cape zu einem beliebten Urlaubsziel. Rund um das sonnenverwöhnte Tauranga wird alles von Kiwis bis zu Avocados angebaut.*

Bucht der Fülle

Als James Cook (▶ Interessante Menschen) 1769 in der Bucht vor Anker ging, um seine Vorräte aufzufüllen, sah er dichten Bewuchs und viele Siedlungen und nannte sie »Bucht der Fülle«. Im 20. Jh. setzte sich der Obst- und Gemüseanbau durch, allen voran die Kiwifrucht, die zum Exportschlager wurde (▶Baedeker Wissen S. 70).

## Rund um die Bay of Plenty

### Blühende Hafenstadt

★ Tauranga

Das schnell wachsende Tauranga ist die größte Stadt der Bay of Plenty. Direkt am Wasser lockt das Viertel »The Strand« mit kleinen Cafés, Restaurants und Nachtclubs. Am schönsten zeigt sich die Hafenstadt im Vorort **Mount Maunganui** mit herrlichem Pazifikstrand am

BAEDEKER ÜBERRASCHENDES

# 6X TYPISCH

*Dafür fährt man nach Neuseeland.*

## 1. SCHÄFCHEN ZÄHLEN

Mehr Schafe als Einwohner besitzt die grüne Insel, die sich bestens für Weidewirtschaft eignet. So gibt es spannende Schafschur-Meisterschaften wie im **Sheepworld** bei Warkworth vielerorts im Land. (▶ **S.64**)

## 2. GRÜNER GEHT NICHT

Das Gras in Neuseeland scheint grüner zu leuchten als irgendwo sonst auf der Welt – ein traumhaftes Fleckchen Erde.

## 3. WUNDERBARE WILDNIS

Neuseeland begeistert mit spektakulärer Natur, Hochgebirge grenzen an Sandstrände und Regenwälder, vor der Küste tummeln sich Wale und Delfine, im **Waipoua Forest** der Nordinsel wachsen riesige Kauribäume in den Himmel. (▶ **S. 110**)

## 4. HITZIGE MITTELERDE

Zwischen wilden Urwäldern und sanften Hügeln blubbert, brodelt und zischt es aus **Vulkanen, Geysiren** und **Thermalquellen** – die perfekte Kulisse für die »Herr der Ringe«- und »Hobbit«-Verfilmungen. (▶ **S. 10, 21**)

## 5. NO WORRIES!

Die Neuseeländer sind offen, höflich und hilfsbereit, sehr gastfreundlich und sympathisch entspannt – nehmen Sie etwas von der lockeren Grundhaltung der Kiwis mit nach Hause! (▶ **S. 268**)

## 6. LEBENDIGE MAORI-KULTUR

Laut stampfende Füße, klatschende Hände, aufgerissene Augen und eine herausgestreckte Zunge – der wilde **Haka**-Tanz transportiert kraftvoll das besondere Gemeinschaftsgefühl der Maori. (▶ **S. 86, 280**)

**Ocean** und **Papamoa Beach** und entspannter Seebadatmosphäre am Fuß des 252 m aus dem Meer aufragenden gleichnamigen Berges. Vor der Küste können Sie auf **Dolphin Seafaris** mit Delfinen schwimmen, mit etwas Glück sogar Orcas sehen.

**Dolphin & Wildlife Cruise**: 120 The Strand, Tauranga | tgl. Touren 7 – 19 Uhr | https://bayexplorer.co.nz

**Natur in ihrer ganzen Urgewalt ...**

★ White Island

... verspricht der einzige aktive Meeresvulkan Neuseelands. Die weiße **Vulkaninsel** 50 km vor der Küste ist per Schiff oder Helikopter ab Whakatane und Tauranga erreichbar. Bei einem Ausbruch 1914 wurde die Ostflanke des Vulkans förmlich weggesprengt. Seitdem hat White Island keinen Kratersee mehr. Die thermische Aktivität ist beachtlich. Ständig fauchen Fumarolen, kochen und blubbern Tümpel und Schwefellöcher. Ihren Namen hat die Insel von James Cook bekommen angesichts der ewigen weißen Dampfwolken. Besuche sind nur im Rahmen einer geführten Tour erlaubt.

**White Island Tours**: 15 The Strand East, Whakatāne | 5 – 6 stündige Touren inkl. Wanderung ab 240 NZ$ | www.whiteisland.co.nz

Die ganze White Island ist ein Vulkan und Gipfel eines maritimen Gebirges.

**Historischer Boden**

The Elms

Die **Missionsstation** mit Kapelle und Bibliothek im Garten ist seit ihrer Gründung 1838 fast unverändert geblieben, ihre Norfolkkiefern und englischen Eichen sind inzwischen riesengroß.

15 Mission Street, Tauranga | tgl. 10 – 16 Uhr | Eintritt inklusive geführter Tour: 15 NZ$ | www.theelms.org.nz

**Vitaminbomben**

Te Puke

Die riesige Nachbildung einer aufgeschnittenen Kiwifrucht begrüßt Besucher der »**Welt-Kiwi-Hauptstadt**«, in deren Umgebung im April und Mai riesige Mengen der vitaminreichen Früchte geerntet werden (▶Baedeker Wissen S. 70).

**Kiwifruit Country:** Besichtigungstouren der Kiwiplantagen | 316 State Highway 33, Paengaroa | 20 NZ$ | www.kiwifruitcountry.com

**Frauenpower**

★ Whakatane

Von Whakatane starten Touren zur Vulkaninsel **White Island**, ▶S 68. Eine Bronzestatue auf den **Whakatane Heads** erinnert an die beherzte Häuptlingstochter Wairaka. Laut Legende landete hier das Maori-Ahnenkanu »**Mataatua**«. Während die Männer die Rangitaiki-Ebene inspizierten, warteten Frauen und Kinder im Boot, das durch die Flut ins Meer zurückgetrieben wurde. Mutig und gegen das Verbot ergriff **Wairaka** ein Paddel, rief »Kia whakatane au i ahau«, »ich werde handeln wie ein Mann«, und ruderte mit Hilfe der anderen Frauen wieder ans Ufer. Ecke Strand und Commerce Street wurden von den Maori einst am heiligen **Pohaturoa Rock** Stammesrituale abgehalten. Neben dem heiligen Felsen steht ein Modell des Ahnenkanus. Schönes Kunsthandwerk der Maori zeigt das **Whakatane Museum** in der Boon Street. Eine authentische Maori-Folklore-Show bekommen Sie beim **Mataatua Cultural Immersion Experience** am Muriwai Drive 105 in einem traditionellen Versammlungshaus von 1875.

**Whakatane Museum:** Mo.–Fr. 10–17, Sa., So. 10–14 Uhr Eintritt: Spende erbeten | www.whakatanemuseum.org.nz

**Mataatua Cultural Immersion Experience**: tgl. verschiedene Führungen 10 – 16 Uhr, www.mataatua.com

**Heiße Pools**

Awakeri Hot Springs

An der Straße nach ▶Rotorua können Sie in den wohligwarmen **Thermalquellen** von Awakeri den Tag ausklingen lassen.

1363 State Highway 30, Awakeri 3192 | tgl 8–21.30 Uhr Eintritt: 7,50 NZ$ | www.awakerisprings.co.nz

**Traum von Natur und Wasser**

Tarawera Falls

Etwa 22 km südwestlich von Kawerau stürzen sich die Wasser des Tarawera River über eine 60 m hohe Felstreppe. Vom Parkplatz führt ein schöner Wanderweg in einer halben Stunde zu den Wasserfällen.

# GRÜN UND GOLDEN

*Kiwis zählen zu den beliebtesten Früchten. Kein Wunder, denn die süßsäuerlichen Exoten sind ausgesprochen lecker, gesund und kalorienarm. Der größte Teil der deutschen Kiwi-Importe kommt aus Neuseeland. Dort werden die Früchte auf der Nordinsel an der sonnenreichen Bay of Plenty in riesigen Plantagen kultiviert.*

**▶ Verbreitung**

Ursprünglich waren die mehrjährigen Kiwibäume (Actinidia deliciosa) in China und Taiwan beheimatet und gelangten erst Anfang des 20. Jh.s nach Neuseeland, wo die »Chinesische Stachelbeere« zum Nationalobst avancierte. Ihren Namen Kiwi erhielt Sie nach dem Nationalvogel Neuseelands, an dessen Gefieder die pelzige Schale erinnert. Heute werden die gesunden Exoten auch in den USA, Chile und Europa angebaut:

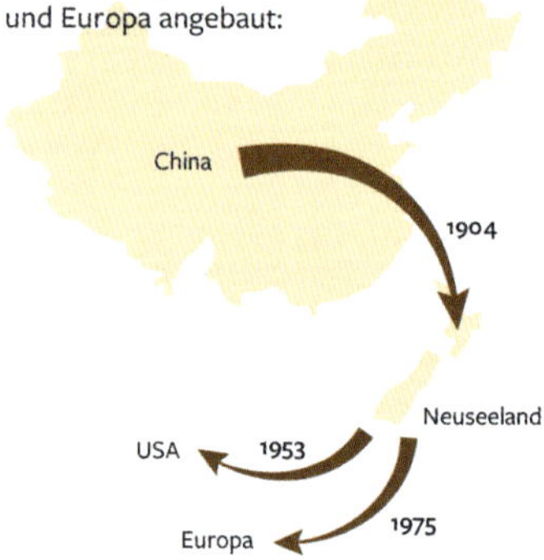

Kiwi Green

**▶ Anbaugebiete**

Weltweit größter Kiwi-Erzeuger ist China, auf Platz zwei liegt Italien, an dritter Stelle kommt Neuseeland. Selbst in Rheinland-Pfalz werden Kiwis angebaut.

NEUSEELAND
ITALIEN
CHINA
FRANKREICH
JAPAN
GRIECHENLAND

**▶ Kiwi-Pflanze**

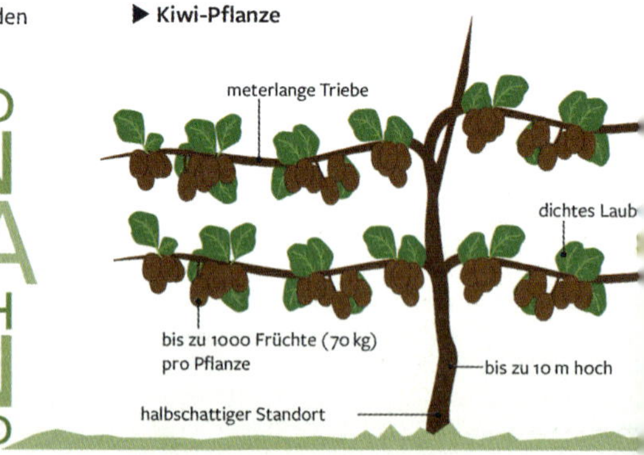

## Vitamin-C-Bomben

Kiwis sind vollgepackt mit Vitamin C, Magnesium, Kalium und Kalzium. Der Vitamin-C-Gehalt schwankt je nach Sorte und Reifegrad. Bei den honigsüßen, gelbfleischigen Kiwi Gold ist er noch etwas höher als bei der grasgrünen Hauptsorte »Hayward«, die in den 1920er-Jahren in Neuseeland gezüchtet wurde und heute weltweit vermarktet wird.

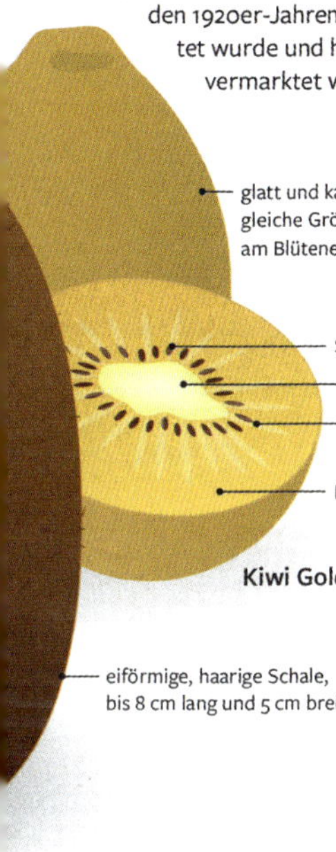


### ▶ Inhaltsstoffe

Der Energiegehalt einer Kiwi beträgt ca. 60 kcal/100 g.

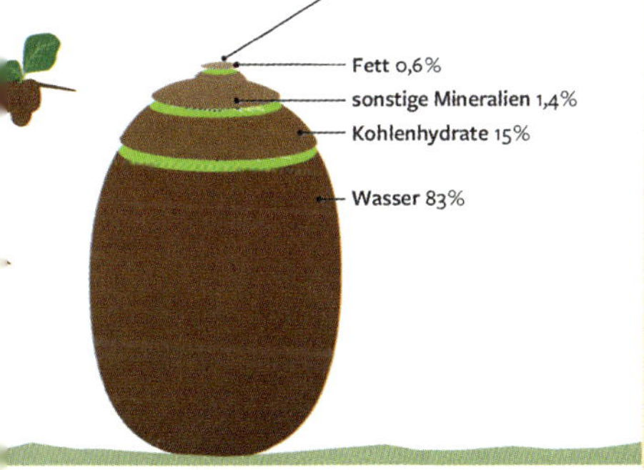


### ▶ Was sonst noch Kiwi heißt …

Der nachtaktive Kiwi-Vogel, das Nationaltier Neuseelands, ist der kleinste Laufvogel der Welt. Ob seine Vorfahren auch schon flugunfähig waren, ist nicht geklärt.

### ▶ Vom Aussterben bedroht

Bevor die Menschen Neuseeland besiedelten, hatte der Kiwi keine natürlichen Feinde. Die Maori verdrängten ihn aus zahlreichen Gebieten und verursachten das Aussterben des Zwergkiwis. Seit 1896 ist die Kiwi-Jagd verboten und seit 1921 steht der Laufvogel unter Artenschutz.

**Kiwi-Bestand**

**73 Tsd.** 2008

**60 Tsd.** 2020

## BAY OF PLENTY & TAURANGA ERLEBEN

### TAURANGA VISITOR CENTRE
97 Willow Street, Tauranga
Tel. 07 5788103
www.tauranga.govt.nz

### NATIONAL JAZZ FESTIVAL
Auch Aretha Franklin und Souldiva Bella Kalolo sind schon auf dem Jazzfestival im April aufgetreten.
www.bayofplentynz.com

### WAIMARINO KAJAKTOURS
Für romantische Abenteurer empfiehlt sich die Kajaktour zum Sonnenuntergang, wenn Glühwürmchen den Abendhimmel leuchten lassen.
36 Taniwha Place, Tauranga
Ab 130 NZ$, Dauer: 3 Std.
www.glowwormkayaking.com

### MILLS REEF WINERY & RESTAURANT €€€
Nach der Weinverkostung lässt sich hier auch wunderbar speisen.
143 Moffat Road, Bethlehem Tauranga, Tel. 07 576 88 00
www.millsreef.co.nz

### SOMERSET COTTAGE €€€
Moderne, leichte Küche, vegane Menüs und eine Kochschule
30 Bethlehem Road, Tauranga
Tel. 07 576 68 89
www.somersetcottage.co.nz

### LATITUDE 37 €€
Nach der klassischen Wanderung auf den Mount Maunganui gibt's hier fangfrische Austern und saftige Black-Angus-Steaks in stylischem Ambiente.
181 Maunganui Rd, Tel. 07 572 30 37, www.baypalmmotel.co.nz

### BELLE MER €€€€/€€€
Schicke, große Apartments direkt am Strand mit Pool und Spa-Anlage
53 Marine Parade, Mount Maunganui, Tel. 0800100235
http://bellemer.co.nz

### SEASCAPE VILLA B & B €€
Frische Säfte und Manuka-Schinken gehören zum Frühstück der weißen Villa, 5 Min. Fahrt vom Stadtzentrum.
179 Carlton St., Tauranga
Tel. 07 576 00 88
www.seascapevilla.co.nz/de-de

**Rauf aufs Rad**

Opotiki

Früher eine der größten Maori-Siedlungen an der Bucht, war Opotiki von Hauhau-Gruppen und Guerillakämpfern des Häuptlings Te Kooti heftig umkämpft. An der Hauptsraße lassen sich **Holzschnitzereien** der Maori entdecken. Direkt an der Küste entlang Richtung Osten verläuft der gepflegte **Motu Trail**, entspannte 20 km per Rad mit toller Aussicht. Vom Parkplatz 8 km südlich am Ende der Woodlands Road können Sie durch das Naturschutzgebiet **Hukutaia Domain** zum Taketakerau laufen, einem 2000 Jahre alten, heiligen Puriri-Baum der Maori, dessen Stamm einen Umfang von 21 m hat.

# ★★ COROMANDEL PENINSULA

Region: Waikato | Höhe: 0 – 892 m

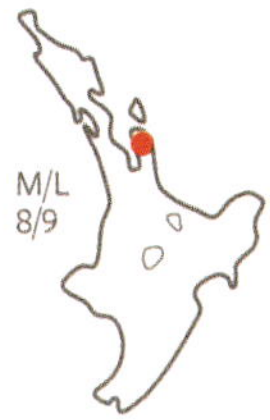


***Schneeweiße Sandstrände, grüne Regenwälder und rot blühende Pohutukawas, schnuckelige Städtchen, hübsche Läden und kleine Cafés – der nach Norden zeigende Langfinger Coromandel kombiniert Küste, Kunst und Kolonialzeit mit purer Sommerlaune.***

Perfekte Urlaubsstimmung

Fernab von der Hektik der Großstadt sorgen 400 km Strand zum Schwimmen und Sonnenbaden für beste Urlaubsstimmung. Aktivurlauber können im Seekajak die Küste erkunden, durch unberührten Buschwald wandern oder auf dem Hauraki Rail Trail die Küste abradeln. Coromandel ist auch Hochburg von Künstlern und Kunsthandwerkern. Stöbern Sie in aller Ruhe in Ateliers, Töpfereien, Boutiquen und auf bunten Märkten nach Mitbringseln für Zuhause.

**Im Auftrag der Royal Navy**

Kauri und Gold

Die stattlichen Kauriwälder, die vor Ankunft der Europäer die Halbinsel bedeckten, fielen im 19. Jh. Axt und Säge zum Opfer. Der Name der Halbinsel stammt übrigens vom britischen Schiff »**Coromandel**«, mit dem 1820 Kauriholz für die British Royal Navy abtransportiert wurde. Den Holzfällern folgten die »gum digger« auf der Jagd nach dem begehrten Kauriharz (▶Baedeker Wissen S. 108). Schließlich wurde Gold gefunden, doch Glücksritter aus aller Welt hatten die Vorkommen des Edelmetalls rasch ausgeräumt.

## Ausflugsziele auf der Coromandel-Halbinsel

**Alles Gold, was glänzt**

★ Thames

An die Goldgräbertage erinnert in Thames, das außerdem herrliche Badestrände besitzt, der Historic Walk zu gut erhaltenen Bauten des 19. Jh.s. Im **Thames Mineralogical Museum** sind Modelle der Bergwerke ausgestellt. Die »Queen of Beauty Pump« förderte Wasser aus den 300 m tiefen Schachtanlagen. Beim **Goldmine Experience** in der Main Road dürfen Besucher in die alte Mine vordringen und nach Gold schürfen. Machen Sie eine Pause in der **Miranda Farm Gallery** & Café und kommen Sie samstags zum **Bauernmarkt** in Grahamstown oder sonntags zum Coroglen Farmers Market in der Gumtown Hall.

**Mineralogical Museum:** im Sommer tgl. 10–15 Uhr | Erw. 10 NZ$ www.nzmuseums.co.nz | **Goldmine Experience:** Tararu Rd | im Sommer tgl. 10 –16 Uhr | Erw. 15 NZ$ | www.goldmine-experience.co.nz

### Picknick mal anders

★ Coromandel Forest Park

Wandern Sie im Norden der Halbinsel vom Stony Beach Campingplatz durch das Naturschutzgebiet mit herrlichen Kauriwäldern, ein netter Platz für ein Picknick ist das Besucherzentrum.
**Kauaeranga Visitor Centre**: 995C Kauaeranga Valley Rd, Thames
www.doc.govt.nz

### Im Goldrausch

Coromandel

Mit nostalgischen Siedlerhäuschen aus Goldgräbertagen, kleinen Läden und Cafés punktet das Dorf Coromandel. Probieren Sie fangfrische **Coromandel-Austern**, perfekt für ein Picknik am Strand. Die Driving Creek Railway startet mehrmals täglich zu Fahrten durch den Regenwald. Während der **Coromandel Arts Tour** im Oktober öffnen lokale Künstler ihre Ateliers und lassen sich bei der Arbeit zusehen.
**Driving Creek Railway**: 380 Driving Creek Road
www.drivingcreekrailway.co.nz

Zwei Stunden vor und nach Ebbe können Sie sich am Hot Water Beach einen eigenen Pool mit heißem Wasser am Meer buddeln – Schaufel nicht vergessen!

**Traumstrände**

Gut 30 km südöstlich in **Whitianga**, der »Scallop Capital of New Zealand«, gibt es die besten Jakobsmuscheln. Die Coromandel-Halbinsel besitzt traumhafte Strände am Pazifik, deren Abzweige vom SH 25 alle gut ausgeschildert sind. Sanfte Wellen und viel Platz verspricht der **Buffalo Beach** in der stadtnahen Bucht von Whitianga. Die berühmteste Strandkulisse besitzt die **Cathedral Cove** (▶Abb. S. 76/77), die Sie vom Parkplatz beim **Hahei Beach** zu Fuß in einer guten halben Stunde erreichen. Die mächtige Felsgrotte ist von der Meeresbrandung ausgespült worden und nur bei Ebbe begehbar, aber auch per Boot vom Hahei Beach aus erreichbar. Südlich von Hahei mit Campingplatz in Bestlage ist der **Hot Water Beach** beliebtes Ziel, wenn bei Ebbe heiße Quellen aus dem Sand sprudeln. Generationsübergreifend graben sich dann Menschen aus aller Welt ihren eigenen Whirlpool – es hilft, einen Spaten im Strandgepäck zu haben.

★★ Cathedral Cove und Hot Water Beach

**Sonnenbad oder Seekajak**

Der Ferienort an der Südostküste der Coromandel-Halbinsel scheint in der Hauptreisezeit aus allen Nähten zu platzen. In der Hafenbucht gibt es ebenfalls einen wunderschönen breiten Badestrand. Auch Surfer treffen sich gerne hier. Wer will, kann ein Seekajak mieten und zur Donut Island rüberpaddeln.

Whangamata

**Glück auf!**

**Neuseelands größte Goldmine** liegt an den südlichen Ausläufern der Coromandel Range: **Martha Hill** war von 1878 – 1952 in Betrieb, ihr tiefster Schacht reicht 550 m unter die Erde. Unter Tage wurden 160 km Stollen angelegt. Den dramatischen Auseinandersetzungen zwischen Bergleuten und Minenbesitzern 1912 folgte die Gründung der neuseeländischen Labour Party. Heute sind drei Minen von Waihi Gold in Betrieb. Im **Gold Discovery Centre** dokumentieren Modelle, Gerätschaften und Fotos das harte Leben der Kumpel. Bei den **Waihi Gold Mine Tours** besuchen Sie die Martha Hill Mine.

Rund 10 km östlich am Strand von **Waihi Beach** konnten die Kumpel einst ihre Lungenleiden von der Arbeit untertage kurieren. Heute ist der 10-km-Strand ein Eldorado für Wassersportler und einer der sichersten **Surf-Spots** Neuseelands.

**The Gold Discovery Centre & Waihi Gold Mine Tours:** 126 Seddon Street, Waihi | tgl. 10.30 und 12.30 Uhr | Erw. 39 NZ$
www.golddiscoverycentre.co.nz/tours

Waihi Mine

**Zeitreise zur Kiwi-Limo**

Der geschichtsträchtige, zweistündige **Karangahake Gorge Historic Walkway** folgt dem Ohinemuri-Fluss durch die eindrucksvolle Karangahake-Schlucht. Auf Infotafeln wird unterwegs die Bahngeschichte der Region erzählt. Bei den Owhara Falls und dem Eingang

★ Karangahake Gorge

Selten leer, aber immer spektakulär: Cathedral Cove am Hahei Beach

## COROMANDEL PENINSULA ERLEBEN

### COROMANDEL INFORMATION CENTRE
355 Kapanga Road, Coromandel
Tel. 07 866 85 98
www.thecoromandel.com

### OLDTIMERZÜGE
Zwischen dem alten Bahnhof von Waihi an der Wrigley Street und Waikino pendeln Oldtimerzüge.
Fahrt hin und zurück 18 NZ$
www.waihirail.co.nz

### THE CHEESE BARN
Farmshop mit leckerem Biokäse in aromatischen Sorten: von Feta über Halloumi zur Sour Cream, auch laktosefrei – mit gemütlichem Café
4 Wainui Road, Matatoki
Mo.–Fr. 9–16.30, Sa., So. 10–16 Uhr, Tel. 07 868 12 84
www.thecheesebarn.co.nz

### 309 HONEY
Andrew und Sue Williams verkaufen hochwertigen, aber erschwinglichen Manuka-Honig. Die Anfahrt über die Schotterpiste der Road 309 ist allerdings etwas abenteuerlich.
1681–1699 The 309 Road
Kaimarama
www.309honey.co.nz

### ❶ PEPPERTREE €€€/€€
Salate, Spare Ribs, Muscheln oder Scallops? Große Speisekarte, alles fangfrisch und mit Liebe zubereitet – was will man mehr?
31 Kapanga Road, Coromandel
Tel. 07 866 82 11
www.peppertreerestaurant.co.nz

### ❶ MERCURE GRAND PUKA RESORT €€€
Einzigartiger Rückzugsort mitten im Regenwald mit Day Spa, solarbeheiztem Außenpool, Sonnenterrasse und stilvollem Essen im Restaurant
Mount Aneue, Pauanui Beach
Tel. 07 864 80 88
www.pukapark.co.nz

### ❷ ADMIRALTY LODGE MOTEL €€€/€€
Schöne Studios und Apartments mit Küche, Geschirrspüler und Mikrowelle am Strand in Whitianga mit Panoramablick auf die Mercury Bay und den Strand von Buffalo.
69–71 Buffalo Beach Road
Tel. 07 866 01 81
www.admiraltylodge.co.nz

### ❸ ANCHOR LODGE MOTEL €€
Charmante Bleibe 5 Gehminuten vom Zentrum von Coromandel mit beheiztem Außenpool und Whirlpool, kostenloser Fahrradverleih.
448 Wharf Road
Coromandel
Tel. 07 866 79 92, https://anchorlodgecoromandel.co.nz

### ❹ SHELLY BEACH HOLIDAY PARK €€/€
Der Ferienpark liegt direkt am schönen und sicheren Strand, nur wenige Autominuten vom Städtchen Coromandel entfernt.
243 Colville Road
Coromandel
Tel. 0800 42 46 55
www.shellybeachcoromandel.co.nz

COROMANDEL PENISULA
1 Peppertree
1 Mercure Grand Puka Resort
2 Admiralty Lodge Motel
3 Anchor Lodge Motel
4 Shelly Beach Holiday Park
10 km
©BAEDEKER
Cape Colville
Square Top Island
Stony Bay
Port Charles
Moehau Range
Puroa
389m
Te Anaputa Point
Waiaro
Waikawau
Waikawau Bay
Whangaahei
Colville Bay
Te Whau Point
Colville
Whanake
305m
Tuateawa
Great Mercury Island
Mohi Mt.
231m
Mercury Islands
Red Mercury Island
Motukawao Group
Amodeo Bay
Kennedy Bay
Kahutara
284m
Kennedy Bay
Peachgrove Bay
Atiu Island
Papaaroha
Hapapawera
364m
Whangapoua
Whangapoua Harbour
Tokarahu Point
Otama
Opito
Opito Bay
Hautapu Channel
Kaipawa
586m
Hikutawatawa
507m
Black Jack
212m
Waitaia
311m
Tahanga
211m
Matarangi
Te Tutu
196m
Motuoruhi
Waimate Island
Coromandel
Te Rerenga
Waitaia
Waitaia Bay
Ohinau Island
Whanganui Island
Preece Point
Te Kouma
Castle Rock
521m
Hukarahi
289m
Coromandel Harbour
Waiau
Motutere
532m
Mercury Bay
Whitianga
Mahurangi Island
Hahei
Tawhitirahi
509m
Mahakirau
Cooks Beach
Manaia
Red Hill
200m
Kaimarama
Purangi
Kirita Bay
Hauturu
537m
Kakatarahae
728m
Fog Hill
393m
Whitianga Harbour
Mill Creek
Kaitoke
Rangitoto
233m
Castle Island
Hot Water Beach
Kereta
Coromandel Range
Papakai
760m
Whenuakite
Tapuaetahi
276m
Waikawau
Te Mata
Maumaupaki
819m
Oteao
401m
Coulter Hill
392m
Lynch Stream
Tapu
Te Kaka
577m
Ruamahanga
Waiomu
Tanehua
659m
Tairua
Tairua Harbour
Shoe Island
Te Puru
Thornton Bay
Ngarimu Bay
Mt. Rowe
795m
Ben Bolt
539m
The Pinnacles
759m
Pauanui
387m
Pauanui
Slipper Island
Tararu
695m
Hikuai
Ohiwai
327m
Ohui
Firth of Thames
Whakatete Bay
Hihi
718m
Puketui
Tararu
Motutapere
829m
Kaitarakihi
852m
Broken Hills
Opoutere
Wharekawa Harbour
Thames
Waihou River
Parawai
400m
Te Puke
Puketui
418m
Wharekawa
Kauaeranga
Onemana
Totara
Pakirarahi
787m
Neavesville
Piako River
Kopu
Pipiroa
Orongo
Matatoki
Pukewhau
364m
Whangamata Harbour
Whangamata
Kopuarahi
Puriri
Otahu River
Waitakaruru
Hauraki Plains
Omahu
Parakiwahi
Otumaika
123m
Wharepoa
Hikurangi
693m
Pukehangi
665m
Waiharakeke
Ngatea
Kerepehi
Hikutaia
Whiritoa
Mangatarata
Otonga Point

zur Victoria-Stampfmaschine, mit der Gestein zerkleinert wurde, endet der Track mit Zeugnissen der Goldgräberära. Ein kürzerer Rundweg führt über zwei Brücken und durch den 1100 m langen Bahntunnel. Im Sommer fährt eine **Museumseisenbahn** durch die Schlucht von Waihi nach **Paeroa**. Im **Bullswool Farm Park** dürfen Sie mit anpacken und Tiere füttern. In Paeroa wurde Neuseelands berühmtester Softdrink erfunden: **Lemon & Paeroa** oder kurz L & P nimmt sich mit dem Werbespruch »World Famous in New Zealand« gleich selbst auf die Schippe. Eine 7 m hohe L & P-Flasche an der Criterion Bridge erinnert daran, dass die kohlensäurehaltige Limonade früher ausschließlich in Paeroa hergestellt wurde, bevor Coca Cola die Kiwi-Limo kaufte und seitdem in Auckland abfüllt.

**Bullswool Farm Park:** 240 Rahu Road, Paeroa | tgl. 10 – 16 Uhr
www.thecoromandel.com

# EASTLAND

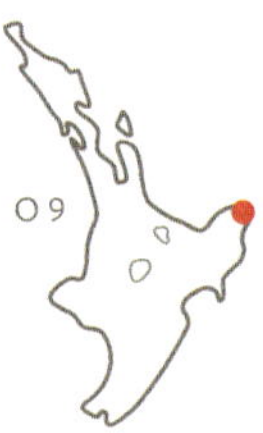


**Regionen:** Bay of Plenty, Gisborne | **Höhe:** 0 – 1754 m

*Wo die ersten polynesischen Kanus anlegten und Captain Cook 1769 als erster Europäer neuseeländischen Boden betrat, liegt auch die erste Stadt der Welt, in der morgens die Sonne aufgeht. Am schönsten ist es am East Cape zur Weihnachtszeit, wenn im Südsommer die Pohutukawabäume die Küste rot leuchten lassen.*

Maori-Land

Bringen Sie Zeit mit, im entlegenen Eastland scheinen die Uhren langsamer zu ticken als anderswo. Auf der Fahrt über den **Pacific Coast Highway** begegnen Ihnen viele Hinweise auf die Kultur der **Maori** (▶Baedeker Wissen S. 86), teilweise ist die Region Stammesland, das nur mit Erlaubnis betreten werden darf. Es gibt geschnitzte Versammlungshäuser, bemalte Maori-Kirchen und Veranstaltungen in Te Reo, der Sprache der Maori. Großartige Beispiele der Maori-Schnitzkunst an Versammlungshäusern und Kriegskanus, die jetzt im Te Papa Nationalmuseum in ▶ Wellington oder im ▶ Auckland Museum zu bewundern sind, stammen aus Te Kaha, Tikitiki und Gisborne. Das schönste Versammlungshaus besitzt heute Manutuke, den größten und ältesten Pohutukawabaum hat **Te Araroa**. Einige Kilometer südlich in **Tikitiki** steht die **schönste Maori-Kirche** Neuseelands. Das der heiligen Jungfrau geweihte Gotteshaus wurde 1924 zu Ehren der bei Gallipoli gefallenen Maori-Soldaten erbaut. Eine Gedenktafel erinnert an den Maori-Politiker **Sir Apirana Ngata**, der sich für den Kirchenbau mit traditioneller Handwerkstechnik der Maori eingesetzt hatte.

Am Kaiti Beach bei Gisborne betrat James Cook am 9. Oktober 1769 als erster Europäer neuseeländischen Boden.

**Abseits ausgetretener Pfade**

Von Opotiki zum East Cape

Naturbelassene Einsamkeit und kleine Maori-Dörfer begleiten die Fahrt auf dem Pacific Coast Highway von Opotiki zum East Cape (▶**Tour 3 Wildes Eastland** S. 41).

**Abenteuer Regenwald**

★ Te Urewera National Park

»**Kinder des Nebels**« werden die Maori vom Stamm der Ngai Tuhoe genannt, die in den dichten Regenwäldern des wilden Te Urewera National Park ihre Heimat haben und bis heute eher isoliert leben. In drei bis vier Tagen führt der **Lake Waikaremoana Great Walk** durch den Naturwald, meist am Ufer des größten und tiefsten Sees der Nordinsel entlang, durch Urwälder, Feuchtgebiete und einen magischen »Feenwald«. Seine märchenhaft verwitterten und in sich verschlungenen Silberbuchen sind mit Flechten und Moos überwachsen. Im Sommer lädt der See zu einem erfrischenden Bad ein – oder angeln Sie eine Forelle zum Abendessen.

www.doc.govt.nz

## EASTLAND ERLEBEN

### TE UREWERA NATIONAL PARK VISITOR CENTRE

Ecke SH38/Aniwaniwa Road
Aniwaniwa
Tel. 06 837 38 03
www.doc.govt.nz

### GISBORNE I-SITE

209 Grey Street, Gisborne
Tel. 06 868 61 39
www.gisbornenz.com

### RHYTHM AND VINES

Zum Jahreswechsel findet das große Musikfestival statt und leitet das neue Jahr klangvoll ein.
www.rhythmandvines.co.nz

### THE MILLTON VINEYARDS LTD.

Die biodynamischen Chardonnay- und Chenin Blanc-Weine von James and Annie Millton gehören zu den besten des Landes.
Kellertouren Mo. – Sa. 11 –17 Uhr
119 Papatu Road, Manutuke
Tel. 06 862 86 80
www.millton.co.nz

### THE MARINA €€€

Fangfrischer Terakihi, Langusten und Wakanui-Rind mit Blick aufs Wasser
1 Vogel Street, Whataupoko
Gisborne, Tel. 06 868 59 19
www.marinarestaurant.co.nz

### WHITE HERON MOTOR LODGE €€€/€€

Modernes, gut geführtes Haus mit freundlichem Service am Stadtrand
474 Gladstone Road, Gisborne
Tel. 06 867 11 08, https://whiteheronmotorlodge.co.nz

### CEDAR HOUSE €€

Liebevoll renovierte Villa im Edwardian Style mit wunderschönen hellen Zimmern und Pool
4 Clifford Street, Gisborne
Tel. 02 74 60 63 79
www.cedarhouse.nz

### TE ARAROA HOLIDAY PARK €

Einfache, aber gute Adresse, um vor Sonnenaufgang zum East Cape aufzubrechen.
4814 State Highway 35, Hicks Bay
Tel. 06 864 48 73
www.tearaoaholidaypark.nz

★ Gisborne

**First city to see the light**
Gisborne ist zwar weltweit die erste Stadt, die jeden Morgen die Sonne begrüßt und das besonders zu **Neujahr** gebührend feiert, ansonsten ist es aber eher ein Provinzstädtchen mit ausgezeichnetem Ruf für den Chardonnay seiner Weingüter. Berühmteste Tochter der Stadt ist die Operndiva **Dame Kiri Te Kanawa** (▶ Interessante Menschen). Am **Kaiti Beach** ging James Cook am 9. Oktober 1769 als erster Europäer in Neuseeland an Land. Nach Süden kann man die **Poverty Bay** überschauen, wo reichlich Sonnenschein einen hervorragenden Wein wachsen lässt.

**Tane trennt Himmel und Erde**

Manutuke

Knapp 14 km südwestlich von Gisborne stehen in Manutuke zwei kunstvoll geschnitzte **Maori-Versammlungshäuser.** Der Firstabschluss des 1883 erbauten Versammlungshauses Te Mana-ki-Turanga zeigt, wie Gott Tane Himmel und Erde trennt und wie Maui seinen großen Fisch aus dem Meer zieht. Das zweite Haus, Te Poho Rukupo, wurde 1887 zu Ehren des Maori-Häuptlings und berühmten Holzschnitzers Rukupo erbaut. Ein drittes, 1842 unweit errichtetes Versammlungshaus, Te Hau-ki-Turanga, können Sie jetzt im Te Papa Tongarewa Nationalmuseum in ▶ Wellington bestaunen.

# HAMILTON

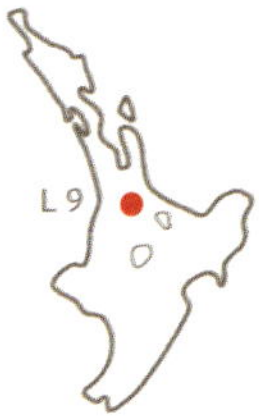


**Regionen:** Waikato | **Höhe:** 75 m | **Einwohner:** 157 000

*Ihren Wohlstand verdankt die viertgrößte Stadt Neuseelands dem Farmland in der fruchtbaren Ebene des Waikato River, während die renommierte University of Waikato für buntes Nachtleben und studentisches Flair sorgt. Zentrale Gastromeile ist die Victoria Street, wo die Riff Raff Statue an Richard O'Brien erinnert, den Vater der kultigen Rocky Horror Picture Show – ein gefragter Selfie Spot. Eine Autostunde südlich von Hamilton lassen sich in den Waitomo Caves unterirdische Wunder entdecken.*

## Wohin in Hamilton?

**Nice to see**

★ Hamilton Gardens

Wer wissen möchte, wie es sich anfühlt, wenn ein Tudorkönig durch seinen Garten spaziert, folgt dem majestätischen **Waikato River** bis zu den Hamilton Gardens mit ihren **fantastischen Themengärten**. Die klaren geometrischen Formen mit prunkvollen Vorzeigeobjekten würden jedes englische Königshaus zieren. Wandeln Sie durch den italienischen Renaissancegarten, Neuseelands ersten **Maori-Garten Te Parapara** (▶Abb. S. 84) oder die grüne Oase eines chinesischen Gelehrten der Sung-Dynastie. Aktuell wird an einer Anlage zu Ehren von Neuseelands Meisterin der Short Story, **Katherine Mansfield** (▶Interessante Menschen) gearbeitet, inspiriert durch ihre Kurzgeschichte »The Garden Party«.

Hungerford Crescent | tgl. 7.30 bis Sonnenuntergang
Di., Do. Führung | Eintritt frei, Spenden erbeten
https://hamiltongardens.co.nz

OBEN: Im Te-Parapara-Garten zeigen die Hamilton Gardens moderne Schnitzkunst der Maori.
UNTEN: Stilettos, Netzstrümpfe und Korsett: Die Riff-Raff-Statue am Südende der Victoria Street erinnert an den buckligen Butler aus dem Kultmusical »Rocky Horror Picture Show«, das 1974 in London Premiere feierte. Sein Schöpfer, Richard O'Brien, arbeitete zuvor als Friseur in Hamilton.

## HAMILTON ERLEBEN

### HAMILTON I-SITE
5 Garden Place, Hamilton
Tel. 0800242645
www.visithamilton.co.nz

### TURANGAWAEWAE REGATTA
Bereits seit 1896 wird die zweitälteste Kanuregatta des Südpazifik am Zusammenfluss von Waikato und Wapa veranstaltet. Absoluter Höhepunkt ist die Vorbeifahrt der farbenprächtigen traditionellen Kriegskanus der Maori. Das Event findet an einem Samstag um den 17. März statt.
http://turangawaewaeregatta.co.nz

### BALLOONS OVER WAIKATO
Über das Flusstal schweben und träumen: Vor allem zum Sonnenuntergang und in der Nacht wird das Festival auch für die am Boden Gebliebenen ein Highlight, wenn die Heißluftballone den Himmel beleuchten.
https://balloonsoverwaikato.co.nz
Di. – Sa. Ende März

### WAIKATO RIVER EXPLORE
60 – 90 Min. in einem Flussdampfer die Stadt vom Wasser aus erleben
Hungerford Cres, Hamilton
Tel. 800 13 97 56
www.waikatoexplorer.co.nz

### RAGLAN SURF EMPORIUM
Wer schon immer mal das Surfen ausprobieren wollte, kann 3-stündige Kurse für Anfänger belegen, aber auch Fortgeschrittene kommen auf ihre Wellen.
3 Wainui Road, Raglan
tgl. 9–17 Uhr
www.raglansurfemporium.com

### MAIN STREET/VICTORIA STREET
Die beiden umtriebigen Hauptstraßen der Stadt sind die Main Street und die parallel zum Waikato-Fluss verlaufende Victoria Street. Hier gibt es nicht nur hübsche Geschäfte, Cafés und Restaurants, sondern auch etliche sehenswerte Kunstgalerien und diverse Verkaufsausstellungen.

### CHIM CHOO REE €€€€
Die Teller sind nicht nur fantastisch angerichtet, das Essen darauf schmeckt auch ausgezeichnet. Preisgekrönt und überraschend.
The Brewery Building
14 Anzac Parade, Hamilton
tgl. 17–23 Uhr, So. geschlossen
www.chimchooree.co.nz

### ASHWOOD MANOR MOTOR LODGE €€
Moderne Unterkunft zwischen dem Hamilton Lake und der City mit Kochgelegenheit und Frühstück, 5 Gehminuten von den Geschäften, Cafés und Restaurants der Innenstadt.
16 Thackeray St, Hamilton Lake
Hamilton, Tel. 07 838 38 45
www.ashwoodmanor.co.nz

### ATRIUM ON ULSTER €€
Moderne Studios mit Küche und tollem Frühstück auf Wunsch
281/283 Ulster Street, Hamilton
Tel. 07 8390839
https://atriumonulster.co.nz

# MAORITANGA

*Rund 700 000 Neuseeländer bezeichnen sich als Maori. Anders als in der Vergangenheit werden ihre Werte, Lebensweise und Kultur heute von den Kiwis zunehmend als gemeinsames Erbe des Inselstaates anerkannt.*

▶ **»Ta Moko« (Tattoo)**
Im Gesicht, am Gesäß und auf den Oberschenkeln werden traditionelle Muster und Symbole der Stämme tätowiert. Sie sind ein wichtiger Meilenstein zum Erwachsenwerden und identifizieren den sozialen Status des Trägers. Die rechte Gesichtshälfte informiert über den Vater, die linke über die Mutter.

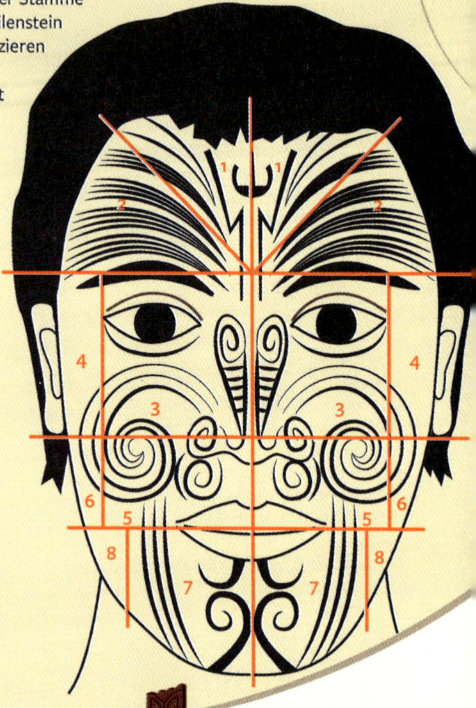


1 **Ngakaipikirau:** Rang

2 **Ngunga:** Position im Leben

3 **Uirere:** Stammesinformation
Nase: Stamm der Person
Wange: Stamm der Eltern

4 **Ulma:** Abstammung (ob aus erster oder zweiter Ehe)

5 **Raurau:** Unterschrift und Position der Person

6 **Taiohou:** Arbeit der Person

7 **Wairua:** Kraft der Person

8 **Taitoto:** Geburtsstatus

▶ **»Waka« (Kanu)**
Die Palette reicht von leichten Flusskanus bis zu 30 m langen Auslegerbooten mit dreieckigen Segeln, die 100 Kriegern Platz boten.

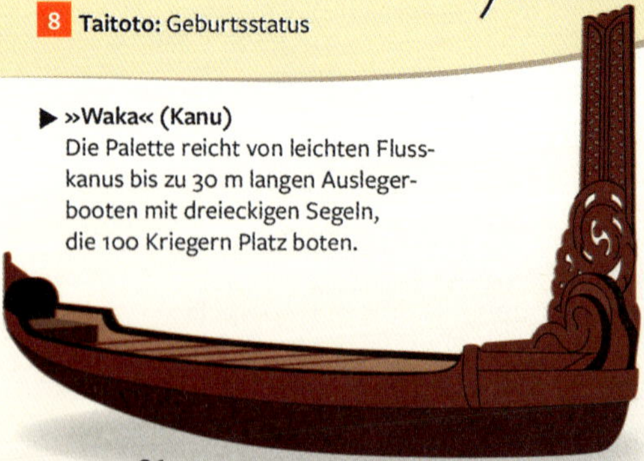

▶ **»Marae« (Versammlungshaus)**
Für Stammesangelegenheiten, Hochzeiten, Trauerfeiern und religiöse Zeremonien treffen sich die Maori am zentralen Marae mit einem großem, reich verzierten Versammlungshaus.

**: entsteht ein Moko?**
Moko wird nicht gestochen,
dern mit Kratz- und
abwerkzeugen aus Knochen
er die Haut gebracht. Dabei
en sich starke Narben.

die Haut werden tiefe Schnitte
eschlagen. Anschließend wird
it Hilfe eines Kamms die
gmentierung eingetippt,
ne Mischung aus Ruß
n verbranntem
auri-Harz und Fett.

▶ **»Hongi« (Begrüßung)**
Zur Begrüßung drücken die Maori ihre Nasen sanft aneinander, um den (Lebens-)Atem des Gegenüber zu spüren und zu teilen.

▶ **»Haka« (Tanz)**
Als wilder Kriegstanz sollte der Haka auf dem Schlachtfeld die Gegner einschüchtern. Wer Neuseelands Rugbyteam, die All Blacks, vor einem Match den Haka tanzen sieht, versteht die Wirkung. Heute ist der Haka fester Bestandteil bei kulturellen Veranstaltungen und Feierlichkeiten.

▶ **Energie und Ehrfurcht**
Stürmisches Aufstampfen mit den Füßen, rhythmisches Klatschen auf den Körper, wildes Augenrollen und das provozierende Herausstrecken der Zunge sollen Stolz, Kraft und Eintracht des Iwi demonstrieren. Lautstarker Gesang dazu beschreibt die Vorfahren und Vorfälle der Stammesgeschichte.

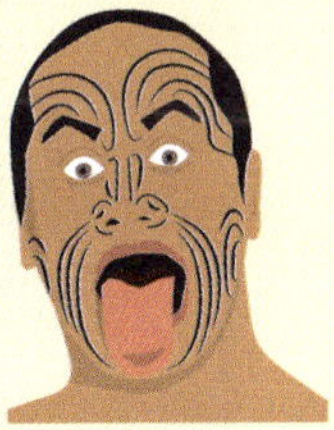

▶ **Waffen**
Kriege zwischen den Maori-Stämmen um territoriale Ansprüche waren an der Tagesordnung. Für den Nahkampf wurden todbringende Waffen entwickelt.

**»Mere«**
Kurze Schlagwaffe aus Holz, Knochen oder Jade

**»Taiaha«**
Etwa 1,5 m lange Schlag- und Wurfwaffe aus Hartholz

### Waka, Holz und Flachs

Waikato Museum of Art and History

Zu den Schätzen des Waikato-Museums gehört ein kunstvoll verziertes Waka-Kriegskanu der Tainui von 1845, das nach sorgsamer Restaurierung neben modernen Holzschnitzereien und Webarbeiten aus Ngaruawahia die ansehnliche Maori-Sammlung schmückt.

1 Grantham Street | tgl. 10–16.30 Uhr | Eintritt: Spende erbeten
http://waikatomuseum.co.nz

## Rund um Hamilton

### Die perfekte Welle

★ Raglan

»Sick waves, bro!« – Raglan ist Neuseelands **legendärster Surfspot**. Vor 50 Jahren, als Surfen außerhalb Kaliforniens eher eine Sache für ein paar Verrückte war, machte der Surf-Film »The Endless Summer« die schwarze Sandküste westlich von Hamilton berühmt. Surfer schwärmen von den längsten linksbrechenden Wellen der Inselnation, wie regelmäßig die Wellen hereinkommen, und dass sie in der **Manu, Indicators und Whale Bay** am schönsten brechen.
Keine 20 Autominuten trennen Raglan von den 55 m hohen **Bridal-Veil-Wasserfällen** am Pakokafluss in Makomako. Vier Aussichtsplattformen sind über einen einfachen Fußmarsch durch den Wald zu erreichen. Der Weg ist auch für Rollstuhlfahrer und Kinderwagen geeignet.

Endloser Sommer: Die Strände rund um Raglan sind Surferhochburg.

**König der Maori**

Knapp 20 km nordwestlich von Hamilton residiert **Tuheitia Paki**, der 2006 zum siebten Monarchen der Maori gekrönt wurde (▶ S. 270), im **Turangawaewae Marae** am Waikato River. Ein Muss ist Mitte März der spektakuläre **Turangawaewae Regatta** mit traditionellen Kriegskanus auf dem Waikato-Fluss (▶ S. 85).

★ Ngaruawahia

**Heilige Grabstätte**

Etwa 7 km nördlich von Ngaruawahia erhebt sich der 288 m hohe Taupiri Mountain über den Waikato. Er ist den Maori heilig und wurde diesen erst 1975 von der Regierung zurückgegeben. Der Berg ist ein Begräbnisplatz, der Gipfel bleibt den Maori-Königen vorbehalten.

Taupiri Mountain

**Krieg und Frieden**

Etwa 30 km südlich von Hamilton führt der Highway 3 zur ehemaligen Maori-Siedlung Te Awamutu. 1839 wurde hier eine **Missionsstation** eingerichtet. Im Spätsommer 1864 fanden hier die letzten Kämpfe der Waikato-Kriege statt. Danach wurden Soldaten auf dem beschlagnahmten Stammesgebiet angesiedelt. Der Puniu River im Süden bildete die Grenze zum **King Country**, das kein weißer Siedler zu betreten wagte, bevor 1881 mit König Tawhiao Frieden geschlossen wurde. Das **Te Awamutu Museum** erzählt von den Landkriegen und dem Erbe der Maori.

Te Awamutu Museum: Roche Street | Mo.–Fr. 10–16, Sa. 10–13, So. 13–16 Uhr | Eintritt frei | http://tamuseum.org.nz

Te Awamutu

**Erloschene Feuerberge**

Der dicht bewaldete Naturpark umfasst die drei erloschenen Vulkane Mount Pirongia (959 m), Mount Kariori (756 m) und The Cone (945 m). Die Wanderwege sind ideal für kurze Spaziergänge, aber auch für 1- bis 2-Tageswanderungen. Ein beliebter Weg führt zu den **Kaniwhaniwha Caves**, in deren 20 m langer Haupthöhle Sie herumlaufen können.

www.doc.govt.nz

Pirongia Forest Park

**Wie kommt der Tee in den Beutel?**

Auf der einzigen Teeplantage Neuseelands lernen Sie genau das. Von der Aussaat bis zum Anbau und der Ernte wird dem Besucher die Teeproduktion in einer spannenden zweistündigen Führung nähergebracht. Anschließend können Sie den Tee bei einer Zeremonie ausgiebig testen. Ideal für einen Zwischenstopp: entspannter Lunch, High Tea mit Sandwiches und Schokoladentörtchen oder Dinner mit Harissa-Lamm und Grünem Tee-Panna Cotta im Tea House.

495 Gordonton Road, Hamilton | Touren nur n. V. | Tel. 07 853 30 18
Mai – Okt. Di. – So., Nov. – April tgl. 9.30, 14 Uhr | Touren ab 50 NZ$
https://zealong.com

★ Zealong Tea Estate Ltd.

**Neuseelands »Welthauptstadt der Schafscherer« ...**

★ Te Kuiti

... veranstaltet jedes Jahr Anfang April ein großes Festival rund um das Herdentier und die Nationalen **Meisterschaften im Schafscheren**. Die unglaubliche Schnelligkeit der Profis überrascht nicht selten die neugierigen Zuschauer. Höhepunkt ist das Schafrennen **The Great Newland Muster**, bei dem die Tiere die gut einen Kilometer lange Hauptstraße herunterlaufen – wer die genaue Anzahl errät, kann 1000 Neuseeländische Dollar Preisgeld gewinnen. Die meterhohe Statue eines Schafscherers und ein Heimatmuseum widmen sich ebenfalls der Arbeit mit Schafen.
www.waitomo.govt.nz, www.eventfinda.co.nz

## ★★ Waitomo Caves

**Funkelnde Glühwürmchen**

Tropfsteinhöhlen

Keine 20 Autominuten nordwestlich von Te Kuiti wartet unter den grünen Hügeln von Waitomo ein fantastisches Labyrinth aus Tropfsteinhöhlen, die über Jahrtausende von unterirdischen Flüssen aus dem weichen Kalkgestein gewaschen worden sind. In den Waitomo Caves hängen bizarre Stalaktiten von der Decke, wachsen durch das herabtropfende Wasser gewaltige Stalagmiten vom Höhlenboden empor, sorgen Galaxien einheimischer Glühwürmchen für eine märchenhafte Beleuchtung.
Entdeckt wurden die Höhlen 1887 von dem Maori Tane Tinorau und dem britischen Landvermesser Fred Mace. Zwei Jahre später kamen die ersten Besucher. Heute führt ein Tourguide Gäste 40 m unter die Erde und erklärt die Entstehung der Gewölbe und das Funkeln der »Glühwürmchen«, die eigentlich **Pilzmückenlarven** sind. Diese können nur bei hoher Luftfeuchtigkeit existieren und locken mit ihren klebrig-langen, leuchtenden Fäden an der Decke Beute an. Der Guide zieht das Boot mit Hilfe von Seilen langsam durch das dunkle Labyrinth, so dass die Höhlenbesucher die winzigen Leuchtgirlanden aus der Nähe bewundern können. In der »Cathedral« ist die Akustik so gut, dass Besucher zum Singen animiert werden. Zu Weihnachten finden hier richtige Konzerte statt. Die einfachste Art, sich die Höhlen anzuschauen, ist eine Führung zu Fuß oder mit dem Boot. Während der Hochsaison sollten Sie unbedingt **rechtzeitig buchen!**
**Waitomo Glowworm Caves Visitor Centre**: Buchung der Höhlen und Shop | 21 Waitomo Village Rd | Touren tgl. 9–18 Uhr alle 30 Minuten | Erw. Waitamo-Bootstour 60 NZ$ | www.waitomo.com

**Die Welt der Wetas**

Aranui Caves

Wem der Andrang in den Waitomo Caves zu groß ist, kann die Aranui Höhle, 5 Minuten Shuttlefahrt entfernt, ansehen. Diese Tropfstein-

## TANZENDE FUNKEN

Ein angenehmes Schweigen breitet sich in der Höhle aus, zu hören ist nur noch das leise Tropfen der Stalagtiten. Der Guide löscht das Licht seiner Lampe und die Decke beginnt zu leuchten. Tausende »Glühwürmchen« bringen die dunklen Waitomo-Höhlen zum Strahlen wie in einer sternklaren Nacht. Gänsehautfeeling ist garantiert, wenn sich in der »Cathedral« die Stimmen des Besucherchors erheben und in der einmaligen Akustik widerhallen.

höhle ist trocken, deswegen gibt es keine »Glühwürmchen«, dafür eine Kolonie der neuseeländischen **Weta**-Langfühlerschrecken.

Führungen tgl. 9–16 Uhr | Erw. 55 NZ$ | www.waitomo.com

**Abenteuertour**

Laut Legende wurde die Ruakuri-Höhle vor 400 Jahren von einem jungen Maori auf der Jagd entdeckt. In der größten der drei Höhlen gibt es sowohl fantastische Kalkformationen als auch Glühwürmchen zu bestaunen. Die geführten Touren dauern gut zweieinhalb Stunden. Abenteuerlustige können die Höhlen beim **Blackwater Rafting** im Gummireifen erkunden.

★ Ruakuri Cave

Führungen tgl. 9, 10, 11, 12.30, 13.30, 14.30, 15.30 Uhr | Erw. 78 NZ$
Blackwater Rafting: Erw. 150 NZ$ | www.waitomo.com

# ★ HAWKE'S BAY

**Region:** Hawke's Bay | **Höhe:** 0 – 403 m | **Einwohner:** 166 000

*Wo der Pazifik an mächtige Steilklippen brandet und Napier dem Art déco ein einzigartiges Denkmal gesetzt hat, liefert die sonnenverwöhnte Hawke-Bucht im Windschatten hoher Bergketten optimale Bedingungen für den Weinbau. Aus dieser Gegend kommen die führenden Winzer Neuseelands. Erleben Sie die Kunst des Kelterns mit Chardonnay, Syrah, Cabernet und Merlot. Am besten verbinden Sie die Kellerbesichtigung mit einer Radtour auf dem Wine Trail.*

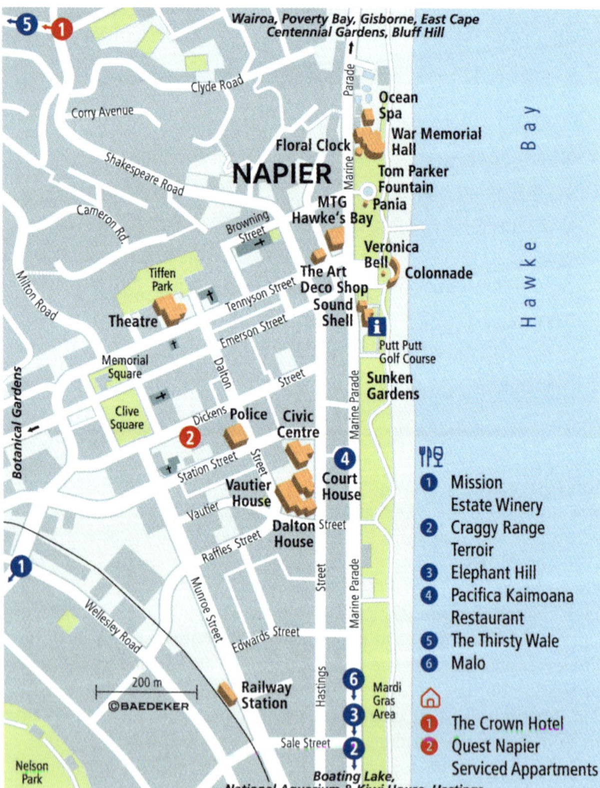

# HAWKE'S BAY ERLEBEN

### HAWKE'S BAY & NAPIER VISITOR INFORMATION CENTRE
100 Marine Parade, Napier
www.napiernz.com
www.hawkesbaynz.com

### NAPIER ART DECO FESTIVAL
Zeitreise in die 1930er mit Tanz, Paraden, Oldtimern und toller Stimmung.
www.artdeconapier.com

### HAWKE'S BAY FOOD AND WINE CLASSIC FESTIVAL
Großartiges Event im Juni mit allem rund um Speisen und Wein
www.fawc.co.nz

### NAPIER CITY BIKE
Der Bikeshop organisiert die Citytour mit dem E-Bike wie die Radtour auf dem »Wine Trail« mit Shuttle zurück.
117 Marine Parade, Napier South
tgl. 8.30–18 Uhr
www.bikehirenapier.co.nz

### WEINVERKOSTUNG MIT LECKERER LANDHAUSKÜCHE
Die 1851 gegründete ❶ **Mission Estate Winery** **€€/€€€** verwöhnt nach der Verkostung mit kreativer Küche in historischem Ambiente (tgl. 9–17, So. ab 10 Uhr, https://missionestate.co.nz). Eine Weintour auf der ❷ **Craggy Range** lässt sich mit Lunch oder Dinner im erlesenen **Terroir** **€€/€€€** verbinden (253 Waimarama Rd, Napier, tgl. 10–16, www.craggyrange.com). Zur Spitze der Weinwelt gehört auch der Deutsche Roger Weiss auf dem Weingut ❸ **Elephant Hill** mit preisgekröntem Restaurant (86 Clifton Road, Te Awanga, www.elephanthill.co.nz, ▶Das ist Neuseeland S. 26).

### ❹ PACIFICA KAIMOANA RESTAURANT €€€
Das blaue Haus serviert super Meeresfrüchte, Wild und frische Pasta mit passenden Weinen der Region.
209 Marine Parade, Napier
Tel. 06 833 63 35
www.pacificarestaurant.co.nz

### ❺ THE THIRSTY WALE €€€/€€
Schöner Platz direkt am Hafen mit Fisch, Burgern und T-Bone-Steaks
62 West Quay, Ahuriri, Napier
Tel. 06 835 88 15
https://thethirstywhale.co.nz

### ❻ MALO €€€/€€
Bert van de Stegg kombiniert hier hervorragendes Essen mit tollem Flair und Genüssen fürs Auge.
4 Te Aute Rd, Havelock North, Tel. 06 877 20 09, https://malo.co.nz

### ❶ THE CROWN HOTEL €€€
Denkmalgeschützte Art déco-Unterkunft an der Waterfront in Ahuriri
Ecke Bridge St./Hardinge Road
Ahuriri, Napier, Tel. 06 833 83 00
https://thecrownnapier.co.nz

### ❷ QUEST NAPIER SERVICED APARTMENTS €€€
Historischer Bau von 1919 mit großen Apartments samt Küche, 5 Gehminuten zur Marine Parade und zu Cafés
176 Dickens St, Napier
Tel. 06 833 53 25
www.questapartments.co.nz

Feine Weine & gutes Essen

Zwischen Reben so weit das Auge reicht produzieren heute über 70 Weingüter erlesene Tropfen. Rund die Hälfte davon öffnet ihre Kellertüren für Verkostungen, häufig mit Menü oder kleinen Häppchen, darunter als ältestes die 1851 gegründete **Mission Estate Winery**. Mitte des 19. Jh.s pflanzten französische Missionare die ersten Weinstöcke. Maritimes Klima, wasserdurchlässige Böden, geringer Niederschlag und eine lange Vegetationsperiode sind ideale Bedingungen für verschiedenste Rebsorten. Die kiesigen Weingärten an der Küste sind hervorragend für früh reifende rote Sorten sowie für Sauvignon Blanc und Chardonnay. In den kühleren Hillsides mit mehr Kalk im Boden werden beste Ergebnisse mit Chardonnay und Pinot Noir erzielt. Am berühmtesten sind die dem Bordelaiser Médoc ähnelnden Schwemmlandböden der **Gimblett Gravels**, wo mit Cabernet, Merlot, Petit Verdot und Malbec die besten Weine der Region gekeltert werden. Die eleganten Rotweine verbinden erfolgreich die typischen Fruchtaromen der neuen mit der Struktur der alten Welt.
**Wine Trail** & **alle Weingüter**: http://hawkesbaywine.co.nz

Geführte Tour durch das Jugendstiljuwel: Napier besitzt eines der weltweit schönsten Stadtensembles im Stil des Art déco der 1930er-Jahre.

## ★★ Napier

**Hommage an die Art-déco-Ära**

Das Highlight von Napier ist seine wunderschön erhaltene Architektur aus den 1930ern. Der 56 000-Einwohner-Ort wurde wie das benachbarte Hastings am Morgen des 3. Februar 1931 Opfer eines Erdbebens der Stärke 7,9 auf der Richterskala, bei dem das Land fast 3 m angehoben und die Stadt weitgehend zerstört wurde. Fast 260 Menschen starben in den Trümmern. Trotz Weltwirtschaftskrise begann unmittelbar danach der Wiederaufbau und schon Anfang 1933 feierte die Stadt mit dem »New Napier Week Carnival« ihre Auferstehung. Der Architekt Louis Hay, ein großer Bewunderer von Frank Lloyd Wright, nutzte die Chance und schuf ein einzigartiges Ensemble im klassizistischen, **spanischen Missionsstil und Art déco**. Unter den ersten Bauten waren 1932 das Masonic Hotel, das Criterion Hotel sowie das Daily Telegraph Building mit Sonnensymbolen und dekorativen Ornamenten. Der Kuppelbau des 1936 vollendeten A & B Building an der Marine Parade gehört ebenso zu den Wahrzeichen von Napier wie das 1938 erbaute Theatre mit ägyptisch anmutenden Säulen und Bögen. Im Innern der ASB Bank können Sie Schnitzarbeiten von Maori-Künstlern bewundern. Gleichzeitig mit dem Wiederaufbau wurden ganze Straßenzüge exotisch bepflanzt, was der Stadt kalifornisches Flair verleiht. Beim **Napier Art Deco Festival** lässt Napier jedes Jahr die Dreißiger aufleben: Mode von damals, chromblitzende Autos, Gin & Tonic, Musik und Tanz in allen Straßen (▶ S. 93).

★★ Zeitreise in die 1930er

Beim **Art Deco Trust** gibt es eine Broschüre mit allen Jugendstilbauten, werden für 25 NZ$ geführte Art-déco-Touren um 11, 14 und 16 Uhr angeboten sowie Rundfahrten im Oldtimer | 7 Tennyson Street, Napier | Tel. 06 835 00 22 | www.artdeconapier.com

**Am Wasser entlang**

Direkt am Meer verläuft die Marine Parade als schöne Flaniermeile. Besonders stimmungsvoll wirkt die von Norfolk-Kiefern bestandene Uferpromenade im morgendlichen Sonnenlicht. In der mediterranen Kolonnade mit Konzertmuschel erinnert die **Schiffsglocke** der HMS »Veronica« an das Schiff, das nach dem verheerenden Erdbeben von 1931 Katastrophenhilfe brachte.

Marine Parade

**Kiwi & Co.**

Wenige Schritte weiter können Sie im riesigen **Ozeanium** des National Aquarium Meeresbewohner des Pazifik und diverse Echsen beobachten, besonderer Andrang herrscht bei den Haifischfütterungen. Im **Kiwi-Haus** ist der Nationalvogel zu Hause (▶ Baedeker Wissen S. 71).

National Aquarium of New Zealand

Marine Parade | tgl. 9–17 Uhr, im Sommer auch abends
Eintritt: 21 NZ$ | www.nationalaquarium.co.nz

Panoramablick über die Hawke's Bay beim Sonnenaufgang am Gipfel des Te Mata

**Kolonialgeschichte, Kultur und Kunst**

Hawke's Bay Art Gallery & Museum

Die Kunstgalerie widmet sich der Kolonialzeit, zeitgenössischer Kunst und mit Fotos und Augenzeugenberichten dem Erdbeben von 1931 sowie dem Wiederaufbau der Stadt.

65 Marine Parade | tgl. 10 – 16 Uhr | www.hbmag.co.nz

**Kein Happy End**

Pania Statue

Die Skulptur der kleinen Meerjungfrau Pania in der Grünanlage gegenüber der Kunstgalerie erzählt eine Lovestory der Maori: Pania liebte einen Menschen und lebte mit ihm an Land, obwohl ihre Familie im Riff sie zur Rückkehr drängte. Als sie zu einem Besuch hinausschwamm, wurde sie in die Tiefe gezogen und durfte nie mehr zu ihrem Mann zurück. Nebenan fällt abends die effektvoll beleuchtete **Tom Parker Fountain** ins Auge. Im **Ocean Spa** können Sie herrlich entspannen. Eine farbenfrohe Blumenuhr ziert die angrenzende **War Memorial Hall** zum Gedenken an die gefallenen neuseeländischen Soldaten beider Weltkriege.

**Ocean Spa:** Marine Parade | Mo.–Sa. 6–22, So. 8–22 Uhr
Eintritt: 12 NZ$ | www.oceanspanapier.co.nz

## Rund um Napier

**Wein, Obst und Gemüse**

Auch das benachbarte Hastings profitiert vom sonnigen Klima – frisches Obst und Gemüse bekommen Sie sonntags auf einem der besten **Bauernmärkte** der Region. Spannende Wechselausstellungen lokaler Künstler zeigt das **Hastings Exhibition Centre**. Vom knapp 400 m hohen **Te Mata** bietet sich ein weiter Blick auf die Hawke’s Bay. Der Berg ist durch reizvolle Wanderwege erschlossen. Sie können aber auch mit dem Auto zum Sunset rauffahren. Nahe Havelock North produziert das **Te Mata Estate** seit 1896 erlesene Tropfen.

★ Hastings

Hastings Exhibition Centre: 106 Russell St South | Mo.–Fr. 9.30–16, Sa. 10–14 Uhr | Preise je nach Ausstellung | www.creativehastings.org.nz
Te Mata Estate: 349 Te Mata Rd | tgl. 9–17 Uhr | https://temata.co.nz

**Exzellente Segelflieger**

Die Bezeichnung für das Kap stammt von James Cook (▶ Interessante Menschen), der hier vor Anker ging. Als einige Maori versuchten, seinen tahitianischen Schiffsjungen Taiata zu entführen, sprang dieser aus

★ Cape Kidnappers

dem Kanu und tauchte bis zum Schiff zurück. Für den 19 km langen **Cape Kidnappers Walking Track** brauchen Sie etwa fünf Stunden. Heute nistet am äußersten Ende des Kaps von Oktober bis April eine Kolonie der scheuen **Australtölpel**. Die gänsegroßen Seevögel sind pfeilschnelle Meisterflieger – und monogam fürs ganze Leben. Verlieren sie ihren Partner, suchen sie keinen neuen. Die Tölpel stammen ursprünglich aus Australien und kommen nur zum Brüten nach Neuseeland. Vor der anstrengenden Rückreise legen die Vögel fast 1 kg Gewicht zu. Trotzdem überlebt nur ein Viertel den Transtasmanischen Rückflug. Der Zugang zur Tölpelkolonie ist **nur bei Ebbe** von Clifton aus möglich. Der 8 km lange Weg führt über den Strand zu einer Beobachtungsplattform. Von Te Awanga werden geführte Touren bis in die Nähe der Brutkolonie angeboten.

**Gannet Safaris Overland:** 396 Clifton Road, Te Awanga
tgl. 9–17 Uhr | Touren ab 90 NZ$ | https://gannetsafaris.co.nz

**Leuchtturm und Siedlungsgeschichte**

Wairoa

Gegründet wurde die Siedlung zwischen Napier und Gisborne von den Maori. Sie ist ein guter Ausgangspunkt für Wanderungen im Te Urewera National Park (► S. 82). Schmuckstück der Marine Parade ist ein alter **Leuchtturm aus Kauriholz,** der von 1877 bis 1958 auf Portland Island vor der Südspitze der Mahia-Halbinsel gestanden hat. Das kleine **Wairoa Museum** beherbergt natur- und kulturgeschichtliche Zeugnisse aus tausend Jahren Siedlungsgeschichte, von den Anfängen bis heute. Daneben gibt es eine hübsche Maori-Kunstsammlung. Das geschnitzte Versammlungshaus von Takitimu kann man flussaufwärts von der Brücke aus sehen.

**Wairoa Museum:** 142 Marine Parade | Mo.–Fr. 10–16, Sa. 10–12 Uhr
Eintritt frei, Spende erbeten | www.wairoadc.govt.nz

# NEW PLYMOUTH

**Region:** Taranaki | **Höhe:** 0–177 m | **Einwohner:** 74 200

*Während der Rhododendrensaison werden die Parks der Hafenstadt im äußersten Westen zum Blütenmeer. Naturfreunde sollten die Wanderschuhe anziehen und den schlummernden Mount-Taranaki-Vulkan im Egmount National Park erkunden.*

Die Welt von Öl und Gas

Wie der Name es vermuten lässt, kamen die ersten Siedler 1841 aus dem südenglischen Plymouth. Wenige Jahre später begannen hier die blutigen Neuseelandkriege zwische Maori und Pakeha. Heute ist die Taranaki-Region Synonym für Neuseelands Öl- und Gasbranche,

## NEW PLYMOUTH ERLEBEN

**NEW PLYMOUTH I-SITE**
65 St. Aubyn St, Tel. 06 759 0897
www.visitnewplymouth.co.nz

**SALT RESTAURANT €€€/€€**
Junges Lokal mit leichter Küche im Millennium Hotel an der Waterfront mit Meerblick von jedem Tisch
1 Egmont St, Tel. 06 769 53 04
https://saltrestaurant.co.nz

**SOCIAL KITCHEN €€/€**
»Meat Dreams are made of these«, aber auch knackige Salate stehen auf der Speisekarte. Shared Platters schmecken gut und machen Spaß. Die Köche in der Open Kitchen verstehen ihr Handwerk.
40 Powderham Street
Tel. 06 757 27 11
www.social-kitchen.co.nz

**KING AND QUEEN HOTEL SUITES €€€**
Schickes Boutique Hotel im Stadtzentrum nicht weit von der Strandpromenade mit wunderbarem Blick auf den Mount Taranaki und nur 5 Gehminuten von Geschäften, kleinen Cafés und Restaurants entfernt.
Ecke King und Queen Street
Tel. 06 757 29 99
www.kingandqueen.co.nz

die pro Jahr 2,3 Milliarden Neuseeland-Dollar umsetzt, mehr als die Hälfte davon im Export. Hier liegen die meisten Vorkommen. Derzeit gibt es 31 aktive Explorationsgenehmigungen, die bis 2030 gelten, zwei Dutzend davon vor der Küste. Erkundungen nach neuen Öl- und Gasvorkommen soll es künftig nur noch an Land und nicht mehr vor der Küste geben, kündigte Regierungschefin Jacinda Ardern 2018 an, die im Kampf gegen den Klimawandel auf nachhaltige Energien setzt.

## Wohin in New Plymouth?

### Blütenpracht, Natur und Historie

Zwischen Park und Museum

Im viktorianischen **Pukekura Park** an der Liardet Street plätschern ein abends beleuchteter Springbrunnen und ein Wasserfall. Besonders schön ist der Park zur Rhododendrenblüte. Der moderne **Puke-Ariki**-Museumskomplex besitzt eine umfassende Sammlung von Maori-Objekten der Region, darunter ein Steinbeil vom Ahnenkanu und kunstvolle Holzschnitzereien. Auch die frühe europäische Besiedlung ist dokumentiert. Nebenan im **Richmond Cottage** können Sie am Wochenende kostenlos auf Zeitreise ins 19. Jh. gehen.

**Puke Ariki Museum:** 1 Ariki St | tgl. 9–18, Sa, So. bis 17 Uhr
Führung 15 NZ$ | http://pukeariki.com

### Licht und Schatten

★ Govett Brewster Gallery

Die glänzende, vorhangartig geschwungene Edelstahlfassade des **Len Lye Centre** ähnelt den Werken des Mannes, dem der Neubau der Kunstgalerie für zeitgenössische Kunst gewidmet ist: der neuseeländische Bildhauer Len Lye (1901–1980). Das Museum ist das erste im Land, das nur einen einzigen Künstler ausstellt und wurde 2015 vom Architekturbüro Patterson Associates aus Auckland entworfen. Ein Film zeigt Len Lyes Entwicklung als Künstler. Er verließ Neuseeland 1926 und lebte in London und New York, wo er als einer der originellsten Kinetik- und Filmkünstler gefeiert wurde. Ein weiterer Magnet ist der **Coastal Walkway,** der 10 km entlang der Küste mit kunstvollen Installationen und Brücken am Wegesrand die Spaziergänger inspiriert.

**Govett Brewster Gallery:** 42 Queen Street | tgl. 10–17 Uhr
Eintritt 15 NZ$ | https://govettbrewster.com

## Rund um New Plymouth

### Verwunschene Idylle

★ Tupare Garden

Knorrige Obstbäume, kleine Lichtungen, nostalgische Gewächshäuser und plätschernde Wasserfälle – südlich von New Plymouth an der Mangorei Road liegt ein märchenhaftes Paradies, das Sir Russell Matthews und seine Frau 1932 auf einem Hügel am Waiwhakaiho River anlegten. Bei klarem Wetter können Sie von hier den schneebedeckten Gipfel des Mount Taranaki sehen.

Wer Blumen mag, sollte auch einen Abstecher zum **Pukeiti Rhododendron Garden** einplanen, im Frühling ein buntes Blütenmeer.

**Tupare Garden:** 487 Mangorei Rd, Highlands Park | tgl. 9–20 Uhr
Eintritt frei | www.trc.govt.nz/gardens/tupare
**Pukeiti Garden:** 2290 Carrington Rd | frei zugänglich
www.trc.govt.nz/gardens/pukeiti

### Heiliger Berg

★ Mount Taranaki

Die Maori verehren den Kegelvulkan im oberen Teil des bewaldeten **Egmont National Park** als Berggott. Damit ist der Gipfel heilig und sie stiegen nie über die Schneegrenze hinauf. Ist er wolkenverhangen, so heißt es in der Mythologie der Maori, weint Taranaki um seine verlorene Liebe, die Vulkanfrau Pihanga. Der letzte Ausbruch war 1775, doch Seismologen sind sich darin einig, dass der Vulkan nur »schläft« und nicht erloschen ist. Im Sommer gehört er zu Neuseelands meistbestiegenen Gipfeln. Aber auch für Nicht-Bergsteiger gibt es moderate Wanderungen im Auwald zu mächtigen Rimu- und Kamahi-Bäumen. Die sechs- bis achtstündige Wanderung auf den 2518 m hohen Gipfel sollten nur erfahrene Alpinisten antreten. Vier bis fünf Tage brauchen Sie für den anspruchsvollen, teilweise sehr

Der erstaunlich symmetrische Kegelvulkan Mount Taranaki wird wegen seiner harmonischen Form oft mit dem japanischen Fujiyama verglichen.

steilen **Around the Mountain Circuit**, der Oktober – April offen ist. Im Park gibt es acht Wanderhütten des DOC.
www.doc.govt.nz/parks-and-recreation/places-to-go/taranaki

**Spektakulärste Nebenstraße**

Ausgangspunkt für Bergtouren ist das nach dem Geburtsort von Shakespeare benannte **Stratford**. Fast alle seine Straßen sind nach Figuren aus Stücken des großen Dramatikers benannt. Das Glockenspiel der Stadt zeigt um 10, 13 und 15 Uhr gleich drei Romeos und Julias. In Stratford endet die wenig befahrene, fast 150 km lange Traumstraße des Forgotten World Highway (SH43), der Besucher durch grüne Hügel und tiefe Schluchten mit grandiosen Aussichten zur kleinsten Republik der Welt führt: die 1989 selbst erklärte Republik **Whangamomona** mit dem gleichnamigen Hotel, das auch eigene Pässe ausstellt – ein originelles Souvenir. Im Januar wird alljährlich die Unabhängigkeit mit einem Volksfest gefeiert, zu dem Wettbewerbe wie Gummistiefel-Weitwurf und Schafrennen gehören.

★ Forgotten World Highway

www.forgottenworldadventures.co.nz
www.whangamomonahotel.co.nz

BAEDEKER MAGISCHE MOMENTE

## VERGESSENE WELT

Verlassen, vergessen und ausgestorben lagen die Bahnschienen zwischen Stratford und Okahukura da, 144 km Strecke verwahrlosten. Bis Ian Balme *die* Idee hatte! Zwischen unberührter Natur auf einstigen Schienen rattern nun Motordraisinen, die an Golfcarts erinnern, über die Strecke. Neuseeland mal anders erleben! Infos unter: www.forgottenworldadventures.co.nz

### Milch im Mittelpunkt

Hawera

Das beschauliche Hawera bietet vom 54 m hohen **Wasserturm** Ecke High und Albion Street einen herrlichen Rundblick über Taranaki. Mit lebensgroßen Wachsfiguren und nachgebautem Maori-Dorf erzählt das **Tawhiti Museum** die Lokalgeschichte. Gegen eine Spende können Sie in KD's **Elvis Presley Museum** Erinnerungsstücke und Schallplatten des »King of Rock« sichten. Südlich von Hawera liegt mit **Fonterra** die größte Molkerei der Südhalbkugel, wo jeden Tag 13 Millionen Liter Milch verarbeitet werden. Entprechend lebt die Region von der Milchwirtschaft und produziert ausgezeichneten Käse.

**Tawhiti Museum:** Fr.–So. 10–16 Uhr, im Winter nur So.
Eintritt: 15 NZ$ | www.tawhitimuseum.co.nz
**Elvis Presley Museum**: 51 Argyle St | www.elvismuseum.co.nz

### Viktorianisches Erbe

Wanganui

Guter Ausgangspunkt für den Whanganui National Park ist das kleine Städtchen an der Mündung des Whanganui River. Spätviktorianische

Fassaden und das Royal Wanganui Opera House zeugen von der kolonialen Ära, über die das **Regional Museum** informiert. Die Sarjeant Gallery schlägt die Brücke zwischen europäischer und neuseeländischer Kunst vom 16. Jh. bis heute. Vom **Durie Hill**, mit Aussichtsturm und Kriegerdenkmal, eröffnet sich ein schöner Blick auf Stadt und Küste bis zu den in der Ferne aufragenden Vulkankegeln Ruapehu und Taranaki. Spannend ist die Anfahrt zum Aussichtspunkt. Um die Stadt mit einem Wohngebiet zu verbinden, wurde 1919 ein Aufzug installiert, der zunächst 210 m tief in einen Tunnel hineinfährt und anschließend 66 m hoch zum Aussichtsturm.

**Regional Museum:** 62 Ridgway St. | tgl. 10–16.30 Uhr, So. geschl.
www.wrm.org.nz | **Royal Wanganui Opera House:** 69 Saint Hill St
www.whanganuivenues.co.nz/venues/royal-wanganui-opera-house
**Sarjeant Gallery**: 38 Taupo Quay | tgl. 10.30–16.30 Uhr | Eintritt frei
**Durie-Hill-Aufzug**: Mo.–Fr. 8–18, Sa., So. 10–17 Uhr | Erw. 2 NZ$

**Brücke nach Nirgendwo**

★ Whanganui National Park

Whanganui bedeutet »großer Fluss«. Zwei bis drei Stunden dauert die Anfahrt auf der 80 km langen **Whanganui River Road** durch den Dschungel des Nationalparks und vorbei an malerischen **Maori-Dörfern** – für Fotos bitte erst um Erlaubnis fragen – nach **Pipiriki**. Ab hier bringen pfeilschnelle **Jet Boats** Besucher flussaufwärts zur skurrilen **Bridge to Nowhere**, die mitten im Regenwald steht. Sie symbolisiert den missglückten Versuch der Regierung, die entlegene Gegend nach dem Ersten Weltkrieg für Kriegsheimkehrer als Ackerland zu erschließen. Die »Brücke nach Nirgendwo« war nur sechs Jahre in Gebrauch. Dann verließen die Soldaten das wenig fruchtbare Mangapurua-Tal 1942 und der Wald verwischte alle Spuren von Zivilisation mit Ausnahme der Brücke. Vom Anleger in Mangapurua am Whanganui River führt ein einfacher **Wanderweg** in 40 Minuten durch den Urwald zur Brücke. Mit etwas Glück sehen Sie unterwegs Kaka-Waldpapageien und Gelbhaubensittiche. Wer Jet Boat und Kanu-Trip verbinden möchte, muss einen halben Tag einplanen. Auch Mountainbikes werden vermietet, um auf dem **Mountains to Sea Cycle Trail** im Nationalpark zu radeln und sich vom Jet Boat wieder abholen zu lassen. Ganz gemächlich ist die **Flussfahrt** auf dem nostalgischen Raddampfer »Waimarie«. Die fünftägige **Whanganui River Journey** ist eine Kajak-Tour auf einem Teilstück des mit 260 km längsten schiffbaren Wasserwegs Neuseelands von Taumaranui nach Pipiriki.

**Bridge to Nowhere**: Jet Boats tgl. ab Pipiriki gegen 10.30 Uhr
Dauer 4 Std. | www.bridgetonowhere.co.nz
**Mountains to Sea Cycle Trail**: 3 – 6 Tage
www.nzcycletrail.com/trails/mountains to sea
**Flussrundfahrt**: Waimarie Centre, 1a Taupo Quay, Whanganui
Okt. – April tgl. außer Di. | www.waimarie.co.nz
**Kanu-Touren**: www.whanganuirivercanoes.co.nz

# ★ NORTHLAND

**Region:** Northland | **Höhe:** 0–774 m | **Einwohner:** 179 000

*Die subtropische Nordspitze Neuseelands, wo der Maori-Entdecker Kupe mit seinem Kanu landete, hat zwei Gesichter: Am wilden Cape Reinga treffen Tasmanische See und Pazifik dramatisch aufeinander, während die Bay of Islands mit weißen Stränden, blauen Lagunen und meterhohen Kauribäumen begeistert – und den Waitangi Treaty Grounds, die als Wiege Neuseelands gelten.*

City by the Sea

Besucher empfängt ein Panoramablick auf den Hafen von **Whangarei** und seine umliegenden, bizarren Felsrücken. Setzen Sie sich in eines der stimmungsvollen Cafés am **Jachthafen**, wo Fischkutter und schnittige Segelboote vor Anker gehen. Whangarei ist ein guter Ort, um einzukaufen. Stöbern Sie in den kleinen Boutiquen und Kunstgalerien der größten Stadt nördlich von ►Auckland, die sich erst spät entwickelte. Zwar gründeten europäische Einwanderer schon 1839 eine Siedlung, doch als 1845 der Krieg mit Hone Heke tobte, flohen die meisten nach Auckland. Den Aufschwung brachte die **Marsden Point Refinery**, deren Infozentrum heute Einblicke in die technologische Entwicklung der Erdöl-Raffinerie erlaubt. Segelgeschichte schrieb Whangarei als Geburtsort der Niederländerin **Laura Dekker**, die als 14-Jährige mit ihrer »Guppy« allein zu einer international viel diskutierten Weltumsegelung aufbrach, die sie 2012 erfolgreich abschloss. Derzeit plant Dekker den Bau eines 24 m langen, hochseetauglichen Zweimasters, um mit Kindern und Jugendlichen auf Törn zu gehen. Im Sommer 2018 rollten die ersten Bagger für das **Hundertwasser Art Center** an, das 2022 eröffnen soll. Der Clou an der Sache: Das Gebäude entsteht nach Entwürfen des Wieners **Friedensreich Hundertwasser** und schließt damit an seine großartige Architektur gebauter Träume und Sehnsüchte an.

## Wohin in Whangarei und Umgebung?

### Im Uhrzeigersinn durch die Zeit

Clapham Clock Museum

Hier steht die Zeit nicht still, sondern die Uhr tickt. Im Clapham Clock Museum an der Dent Street wartet eine der größten **Uhrensammlungen** der neuen Welt, sind Chronometer des 17. Jh.s, historische Musikautomaten und unterschiedlichste Zeitmesser ausgestellt, von Kuckucksuhr mit Thermometer bis zur edlen Taschenuhr.

Tgl. 9–17 Uhr | Eintritt: 10 NZ$ | www.claphamsclocks.com

Höchster Kauribaum Neuseelands ist der Tane Mahuta im Waipoua-Wald. ►

### Kunst für kluge Köpfe

Whangarei Art Museum

Zum gepflegten **Cafler Park** in der City gehört ein Gewächshaus mit exotischen Pflanzen. Wenige Schritte weiter zeigt das Kunstmuseum historische Arbeiten und Werke zeitgenössischer lokaler Künstler.
Te Manawa - The Hub Dent St | tgl. 10–16 Uhr | Eintritt frei, Spende erbeten | www.nzmuseums.co.nz

### Mit allen fünf Sinnen

★ Quarry Gardens

Pflanzenreichtum erwartet Sie auch in den Quarry Gardens. Hier lernen Sie, was Bromelien sind, wie intensiv Kamelien duften oder welche Pflanzen nur in Neuseeland vorkommen. Der tropische Five Senses Garden stimuliert alle fünf Sinne. Im Quail Cafe können Sie sich mit Kaffee und Kuchen stärken.
37A Russell Road | tgl. 9–17 Uhr | Führungen: 30 NZ$, auch im Golfcart | www.whangareigardens.org.nz

### Aussichtsreiche Geschichte

Mount Parahaki

Allein der tollen Aussicht wegen lohnt ein Ausflug auf den 242 m hohen Mount Parahaki. Hier lag einst das **größte Maori Pa** (bewehrte Dorf) Neuseelands. Die Ausgrabungsstätte ist öffentlich, mit Infotafeln versehen und befindet sich nur einen kurzen, angenehmen Waldspazier-

Kleine Pause auf dem Weg nach Norden? Nur eine Viertelstunde brauchen Sie zu Fuß vom Parkplatz zu den rauschenden Whangarei-Wasserfällen.

gang vom Gipfel entfernt. Heute sieht man ein großes Kriegerdenkmal. Hinauf kommt man entweder zu Fuß vom Mair Park aus in einer guten Stunde oder per Auto über den Memorial Drive.

**Kiwis und Kolonialzeit**

Kiwi North Museum

Das Museum im westlichen Vorort Maunu an der Straße nach Dargaville zeigt nicht nur großartige »Federkleider« der Maori, sondern auch Exponate der ersten Einwanderer aus Europa. Im **Kiwi-Haus** können Sie den nachtaktiven Nationalvogel beobachten (▶Baedeker Wissen S. 70). Im Heritage Park stehen Häuser aus der Kolonialzeit.

500 State Highway 14 | tgl. 10-16 Uhr | Eintritt:15 NZ$
www.kiwinorth.co.nz

**Picknick am Wasserfall**

★ Whangarei Falls

Etwa 5 km außerhalb an der Straße nach Tutukaka stürzt der Whangarei-Wasserfall eindrucksvoll über Basalt- und Lavasteine 26 m in die Tiefe. Ein kurzer Rundwanderweg führt durch den Park zum Fuß der Fälle. Oder Sie verfolgen das Naturschauspiel von einer der drei oberhalb angebrachten Aussichtsplattformen.

**Das Meer als Leidenschaft**

★ Poor Knights Islands

Hotspot für Taucher sind die vor **Tutukaka** gelegenen Poor Knights-Inseln, die als Meeresschutzgebiet ausgewiesen worden sind. Von sonnenbeschienenen Seetangwäldern bis zu dunklen Unterwasserhöhlen sind unterschiedlichste **Tauchgänge** möglich. Von Whangarei und Tutukaka starten Bootsausflüge zu den unbewohnten Inseln.

**Schnorchel- und Tauchausflüge**: http://diving.co.nz/poor-knights-islands. Auch per Stand Up Paddling können Sie die Inseln erkunden.
**Bootsausflüge**: www.aperfectday.co.nz

## Kauri Coast

**Gigantische Baumriesen**

Dargaville

Der frühere Umschlagplatz für das begehrte **Kauriholz und Kauriharz** ist heute Ausgangspunkt für Ausflüge in die unter Naturschutz gestellten letzten Kauriwälder Neuseelands (▶Baedeker Wissen S. 108). Nördlich laden die klaren **Kai Iwi Lakes** zum Schwimmen, Kajakfahren und Segeln ein. Am **Bayly's Beach** können Sie Quads mieten, Ausritte am Strand buchen oder von den endlosen Dünen auf die Tasmanische See blicken, in der man wegen der Unterströmung allerdings nicht baden sollte.

**Wilde Kiwis**

Trounson Kauri Park

Der Trounson Kauri Park 40 km nördlich ist Heimat von Kauribäumen und sattgrünen Farnen, von Ruru-Eulen, Kereru-Tauben, Pekapeka-

# GOTT DES WALDES

*Neuseelands höchster Kauri-Baum Tane Mahuta ist Jahrtausende alt und den Maori heilig. Wegen der Beliebtheit von Harz und Stämmen ist es ein Wunder, dass er noch steht. Groß und mächtig war er schon da, als James Cook 1769 die Nordinsel entdeckte. Im 19. Jh. fielen die meisten der Kaurifichten Axt und Sägewerk zum Opfer. Heute bedrohen pilzartige PTA-Sporen die letzten Exemplare.*

▶ **Agathis australis**

Neuseelands größte Baumart, der immergrüne Kauri-Baum oder Kauri-Fichte, gehört zur Gattung der Araukariengewächse, die bereits für die Jurazeit vor 200 bis 150 Mio. Jahren nachgewiesen sind.

5 – 7,5 cm

2 – 5 cm

weiblicher und männlicher Zapfen

Nadelblätter

▶ **Alter**

Der Kauri kann bis zu 4000 Jahre alt werden. Der älteste lebende Kauri wird auf rund 2000 Jahre geschätzt.

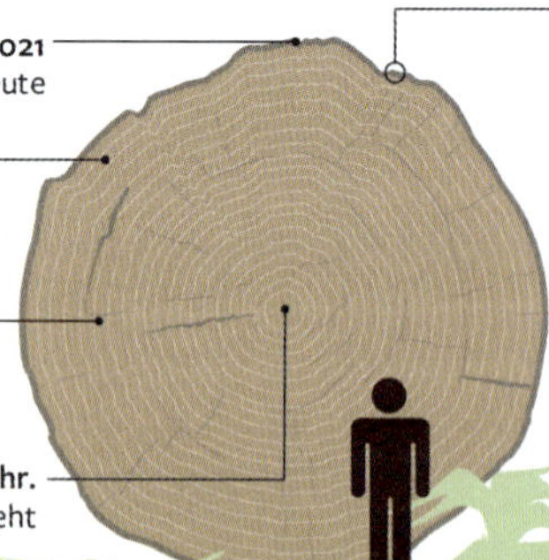

**2021**
heute

**1824**
Erstbeschreibung der Baumart

**1612**
A. Tasman entdeckt Neuseeland

**ca. 12 n. Chr.**
Baum entsteht

zum Vergleich
**Mammutbaum**

### ▶ Kauri früher

Schon die Maori kannten die Vorzüge des Kauri-Holzes. Da ziemlich fest und trotzdem leicht zu bearbeiten, nutzten sie es zum Boots- und Hausbau und auch zum Schnitzen von Kunstwerken. Das wohlriechende Baumharz (Kopal) diente als Anzündhilfe, zur Herstellung der Farben für ihre Tätowierungen sowie als Wundheilmittel.

**Schnitzkunst**

**Schiffbau**

**Hausbau**

### ▶ Kauri heute

**Instrumente**

Der Kauri-Baum steht heute unter Naturschutz und darf nur noch in Ausnahmefällen von Maori für rituelle bzw. religiöse Zwecke gefällt werden. Genutzt werden darf das Holz von Sumpf-Kauris, die in den letzten 50 000 Jahren im Morast versunken und so konserviert worden sind. Aus diesem Holz werden z.B. hochwertige und exklusive Möbel, Musikinstrumente etc. hergestellt.

**Möbel**

### ▶ »Tane Mahuta«

Der »Gott des Waldes«, Neuseelands größter Kauri-Baum, steht im Waipoua Forest.

| | Meter |
|---|---|
| **Gesamthöhe** | 51,5 |
| **Stammumfang** | 13,8 |
| **Stammdurchmesser** | 4,4 |
| | **Jahre** |
| **Alter** | 2000 |

### ▶ Wo wächst der Kauri?

Kauri-Wälder bedeckten einst gut 1,2 Mio. Hektar Land; heute sind es nur noch 9000 Hektar im nördlichen Teil der Nordinsel. Der bekannteste Bestand befindet sich im Waipoua Forest im Northland.

Fledermäusen und Kauri-Schnecken. Ein 40-minütiger Rundwanderweg informiert mit Schildern und Audiopunkten über Flora und Fauna. Bei geführten Nachtwanderungen stehen die Chancen gut, wilde **Kiwis** zu sehen.

**Nachtwanderung:** www.kauricoasttop10.co.nz/night-walks.

### Tane brachte Licht und Raum

★ Waipoua Kauri Forest

Weiter Richtung Hokianga können Sie Neuseelands größten Kauri-Baum **Tane Mahuta** bestaunen. Der »Gott des Waldes« ist nur fünf Minuten Fußweg vom Highway entfernt. In der Mythologie der Maori spielt der Kauri-Baum eine wichtige Rolle. Tane ist nach ihrem Glauben der Gott des Waldes, der Licht und Raum zwischen Himmel und Erde brachte und Luft zum Atmen. Ein besonderes Erlebnis sind in der Dämmerung die von Maoris geführten Touren durch den Urwald, die dazu Legenden ihres Stammes erzählen. Die Baumriesen sind durch die **Kauri-Wurzelfäule** vom Aussterben bedroht. Bitte beachten Sie alle ausgeschilderten Kauri-Schutzmaßnahmen in den betroffenen Gebieten (►Baedeker Wissen S. 108, ►Abb. S. 105).

www.kauricoast.com

### Pioniergeschichte

Matakohe

Rund 70 km südöstlich von Dargaville dokumentiert das **Kauri & Pioneer Museum** in Matakohe die Geschichte der Holzfäller und die Bedeutung von Kauriharz. Der Shop verkauft Souvenirs aus Kauriholz.

**Kauri & Pioneer Museum:** 5 Church Rd | tgl. 9–17 Uhr
Eintritt: 25 NZ$ | www.kau.nz

### Statt Wellen

Hokianga Harbour

Über 300 m hohe Sanddünen türmen sich an der Nordseite der Bucht an der Tasmanischen See, während eine sich ständig ändernde Sandbank vor dem Binnenhafen die Schifffahrt herausfordert. Hafenrundfahrten, Dünenwanderungen und **Sanddünen-Surfen** gehören zu den angebotenen Aktivitäten.

### Auf ein Bier

Horeke

Das winzige Horeke im Oberlauf des Hokianga Harbour war nach Russell die zweite europäische Siedlung Neuseelands. Nur der Friedhof zeugt mit alten Grabsteinen davon, dass hier zwischen 1838 und 1855 die **Mangungu Mission** stand. Das **Horeke Hotel** mit Blick aufs Wasser ist der älteste Pub Neuseelands mit leckerem Fisch und süffigem Bier – und gutes Etappenziel für Radler am **Twin Coast Cycle Trail**.

**Horeka Hotel €:** https://horekehotel.nz

### Fantastische Felsbrocken

★ Wairere Boulders

Festes Schuhwerk und ein bis drei Stunden Zeit brauchen Sie für die faszinierende Wanderung über zwei Dutzend Brücken, Holztreppen

und Pfade, die das Schweizer Ehepaar Schaad 3 km südlich von Horeke in die spektakulären, bis zu 20 m hohen Basaltbrocken gebaut hat, die vor 2,8 Mio. Jahren durch einen Vulkanausbruch beim Lake Omapere entstanden sind. Zum **privaten Naturreservat** gehören auch Felsenpools zum Baden, Kajakverleih, Café und Campingplatz.
Eintritt: 10 NZ$ | https://wairereboulders.co.nz

**Schöne Überraschung**

Ngawha Hot Springs

Einfach, rustikal und abseits der Touristenströme können Sie 7 km östlich von Kaikohe im mineralreichen Thermalwasser der Ngawha-Quellen entspannen, das sehr erfolgreich zur Behandlung von Hautkrankheiten und Rheuma eingesetzt wird. Die Wassertemperatur in den 16 Pools variiert von lauwarm bis ziemlich heiß.
Tgl. 9 -21 Uhr | Eintritt: 4 NZ$ | www.ngawha.com

## ★★ Bay of Islands

**Inselparadies**

★★ Ein Tag auf dem Wasser

Fast 150 Inseln gehören zum subtropischen Traumrevier für Segler und Hochseeangler. Am besten lässt sich die Schönheit der Bay of Islands auf einer **Bootstour, Charterjacht oder im Kajak** entdecken. Von Paihia oder der Russel Wharf aus segelt der historische Gaffelschoner »**R. Tucker Thompson**« zwei Stunden entspannt durch die innere Bucht, leichte Snacks inbegriffen. Eine Passagierfähre pendelt zwischen Paihia und Russell, eine Autofähre zwischen Opua und Okiato. Die Bay of Islands hat Neuseelands wärmste Wassertemperaturen und ist ein maritimer Abenteuerspielplatz für Delfine, Wale, Blue Blue Pinguins und Tölpel. Im Sommer können Sie bei einer **Dolphin Eco Experience Cruise** mit wilden Delfinen schwimmen (▶Abb. S. 112).
**Dolphin Cruises, Schnellboote & Törns der »R. Tucker Thompson«:** The Maritime Building, Paihia und The Strand, Russell | tgl. 7.30 - 18 Uhr, Bootsausflüge ab 120 NZ$ | www.dolphincruises.co.nz

**Das Loch im Felsen**

Paihia

Eine nette Ausgangsbasis für Bootsausflüge und Angeltouren ist das 1823 als Missionsstation gegründete Städtchen Paihia mit netten Restaurants rund um den Fähranleger nach Russell. Highlights sind eine »**Hole in the Rock Cruise**« zur Spitze des felsigen Cape Brett und ein Ausflug zum vorgelagerten **Urupukapuka Island**, ein Anglerparadies. Seine Otehei Bay können Sie mit Stand up Paddling oder Kajak erkunden, ein Lehrpfad folgt den Spuren der Maori.
**Hole in the Rock Cruises:** www.dolphincruises.co.nz
**Urupukapuka Island:** Aktivitiäten und Überfahrten unter http://oteheibay.co.nz

**Wiege Neuseelands**

★ Waitangi Treaty Grounds

Nördlich von Paihia liegt jener Ort, wo am **6. Februar 1840** der denkwürdige Vertrag von Waitangi unterzeichnet worden ist. 43 Northland-Häuptlinge unterschrieben den Vertrag noch am gleichen Tag. Mehr als 500 Maori-Häuptlinge folgten innerhalb der nächsten Monate. Der **Treaty of Waitangi** gilt als Gründungsurkunde der Nation, auch wenn es bis heute Probleme bei der Auslegung des Vertrags gibt. Trotz des vereinbarten Schutzes verloren die Maori im 19. und 20. Jh. viel Land und erst das 1975 von der Regierung eingesetzte Waitangi-Tribunal befasste sich mit den Forderungen der Maori, Rückgaben und finanziellen Ausgleich für erlittenes Unrecht (▶Geschichte S. 269). Beim alljährlichen **Waitangi Day** wird am 6. Februar feierlich an die Vertragsunterzeichnung erinnert – der Originalver-

Begegnung der besonderen Art: eine Dolphin Eco Experience Cruise in der Bay of Islands

trag wird im Nationalarchiv in ▶Wellington aufbewahrt. Das 1833 von John Verge entworfene **Treaty House**, wo James Busby als Vertreter der britischen Regierung bei der Unterzeichnung logierte, wurde 1932 vom damaligen Generalgouverneur dem neuseeländischen Volk geschenkt. Daneben wurde 1940 zum 100. Jubiläum ein vollständig geschnitztes **Versammlungshaus der Maori** eingeweiht, das unter Mitarbeit des meisterhaften Holzschnitzers Pine Taiapa entstanden ist und von einem neuen Selbstbewusstsein zeugt. Auch ein Kriegskanu aus drei gewaltigen Kauristämmen ist neben dem Besucherzentrum zu bewundern, das auf geführten Touren und mit kulturellen Events dem historischen Ort Rechnung trägt.

**Maori-Versammlungshaus:** Dez./Feb. tgl. 9–18, sonst tgl. 9–17 Uhr
Eintritt: 25 NZ$ | www.waitangi.org.nz

## NORTHLAND ERLEBEN

### BAY OF ISLANDS I-SITE
The Wharf 101 Marsden Road
Paihia, Tel. 09 402 73 45
www.northlandnz.com

### FULLERS INTERCITY FERRIES
Fußgängerfähre Paihia – Russell
Paihia Harbour, Tel. 09 402 74 21
Return-Ticket: 12,50 NZ$, 15 Min.
tgl. 7–22 Uhr alle 30 Minuten
www.dolphincruises.co.nz

### PER BUS ZUM CAPE REINGA
Von Paihia über Kerikeri und den Ninety Mile Beach zum Cape Reinga
Abfahrt 7, Rückkehr 18.15 Uhr
Kosten: 155 NZ$
www.dolphincruises.co.nz

### PUPURANGI HIRE & TOUR
Authetische Maori-Touren
3 Riverside Dr, Riverside,
Whangarei, Tel. 09 438 81 17
Kosten: 40 NZ$
tgl. 9.30–17.30 Uhr

### CREAM TRIP
Entdecken Sie die zauberhafte Bay of Islands auf der Route, die das Postschiff in den 1930ern nahm, um die auf den Inseln gemolkene Milch einzusammeln und gleichzeitig die Post

zuzustellen. Unterwegs wird gebadet, ein leckerer Lunch serviert und gestoppt, um Delfine zu sichten.
9.30 ab Paihia, 9.40 Uhr ab Russell, ab 138 NZ$
www.dolphincruises.co.nz

### MUSEUMSEISENBAHN

In Konkurrenz zum Straßenverkehr benutzt in Kawakawa eine Museumseisenbahn die Hauptstraße als Verbindung zum einstigen Kohlehafen Opua.
Abfahrt: Gillies St, Kawakawa
Fr., Sa., So. 10.45, 12, 13.15 und 14.30 Uhr, Dauer: 50 Min
Tickets: hin und zurück 20 NZ$
www.bayofislandsvintagerailway.org.nz

### BURNING ISSUES GALLERY

Lokale Kunst von Skulpturen, Glasarbeiten, Malereien bis zu Schmuck und liebevoll gestalteten Keramikfiguren von Fiona Tunnicliffe.
8 Quayside, Whangarei
Tel. 09 438 31 08, tgl. 10–17 Uhr
www.burningissuesgallery.co.nz

### 1 AKE AKE VINEYARD €€€

Wunderschönes Lokal im Bistrostil für einen leckeren Lunch oder stilvolles Dinner zwischen Reben. Nehmen Sie sich auch noch ein Fläschchen aus dem gutem Wein-Shop mit.
So. Abend geschlossen.
165 Waimate North Road, Kerikeri, Tel. 09 407 82 30
www.akeakevineyard.co.nz

### 2 THE GABLES €€€

Direkt am Strand von Russell werden fangfrischer Fisch, Lamm- und Wildgerichte mit Blick auf die See serviert.
The Strand, Russell, Bay of Islands, Abb. S. 35
Tel. 09 403 76 70
www.thegablesrestaurant.co.nz

### 3 OMATA ESTATE VINEYARD €€€

Wunderschönes Anwesen mit Verkostung und Mittagessen
212 Aucks Road, Russell
Bay of Islands
Tel. 09 403 80 07
www.omata.co.nz

### 4 CHARLOTTE'S KITCHEN €€

Rustikal und urgemütlich speisen Sie mitten in Paihia direkt am Wasser. Es gibt ausgezeichneten Fisch, aber auch Pizza und saftige Steaks.
69 Marsden Road, Paihia
Bay of Islands
Tel. 09 402 82 96
www.charlotteskitchen.co.nz

### 5 THE BLACK OLIVE €€

Die beste Pizza, aber auch »Cajun Chicken« steht auf der Speisekarte.
308 Kerikeri Road, Kerikeri
Bay of Islands
Tel. 09 407 96 93
www.theblackolive.net

### 1 DUKE OF MARLBOROUGH €€€

Traditionsreiches Haus mit ausgezeichnetem Restaurant im viktorianischen Stil direkt an der Uferpromenade des schnuckeligen Russell. Besonders schön: die Balkonzimmer an der Waterfront.
35 The Strand, Russell
Bay of Islands
Tel. 09 403 78 29
www.theduke.co.nz

### 2 ADMIRALS VIEW LODGE €€€/€€

Die meisten Zimmer haben herrlichen Meerblick. Kleiner Garten, Bücherei und Fahrradverleih.
2 MacMurray Road, Paihia,
Bay of Islands
Tel. 09 402 62 36
www.admiralsviewlodge.co.nz

BAEDEKER MAGISCHE MOMENTE

## AM ENDE DES REGENBOGENS

Gänsehaut beim Anblick einer Landschaft? Keine 3 km westlich von Kerikeri versteckt sich ein Wasserfall, der genau das wahr macht. Während sich die Hitze des Tages an der Küste staut, ist es hier kühl, grün und feucht. Je näher Sie den **Rainbow Falls** kommen, desto lauter wird das Rauschen. Besonders nach regenreichen Tagen, wenn sich die Wassermassen tosend hinunterstürzen. Sollten feine Tröpfchen das Licht noch richtig brechen, folgt ein fantastisches Farbenspiel. Am besten wandern Sie zum Wasserfall von den Waitangi Treaty Grounds auf einem gut ausgebauten Weg durch Mangrovenwälder.

**Kulinarischer Stopp**

★ Kerikeri

Avocados, Weintrauben, Macadamianüsse und Zitrusfrüchte – der Weg nach Kerikeri führt an zahlreichen Obstplantagen vorbei, die auch die guten Restaurants vor Ort beliefern. Außerdem gibt es zwei lebendige **Wochenmärkte**, die regionale Produkte anbieten. Links der Kerikeri Road lockt das Makana Chocolate Café mit hausgemachten Kuchen und Eis, rechts die **Makana Chocolate Factory**. Hier können Sie bei der Herstellung von Pralinen zuschauen – der Tipp zum Mitnehmen ist die sensationelle Macadamia-Krokantschokolade. Selbst gebrannter Limoncello und erstklassiges Olivenöl, edle Tropfen junger Winzer, kleine Boutiquen und nette Gartencafés machen Kerikeri zu einem beliebten Ausflugsziel. Auf dem **Art & Craft Trail** können Sie Kunsthandwerkern bei der Arbeit zusehen.

Neuseelands älteste Steinhäuser sind **Kemp House & Stone Store** der Missionsstation, die hier 1819 gegründet wurde. Auf dem terrassierten Hügel über der Bucht können Sie im befestigten Maori-Dorf **Kororipo Pa** auf den Spuren des Maoriführers Hongi Hika wandeln, der von hier zu Raubzügen aufbrach, die ihn bis nach ▶ Wellington und zum East Cape führten. 1814 traf er in Sydney mit dem Missionar Samuel Marsden zusammen, dem er bei der Einrichtung der Missionsstationen in Rangihoua und später auch in Kerikeri behilflich war.

**Makana Chocolate Factory**: 504 Kerikeri Rd | tgl. 9 – 17.30 Uhr www.makana.co.nz | **Kunsthandwerker**: www.kerikeri.co.nz/d_Art-Craft.cfm | **Kemp House & Stone Store:** Führungen tgl. 10–17, im Winter bis 16 Uhr | Eintritt: 10 NZ$ | www.heritage.org.nz

### Nostalgie

Russell

Nur 15 Minuten braucht die Fußgängerfähre von Paihia, um nach Russell überzusetzen, den ersten Seehafen des Landes. Desertierte Matrosen, entlaufene Sträflinge, abenteuerlustige Frauen, Rauf- und Trunkenbolde – nach **Kororakeka,** wie es damals hieß, kamen sie alle. Anfang des 19. Jh.s herrschten Gewinnsucht und Gesetzlosigkeit im »Höllenloch des Pazifiks«, der Waffenhandel blühte. Einschusslöcher an den Wänden der 1836 erbauten Christ Church erinnern an die wilde Vergangenheit. Kurze Zeit war Russell neuseeländische Hauptstadt, bis der Regierungssitz 1841 nach Auckland verlegt wurde. Heute machen viktorianische Gebäude mit netten Cafés, Restaurants und Kunstgalerien direkt am Wasser die kleine Ortschaft zum romantischen Ausflugsziel (▶Abb. S. 35).

Ein Spaziergang an der Waterfront führt zum 1842 errichteten **Pompallier House**, das als Druckerei, Gerberei und Lagerhaus von der ersten katholischen Missionsstation genutzt wurde. Heute werden hier traditionelle Methoden von Gerberei, Buchdruck und Buchbinderei gezeigt. Das **Russell Museum** an der York Street erinnert an James Cook (▶Interessante Menschen). Bemerkenswert ist das Modell seines Schiffs »Endeavour«. King Fish, Marlin oder Snapper? Am Kai können Bootsangeltouren gebucht werden. Der nicht weit entfernte Long Beach eignet sich wunderbar zum Schwimmen. Viele der täglichen **Bootstrips** und Delfin-Touren durch die Bay of Islands bieten Russell neben Paihia als Zustiegsort an (▶S. 111).

**Pompallier House:** The Strand | tgl. 10–17 Uhr, im Winter bis 16 Uhr Eintritt: 12 NZ$ | www.heritage.org.nz | **Russell Museum:** tgl. 10–16, im Januar bis 17 Uhr | Eintritt 12 NZ$ | www.russellnz.co.nz
**Angeltouren:** 20B York St | Tel. 027 945 43 57 | www.fishspotx.co.nz

### Stilles Örtchen mit Stil

Kawakawa

Kawakawa ist vor allem als Wahlheimat des österreichischen Architekten, Umweltaktivisten und Malers **Friedensreich Hundertwasser** (1928 – 2000) bekannt. Der Künstler, der ab 1973 auf einer ehemaligen Farm in der Nähe lebte und dort Tausende von Bäumen gepflanzt hat, schenkte seiner neuen Heimat 1999 ein ganz in seinem Stil erbautes **Toilettenhäuschen** mit geschwungenen Wänden, bunten Keramikfliesen und verschiedenfarbigen Flaschen, die ein besonderes Licht erzeugen – zweifellos die Hauptattraktion des verschlafenen Ortes. Nicht nur in Neuseeland bekannt ist Hundertwassers Vorschlag einer neuen **neuseeländischen Flagge**, die bislang jedoch offiziell nicht anerkannt ist: eine grüne Spirale auf weißem Grund. Der Entwurf symbolisiert einerseits das sich öffnende Farnblatt, andererseits das von den Maori sehr häufig gebrauchte Ornament. Hundertwasser lieferte übrigens nur einen von mehreren neuen Flaggen-Entwürfen. 2016 wurde offiziell über eine neue Flagge abge-

BAEDEKER ÜBERRASCHENDES

# 6X ERSTAUNLICHES

*Hätten Sie das gewusst?*

## 1. MIT STIL

Warum Sie in **Kawakawa** unbedingt aufs Klo müssen? Die kunterbunte öffentliche Toilette wurde von Friedensrich Hundertwasser entworfen. (▶ **S. 117**)

## 2. GANZ SCHÖN LANG

Taumatawhakatangihangakoauauotamateaturipukakapikimaungahoronukupokaiwhenuakitanatahu, so lautet der Maoriname für einen Hügel bei Porangahau in der **Hawke's Bay**, mit 85 Buchstaben zweitlängster Ortsname der Welt.

## 3. KEIN FLOP

Schon in den 1950ern, also lange, bevor Flipflops von Asien aus die Welt eroberten, waren Zehensandalen aus Gummi in Neuseeland »in«. Dort heißen sie **Jandals**, die Kurzform von Japanes Sandals – und werden am »National Jandal Day« am 2. Dez. sogar gefeiert.

## 4. FUNKELNDE WELT

Das seltsame Flimmern in den **Kawiti Caves** wird nicht von Glühwürmchen erzeugt, sondern durch helle Tropfenfäden von Mückenlarven, die damit Insekten anlocken wollen. (▶ **S.119**)

## 5. KLUGE KEAS

Nicht die schlaue Krähe ist der intelligenteste Vogel der Welt, sondern der neuseeländische **Kea**. Das fanden zumindest Biologen der Universität Wien heraus.

## 6. ERSTES GEFRIERFLEISCH

Bei **Dunedin** stand die erste Gefrierfleischfabrik der Welt. 1882 legte von Port Chalmers das erste Kühlschiff mit Fleisch in Richtung England ab. 98 Tage dauerte die Überfahrt für die 20 000 km, heutige Schiffe brauchen keine 30 Tage mehr. (▶ **S.192**)

stimmt, aber 57 Prozent der Neuseeländer entschieden sich für die alte Flagge mit dem Union Jack.Seinem Wunsch entsprechend wurde Hundertwasser eingehüllt in die von ihm entworfene Flagge für Neuseeland auf seinem Grundstück unter einem Tulpenbaum begraben.
60 Gillies St, Kawakawa

**Glühwürmchengrotte**

★ Kawiti Caves

Wenige Kilometer südlich von Kawakawa können Sie auf einer halbstündigen Führung die **Tropfsteinhöhlen** der Kawiti Caves erkunden. Sie sind im Besitz der Nachkommen von Häuptling Kawiti, der mit Hone Heke bei Ruapekapeka kämpfte (s. unten). Ein Holzsteg führt zur funkelnden »Glühwürmchenhöhle« (▶S. 118), deren Wände wie ein Sternenhimmel wirken.
49 Waiomio Rd | Waiomio tgl. 9–16 Uhr | Eintritt: 30 NZ$
www.kawiticaves.co.nz

**Letzter Schauplatz der Neuseeland-Kriege**

Ruapekapeka

Beachtenswert, aber nicht leicht erreichbar ist die alte Maori-Festung Ruapekapeka. Die Zufahrt erfolgt 14 km südöstlich von Kawakawa vom Highway 1. Der Pa war 1846 Schauplatz der letzten Kämpfe zwischen **Hone Heke** (▶Interessante Menschen) und Regierungstruppen. Nach der Erstürmung rief Grey zum Frieden auf und erlaubte den Ngapuhi, in ihre Stammesgebiete zurückzukehren. Überreste der Befestigungswälle, unterirdischen Stellungen und Tunnels sind gut zu erkennen, ebenso die Standorte der britischen Kanonen.
Ruapekapeka Rd, Towai | http://ruapekapeka.co.nz

**Darwin fühlte sich fast wie zu Hause**

Waimate North

Rund 20 km westlich von Paihia ließ Samuel Marsden 1830 die erste anglikanische Niederlassung im Inselinnern errichten. Er ordnete den Bau einer Farm nach englischem Muster an, um die Maori nicht nur zu bekehren, sondern auch auszubilden. Die Farm entwickelte sich prächtig und begeisterte den Naturforscher Charles Darwin 1835, als er sich nach langer Reise durch den Urwald plötzlich in einem englischen Dorf wiederzufinden glaubte. Nur das 1832 erbaute **Mission House** blieb erhalten und kann im Sommer täglich besichtigt werden.

## Far North

**Tor zum hohen Norden**

Kaitaia

Von Kaitaia starten Touren zum endlosen Ninety Mile Beach und Neuseelands Nordspitze am Cape Reinga. Zu den Schätzen des **Far North Museum** an der South Road gehört ein riesiges Skelett des ausgestorbenen **Moa**-Laufvogels, der bis zu 250 kg schwer war. Nach Ankunft der ersten Polynesier war er innerhalb kürzester Zeit ausgerot-

tet. Im **Maori Cultural Centre** können Sie Holzschnitzkunst und Webarbeiten der Ureinwohner bewundern. Wer Lust hat, darf Kunsthandwerkern bei der Arbeit zusehen oder sogar selbst mitmachen.
**Far North Museum:** Mo.–Fr. 10–16 Uhr | Eintritt 5 NZ$
www.teahuheritage.co.nz

**Schwimmen, Sonnen, Strandsegeln und Sandboarding**

★ Ninety Mile Beach

Der bis zu 200 m breite, schier endlose Sandstrand zwischen Ahipara und Scott Point, der eigentlich nur 88 km lang ist, darf offiziell als Straße genutzt werden, allerdings nur bei Ebbe und mit Vierradantrieb. Mietwagenfirmen erlauben das Befahren des 90 Mile Beach aus Sicherheitsgründen nicht, doch es gibt täglich Bustouren ab Kaitaia. Auch von Paihia aus lassen sich Bustouren und Rundflüge als Tagesausflug bis zum Cape Reinga buchen (►S. 114). Am 90-Meilen-Strand sind Schwimmen, Sonnen, Strandsegeln in Blo-Karts und Sandboarding auf den **riesigen Sanddünen** Programm. Bei Ebbe können Sie auch nach Tuatua-Muscheln fürs Abendessen graben. Anfang März stehen Hunderte von Petrijüngern am 90 Mile Beach, um beim fünftägigen **Angelwettbewerb** den größten Snapper aus der Brandung zu ziehen.

**Nördlichster Punkt Neuseelands**

★★ Cape Reinga

Ganz im Norden endet Neuseeland am 165 m hohen Cape Reinga. Seine Name bedeutet »Unterwelt«, denn die Maori glauben, dass die Seelen ihrer Verstorbenen am Pohutukawa-Baum auf dem Kap Abschied nehmen, um ihre letzte Reise in die sagenhafte Urheimat Hawaiki anzutreten. Vom 1941 erbauten Leuchtturm auf dem sturmumtosten Kap haben Sie einen überwältigenden Rundblick, bei gutem Wetter bis zu den **Three Kings Islands**, die Abel Tasman so nannte, weil er am Dreikönigstag 1643 hier vorbeisegelte.

**Schnorcheln und lange Strandspaziergänge**

★ Doubtless Bay

Weiße Sandstrände laden zum Schwimmen, Schnorcheln, Fischen und Segeln gut 35 km nordöstlich von Kaitaia an der Doubtless-Bucht ein. Laut Legende der Maori soll **Kupe**, der sagenhafte Seefahrer aus Hawaiki, hier erstmals an Land gegangen sein. Der Name stammt allerdings von James Cook, der 1769 beim Vorbeisegeln entschied, dass es sich zweifellos (doubtless) um eine Bucht handeln müsse.

**Riesiger Haifisch ...**

★ Mangonui-Fish Shop

... bedeutet der Name des kleinen Fischerdorfes mit nostalgischen Häuschen aus Kauriholz, Cafés und Souvenirshops an der Waterfront. Wer die 210 km von Paihia zum Cape Reinga selbst fährt, kann hier auf halber Strecke im legendären **Fish Shop** eine Pause einlegen, wo täglich Fangfrisches auf der Terrasse am Meer serviert wird.
www.mangonuifishshop.com

Schier endlos: das Strandparadies des Ninety Mile Beach

### Das Boyd-Massaker

Whangaroa Harbour

Als die **Brigantine »Boyd«** aus Sydney 1809 den Whangaroa Harbour anlief, um Kauriholz zu laden, wurde das Schiff von Maori-Kriegern erobert, weil die weiße Besatzung den Sohn ihres Häuptlings ausgepeitscht hatte. Alle 70 Mann an Bord wurden getötet und zum Teil verspeist. Nur Ann Morley und ihr Baby, der Schiffsjunge und die zweijährige Betsy Broughton überlebten. Nach einer beim Plündern verursachten Pulverexplosion brannte das Schiff einige Tage später aus. Das Wrack liegt bis heute vor Red Island auf dem Meeresgrund und wird im Sommer von Ausflugsbooten angefahren.

### Wracktauchen

»Rainbow Warrior«

Das 1985 im Hafen von ▶ Auckland vom französischen Geheimdienst versenkte **Flaggschiff der Greenpeace-Flotte** wurde nach Bergung zu den Cavalli Islands geschleppt und dort als Tauchattraktion in 25 m Tiefe erneut versenkt. Tauchgänge zum Wrack in der **Matauri Bay** werden von Paihia aus angeboten.

**Tauchgänge zur »Rainbow Warrior«**: Start 7.45 Uhr | Dive Shop, Williams Rd, Pahia | https://divenz.com/trips/rainbow-warrior

# ★★ ROTORUA

**Region:** Bay of Plenty | **Höhe:** 57 – 297 m | **Einwohner:** 54 000

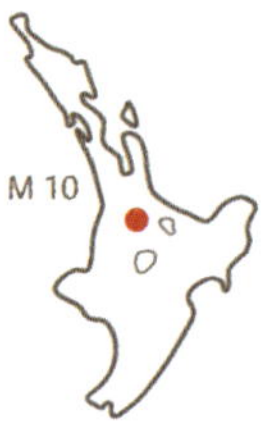


***Himmelhohe Fontänen zischender Geysire, rauchende Schlote und blubbernde Schlammtöpfe wurden in und um Rotorua zur natürlichen Kulisse für Peter Jacksons Oscar-Streifen »Herr der Ringe« (▶Das ist Neuseeland S. 10, 22). Nach einem Besuch im geothermischen Wunderland gibt es nichts Besseres, als sich in heißen Thermalbecken zu entspannen und im Te Puia die herzliche Gastfreundschaft, Kunsthandwerk und Esskultur der Maori kennenzulernen. Und hinter den Hügeln im Auenland warten die Hobbits.***

Wunderwelt der Vulkane

Schon am Stadtrand dringt sofort der typische Geruch nach faulen Eiern in die Nase, wie ihn Schwefeldämpfe verbreiten. Geothermische Aktivität hat hier eine fantastische Vulkanlandschaft geschaffen. Laut Legende der Maori soll gleich nach der Landung des Ahnenkanus der Tohunga-Priester **Ngatoro** mit einer Sklavin auf den schneebedeckten **▶Tongariro** gestiegen sein, wo sie zu erfrieren drohten. Deshalb bat der Priester die Götter der Urheimat Hawaiki um ein wärmendes Feuer. Dieses kam unter dem Meer, stieß bei White Island an die Erdoberfläche, dann bei Rotorua und Taupo, bis es aus dem Gipfel des Tongariro schoss und Ngatoro fand.

Im 19. Jh. kamen erste europäische Besucher. Da nutzten die ansässigen Maori vom Stamm der Te Arawa den heißen Lebensraum bereits seit Generationen, badeten im Thermalwasser, setzten es zum Heizen und Kochen ein – und wurden unentbehrliche Fremdenführer. Größte Attraktion des Vulkantourismus im 19. Jh. waren die pink und weiß leuchtenden **Sinterterrassen** am **Lake Rotomahana**, ein achtes Weltwunder, das durch den **Ausbruch des Tarawera** am Morgen des 10. Juni 1886 ausgelöscht wurde. Feurige Lava-Fontänen, Asche- und Rauchwolken begruben ganze Maori-Dörfer und forderten 150 Menschenleben. Heute empfängt die Stadt die zahlreichen Gäste aus aller Welt mit gut organisierter touristischer Infrastruktur. Nehmen Sie sich zwei Tage Zeit, denn es gibt nicht nur **geothermische Wunder** zu erleben, sondern auch **Maori-Kultur hautnah**.

## Wohin in Rotorua?

★ Heilung und Wellness in heißen Pools

### Europäisches Kurbad

Zwei **Thermalquellen** speisen das Kurbad Rotorua: Das Schwefelwasser der Priest Spring wird bei Rheuma und Arthritis eingesetzt, die Rachsel Spring soll wegen ihrer antiseptischen Wirkung bei Hautproblemen helfen. Wie eine Reise in die viktorianische Ära fühlt sich ein Gang durch die zauberhaften **Government Gardens** am Seeufer an. Der Te Runanga Tearoom und die weitläufigen Wiesen vor dem Badehaus erinnern an glorreiche Zeiten des britischen Empire. Auf dem grünen Rasen kann man sich gut Damen und Herren in weißem Dress vorstellen, die Cricket oder Golf spielen. Blickfang sind die Tudor Towers im Fachwerkstil des 19. Jh.s am **Government Bath House** mit dem **Rotorua Museum**, das aufgrund von Erdbebenschäden schließen musste. Die Instandsetzung wird langwierig und teuer, ein Termin für die Wiedereröffnung steht noch nicht fest. Hinter den Tudor Towers speisen drei Heilquellen die Mineralbäder der vier Badebereiche in den bereits 1882 errichteten **Polynesischen Pools** – reservieren Sie einen Privatpool am Seeufer! Therapien und Massagen werden im Lake Spa Retreat angeboten. Die Blue Baths im Art-déco-Stil bieten ebenfalls Thermapools.

**Rotorua Museum:** 9 Queens Drive | www.rotoruamuseum.co.nz
**Polynesian Pools:** 1000 Hinemoa St. | tgl. 8–23 Uhr | Private Pools am See ab 30 NZ$ | www.polynesianspa.co.nz
**Blue Baths:** Queens Drive | tgl. 8–23 Uhr | www.blubaths.co.nz

### Erste Hauptsiedlung

Ohinemutua

Highlights im historischen Maori-Dorf wenige Gehminutem vom Zentrum am Südufer des Lake Rotorua sind das reich verzierte traditionelle Versammlungshaus **Te Papaiouru Marae** und die anglikanische **St. Faith's Church** mit schönen Maori-Schnitzereien und einem Buntglasfenster, das Christus in einem Maori-Federmantel darstellt, wie er über den Lake Rotorua wandelt.

**Führungen:** tgl. 9 – 17 Uhr | 1-2 Std. | 35 NZ$ | Kia Ora Guided Walks www.rotoruanz.com

### Geysire & authentische Folklore

★★ Te Puia

▶Abb. S. 124, 129

Nach Ausbruch des Tarawera zogen viele Dorfbewohner ins **Whakarewarewa Geothermal Valley**, wo ab Mitte des 14. Jh.s eine **Festung** stand, die dank heißer Geysire und brodelnder Schlammlöcher uneinnehmbar war. Heute können Sie hier im **Te Puia Maori Arts & Crafts Institute**, das den Maori gehört, bei einer Führung den größten **Geysir Pohutu** bestaunen und zusehen, wie junge Maori traditionelle Schnitz- und Webentechniken erlernen. Die authentische Abendvorstellung beginnt mit der Hongi-Begrüßung im **Marae**-Versammlungshaus, später folgen im Rhythmus traditioneller Lieder der wilde Haka-Tanz der Männer, der elegante Poi-Tanz der Frauen und das geschickte Stockspiel Titi Torea. Lieder und Spiele sollten Krieger in Beweglichkeit und Koordination trainieren. Den Abschluss bildet ein Hangi-Buffet aus dem Erdofen. Im abgedunkelten **Kiwihaus** erfahren Sie mehr über den Nationalvogel (▶ Baedeker Wissen S. 71).

Hemo Rd | Führungen 60 – 90 Min. | tgl. 8–17 Uhr | Erw. ab 58 NZ$
Tel. 07 348 90 47 | https://tepuia.com/rotorua-geothermal

Speiende Urgewalt: Bis zu 20 Mal schießt der Pohutu Geysir jeden Tag heiße Dämpfe meterhoch in den Himmel.

## Rund um Rotorua

### Lovestory

Lake Rotorua

Auf der Insel Mokoia mitten im Lake Rotorua spielt die Liebesgeschichte von Hinemoa. Das Maori-Mädchen lebte am Ufer, ihr geliebter Tutanekai auf der Insel. Die Familien der beiden waren gegen eine Verbindung und hatten alle Kanus versteckt. Doch als Tutanekai auf seiner Flöte spielte, war seine Angebetete so verzaubert, dass sie ins kalte Wasser sprang und mit leeren Kürbissen als Schwimmhilfe zur Insel gelangte. Danach musste sie sich in den heißen Inselquellen aufwärmen, die seither **Hinemoa's Pool** heißen. Und dort lebten sie glücklich bis ans Ende ihrer Tage. Heute bringt der nostalgische Raddampfer »Lakeland Queen« von Rotorua zur Insel (▶S. 127).

## ROTORUA ERLEBEN

### TOURISM ROTORUA
1167 Fenton Street, Rotorua
Tel. 08 00 76 86 78
www.rotoruanz.com

### LAKELAND QUEEN
Einstündige Rundfahrten über den Lake Rotorua mit Frühstücksbuffet, Kaffee, Lunch, Wein oder Dinner
Tgl., ab 29 NZ$
Memorial Drive, Ohinemutu
Rotorua, Tel. 07 348 02 65
https://lakelandqueen.com

### MAORI FOOD TRAILS
Mit dem Spitzenkoch unterwegs: Charles Royal organisiert in Rotorua tolle Maori Food Trails.
Ab 275 NZ$, www.rotoruanz.com/visit/see-and-do/tours/charles-royal-maori-food-trails

### ❶ URBANO BISTRO €€€/€€
Vom saftigen Steak bis zur Käseplatte verwöhnen Richard und Julie Sewell mit moderner, innovativer Küche.
289 Fenton St., Glenholme
Rotorua, Tel. 07 349 37 70
www.urbanobistro.co.nz

### ❷ SABROSO €€
Karibische Hähnchenbrust, Tacos mit Meeresfrüchten oder lieber ein knackiger Inca-Trail-Salat? Sabroso heißt auf Spanisch »lecker«, und das sind die lateinamerikanischen Gerichte in dem gemütlichen Lokal alle.
1184 Haupapa St, Rotorua
Tel. 07 349 05 91
www.sabroso.co.nz

### ❸ ATTICUS FINCH €€/€
Außergewöhnlich, kreativ und richtig gut: Wie in einer Tapas-Bar werden verschiedene Häppchen bestellt, die dann alle am Tisch teilen.
1106 Tutanekai Street, Rotorua
Tel. 07 460 04 00
https://atticusfinch.co.nz

### ❶ KOURA LODGE €€€€/€€€
Schönes Boutiquehotel inmitten gepflegter Gärten am Westufer des Lake Rotorua mit Hot Tub, Sauna, Restaurant, Wasserflugzeug und Kajakverleih, keine 5 Minuten Fahrt vom Stadtzentrum.
207–209 Kawaha Point Road
Rotorua, Tel. 07 348 58 68
https://kouralodge.co.nz

### ❷ PRINCES GATE HOTEL €€€€/€€€
Seit über 120 Jahren begrüßt die Nobelherberge am Eingang der Government Gardens Gäste. Am Wochenende kombiniert The Dukes Restaurant die traditionelle Küche der Maori und frühen Siedler mit modernen Kochmethoden zu tollen Menüs.
1057 Arawa Street, Rotorua
Tel. 07 348 11 79
www.princesgate.co.nz

### ❸ SPRINGWATERS LODGE BED AND BREAKFAST €€
Helle Zimmer mit See- oder Gartenblick und gutem Frühstück. Buchen Sie den Moana Room mit riesengroßem King-Size-Bett. Janice und Jeff sind stolz darauf, dass es hier nicht nach Schwefel riecht!
9 Te Waerenga Road
Hamurana, Rotorua
Tel. 07 332 25 65
https://springwaterslodge.co.nz

### Kia Ora!

★ Tamaki Maori Village

Im nachgebauten Maori-Dorf tauchen Sie bei einem **unterhaltsamen Abend** ein in das traditionelle Leben der Ureinwohner und erfahren mehr über alte Traditionen. Ein Bus bringt Besucher vom Office in Rotorua zum Dorf beim Lake Rotokakahi, wo die Reisegruppe einen Häuptling wählt, der dem Maori-Häuptling gegenübertritt. Ein zeremoniereiches »Kia ora« mit Tänzen und Ritualen der Maori folgt, besonderes Highlight ist am Ende das deftige Hangi aus dem Erdofen – unbedingt rechtzeitig reservieren!

Office: 1220 Hinemaru Street | Dorf: Highlands Loop Road, Ngakuru
Tour ab 130 NZ$, www.tamakimaorivillage.co.nz

### Dinner mit Skyline

★ Mount Ngongotaha

Nordwestlich der Stadt erhebt sich der 757 m hohe Mount Ngongotaha, von dem Sie einen fantastischen Blick auf die Stadt und den See haben. Die **Skyline Gondola** pendelt von der Talstation an der Fairy Spring Road auf den Gipfel. Dort können Sie den Lunch oder das Dinner im aussichtsreichen **Stratosfare Restaurant** genießen.

**Skyline Gondola:** tgl. 9 bis spät abends | Eintritt: ab 30 NZ$
www.skyline.co.nz/rotorua

### Aufzucht der Kiwis

★ Rainbow Springs Nature Park

Den Naturpark am Ostabfall des Berges erschließen idyllische Spazierwege unter hohen Farnen. In den Quellteichen und Bächen tummeln sich Regenbogenforellen. Außerdem gibt es artgerecht gestaltete Tiergehege, in denen Sie heimische Vögel wie Kea und Tui sehen können. Highlight ist die Kiwi-Aufzuchtstation im **Kiwi Encounter**, wo Sie den nachtaktiven Nationalvogel bei der Futtersuche beobachten können ▶ Baedeker Wissen, S. 71).

141 Western Road, Ngongotaha | **Führungen:** tgl. 10–16 Uhr
Eintritt: 40 NZ$ | www.rainbowsprings.co.nz

### Schafschurmeister

Ngongotaha

Am Nordfuß des Berges in Ngongotaha werden täglich im **Agrodome** Neuseeland-Schafe aller Rassen vorgeführt. Auch Meister im Schafscheren und Ausbilder der Hütehunde zeigen ihr Können.

**Vorführungen:** tgl. 8.30–17 Uhr | Eintritt: ab 34.50 NZ$
www.agrodome.co.nz

### Das Tor zur Hölle

Hell's Gate Thermal Reserve

Ihren Namen verdankt die Thermalregion bei **Tikitere** George Bernard Shaw, der 1934 die stark schwefelhaltigen und daher besonders übel riechenden Quellen und brodelnden Schlammlöcher besuchte. Ein geführter Pfad verläuft durch urwaldgleiche Vegetation zu den Devil's Cauldron-Schlammteichen und den heißen Kakahi Falls. Eine kleine Ausstellung informiert über die Launen der Natur. Im **Hell's**

In Te Puia können Sie zusehen, wie junge Maori alte Fertigkeiten erlernen (OBEN), Kiwis beobachten (UNTEN LINKS) und beim höflichen Hongi die Seele und den Lebensatem des anderen spüren.

**Gate Wai Ora Spa** können Sie sich in Neuseelands größten Whirlpool setzen oder ein heilsames Schlammbad nehmen.
State Highway 30 | tgl. 8.30–20.30 Uhr | Eintritt: 20 NZ$
www.hellsgate.co.nz

**Die größte heiße Quelle der Welt**

★ Waimangu Valley

Das Waimangu-Tal 20 Autominuten südöstlich von Rotorua wurde durch den Ausbruch des Tarawera 1886 total umgestaltet. Alte Fotos zeigen noch die berühmten Sinterterrassen, die es nach der Naturkatastrophe nicht mehr gab. Die Dörfer Te Wairoa, Te Arihi und Moura verschwanden unter Lava und Asche. Verbinden Sie den Rundgang im eigenen Tempo mit einer Bootstour auf dem **Lake Rotomahana**. Staunen Sie über den Echo Crater, das mystische Blau des Inferno Crater und den Frying Pan Lake, die größte heiße Quelle der Welt.
**Walk & Boat Cruise** Kombiticket: tgl. ab 8.30 Uhr | Ticket 85 NZ$
www.waimangu.co.nz/experiences/walk-and-cruise-combo

**Zeitreise**

Lake Tarawera

Auf geführten Touren können Sie zum Gipfel des 1111 m hohen **Mount Tarawera** aufsteigen, einem schlafenden Vulkan mit 6 km weitem Krater. Im **Buried Village** an der Tarawera Road steht die Zeit

Tolkiens wahre Welt: In Hobbiton leben die Halblinge in putzigen Häuschen.

still. Sein kleines Museum berichtet über den Vulkanausbruch und zeigt Überreste des Dorfes Te Wairoa, das bis 1886 Startpunkt zu den pinken und weißen Sinterterrassen war, die nach dem Vulkanausbruch im neuen See versanken. Unter den freigelegten Häusern ist auch das des Tohunga-Priesters, der vor einem großen Unheil gewarnt hatte. Vom Parkplatz des Buried Village verläuft der **Tarawera Trail** über 15 km am Westufer des Sees zum **Hot Water Beach**.

**Buried Village**: www.buriedvillage.co.nz | geführte Gipfeltouren und Wanderungen zu den Tarawera Falls und dem Hot Water Beach
Bootsausflüge: www.totallytarawera.com

**Riesenfontäne und Champagnerpool**

★★ Wai-O-Tapu Thermal Wonderland

Drei verschiedene Pfade führen zwischen einer halben und anderthalb Stunden vom Besucherzentrum durch die spektakuläre Thermalregion 30 km südlich von Rotorua. Entdecken Sie bei einem Spaziergang auf eigene Faust brodelnde Schlammlöcher, einen riesigen Vulkankrater, dampfende Seen und surreal schimmernde heiße Pools. Informative Darstellungen entlang der Pfade erklären die Entstehungsgeschichte. Hauptattraktion ist der **Lady Knox Geysir**, der jeden Tag um 10.15 Uhr eine 10 bis 20 m hohe Fontäne emporschießt. Der Teich der **Artist's Palette** ändert ständig seine Farbe, im 74 °C heißen **Champagne Pool** perlt das Thermalwasser wie Sekt und leuchtet dabei in Gelb, Grün und Blau, während das Ufer orange strahlt. Das Devil's Bath schimmert je nach Sonnenstand grün oder gelb.

201 Waiotapu Loop Rd, Rotorua | tgl. 8.30–17, Nov – März bis 18 Uhr
Eintritt: 38 NZ$ | Return Shuttle ab Rotorua: Tel. 0800 000 43 21
www.waiotapu.co.nz

## ★★ Hobbiton

**Blick hinter die Kulissen**

Movieset der Herr-der-Ringe- und Hobbit-Trilogien

Als **Sir Peter Jackson** (▶Interessante Menschen) über die üppigen grünen Hügel der Schaffarm von Familie Alexander flog, wusste er, dass er das Auenland gefunden hatte. Machen Sie einen Spaziergang durch die reale Landschaft von Mittelerde, werfen Sie einen Blick hinter die Kulissen von »Der Herr der Ringe« und »Der Hobbit« und erfahren Sie, wie **Tolkiens Fantasiewelt auf der Leinwand** zum Leben erweckt und Schlüsselszenen gedreht wurden. Am Schluss der zweistündigen Tour gibt es im Green Dragon Inn ein eiskaltes Southfarthing Ingwerbier (▶Das ist Neuseeland S. 22). Für viele Urlauber ist die Tolkien-Reihe der Grund ihrer Reise, also rechtzeitig buchen!

**Touren:** The Shire's Rest, 501 Buckland Rd, Hinuera, Matamata | tgl. 9 –15.30, Sept. – April auch 16, 16.30 | Erw. ab 89 NZ$, 9–16 Jahre ab 44 NZ$ | www.hobbitontours.com

# ★ TAUPO

**Region:** Waikato | **Höhe:** 370–1088 m | **Einwohner (Region):** 37 500

***Das Herz der Nordinsel schlägt am größten See der Kiwis. Der 600 km² große Lake Taupo ist die Caldera eines Supervulkans mit feuriger Geschichte. Sein letzter Ausbruch 181 v. Ch. war so gewaltig, dass Asche und Aerosole sogar am Himmel über Rom und China für dramatische Sonnenuntergänge sorgten – Chronisten im Reich der Mitte haben das dokumentiert. Die Stadt Taupo am Seeufer ist beliebte Basis für Bootsausflüge, Forellenfischen, Skiurlaub am Mount Ruapehu und geführte Kajaktouren zu den Maori-Felsschnitzereien in der Mine Bay.***

Ein Tag auf dem Wasser

Ob Katamaran, Motorboot oder Segeljacht, der Lake Taupo lässt sich am besten vom Wasser aus erkunden. Zehn Jahre hatte der Maori-Steinmetz Matahi Whakataka-Brightwell bei den Meistern seines Stammes gelernt, bevor er sich entschied, an einem riesigen Felsen der **Mine Bay** ein 10 m hohes Abbild vom Navigator Ngatoroirangi zu schnitzen, der vor über 1000 Jahren die Stämme der Tuwharetoa und Te Arawain in die Gegend von Taupo geführt hatte. Zwei kleinere Figuren der **Maori Rock Carvings** erzählen, wie Ngatoroirangi den Südwind daran hinderte, ihn einzufrieren. Vier Sommer arbeitete Matahi kostenlos an seinem Kunstwerk für Taupo. Er akzeptierte lediglich Spenden, um das Gerüst zu finanzieren. Erreichen können Sie die Felsenkunst in der Mine Bay nur mit dem Boot.

Das Ostufer lässt sich direkt am See entlang mit dem Auto erkunden, an den schönsten Stellen warten aussichtsreiche Picknickplätze. Sie können aber auch zu Fuß oder mit dem Rad auf dem moderaten **Great Lake Trail** den See umrunden.

**Lake Cruises** zu den Maori Rock Carvings ab Taupo Boat Harbour tgl. 10.30 –17 Uhr | **im Catamaran:** https://chrisjolly.co.nz/scenic-cruises | **im Segelboot**: www.sailfearless.co.nz | www.sailbarbary.com, ▸S. 134
**im Kajak**: Unit 2, 876, Acacia Bay Rd, Acacia Bay, Taupo www.tka.co.nz/kayak-tours/day-tours | **Great Lake Trail**: der Bay2Bay Water Taxis Shuttle bringt Sie samt Rad zurück nach Taupo | www.lovetaupo.com

### Wassersport, Wellness und eine Runde Golf

★ Taupo

Die Stadt am Seeufer ist beliebtes Urlaubsziel mit Unterkünften und Aktivitäten für jeden Geldbeutel und jedes Fitnesslevel. Schwimmen, Wasserski, Angeln, Wandern und Mountainbiken stehen auf dem Programm. Eine Kuriosität für Golfer gibt es an der Uferpromenade: Bei der **Hole in One Challenge** muss der Golfball eines der Löcher in einem Ponton auf dem See treffen. Dem Sieger winkt ein hoher Bargeldpreis. Wer bei der roten Flagge einlocht, gewinnt 10 000 NZ$!

Den besten Blick auf die Maori-Felsenkunst in der Mine Bay haben Sie vom Boot.

Zum Wellnessprogramm im **DeBretts Spa Resort** gehören Thermalpools, Körperpeeling und Massagen. Der Nachwuchs freut sich über drei beheizte Wasserrutschen.

**Hole in One Challenge**: www.holein1.co.nz
**DeBretts Spa Resort**: 76 Napier-Taupo Road, SH 5, Taupo
tgl. 8.30 – 21 Uhr | Eintritt: 22 NZ$ | www.taupodebretts.co.nz

## Rund um Taupo

**Tosende Wasser**

Die wahren Highlights liegen außerhalb wie die gewaltigen Huka Falls mit stahlblauem Wasser. Ein Wanderweg führt von Taupo am Waikato River entlang zu den Wasserfällen, wo über eine 11 m hohe Felsstufe pro Sekunde 220 000 Liter in die Tiefe donnern. Vom **Waikato River Lookout** schauen Sie über die dampfende Klippe direkt auf den Fluss. Die Motorboote der **Huka Falls Cruise** steuern die Wasserfälle vom Fluss aus an – ein tolles Erlebnis abseits der Massen.

★ Huka Falls

**Huka Falls Cruise**: Aratiatia Rd, Aratiatia Dam Car Park, Rotokawa
tgl. 10.30, 12.30, 14.30, 16.30 Uhr | 39 NZ$ | www.hukafallscruise.co.nz

## TAUPO UND WAIRAKEI ERLEBEN

### TAUPO VISITOR CENTRE
30 Tongariro Street, Taupo
Tel. 08005253 82
www.greatlaketaupo.com

### SAIL BARBARY
Fahren Sie mit Sarah oder Kerry als Kapitän ganz dicht heran an die meterhohe Maori-Felsenkunst in der Mine Bay oder buchen Sie einen Badetag an Bord der Segeljacht.
Berths 9 & 10, Redoubt St, Taupo Boat Harbour, tgl. 10–19.30 Uhr
www.sailbarbary.com

### HUKAFALLS JET TAUPO
Abenteuerlustige können zu den Huka Falls im Jetboat rasen.
200 Karetoto Rd, Wairakei Park
tgl. 9–17, www.hukafallsjet.com

### CRATERS MOUNTAIN BIKE PARK
Eine Mountainbike-Tour für die ganze Familie rund um den Lake Taupo bietet das Team von Bike Taupo.
Karapiti Road, Wairakei Forest
www.biketaupo.org.nz
www.lovetaupo.com

### TAUPO KAYAKING ADVENTURES
2-std. geführte Kajaktour ab Taupo, auf dem kristallklaren Waikato River durch atemberaubende Landschaft paddeln – ideal für Familien.
876, Acacia Bay Road, Acacia Bay Taupo, www.tka.co.nz

### HUKA HONEY HIVE
Hier erfahren Sie alles über Bienen, Honig, Gelée Royale und können den Imkerhonig auch probieren.
65 Karetoto Rd, Wairakei
tgl. 9–17 Uhr
www.hukahoneyhive.com

### ❶ HUKA LODGE €€€€
Fraglos eine der besten Adressen Neuseelands ist das traumhafte Anwesen mit asiatisch inspirierten Hochgenüssen von Paul Froggatt, der die Pazifikküche liebt.
271 Huka Falls Road, Taupo
Tel. 07 785791
https://hukalodge.com

### ❷ THE BISTRO €€€/€€
Probieren Sie Tintenfisch Sous Vide mit hausgemachten Limonengnocchi, gegrilltes Wharekauhau-Lamm mit Blumenkohlchutney und das Feijoa-Sorbet mit Mandeln und Minze.
17 Tamamutu Street, Taupo
Tel. 07 377 31 11
https://thebistro.nz

### ❸ PLATEAU BAR + EATERY €€
Hier können Sie mitten in Taupo Neuseeland schmecken: Serviert werden landestypische Spezialitäten aus Lamm und Rind, dazu süffige Kiwi-Biere vom Fass. Die Musik stammt von Künstlern der Inselnation, das Mobiliar ist aus heimischen Hölzern.
64 Tuwharetoa St, Taupo
Tel. 07 377 24 25
Di.–So. 11.30–21.30
www.plateautaupo.co.nz

### ❶ LE CHALET SUISSE MOTEL TAUPO €€€
Schöne Apartments mit atemberaubender Aussicht, zwei Gehminuten vom Seeufer. Auch zu Restaurants und Bars sind es nur ein paar Schritte.

3 Titiraupenga Street, Taupo
Tel. 07 378 15 56
https://lechaletsuisse.co.nz

### ❷ ASURE ASCOT MOTOR INN €€

Große Apartments neben dem Ascot Motor Inn mit Küchenzeile und Balkon, 5 Gehminuten vom See. Gutes Frühstück.
70 Rifle Range Road, Taupo
Tel. 07 377 24 74
www.ascotattaupo.co.nz

### ❸ LAKELAND RESORT TAUPO €€

Schönes Hotel 2 km außerhalb in einem weiten Park direkt am Seeufer. Großzügige, moderne Zimmer, gepflegte Bar & Brasserie, Tennisplatz, zwei Innen-Spa-Pools und saisonaler Außenpool.
282 Lake Terrace
Two Mile Bay Taupo
Tel. 07 378 38 93
www.lakeland.co.nz

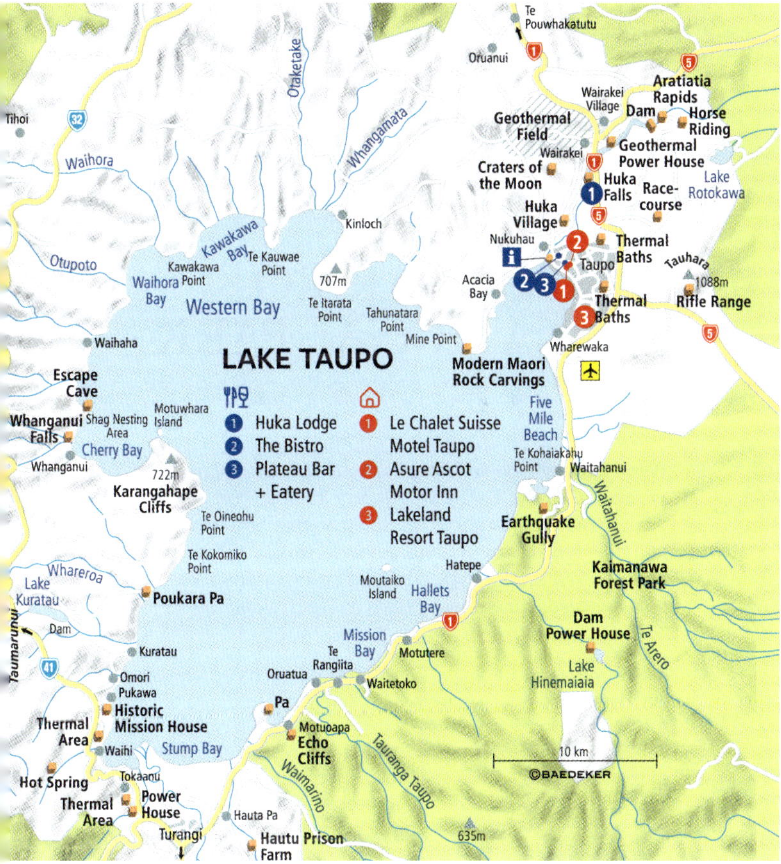

**Sinterterrassen, Schlammtöpfe und Geysire**

★ Taupo Volcanic Zone

Nächster Halt ist das **Volcanic Activity Centre**, wo man sich mit der explosiven Vergangenheit und Gegenwart Taupos vertraut machen und in einem Erdbebensimulator durchrütteln lassen kann. Vorgestellt werden zudem die Überwachungsmöglichkeiten vulkanischer Aktivität. Anschließend können Sie im **Wairakei Natural Thermal Valley** zu heißen Quellen und blubbernden Schlammtümpeln wandern. Die **Craters of the Moon** südlich von Wairakei entstanden in den 1950ern, als ein Erdwärmekraftwerk den Grundwasserspiegel absenkte. Auch hier dampft, brodelt und stinkt es gewaltig nach faulen Eiern. Im Geothermal Park des »Hidden Valley« **Orakei Korako**, das sich 30 km nördlich von Taupo »versteckt« und nur per Boot erreichbar ist, führt eine Rundwanderung zu zischenden Geysiren, Schlammtöpfen, heißen Quellen und magisch schimmernden Sinterterrassen wie das »Great Golden Fleece«.

**Volcanic Activity Centre**: 1 Ngawaka Place, Turangi | tgl. 10–16 Uhr | Eintritt: 12 NZ$ | www.volcanoes.co.nz | **Orakei Korako Cave & Thermal Park:** 494 Orakeikorako Rd, Taupo | Bootsshuttle tgl. 8–16.30 Uhr | Eintritt inkl. Shuttle: ab 40 NZ$ | www.orakeikorako.co.nz

# ★★ TONGARIRO NATIONAL PARK

**Region:** Manawatu-Wanganui | **Fläche:** 79 600 ha
**Höhe:** 500–2797 m

L 11

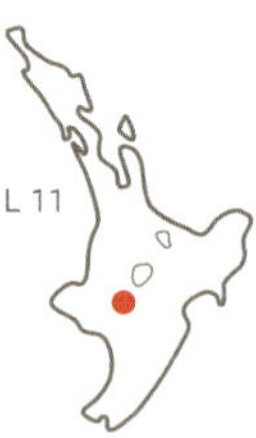

*Wenn jemand eine Trekkingtour in Neuseeland plant, dann ist es vermutlich das Tongariro Alpine Crossing, eine der schönsten Tageswanderungen der Welt. Sie ist Herausforderung, Abenteuer und unvergessliches Erlebnis in einem vulkanischen Mikrokosmos mit bizarren Basaltfelsen, aktiven Kratern, dampfenden Schloten und smaragdgrünen Seen (►Das ist Neuseeland S. 10).*

Must-do auf der Nordinsel

In Spitzenzeiten tummeln sich wahre Heerscharen von Besuchern auf dem konditionell anspruchsvollen Weg, herrscht an manchen Aussichtspunkten ein Gedränge wie bei Peter Jacksons Aufmarsch der Orks. Der 19,5 km lange **Tongariro Alpine Crossing** ist allerdings kein Spaziergang! Bei zwei bis drei kurzen Pausen müssen Sie mit sieben bis neun Stunden Gehzeit rechnen. Üblicherweise wandert man von Mangatepopo zum Ketetahi Carpark. Das ist der einfachere Weg, auf dem Sie weniger klettern und bergauf laufen müssen.

BAEDEKER MAGISCHE MOMENTE

## ZWISCHEN HIMMEL UND ERDE

Kaum haben sich die Räder der kleinen Propellermaschine vom Boden gelöst, beginnt das Staunen. Auf dem **Tongariro Crossing Volcanic Flight** nehmen Sie die Unendlichkeit der Supervulkane wahr, die ihre Zeit geduldig abwarten. Blicken Sie auf smaragdgrüne Kraterseen und rauchende Schlote, erleben Sie Neuseelands Welterbe, wo es am außergewöhnlichsten ist. Der Pilot kreist hoch genug für atemberaubende Rundumsicht und gleichzeitig so dicht an den drei Gipfeln von Tongariro, Ngauruhoe und Ruapehu, als könne man sie berühren. Schließlich geht's retour, sanfte Landung auf der Wiese, perfekt! (Chateau Airport, 15-Min.-Rundflüge tgl. ab 8 Uhr bis zur Dämmerung, 135 NZ$ pro Person, Tel. 0800 92 28 12, www.mountainair.co.nz).

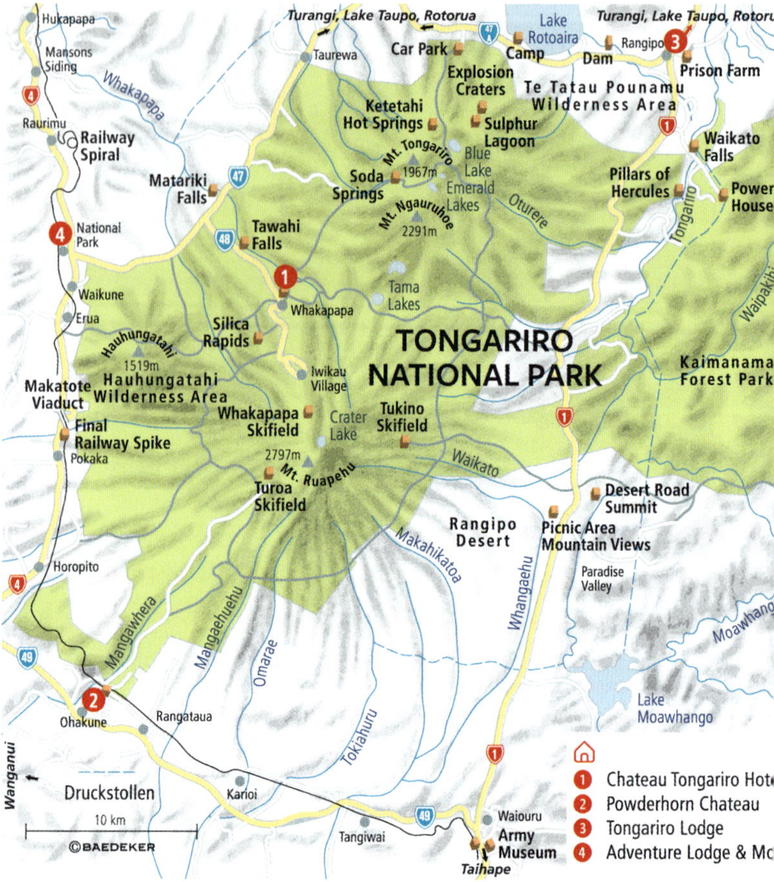


Am besten stellen Sie ihr Auto früh morgens auf dem Ketetahi Car Park ab und fahren mit einem Shuttle-Bus nach Mangatepopo. Dann sind Sie nicht in Eile, den Trail rechtzeitig zu beenden. Im Sommer sollten Sie so früh wie möglich aufbrechen, wer kann macht die Tour besser im Mai/Juni oder weicht auf die Monate Oktober und November aus. Egal ob Hoch- oder Nebensaison, ohne **alpine Ausrüstung** ist die Wanderung tabu. Feste Schuhe mit gutem Profil sind Pflicht, in den Rucksack gehören warmes Fleece, Handschuhe, Kopfbedeckung und Regenschutz, Erste-Hilfe-Set, Snacks, Tempos, Wasser und ein geladenes Smartphone mit Karte und Kompass. Manchmal gibt es bei der Ketetahi Hut im letzten Abschnitt Trinkwasser. Im Winter sollten

Sie auch Eispickel, Steigeisen und entsprechende Kleidung dabeihaben. Bis auf die Vulkangebiete führt der Weg nur über Holzstege. An schönen Tagen gewährt das Tongariro Alpine Crossing fantastische Fernblicke bis zu Neuseelands größtem See Lake ▶Taupo und am westlichen Horizont bis zum schlummernden Vulkan Taranaki.

**Erster Nationalpark und Welterbe**

Heilige Gipfel

Die Maori fürchteten und verehrten die rauchenden Berggipfel, die für sie »tapu«, heilig waren. Laut Überlieferung wurden die Götter Papa und Rangi, Mutter Erde und Vater Himmel, von ihren Kindern getrennt, um die Welt mit all ihren Schönheiten zu erschaffen. Da der jüngste **Ruaumoko** noch ein Säugling war, erhielt er, um sich zu wärmen, das unterirdische Feuer und wurde zum Gott der Vulkane. **Nga-**

## TONGARIRO NATIONAL PARK ERLEBEN

### WHAKAPAPA VISITOR CENTRE

Whakapapa Village, SH 48
Mt. Ruapehu, Tel. 07 892 37 29
www.doc.govt.nz

### ❶ CHATEAU TONGARIRO HOTEL €€€€/€€€

Für zeitlose Eleganz steht mitten im Nationalpark vor dem schneebedeckten Vulkan die Nobelherberge von 1929, mit stilvollen Zimmern, Fitnessbereich, 9-Loch-Golfplatz und Kino. Erlesene Genüsse serviert der Ruapehu Room, leichte Gerichte das Pihanga Café und die Tussock Bar.
Highway 48, Private Bag, Mount Ruapehu, Tel. 07 892 38 09
www.chateau.co.nz

### ❷ POWDERHORN CHATEAU €€€

Im rustikalen Berghotel 300 m vom Bahnhof Ohakune fühlen Sie sich wie in einem Blockhaus. Alle Zimmer sind komplett mit Holz eingerichtet. Im Restaurant Powderkeg mit Bar kommen deftige Gerichte in großen Portionen auf den Tisch.
194 Mangawhero Terrace
Ohakune, Tel. 06 385 88 88
www.powderhorn.co.nz

### ❸ TONGARIRO LODGE €€€

Eine halbe Stunde Fahrzeit vom Mount Ruapehu kombiniert die Lodge am Ufer des Tongariro River Komfort mit gemütlichem Ambiente und herrlicher Aussicht. Im Restaurant stehen knuspriger Schweinebauch, Black-Angus-Steaks und Wildlachs auf der Speisekarte.
83 Grace Rd, Turangi, Tel. 07 386 79 46, www.tongarirolodge.co.nz

### ❹ ADVENTURE LODGE & MOTEL €€

Gepflegte Apartments mit Kochzeile. Zwei Restaurants in zu-Fuß-Entfernung sowie ein Shop für Wanderausrüstung. Versorgt mit einem Lunch-Paket, werden Gäste zum Tongariro Alpine Crossing geshuttelt. Entspannen Sie nach Rückkehr im Hot Pool.
21 Carroll Street, Tongariro National Park, Tel. 07 892 29 91
www.adventurenationalpark.co.nz

**toro**, der Priester des Ahnenkanus, bestieg nach Landung in der ▶Bay of Plenty nur mit seiner Sklavin Auruhoe den 2287 m hohen **Tongariro**, wo sie ein Schneesturm überraschte. In seiner Not bat er die Götter im fernen Hawaiki um ein wärmendes Feuer. Dies kam und schuf unterwegs noch die Vulkane von ▶Rotorua und ▶Taupo, bevor es aus dem Tongarirogipfel schoss. Zum Dank wurde Auruhoe geop-

Auf Wolkenhöhe durch Mittelerde: Das Tongariro Alpine Crossing mit atemberaubender Aussicht auf den Schicksalsberg und smaragdgrüne Seen

fert. Seither trägt der mit 7000 Jahren jüngste der Tongariro-Vulkane ihren Namen **Ngauruhoe**. Um der Ausbeutung der heiligen Berge vorzubeugen, schenkte Häuptling Horonuku Te Heuheu 1887 die Vulkane Tongariro, Ngauruhoe und Ruapehu der Nation mit der Auflage, sie offiziell unter Schutz zu stellen – und schuf damit **Neuseelands ersten Nationalpark**, der heute **UNESCO-Welterbe** ist.

**Eine der schönsten Tageswanderungen der Welt**

★★ Tongariro Alpine Crossing

Selbst im Sommer bringen die Shuttlebusse Besucher noch vor Sonnenaufgang zum Parkplatz nahe der Mangatepopo Hut. Die ersten anderthalb Stunden sind wunderbar zum Warmlaufen auf flachen, gut ausgebauten Wegen und Holzstegen, die zum Schutz der sensiblen Landschaft im Nationalpark angelegt worden sind und nicht verlassen werden sollten! Der Wanderweg folgt dabei dem **Mangatepopo Valley** am Bach entlang talaufwärts durch schroffe schwarze Lavaströme, deren unterschiedliches Alter sich am Fortschritt des Pflanzenbewuchses erkennen lässt.

Der Aufstieg von den **Soda Springs** (letzte Toilette) zum Red Crater hat es in sich. Nehmen Sie sich Zeit für die anstrengenden »Devils Staircase«: Auf nur 2 km führen die eingelassenen Treppenstufen in anderthalb Stunden von 1150 auf 1600 Höhenmeter! Nun folgen Sie entweder weiter der Hauptroute oder wagen bei Schönwetter den Aufstieg zum 2797 m hohen Gipfel des **Mount Ngauruhoe**. 1200 Höhenmeter gehen allerdings ordentlich in die Beine, doch die Aussicht ist sensationell: Im Süden blinken die Schneefelder des Ruapehu, mit 2800 m der höchste Vulkan, östlich breitet sich die Rangipo-Wüste aus. Schwefeldämpfe steigen aus dem Rachen des Ngauruhoe, dem düsteren Schicksalsberg Mount Doom im »Herr der Ringe«. Der **South Crater** ist zur Freunde angestrengter Waden topfeben und an nebligen Tagen ein stimmungsvoller Ort. Der steile, lehmige Weg hinauf zum zerborstenen, rostroten **Red Crater** kann sehr rutschig sein. Am höchsten Punkt des Tongariro Alpine Crossing signalisiert Schwefelgeruch, dass der Krater durchaus aktiv ist. Beim steilen Abstieg zu den **Emerald Lakes** besteht der Untergrund aus Sand und Asche, die ebenfalls rutschig werden können. Ihre intensive smaragdgrüne Farbe verdanken die schimmernden Bergseen den Mineralien des Gesteins. Auch der Schwefeldampf über den Seen riecht stark nach faulen Eiern. Unterhalb des kleineren Sees biegt der Weg zur Oturere Hut auf den **Tongariro Northern Circuit** ab.

Der Crossing quert indes den Central Crater und führt nach Aufstieg zum säurehaltigen, wie Tinte leuchtenden **Blue Lake** parallel zum Central Crater weiter. Der See ist den Maori heilig und es wird nicht gerne gesehen, wenn man dort isst oder trinkt. Hier reicht der Panoramablick bei gutem Wetter bis zum Lake Taupo. Auf befestigten Wegen geht es hernach eine Stunde im Zickzack über die Flanken des Nordkraters zur **Ketetahi Hut**. Der letzte Wegabschnitt zum **Parkplatz Ketetahi** besteht aus einem langen Abstieg über tussockgrasbewachsene Hänge und an einem plätschernden Bach entlang durch kühlen Wald – ein willkommener Kontrast zur kargen Vulkanlandschaft.

Das Tongariro Alpine Crossing zu wandern ist kostenlos. Toiletten gibt es an den DOC Hütten, den Parkplätzen am Start/Ziel und vor dem Aufstieg zum Red Crater. **Shuttle-Services** zu den Start- und Endpunkten des Tongariro Alpine Crossing: Okt. – Mai | 25 – 70 NZ$

www.adventurehq.co.nz, https://dempseybuses.co.nz | **App** für die Wanderwege unter www.tongariro.org.nz/pocketranger

**Ohne Crossing nach Mordor**

Kurze Tracks und Mehrtagestouren

Abwechslungsreich führt der einfache Rundwanderweg des **Waitonga Falls Track** von Ohakune in 1,5 Stunden mit tollen Aussichten auf den Mount Ruapehu über eine Hängebrücke, Treppen und durch lichte Buchenwälder zu dem mit 39 m höchsten Wasserfall im Nationalpark. Traumhafte Rundblicke auf Ngauruhoe, Tongariro und Lake Taupo gewährt der gut markierte, 1-2-stündige **Skyline Walk** durch raues Terrain, der von der Bergstation in 2020 m beim Knoll Ridge Café startet. Hier werden das ganze Jahr auch geführte Touren von Adrift angeboten. Für geübte Gipfelstürmer mit guter Kondition empfiehlt sich der 3-4-tägige **Tongariro Northern Circuit** – bei schönem Wetter können Mount Ngauruhoe und Mount Tongariro bestiegen werden. Der **Round the Mountain Track** führt in 4-6 Tagen um den **Mount Ruapehu**. Der 46 km lange **42nd Traverse** verspricht für Mountainbiker ab Owhango 3–7 Stunden aussichtsreiche Schotterstrecken durch den Nationalpark.

**Geführte Wanderung**: www.adriftnz.co.nz | www.adventurehq.co.nz
**Mountainbiketouren**: www.ridenz.co/trails/the-42-traverse

»
Gebt auf die Vulkane acht und achtet sie,
sie sind euer Erbe und das Erbe eurer Kinder.
«
*Häuptling Horonuku Te Heuheu 1887*

**Urkräfte, die nicht zur Ruhe kommen**

Vater der Vulkane

Völlig unerwartet spuckte der **Mount Tongariro** 2012 Lava und Asche, durchschlugen Gesteinsbomben das Dach der Ketetahi Schutzhütte. Geformt hatte der »Vater der Vulkane« die Region bereits vor zwei Millionen Jahren mit Urkräften, die von Ruhestand nichts halten. Es bedarf nur einer kleinen Kollision zwischen Australischer und Pazifischer Platte, damit die Vulkane am pazifikumspannenden »**Ring of Fire**« wieder zum Leben erwachen (▶Das ist Neuseeland S. 10).

**Wandern, Rafting, Pistengaudi**

Rund um den Tongariro National Park

Guter Ausgangspunkt für Wanderungen ist **Whakapapa Village** am Fuß des Ruapehu mit dem Besucherzentrum des Nationalparks (▶S. 139). Eine 10 m hohe Karotte begrüßt Besucher am Ortseingang von **Ohakune**, einem Zentrum des Gemüseanbaus, das im August ein buntes Karotten-Festival feiert. Berghütten signalisieren, dass sich hier im Winter Snowboarder und Skifahrer der **Turoa Ski Area** zum Après Ski treffen. Die Pisten an den Hängen des **Mount Ruapehu** sind Neuseelands größtes **Skigebiet** und bieten in 2300 m Höhe Abfahrten für Anfänger wie Profis. Auch **Turangi** ist Tourenstützpunkt und Heimat des Tongariro National Trout Center mit Aufzucht- und Unterwasserbeobachtungsstation für Forellen. Zudem kann man hier Wildwasserrafting auf dem Tongariro River buchen. Der SH47 führt entlang der Ostseite des Parks zum Dörfchen **National Park** mit guten Einkaufsmöglichkeiten und Unterkünften für Parkbesucher. Das Army Memorial Museum in **Waiouru** zeigt Uniformen und Ausrüstung der neuseeländischen Armee.

**Tongariro National Trout Center**: Dez. – April tgl. 10 –16 Uhr
Erw. 70 NZ$ | www.trr.co.nz, www.raftingnewzealand.com
**Whakapapa & Turoa Ski Area**: Tagespässe gelten für beide Skigebiete | ab 120 NZ$ | www.mtruapehu.com
**Army Memorial Museum:** tgl. 9–16.30 Uhr | Eintritt: 15 NZ$
www.armymuseum.co.nz

# ★★ WELLINGTON

**Region:** Wellington | **Höhe:** 0 – 495 m |
**Einwohnerzahl:** 420 500 (Großraum)

*Die Wellingtonians, wie sich die Hauptstädter nennen, gehen gern und häufig aus. Kein Wunder, nirgendwo sonst in Neuseeland gibt es so viele preisgekrönte Cafés, Bars und Restaurants. Die Lokale drängen sich um die weite Hafenbucht mit einer schicken Flanierpromenade, wo sich Wellington von seiner schönsten Seite zeigt. Die »Herr der Ringe«-Trilogie machte »Wellywood« weltweit berühmt, während das Te Papa Tongarewa Nationalmuseum an der Waterfront mit allem gefüllt ist, was diese Nation ausmacht.*

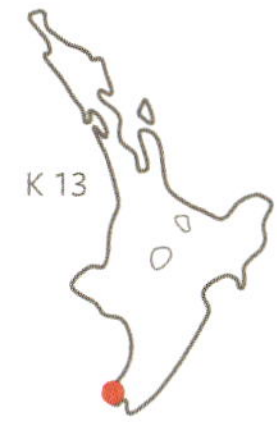

Kia ora! Die Hauptstadt weiß definitiv, wie man das neue Jahr mit einem Riesenfeuerwerk begrüßt.

Hiakai
1 Hiakai
2 Logan Brown
3 Charley Noble
4 Ortega Fish Shack
5 Noble
6 Mekong Cafe
7 Scopa Caffé Cucina
8 Shed 5 Bar & Restaurant
9 Aro Café

1 U Suites on Manners
2 Travelodge Hotel
3 Copthorne Hotel
4 Booklovers B & B

1 Hawthorn Lounge

## WELLINGTON ERLEBEN

### WELLINGTON VISITOR CENTRE

Civic Square, Ecke Wakefield/Victoria Street, Tel. 04 8024860
www.wellingtonnz.com

Mit Bussen, Zügen, Fähren und einer Standseilbahn ist der Großraum Wellington sehr gut erschlossen, Fahrpläne unter **www.metlink.org.nz**. Mit dem **Explorer Day Pass** können Sie einen Tag die Hauptstadt per Bus erkunden (ab 10 NZ$). **Hop-on-Hop-off**-Busse bieten 1,5-std. Stadtrundfahrten zu allen wichtigen Sehenswürdigkeiten mit Fotostopp am Mount Victoria (Erw. 45 NZ$, https://hoponhopoff.co.nz).

Wellington ist Heimat des renommierten **New Zealand Symphony Orchestra** (www.nzso.co.nz) und des **Royal New Zealand Ballet** (https://rnzb.org.nz). Alle zwei Jahre (2022, 2024 usw.) begeistert das **New Zealand International Arts Festival** im Feb. mit außergewöhnlichen Events (www.festival.co.nz). Weitere Höhepunkte sind das **Dragon Boat Festival** zum Chinesischen Neujahr, das **Jazz Festival** im Juni und die sensationelle **World-of-Wearable Art Show** Ende Sept., die tragbare Kunst präsentiert, die im WOW Museum in ▶Nelson zu sehen ist (www.worldofwearableart.com).

### LORD OF THE RINGS

Mit Rover Rings Tours können Sie einen halben oder ganzen Tag die **Drehorte** der »Herr der Ringe«-Trilogie ansteuern (ab 95 NZ$, https://roverringstours.co.nz).

### BESPOKE FINE ART TOURS

Egal ob Kunst, Designermode, Garten oder Geschichte, die Fine Art Tours führen Kleingruppen zu einzigartigen Plätzen der Neuseeländischen Kultur.
www.finearttravel.nz

In der **Golden Mile** zwischen Lambton Quay, Willis Street, Manners Street und Courtenay Place finden Sie große Kaufhäuser, Designerboutiquen und lokale Labels, in der **Cuba Street** Vintagemode und coole Cafés. Freitags lockt der **Wellington Night Market** in der Cuba Street, Samstagmorgen der Hill Street Farmers' Market in Thorndon und der Wellington Underground Market an der Waterfront, sonntags der **Harbourside Market** beim Te Papa Tongarewa Nationalmuseum. Filmfans werden bei einer **Weta Cave Workshop Tour** sicher das passende Souvenir finden.
www.myguidewellington.com
www.wetaworkshop.com

### MOJO ROASTERY

Mit 19 Kaffeeröstereien hat sich Wellington selbst zur Kaffee-Hauptstadt gekürt. Da darf eine Besichtigung mit Kostprobe natürlich nicht fehlen.
Shed 13-37 Customhouse Quay
Wellington Waterfront
https://mojo.coffee/pages/our-story

### ❶ HAWTHORN LOUNGE

Marilyn 53, Tequila Twist mit pink Grapefruit oder ausgesuchte Single Malts – hier begeistern Klassiker der 1920er wie moderne Cocktails in stilvolle Atmphäre.
2/82 Tory St, Tel. 04 890 37 24
https://hawthornlounge.co.nz

❶ **HIAKAI €€€€**
Monique Fiso experimentiert mit indigenen Zutaten der Maori.
40 Wallace St, Tel. 04 938 73 60
Mi.–So. 17.30 Uhr bis spät
www.hiakai.co.nz

❷ **LOGAN BROWN €€€€**
Das Bankgebäude der 1920er überzeugt als Feinschmeckerparadies mit dem Charme hoher Räume.
192 Cuba St/Vivian St, Tel. 04 830 24 13, www.loganbrown.co.nz

❸ **CHARLEY NOBLE €€€**
Fangfrische Austern, saftige Steaks vom Holzkohlengrill, hausgemachte Pasta und bestes Craft Beer
Huddart Parker Building
1 Post Office Square, Tel. 05 08 24 27 53, www.charleynoble.co.nz

❹ **ORTEGA FISH SHACK €€€**
Flusskrebse, Muscheln und Petersfische stehen hier ebenso auf der Karte wie hausgemachte Pappardelle und zartes Rinderfilet.
16 Majoribanks St, Tel. 04 382 95 59, www.ortega.co.nz

❺ **NOBLE €€€/€€**
Kreative Küche und ausgezeichnete Rotweine – So., Mo. geschlossen
6 Swan Lane, Tel. 04 385 66 71
www.noblerot.co.nz

❻ **MEKONG CAFE €€/€**
Wunderbar zubereitete, authentische vietnamesische Spezialitäten – kein Alkoholservice, nur normaler Kaffee
138 Vivian St, Tel. 04 801 80 99
www.mekongcafewellington.com

❼ **SCOPA CAFFÉ CUCINA €€**
Bruschetta, Ravioli und Pizza schmecken wie bei Mama in Italien.
Ghuznee/Cuba St, Tel. 04 384 60 20, www.scopa.co.nz

❽ **SHED 5 BAR & RESTAURANT €€€**
Schon Brot und Butter, aber auch die Fischgerichte mit italienischem Touch sind super lecker im edel gestylten ehemaligen Lagerhaus beim Museum of Wellington City & Sea.
Queens Wharf, Tel. 04 499 90 69
www.shed5.co.nz

❾ **ARO CAFÉ €€**
Gemütlich, mit origineller Speisekarte mitten im lebhaften Studentenviertel
90, Aro Street, Aro Valley, Tel. 04 384 49 70, https://arocafe.co.nz

❶ **U SUITES ON MANNERS €€€€/€€€**
Schickes, helles Apartment, um die Ecke von Szenecafés, Restaurants und der Waterfront
Cuba/Manners St, https://uhotelgroup.com/u-suites-on-manners

❷ **TRAVELODGE HOTEL €€€**
Moderne Unterkunft im Stadtzentrum mit Frühstücksbuffet und Dinner im »Steps«. Von hier aus erreichen Sie alles gut zu Fuß, Lokale und Geschäfte sowie das Te Papa Museum in 15 Min.
2-6 Gilmer Terrace, Tel. 04 499 99 11, www.travelodge.com.au/hotel/wellington

❸ **COPTHORNE HOTEL €€€/€€**
Toller Blick auf die Hafenbucht und Sie kommen schnell zu Fuß in die City.
100 Oriental Parade
Tel. 04 385 02 79
www.millenniumhotels.com

❹ **BOOKLOVERS B & B €€**
Wer Bücher, Natur und guten Kaffee liebt, dem wird die bezaubernde Unterkunft im Grünen gefallen – buchen Sie das Katherine-Mansfield-Zimmer.
123 Pirie Street, Tel. 04 384 27 14
https://booklovers.co.nz

Es heißt, Wellington habe pro Kopf mehr Bars und Restaurants als New York. Rund um den Courteney Place wird bis morgens Party gemacht.

Es sind die Menschen und der Lifestyle der coolsten kleinen Großstadt, die Besucher begeistern, meint Wellingtons Werbeslogan »Absolutely positively«. »**Windy Welli**« spotten andere Kiwis, wenn sie an ihren **Regierungssitz** denken. In Wellingtons hochmoderner Skyline, der mehr koloniale Bausubstanz zum Opfer fiel als den Erdbeben, wurden in den 1980ern viele viktorianische Gebäude durch verspiegelte Glaspaläste und Hochhäuser ersetzt, die manche Geschäftsstraßen zu richtigen Windkanälen für den fast ständig von der Cook Strait her wehenden, oft stürmischen Westwind machen. Wie die Engländer übers Wetter, so redet man hier über den »**Big Shake**«. 1855 zerstörte ein verheerendes Erdbeben die Stadt und Beben sind keine Seltenheit (▶Das ist Neuseeland S. 10). Global bekannt wurde »**Wellywood**« durch die Weta Filmstudios, wo Starregisseur **Sir Peter Jackson** (▶Interessante Menschen) bekanntermaßen gern arbeitet.

*Coolest little Capital*

### Zu neuen Ufern

*Werdegang der Hauptstadt*

Te Whanganui a Tara, »Großer Hafen des **Tara**«, nannten die Maori den Wellington Harbour. Der Häuptlingssohn aus der Hawke's Bay soll sich hier im 13. Jh. niedergelassen haben. Seine Nachkommen bildeten den Stamm der Ngai-Tara, die alle Hügel im Umland des Hafens befestigten. James Cook übersah bei seiner ersten Reise 1770 die Einfahrt und bemerkte erst auf der zweiten Reise den tiefen Mee-

Im Nationalmuseum Te Papa Tongarewa können Sie die Unterwasserwelt Neuseelands (OBEN) und ein kunstvoll geschnitztes Marae-Versammlungshaus der Maori bestaunen (UNTEN).

resarm, den er für einen guten Naturhafen hielt, aber Wind und Gezeiten trieben die »Resolution« ab. Die ersten Siedler waren Flachshändler, Walfänger und Robbenjäger. 1840 errichteten die Brüder Wakefield im Auftrag der umstrittenen New Zealand Company am heutigen **Lambton Quay** eine Siedlung, die sie nach dem Herzog von Wellington benannten, dem Helden von Waterloo. 15 Jahre später erlebte die aufstrebende Kleinstadt ihr stärkstes **Erdbeben**. 1865 wurde ▶Auckland von Wellington als **Hauptstadt** abgelöst. Damit verschärften sich die Platzprobleme, doch die Stadt auf den Hügeln rang dem Meer immer wieder Bauland ab. Heute ist Wellington Verwaltungszentrum, Unistadt und Sitz von Parlament und **Regierung** – Premierministerin ist seit 2017 erstmals eine Frau, Jacinda Ardern, die 2020 im Amt bestätigt wurde (▶ Interessante Menschen).

## ★ Wellingtons Waterfront

**Flanieren, Staunen, Entspannen**

★ Lambton Harbour

Wellington ist gerade so groß, das es noch das Flair einer Kleinstadt besitzt und die City ist gut zu Fuß zu erkunden. Die Uferpromenade am Lambton Harbour und die Hauptgeschäftsstraße **Lambton Quay** punkten als schicke Flaniermeilen mit Cafés, Pubs und Restaurants, viel Grün und Kunst im öffentlichen Raum. Am **Waterfront Walk** können Sie entspannt aufs Wasser blicken, Skatern, Radlern und Kajaks zusehen, die an der Hafenfront unterwegs sind.

**Alles, was Neuseeland ausmacht**

★★ Te Papa Tongarewa National Museum of New Zealand

Nur wenige Museen sind so inspirierend wie Neuseelands Nationalmuseum Te Papa, was in der Sprache der Maori »**Schätze dieses Landes**« bedeutet. Und dabei ist die Bildung kostenlos! Multimedial und interaktiv können sich Besucher in dem extravaganten Bau, der 1998 seine Pforten öffnete, mit Kunst, Natur und Geschichte der Kiwis beschäftigen. Von der Entstehungsgeschichte Neuseelands im Zeitraffer über gigantische Walskelette und einen arktischen Kolosskalmar, Schafzucht und High Tech bis zu zeitgenössischer Kunst und Design ist alles dabei. Im Mai 2019 wurde die neue Naturausstellung **Te Taiao** eröffnet mit Erdbeben-Simulator und innovativen Ideen, um die einzigartige Natur Neuseelands zu erhalten. Spirituelles Herzstück des Museums ist **Te Marae** mit einem kunstvoll geschnitzten Versammlungshaus und einem Kriegskanu der Maori. Gezeigt wird auch, wie die ersten Polynesier nur mit Hilfe der Gezeiten und Sterne navigierten, als sie nach Neuseeland segelten. Die Kunstgalerie Toi Art zeigt spannende Wechselausstellungen. Rund um das Museum pulsiert das Leben. Beliebter Treffpunkt nach dem Kunstgenuss sind die Boutiquen und Lokale des Queens Wharf Centre.

55 Cable St, Te Aro | tgl. 10–18, Do. bis 21 Uhr | www.tepapa.govt.nz

### Untergang einer Legende

★ Museum of Wellington City & Sea

Ein Lagerhaus von 1892 widmet sich der maritimen Vergangenheit. Hier überrascht ein Modell der deutschen Viermastbark »**Pamir**«. Der Großsegler, der bis 1948 unter neuseeländischer Flagge fuhr, schrieb 1957 ein trauriges Kapitel in der Geschichte der jungen Bundesrepublik. Nur sechs der 86 meist jungen Besatzungsmitglieder überlebten 1957 einen Hurrikan im Atlantik, bei dem das Segelschulschiff in weniger als einer halben Stunde sank. Da die »Pamir« vorher bereits starke Schlagseite hatte, konnten keine Rettungsboote ins Wasser gelassen werden. 60 Schiffe aus 13 Nationen und elf Flugzeuge beteiligten sich sieben Tage lang an der Suche nach Überlebenden, die bis dato größte Rettungsaktion der Seefahrtsgeschichte.

3 Jervois Quay, Queens Wharf | tgl. 10–17 Uhr | Eintritt frei
www.museumswellington.org.nz

### Kreatives und Kulinarisches

Frank Kitts Park

Auf einer Plattform am Nordende des benachbarten Frank Kitts Park grüßt die kinetische Skulptur des **Water Whirler** von Len Lye. Unter der Grünanlage wird jeden Samstag und an ausgewählten Sonntagen der **Wellington Underground Market** zum Treffpunkt der Foodies. In die ehemaligen Lagerhäuser am **Queens Wharf** sind junge Gastropubs und Bars eingezogen. Die klassizistische **New Zealand Portrait Gallery** stellt Möglichkeiten des Portäts als Skulptur, Karikatur, Foto und in den neuen Medien vor.

**New Zealand Portrait Gallery**: Shed 11 Lady Elizabeth Lane, Pipitea
tgl. 10.30–16.30 Uhr | www.nzportraitgallery.org.nz

### Stählerne Nikaupalmen

Rund um den City Square

Die City-to-Sea-Fußgängerbrücke bringt Sie über den viel befahrenen Jervois Quay zur **Wellington Town**, dem ehemaligen Rathaus neben dem **Michael Fowler Centre** für Konzerte und Kongresse. Die von Ian Athfield entworfenen Nikaupalmen aus Kupfer und Stahl zieren die **Central Library**. Die **City Art Gallery** veranstaltet spannende Wechselausstellungen moderner Kunst.

**City Art Gallery:** tgl. 10–17 Uhr | Eintritt frei | https://citygallery.org.nz

### Schönes Stück Geschichte

Antrim House

Westlich zweigt von der Willis Street die Boulcott Street ab. Die Straße hinauf versteckt sich zwischen Hochhäusern das 1905 aus Kauriholz erbaute Antrim House (Nr. 63), das von Thomas Turnbull für den Schuhfabrikanten Robert Hannah entworfen wurde.

Mo.–Fr. 9–17 Uhr | Eintritt frei | www.antrimhouse.co.nz

### Shopping & Nightlife

★ Cuba Quarter

Südlich vom Civic Square um die Fußgängerzonen von **Cuba Street** und **Courtney Place** finden Sie in viktorianischen und Art-déco-Ge-

Zentrum der Macht: das bienenkorbähnliche Regierungsgebäude Beehive

bäuden lokale Kaffeespezialitäten, ausgefallene Vintage-Shops und Retro-Mode. Kosten Sie hausgemachtes Eis, aromatischen Käse, selbst gebrautes Bier oder Neuseelands berühmten Manuka-Honig. Internationale Essensstände, Musik und Atmosphäre bietet freitags der Night Market an der Lower Cuba Street.

## Regierungsviertel Thornton

**Machtzentrale mit Pub**

Das Regierungsviertel neben dem Bahnhof überrascht mit architektonischen Kontrasten. Die Gebäude stehen auf ehemaligem Meeresgrund, der sich beim großen Erdbeben von 1855 gehoben hatte. Das 1876 eröffnete **Old Government Building** am Nordende des Lambton Quay zitiert die italienische Renaissance. Obwohl das gewaltige vierstöckige Gebäude mit 9400 m² wie ein massiver Steinbau wirkt,

Parlament

ist es eines der größten Holzgebäude der Erde. Sein Architekt W. H. Clayton verwendete Kauri-, Rimu- und Mataihölzer, die allerdings so teuer wurden, dass die Regierung auf eine Einweihungsfeier verzichtete. Heute ist hier die juristische Fakultät der Victoria University untergebracht. Besucher können im Erdgeschoss eine kleine Ausstellung zur Geschichte des Hauses besuchen. Gegenüber wurde 1981 nach Plänen des Londoner Architekten Basil Spence das heutige Regierungsgebäude fertiggestellt: Im **Parliament Building**, einem bienenkorbähnlichen Rundbau, den die Hauptstädter **Beehive** nennen, haben die Premierministerin, das Kabinett und das nationale Krisenmanagement ihre Büros. Nebenan im **Parliament House**, das 1922 aus Granit und Takaka-Marmor von der Südinsel errichtet wurde, tagt Neuseelands Parlament in einem Saal, der stark an das britische Parlament in London erinnert. Im Sitzungssaal des 1952 abgeschafften Oberhauses wird das Parlament alljährlich feierlich eröffnet. Die neogotische **General Assembly Library** von 1897 birgt die Parlamentsbibliothek, ein neogotischer zweistöckiger Bau. Um die Mittagszeit treffen sich die Angestellten gern auf dem Grün zwischen den Gebäuden oder im Gastropub **The Backbencher** – viele Politiker sind in der Parlamentskantine als Karikatur verewigt worden, natürlich fehlt auch Premierministerin Jacinda Ardern nicht (►Interessante Menschen).

**Visitor Centre Parliament:** Führungen tgl. 10–16 Uhr | reservieren wegen Sicherheitskontrollen | Besuchergalerie bei Sitzungen Di. bis Do. 14 – 18 Uhr | Eintritt frei | www.beehive.govt.nz | **The Backbencher**: 34 Molesworth St | Tel. 04 472 30 65 | http://backbencher.co.nz

### Stundenlang schmökern

★ National Library

Die Nationalbibliothek am Rande des Regierungsviertels beherbergt die wichtigsten Dokumente Neuseelands, darunter Briefe von James Cook, das Original des 1840 unterzeichneten **Treaty of Waitangi** zwischen den Maori und der britischen Krone und die **Women's Suffrage Petition**, durch die Neuseeland 1893 weltweit als erste Nation das Frauenwahlrecht einführte.

### Stilvoll heiraten

Old St. Paul's

Die alte anglikanische Hauptkirche Wellingtons an der Mulgrave Street wurde 1865 im Stil der Neogotik im Auftrag von Bischof Selwyn erbaut. Der denkmalgeschützte weiße Holzbau wird gerne für Hochzeiten gebucht. Neue Domkirche der anglikanischen Kirche wurde 1998 oberhalb des Parlaments die **Wellington Cathedral of St Paul**.

» I'm a writer first and a woman after. «

*Katherine Mansfield*

**Die Gartenparty**

Katherine Mansfield Birthplace

An der deutschen Botschaft vorbei erreichen Sie das schlichte Geburtshaus von Katherine Mansfield (▶ Interessante Menschen), der **Meisterin der Short story**. Das 1888 erbaute Haus besitzt Originalhandschriften und historische Fotografien der Schriftstellerin.

25 Tinakori Rd, Thorndon | Di.–So. 10–16 Uhr | Eintritt: 8 NZ$
www.katherinemansfield.com

## Wellingtons Hügel

**Mit der Bahn auf den Berg**

★ Botanic Garden

Der Botanische Garten auf den Hügeln von Kelburn bildet die grüne Lunge der Stadt. Schon die Anfahrt mit dem **Cable Car** ist ein Erlebnis. Seit 1902 bringen ihre knallroten Wagen Gäste vom belebten Einkaufszentrum auf dem **Lambton Quay** hinauf zur Bergstation in 122 m Höhe. Auf Zwischenstationen der 610 m langen Strecke hat man Zugang zur Uni. Oben genießen Sie einen wunderbaren Blick über Wellington, erzählt das Museum im Kabelhaus die Geschichte der Standseilbahn, bevor der Spaziergang durch den Botanischen

Wellington Cable Car: Die knallrote Standseilbahn verbindet den Lambton Quay, die Haupteinkaufsstraße der Stadt, mit dem höher gelegenen Stadtteil Kelburn.

Garten beginnt, der 2019 sein 150-jähriges Bestehen feierte. Gleich beim Eingang begeistert das **Space Place Observatory** mit nächtlichem Sternenhimmel und Kosmologie der Maori. Wer nicht genug von den astronomischen Himmelskörpern bekommen kann, hat dort die Möglichkeit, einen Stern zu adoptieren. Im **Lady Norwood Rose Garden** wachsen 500 Rosensorten, im **Begonia House** mit wunderschönen Orchideen, Souvenir Shop und Picnic Café sollten Sie sich eine ausgedehnte Pause im Grünen gönnen.

**Botanic Garden**: 101 Glenmore Street | tgl. 5–22.30 Uhr | https://wellington.govt.nz | **Space Place Observatory:** 40 Salamanca Rd
Mo., Mi., Do., So. 10–21, sonst bis 17.30 Uhr | Eintritt: 12,50 NZ$
www.museumswellington.org.nz

### Naturoase im Großstadtdschungel

★ Zealandia Wildlife Sanctuary

Im lauschigen Naturreservat oberhalb der City können Sie Neuseelands ursprüngliche Vegetation und viele bedrohte Tierarten sehen wie Takehas, Kaka-Papageien und die urzeitlichen Tuatara-Echsen. In der Dämmerung könnten sogar die scheuen Kiwis Ihren Weg kreuzen. Besucher dürfen sich auf eigene Faust durch das Terrain bewegen, effektvoller sind aber geführte Touren mit naturkundigen Guides, die auf heimische Flora hinweisen, die man sonst leicht übersieht.

53 Waiapa Road, Karori | Führungen: tgl. 9–17 Uhr, am besten kombiniert am Tag und in der Dämmerung, um Kiwis zu beobachten
Eintritt: 20 NZ$ | 2std. Tagestour ab 55 NZ$, Nachttour ab 85 NZ$
www.visitzealandia.com

### Panoramablick über Wellington

Mount Victoria

Der 196 m hohe Berg östlich der Innenstadt ist der bekannteste Aussichtspunkt von Wellington. Ein Sträßchen windet sich von der Oriental Bay hinauf zum Byrd-Memorial unterhalb der Aussichtsplattform. Von der Gipfelterrasse haben Sie einen einmaligen Panoramablick über die Stadt bis zur Cook Strait und dem Hutt Valley. Das **Byrd Memorial** erinnert an Richard Evelyn Byrd, der 1929 den ersten Flug über den Südpol unternahm und dabei in Neuseeland seine Expeditionsbasis hatte. Zwei Kameramänner dokumentierten die erfolgreiche Unternehmung in dem Film »Mit Byrd zum Südpol«.

### Wohnen wie die ersten Siedler

Nairn Street Cottage

Das älteste »Ferienhaus« der Stadt wurde 1858 von William Wallis errichtet und vermittelt anschaulich das Leben von drei Generationen über die Zeit. Hinter dem Cottage, dessen Besuch vorab gebucht werden sollte, wachsen im Heritage Garden heimische Pflanzen. Spannend sind die Führungen, die den Bewohnern Catherine, William, Clara und Winifred Leben einhauchen.

68 Nairn Street | tgl. 12–16 Uhr, Führungen: 12, 13, 14, 15 Uhr | Eintritt: 8 NZ$ | www.museumswellington.org.nz

## Rund um Wellington

**An der Küste entlang**

Auf dem 40 km Rundkurs können Sie per Auto oder Rad von der Oriental Bay am Meer entlang die **Miramar-Halbinsel** im Osten Wellingtons umrunden und dabei schöne Strände kennenlernen. Populärer Picknickplatz ist das **Chocolate Fish Café** an der Shelly Bay.

City Marine Drive

**Von Wellywood in die Welt**

Oben auf der Halbinsel Miramar haben **Peter Jackson** (►Interessante Menschen) und Richard Taylor das Sagen im Weta Workshop, der 1993 von ihnen gemeinsam mit anderen Filmemachern gegründet wurde. Die **Weta Cave** ist ein Muss für Cineasten mit Requisiten, Kulissen und Tricks aus der Herr-der-Ringe-Trilogie und anderen Blockbustern wie »Blade Runner 2049« und James Camerons »Avatar«. Buchen Sie eine der verschiedenen **Weta Studio Tours** und stöbern Sie im Souvenirshop. Videoclips erläutern, wie man Zauberwelten zum Leben erweckt und hinter den Kulissen gearbeitet wird.

tgl. 9–17.30 Uhr | Touren ab 45 NZ$ | www.wetaworkshop.com

★ Weta Workshop

**Baden und Brunchen**

An der bei Surfern beliebten Lyall Bay empfiehlt sich das **Maranui Café**, das auch die Hobbit-Stars beim Dreh gern besuchten. An der Worser Bay erinnert ein Denkmal an die Havarie der Fähre »Wahine« 1968, bei der 51 Menschen starben. Hippster Hotspot zum Brunchen ist auf dem Weg zur Owhiro Bay das **The Beach House & Kiosk** mit Panoramafenster auf die stürmische Cook Strait.

Lyall Bay, Worser Bay

**In einem Land vor unserer Zeit**

Die schönen Strände der Kapiti-Insel 8 km vor der Westküste lassen sich am besten auf einem Bootstrip mit **Kapiti Island Nature Tours** von Paraparaumu aus erreichen, inklusive dem nötigen DOC-Permit für das Naturschutzgebiet.

**Kapiti Island Nature Tours:** Tel. 0800 52 74 84 | www.kapitiisland.com

Kapiti Island

**Winzerhochburg**

Topziel für Freunde edler Tropfen ist Martinborough, das Zentrum der **Weinregion Wairarapa**. Hier können Sie gut essen und trinken und nach einer Autostunde bis zur Südspitze der Nordinsel am einsamen **Cape Palliser** vordringen. In Martinborough sind Verkostungen Pflicht, am schönsten auf den Weingütern **Ata Rangi**, **Te Kairanga** und **Coney**, wo Sie anschließend einen leckeren Lunch zwischen den Reben einnehmen können.

**Ata Rangi:** 14 Puruatanga Rd | tgl. 13–15 Uhr | www.atarangi.co.nz
**Te Kairanga:** Martins Rd | tgl. ab 10 Uhr | www.tkwine.co.nz
**Geführte Weintour:** www.martinboroughwinetours.co.nz

★ Martinborough

### Meister des Schafscherens

Masterton

Jedes Jahr Anfang März wird in Masterton das Schafscheren zur Kunst erhoben. Die **Golden Shears** sind quasi die Olympischen Spiele der Wollbranche. Das **The Wool Shed** National Museum of Sheep and Shearing bietet Besuchern einen realistischen Einblick in die Pioniergeschichte mit Fokus auf die Entwicklung der Schaffarmen und den Sport des Schafscherens.

**The Wool Shed:** Dixon Street | tgl. 10–16 Uhr | Museum 8 NZ$
Schafschur Eintritt frei, Spende erbeten
http://thewoolshednz.com

### Der spektakulärste Leuchtturm

★ Castlepoint

Einer der schönsten Strände der Nordinsel wartet eine Autostunde östlich von Masterton am schneeweißen Leuchtturm von Castlepoint. Bei stürmischem Wetter brandet das Meer mit hoher Gischt auf die Felsen am Riff, ein unglaubliches Erlebnis! Vor der Bucht tummeln sich

Einer der schönsten Strände der Nordinsel wartet am Castlepoint.

Robben und Delfine. Oberhalb der Lagune führt ein aussichtsreicher Wanderweg durch Pinienwald bis zum Fuß des **Castle Rock**, dem 1770 Kapitän Cook den Namen gab, weil er ihn an eine Burg erinnerte. Botaniker aufgepasst: Die Sandsteinhänge am Castle Rock sind der einzige Ort Neuseelands-, wo die seltene Shrubby Daisy (Brachyglottis Compactus) wächst, ein ursprünglich afrikanisches Gänseblümchen.

**Balls, Bullets & Boots**

Palmerston North

»Palmy North« wie die Kiwis sagen, besitzt mit der Massey University eine der größten Hochschulen des Landes, gilt aber als Provinz schlechthin. Zum Museumszentrum **Te Manawa** mit ausgezeichneten Ausstellungen zu typischen Neuseelandthemen gehört ein Pilgerziel der Kiwis: das **New Zealand Rugby Museum** widmet sich dem Nationalsport Nr. 1 (▶Baedeker Wissen S. 48).

**Rugby-Museum:** tgl. 10–17 Uhr | Eintritt: 12.50 NZ$
http://rugbymuseum.co.nz

# Z
# ZIELE AUF DER SÜDINSEL

## *Magisch, aufregend, einfach schön*

Alle Reiseziele sind alphabetisch geordnet. Sie haben die Freiheit der Reiseplanung.

Meistbesuchter Fotospot der Catlins ist der Leuchtturm am Nugget Point. ►

»
I still think New Zealand is the most beautiful country I have ever seen. Its scenery is extraordinary ... Everywhere the beauty of the countryside is astonishing.
«

*Agatha Christie*

# ★★ ABEL TASMAN NATIONAL PARK

H/J 12

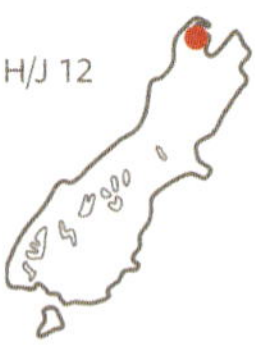

**Region:** Nelson | **Fläche:** 225 km² | **Höhe:** 0 – 1163 m

***Lang gezogene Sandstrände leuchten golden im Sonnenlicht, das Wasser schimmert türkisfarben und Wanderwege laden zu Abenteuern in herrlicher Natur ein. Am besten lässt sich das Welterbeparadies im Kajak oder auf dem Coast Track entdecken, immer am Wasser entlang mit Blick auf die Tasman Bay, wo sich gern Pinguine, Delfine und Robben tummeln.***

Wandern durch grüne Wildnis: Der Abel Tasman National Park ist Weltnaturerbe.

Als erster Europäer bekam der Niederländer **Abel Tasman** Neuseeland zu Gesicht, auch wenn er selbst nie einen Fuß an Land setzte. Tasman ankerte 1642 in der **Golden Bay,** als einige Maori sein Beiboot überfielen und Seeleute erschlugen. Tasman verzichtete daraufhin, die »Mörderbucht« zu betreten. Heute trägt der kleinste Nationalpark Neuseelands seinen Namen, gehört der Abel Tasman Coast Track zu den beliebtesten Wanderrouten der Kiwis. Entsprechend sind die Hütten und Zeltplätze im Park streng reglementiert und müssen zur Hochsaison im Sommer rechtzeitig im Voraus gebucht werden.

Zur Goldbucht

**Immer die Küste entlang**

★★ Abel Tasman Coast Track

Drei bis fünf Tage sollten Sie für den 50 km langen **Great Walk** zwischen Marahau und Wainui einplanen, je nachdem, wie viel Zeit Sie an den kleinen Buchten und goldgelben Stränden verbummeln möchten. Übernachtet werden kann auf Zeltplätzen, in DOC-Hütten, Resorts und B & Bs. Anstelle der Mehrtageswanderung können Sie von **Marahau** oder **Kaiteriteri** aus nur eine Tagesetappe laufen – Wassertaxis steuern fast alle Strände mit Zugang zum Track an. Achten Sie am Strand bei Kaiteriteri auf den berühmten Felsen, der wie ein **gespaltener Apfel** aussieht. Beliebt sind Kombinationen aus **Wandern und Kajaktour**. Entdeckungstouren im Seekajaks boomen im südlichen Abschnitt zwischen Onetahuti Bay und Marahau, schönstes Ziel ist die kleine **Insel Tonga** mit einer Robbenkolonie (▶ S. 170).

**Wasserfälle und weite Aussichten**

Kurze Tracks

Von der Straße Takaka – Totaranui führt der **Wainui Falls Walk** in zwei Stunden hin und zurück zum 21 m hohen Wasserfall, die gleiche Zeit brauchen Sie zum **Lookout Rock** mit schönem Blick auf die Golden Bay. Nördlich bietet der 400 m hohe **Gibbs Hill** einen noch besseren Rundblick. Für diese Wanderung muss man einen halben Tag rechnen. Der **Pukatea Walk** führt von Totaranui aus an der Nordseite der Bucht entlang. Vier Stunden brauchen Sie hin und zurück von Totaranui südwärts am Strand entlang zum Skinner Point, der Goat Bay und Waiharakeke Bay, fünf Stunden dauert der Ausflug von Totaranui in nördlicher Richtung zur Anapai Bay, Mutton Cove und zum Separation Point. Von Torrent Bay führen zweistündige Wanderungen zum **Cleopatra Pool**, wo Sie am Fuße eines Wasserfalls baden können, ins **Falls River Valley** und zu den Cascade Falls.

www.doc.govt.nz

**Tolle Tropfsteine**

Ngarua Caves

Im Südwesten des Nationalparks können Sie im Rahmen einer Führung in den Ngarua-Tropfsteinhöhlen riesige Skelette von Moas sehen. Die Maori hatten den Laufvogel bereits im 14. Jh. ausgerottet.

Main Road, Takaka Hill, SH 60, Motueka | im Sommer tgl. 10–16 Uhr
Führungen: Erw. 20 NZ$, Kinder 8 NZ$ | www.ngaruacaves.co.nz

## ABEL TASMAN NATIONAL PARK ERLEBEN

### ABEL TASMAN I-SITE
20 Wallace St, Motueka
Tel. 03 528 20 27
www.abeltasman.co.nz

### ABEL TASMAN AQUA TAXI
Wassertaxis bringen Sie von Strand zu Strand nach Totaranui, Awaroa, Onetahuti, Bark Bay, Torrent Bay, Anchorage, Marahau und Kaiteriteri.
»One Way« Trips ab 39 NZ$, halbtags ab 85 NZ$, Ganztagestour ab 80 NZ$, zwei Tage ab 250 NZ$, Tel. 03 527 80 83
www.aquataxi.co.nz

### CRUISE & WALK
Von Kaiteriteri starten Touren mit dem Wassertaxi Vista Cruise. Lassen Sie sich zum Strand ihrer Wahl bringen und wandern Sie an der Küste entlang oder entspannen Sie am Wasser (ab 69 NZ$). Ein Bus nach Kaiteriteri fährt von Nelson (Fahrzeit ca. 1,5 Std., Ticket 25 NZ$).
Kaiteriteri-Sandy Bay Rd 1, Kaiteriteri, Tel. 03 528 20 27
www.abeltasman.co.nz

### KIMI ORA ECO RESORT €€€
Nachhaltige Wellness im zentralen SPA mit zwei Whirlpools und professioneller Physiotherapie inmitten traumhafter Landschaft. Große Zimmer mit bequemen Betten, Blick aufs Meer, guter Kücheneinrichtung, tollem Frühstück und 10 Minuten bis zum Strand. Vegetarisches Restaurant, Pizza and Pasta gibt's jeden Montagabend.
99 Martin Farm Road, Kaiteriteri
Tel. 03 527 80 27, ww.kimiora.com

### KAITERITERI BEACH MOTO CAMP €
Vom schönen Strand des populären Campingplatzes starten Kajakausflüge.
www.abeltasman.co.nz

### PARK CAFÉ €€/€
Am Südeingang des Nationalparks gibt es Steinofenpizza, Omelette und ein ausgezeichnetes Frühstück, bevor Sie auf Tour gehen.
350 Sandy Bay Marahau Rd, Tel. 03 527 82 70, www.parkcafe.co.nz

### ABEL TASMAN KAJAK
Ab Abel Tasman Kajak Base starten Kajaktouren, geführt oder auf eigene Faust, wer will, kombiniert mit Wanderungen und Gepäckrückholtransport. Im The Pie Cart Café können Sie sich vor der Tour kräftig stärken. Highlight ist das Meeresschutzgebiet um die Insel Tonga. Dort lebt eine Robbenkolonie, die gerne taucht und mitschwimmt.
Sandybay-Marahau Rd, Rd 2 Marahau, Tel. 03 527 80 22
www.abeltasmankayaks.co.nz

### WILSON ABEL TASMAN EXPERIENCES
Ab Kaiteriteri Seekajak- und Nur-Boot-Ausflüge
www.abeltasman.co.nz

### THE SEA KAYAK COMPANY
Paul und Andrea Karwin organisieren mit ihrem Team tolle geführte Kajaktouren. Wer lieber individuell fahren möchte, findet ebenso passende Angebote. Übernachtungsausrüstung wie Zelt und Schlafsack können mitgebracht oder ausgeliehen werden.
506 High St, Motueka, Tel. 03 528 72 51, www.seakayaknz.co.nz

BAEDEKER ÜBERRASCHENDES

# 6X DURCHATMEN

*Entspannen, wohlfühlen, runterkommen*

## 1. AUSZEIT

Mit seinen goldenen Sandbuchten, dem kristallklaren Wasser und unberührter Natur ist der **Abel Tasman National Park** einer der schönsten Orte, um abzuschalten. (**▶S. 162**)

## 2. WELLNESS IM WARMEN

Nach einem Besuch im geothermischen Wunderland von **Rotorua** gibt es nichts Besseres, als sich in heißen Thermalbecken der Polynesischen Pools zu entspannen! (**▶S. 122**)

## 3. GENUSSVOLL RADELN

Das älteste Weingut Mission Estate verwöhnt nach der Verkostung mit kreativer Küche in historischem Ambiente. Verbinden Sie die Kellerbesichtigung mit einer Radtour auf dem **Wine Trail**. (**▶S. 94**)

## 4. PURE SOMMERLAUNE

Schneeweiße Sandstrände, grüne Regenwälder und rot blühende Pohutukawas, schnuckelige Städtchen, hübsche Läden und kleine Cafés – die **Coromandel-Halbinsel** sorgt für perfekte Urlaubsstimmung. (**▶ S. 73**)

## 5. DIE WELT AUSBLENDEN

Genug vom Großstadttrubel? Suchen Sie sich ein Plätzchen am Strand oder im Grünen, setzen Sie die Kopfhörer auf und hören Sie den Pop-Hit »**True Colours**« von Split Enz, der ersten neuseeländischen Band, die 1980 international die Charts anführte.

## 6. EIN TAG AUF DEM WASSER

Bootsausflug, mit Delfinen schwimmen oder eine Kajaktour – die Inselwelt der **Bay of Islands** ist ein Traum (**▶ S. 111**)

### Sommer, Strand und Sonnenschein

★ Golden Bay

Die Goldene Bucht am Nordende des Nationalparks lockt Badegäste und Sonnenanbeter an ihre wunderschönen Sandstrände Pohara, Patons Rock und Tukurua. Am besten erreicht man die Bucht über **Takata** am Fuße des Marble Mountain, dessen Marmor das Parlament in ▶ Wellington und die Kathedrale in ▶ Nelson ziert. Sehenswert sind das kleine **Golden Bay Museum** und die 5 km entfernten Pupu und Waikoropupu Springs, deren Wasser vom Takaka River stammt, der in trockenen Sommern völlig im Untergrund verschwindet. Um die Quellen herum wurde im 19. Jh. intensiv nach **Gold** gegraben.

**Golden Bay Museum**: 73 Commercial Street, Takata
Mo.–Sa. 10–16, So. 12–16 Uhr | http://goldenbaymuseum.org.nz

### Vogelparadies

★ Cape Farewell, Farewell Spit

Wie ein gebogener Angelhaken ragt der schmale Küstenstreifen **Farewell Spit** ins Meer und trennt die Golden Bay von der Tasmanischen See. Geführte Bustouren von **Farewell Spit Tours** gehen von Collingwood gezeitenabhängig ins einzigartige Vogelschutzgebiet auf der Landzunge, wo Sie auch Seehunde zwischen den weiten Sanddünen beobachten können. Weniger paradiesisch kann Farewell Spit für Wale werden. Im flachen Wasser vor der Küste kann ihr Orientierungssinn sie im Stich lassen. Im Februar 2017 strandeten hier Hunderte von Grindwalen. Obwohl 500 freiwillige Helfer die Rettungsmaßnahmen unterstützten, verendeten fast 300 Tiere.

Farewell Sot Tours: 6 Tasman Street, Collingwood | Tel. 03 524 82 57
Dauer: 6,5 Stunden | Erw. 165 NZ$, Kinder 58 NZ$
www.farewellspit.com

## Rund um den Abel Tasman National Park

### Reise der Kontraste

★ Heaphy Track

Bei Bainham 40 km von Takaka beginnt der kontrastreichste **Great Walk** Neuseelands, der nach dem Forscher und Entdecker Charles Heaphy benannt ist. Die meisten laufen den 82 km langen, anspruchsvollen Wanderweg von Osten nach Westen. Der Track folgt einem **alten Maori-Pfad** über Büschelgras-Ebenen, durch üppige Regenwälder, vorbei an tropischen Cabbage Trees, Nikau-Palmen und Orchideen bis zur wilden Westküste. Der Heaphy Track verläuft im **Kahurangi National Park**, dem zweitgrößten Nationalpark des Landes. Seine majestätischen Kahurangi-Felsen bestehen aus Sedimentgestein, die vor Urzeiten auf dem Meeresgrund entstanden, dann aufgebrochen, emporgehoben und von Gletschern überformt wurden. In den Karsthöhlen des Nationalparks entdeckte man 540 Millionen Jahre alte Fossilien.

www.doc.govt.nz

Motueka

**Dreadlocks und Schlabberhosen**
Das bunte Dörfchen ist Herz der Hippies von Neuseeland und Tourenstützpunkt für Besucher des Abel-Tasman- und Kahurangi-Nationalparks. Sonntags findet hinter dem I-Site ein **Bauernmarkt** statt. Ein einstündiger Spaziergang führt vom Hafen am Wasser entlang zum Skatepark und zurück. Das **Motueka District Museum** widmet sich mit Wechselausstellungen der Lokalgeschichte.

**Motueka District Museum:** 140 High St | Tel. 03 528 76 60
Mo.–Fr. 10–15, So. 10–14 Uhr, April–Nov. Mo. geschlossen

# ★★ AORAKI / MOUNT COOK NATIONAL PARK

**Region:** Canterbury | **Fläche:** ca. 700 km² | **Höhe:** 650–3754 m ü. d. M.

*In Neuseeland gibt es keinen Ort ohne Maori-Legende. Auch um die Heimat der höchsten Berge und Gletscher Neuseelands rankt sich eine. Sie erzählt von Aoraki und seinen drei Brüdern, allesamt Söhne des Himmelsvaters Rakinui. Auf einer Seereise kollidierte ihr Kanu mit einem Riff und verkantete sich. Die Brüder wollten das Boot retten, aber der eisige Südwind versteinerte sie. Ihr Kanu verwandelte sich in die Südinsel Te Waka o Aoraki, und die Brüder wurden zu Gipfeln der neuseeländischen Südalpen unter einem der beeindruckendsten Sternenhimmel der Welt.*

Wandern über den Wolken

Eine ganze Reihe von Wanderrouten erschließt den Aoraki/Mount Cook National Park im Kernbereich der neuseeländischen Alpen, die **UNESCO-Welterbe** sind. Um die beiden schneebedeckten höchsten Gipfel der Südalpen, den 3754 m hohen **Aoraki Mount Cook** und den 3496 m hohen Mount Tasman, gruppieren sich fast zwei Dutzend Dreitausender. Herrliche Aussichten bescheren Kurzwanderungen wie der Hooker Valley Track zu einem Gletschersee. Für mehrtägige Aufstiege ins ewige Eis sollte man fit und trainiert sein und sich aus Sicherheitsgründen einem erfahrenen Bergführer anschließen. Exklusivität verheißt **Tasman Glacier Hiking**, ein Helikopter-Transfer zur zweistündigen Eiswanderung auf dem längsten Gletscher des Landes.

**Alpine Bergführer:** www.alpinerecreation
**Tasman Glacier Heli Hiking:** Southern Alps Guiding | ab 620 NZ$
www.mtcook.com/tasman-glacier-heli-hiking

Durchatmen im Aoraki Mount Cook National Park zwischen goldenem Speergras und klaren Bergseen mit spektakulärer Aussicht auf die Gletscher

### Eiskalte Erlebnisse

Aoraki Mount Cook Village

Der Mount Cook National Park, der im Westen in den Westland National Park mit dem ▶**Fox Glacier** und **Franz Josef Glacier** übergeht, ist leicht erreichbar. Von Twizel bzw. vom Lake Pukaki führt der 60 km lange SH 80 als Stichstraße durch das fantastische Hochgebirge zum Aoraki Mount Cook Village mit einigen Berghotels. Das eindrucksvolle **Visitor Centre** am Larch Growe informiert über Geologie, Flora und Fauna der alpinen Landschaft. Außerdem erhalten Sie Auskünfte über die Begehbarkeit von Klettersteigen und Gletscherrouten. Highlight ist das **Sir Edmund Hillary Alpine Centre** mit Museum, 3D-Kino und Planetarium: Hier werden Leben und Werk des Mount-Everest-Bezwingers gewürdigt, der am 29. Mai 1953 mit seinem nepalesischen Sherpa Tensing Norgay als Erster den höchsten Gipfel der Erde bestieg und sich am Mount Cook auf seine Expeditionen vorbereitete (▶ Interessante Menschen).

**Sir Edmund Hillary Alpine Centre**: Terrace Road | tgl. Sommer: 7–20.30, Winter: 9–19 Uhr | Eintritt: Erw. 25 NZ$, Kinder 15 NZ$
www.hermitage.co.nz/en/the-sir-edmund-hillary-alpine-centre

### Auf den Tasman Glacier

★★ Winterwunderland

Postkartenreife Ausblicke hinter jeder Pistenbiegung und einige der besten Abfahrten bietet das beliebte **Ganzjahresskigebiet** am Mount Cook. Als Aufstiegshilfen sind Kleinflugzeuge und Helikopter im Einsatz. Auf dem Tasman-Gletscher selbst werden geführte Touren angeboten (▶S. 167). Murchinson, Darwin und Bonney Glacier sind etwas für Fortgeschrittene. Zu den **Tasman** und **Kelmen Huts** sind **Langlauftouren** möglich, die allerdings recht anstrengend und daher ebenfalls nur für geübte Skiläufer zu empfehlen sind. Vom Ort Aoraki Mount Cook lohnt ein Abstecher zur »Zungenspitze« des **Tasman Glacier**, der 27 km lang und bis zu 3 km breit ist. Wie die meisten Gletscher der Erde weicht auch er immer weiter zurück. Man fährt gut 8 km in Richtung **Blue Lake** und steigt dann etwa eine halbe Stunde lang durch Geröll bergan zum **Tasman Glacier Viewpoint**, von dem aus man einen herrlichen Blick auf die dramatische Hochgebirgskulisse genießen kann. Der einfache Tasman Glacier Lake Walk führt zum Gletschersee, in dem Eisberge wie Eiswürfel in einem Cocktail schwimmern (www.doc.govt.nz).

## AORAKI MOUNT COOK NATIONAL PARK ERLEBEN

### AORAKI MOUNT COOK NP VISITOR CENTRE

1 Larch Grove, Aoraki Mount Cook Village, Tel. 03 435 11 86
www.doc.govt.nz

### GLACIER SEA KAYAKING

Fantastisch: zwischen schmelzenden Eisbergen übers Wasser gleiten
Larch Grove, Tel. 03 435 2980
Ab 165 NZ$, www.mtcook.com

### GLACIER HELI-HIKING

Ein Heli Hike auf die Gletscher, um das ewige Eis zu Fuß zu erkunden, zählt fraglos zu den Höhepunkten einer Neuseeland-Reise.
Dauer: 3 Std., ab 14 J. ab 620 NZ$
www.glentanner.co.nz

### MOUNT COOK HELISKI

Skifahren episch und exklusiv: Direkt vom Helikopter aus startet man mit eigenem Guide den Weg durch den Tiefschnee nach unten.
Alpine Guides, 98 Bowen Drive
Tel. 03 435 18 34, Juli – Sept.
www.mtcookheliski.co.nz

### 1 THE HERMITAGE €€€

Das moderne Haus mit tollem Frühstücksbuffet grenzt an das Sir Edmund Hillary Alpine Centre. Von der Snowline Lounge und dem meisten Zimmern garantieren Panoramafenster einen spektakulären Blick auf den Aoraki Mount Cook. 4WD-Touren und nächtliche Führungen zur Sternenbeobachtung am Südhimmel.
89 Terrace Road, Aoraki Mount Cook Village, Tel. 03 435 1809
www.hermitage.co.nz

### 2 HERITAGE GATEWAY €€

Modernes Hotel im McKenzie-Hochland mit Restaurant und Bar, ein guter Startpunkt für Ausflüge in den Nationalpark.
Main Rd, Omarama
Tel. 03 438 9805, www.heritage-gateway.co.nz/Heritage-Gateway-Hotel

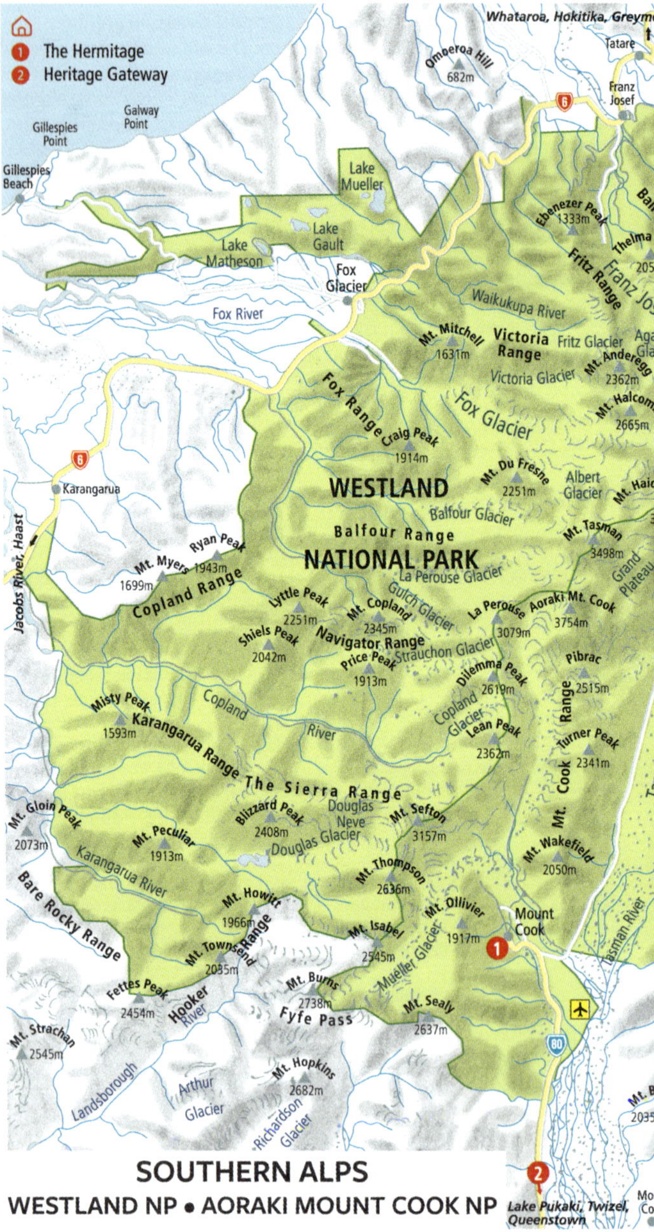
The Hermitage
Heritage Gateway
Whataroa, Hokitika, Greymo
Tatare
Omoeroa Hill
682m
Franz Josef
Galway Point
Gillespies Point
Gillespies Beach
Lake Mueller
Lake Gault
Lake Matheson
Fox Glacier
Fox River
Ebenezer Peak
1333m
Thelma P
2057
Fritz Range
Franz Jose
Waikukupa River
Mt. Mitchell
1631m
Victoria Range
Fritz Glacier
Victoria Glacier
Mt. Anderegg
2362m
Mt. Halcombe
2665m
Fox Range
Craig Peak
1914m
Fox Glacier
Karangarua
Mt. Du Fresne
2251m
Albert Glacier
Mt. Haidi
WESTLAND
NATIONAL PARK
Balfour Glacier
Balfour Range
Mt. Tasman
3498m
Grand Plateau
Jacobs River, Haast
Ryan Peak
1943m
Mt. Myers
1699m
Copland Range
La Perouse Glacier
Gulch Glacier
Lyttle Peak
2251m
Mt. Copland
2345m
La Perouse
3079m
Aoraki Mt. Cook
3754m
Shiels Peak
2042m
Navigator Range
Strauchon Glacier
Price Peak
1913m
Dilemma Peak
2619m
Pibrac
2515m
Misty Peak
1593m
Karangarua Range
Copland River
Copland Glacier
Lean Peak
2362m
Mt. Cook Range
Turner Peak
2341m
The Sierra Range
Mt. Gloin Peak
2073m
Blizzard Peak
2408m
Douglas Neve
Douglas Glacier
Mt. Sefton
3157m
Mt. Peculiar
1913m
Mt. Wakefield
2050m
Karangarua River
Bare Rocky Range
Mt. Thompson
2636m
Mt. Howitt
1966m
Range
Mt. Ollivier
1917m
Mount Cook
Mt. Isabel
2545m
Mueller Glacier
Tasman River
Mt. Townsend
2035m
Fettes Peak
2454m
Hooker River
Mt. Burns
2738m
Fyfe Pass
Mt. Sealy
2637m
Mt. Strachan
2545m
Landsborough
Arthur Glacier
Mt. Hopkins
2682m
Richardson Glacier
2035m
SOUTHERN ALPS
WESTLAND NP • AORAKI MOUNT COOK NP
Lake Pukaki, Twizel, Queenstown

Price Range
Mt. Cloher
1699m
McFetrick Peak
2179m
Tatare Range
Junction Peak
2240m
Maximilian Range
Wilczek Peak
2355m
Burton Glacier
Spencer Glacier
Whymper Glacier
Elie de Beaumont
3117m
Minarets
3048m
Butler Range
Bamford Knob
1836m
Mt. Edison
2338m
Perth River
Mt. Wolseley
2530m
McClure Peak
2497m
Mt. Loughnan
2576m
Grey Glacier
Godley Glacier
Mt. Moffat
2629m
Mt. D'Archiac
2865m
Mt. Mannering
2637m
Classen Glacier
Brodrick Peak
2637m
Mt. Forbes
2591m
Pukewhero Peak
1996m
Mt. Acland
2545m
Mt. Richmond
2499m
Godley River
Darwin Glacier
Haeckel Peak
2941m
Range
Malte Brun
3155m
Murchison Glacier
Range
Mt. Sibbald
2804m
Sibbald
Range
AORAKI
MOUNT COOK
NATIONAL PARK
Mt. Hutton
2850m
Liebig
Macaulay River
2299m
Murchison River
Mt. Lucia
2591m
Taranaki Peak
2301m
Mt. Erebus
2309m
The Abbot
2623m
Hall
Mt. Radove
2431m
Range
Lilybank
2736m
Mountains
Cass River
Pikes Peak
1987m
Haszard Ridge
Gammack Range
Mt. Gerald
1551m
Mt. Haszard
2224m
Mistake Peak
1921m
Jollie River
Lake Tekapo
5 km
©BAEDEKER
Fork Stream
Mt. Stevenson
2366m
Timaru
Timaru

Panorama, das glücklich macht: Der Aoraki Mount Cook spiegelt sich zur blauen Stunde magisch im Lake Hooker.

**Bis zu den Firnfeldern**

Copland Track

Für erfahrenere Gipfelstürmer gibt es drei interessante Bergpasstouren über den Mueller-Pass, den Ball-Pass und den Copland Pass. Schönster, aber auch **anspruchsvollster Hochgebirgspfad** ist der Copland Track quer durch den National Park. Dabei überwindet man den 2149 m hohen **Copland Pass** und kommt hinauf bis zu den Firnfeldern der majestätischen Gipfel. Diese Wanderung, für die Sie mindestens vier Tage veranschlagen müssen, sollten Sie nur mit ortskundigen Bergführern machen.
www.doc.govt.nz

**Glasklarer Gletschersee**

★ Hocker Valley Track

Es gibt zehn kurze Wanderungen, die alle beim Aoraki Mount Cook Village starten. Sie sind ausgeschildert und gut begehbar. Für den beliebten Hooker Valley Track über Hängebrücken und durch wildschöne, von Eis und Fels geformte Natur immer **am Hooker River entlang** sollten Sie drei Stunden einplanen. Ziel ist der glasklare Gletschersee **Lake Hooker** mit fantastischer Aussicht auf den Aoraki Mount Cook, ▶Abb. S. 172/173.
www.doc.govt.nz

# ★★ CATLINS

**Region:** Otago | **Höhe:** 30 m | **Einwohner:** 4000

D–E 18

*Eines der bestgehüteten Geheimnisse der Südinsel versteckt sich zwischen Balclutha und Bluff, einer der am dünnsten besiedelten Regionen des Landes: die wild zerklüfteten Catlins mit verwunschenen Wasserfällen, fantastischer Tierwelt und einem versteinerten Wald, der vor Jahrmillionen entstanden ist.*

★★ Nugget Point Lighthouse

Gut drei Stunden brauchen Sie auf der **Southern Scenic Route** für eine Fahrt durch die Catlins. Berühmtester und meistbesuchter Fotospot ist südlich von **Balclutha** eine Felsklippe, auf der seit 1870 ein schneeweißer **Leuchtturm** die Schiffe auf See vor dem gefährlichen Riff warnt. Seine Felsen wirken wie Nuggets im Meer verstreut. Kommen Sie zum Sonnenaufgang, um den atemberaubenden **Panoramablick** auf den Ozean zu genießen (▶Abb. S. 161). Rund um die Felsen tummeln sich Pelzrobben, Seelöwen, See-Elefanten, Gelbaugenpinguine und die kleinen Blue Penguines. Mit etwas Glück können Sie Delfine in den Wellen springen sehen. Auch die einsame **Cannibal Bay** 5 km westlich ist Heimat von Robben.

Aus der Zeit des Holzbooms im 19. Jh. blieb nur das Dörfchen Owaka am Eingang des Naturparks übrig, wo ein **Museum** über die waldreiche Region und die Blütezeit der Sägewerke informiert. Wahrzeichen der Catlins sind die dreistufigen **Purakaunui Falls**. Die 20 m hohen Wasserfälle liegen nur einen kurzen Spaziergang vom Parkplatz an einer Seitenstraße der Southern Scenic Route entfernt. Südwestlich führt eine moderate Wanderung in einer Dreiviertelstunde durch den **Catlins Conservation Park** zu den 22 m hohen McLean Falls. Owaka

Owaka Museum: Campbell St | Mo.–Fr. 9.30–16.30, Sa., So. 10–16 Uhr | www.owakamuseum.org.nz

**Perfektes Piratenversteck**

Solange das Tor am Parkplatz offen steht, können zwei Stunden vor und eine Stunde nach Ebbe die gigantischen Höhlen am Nordende des **Waipati Beach** besichtigt werden. Ein viertelstündiger Spaziergang führt durch Buschwald zum verlassenen goldgelben Sandstrand mit einem Schiffswrack. In Klippen klafft der 30 m hohe Eingang zu den Höhlen mit toller Akustik – ein Blick zur Decke lässt die Form einer Kathedrale erkennen. Cathedral Caves

Tgl. Ende Okt.–Mai | Eintritt: 10 NZ$ | www.cathedralcaves.co.nz

Haben etwas Zauberhaftes: die Purakaunui-Wasserfälle bei Owaka

## THE CATLINS ERLEBEN

**MOHUA LODGES €€€**
Mitten im Grünen genießt man hier weit weg von allem die Zweisamkeit in Ökocottages. Naturinteressierte können geführte Tagestouren gleich mitbuchen.
744 Catlins Valley Road RD2 Tawanui, Tel. 03 415 86 13 www.catlinsmohuapark.co.nz

**THOMAS'S CATLINS LODGE & HOLIDAY PARK €**
In einem 100 Jahre alten, umgebauten Krankenhausgebäude entspannen Sie am Kamin im Gemeinschaftsraum oder vertiefen sich in ein gutes Buch aus der Bibliothek. Bei den meisten Zimmerkategorien ist das kontinentale Frühstück inbegriffen.
8 Clark St, Owaka, Tel. 03 415 83 33, www.thomascatlins.co.nz

**Märchenhafter Jurawald**

Curio Bay

In der Curio Bay weit im Süden der Catlins gibt es Gelbaugenpinguine und einen **versteinerten Wald** aus der Jurazeit vor 180 Millionen Jahren. Die Baumstämme liegen nur wenige Minuten vom Parkplatz am Strand. Sie sehen aus wie längliche Steine, erst bei genauem Hinsehen erkennt man ein Maserung. Allerdings können sie nur bei Ebbe bestaunt werden.

# ★ CHRISTCHURCH

**Region:** Canterbury | **Höhe:** 0–448 m | **Einwohner:** 382 000

H 15

*Wegen seiner neogotischen Architektur galt die Südinselmetropole als englischste Stadt Neuseelands. Viktorianische Villen und Grünanlagen bestätigen noch immer das britische Erbe, doch das verheerende Erdbeben 2011 hat das Stadtbild im Zentrum komplett verändert. Christchurch musste sich neu erfinden und nutzte die Katastrophe als Chance für moderne Raumgestaltung in der City mit großen Parkhäusern und bezahlbarem Wohnraum. Zum visionären Neustart gehören schicke Einkaufspassagen, kreative Pop-up-Restaurants, Bars und Gastropubs, die begeistern.*

Tor zur Südinsel

Mitte Dezember 1850 gingen die ersten vier Schiffe aus England in der natürlichen Hafenbucht vor Anker. Unter den 800 Menschen an Bord war **John Robert Godley**, Spross englischer Großgrundbesitzer und Gründer von Christchurch, der auf dem Cathedral Square mit dem

Denkmal gewürdigt wird. Anders als auf der Nordinsel, wo die New Zeaalnd Company mittellosen Auswanderern die Ansiedlung ermöglichte, wollte Godley das Gebiet an betuchte Gentlemen verkaufen und Landarbeiter auf Gutshöfen nach englischem Vorbild mit festen Klassenunterschieden arbeiten lassen. Doch nach der großen Dürre in Australien kamen ab 1851 reiche Schaffarmer nach Christchurch und erwarben alle verfügbaren Ländereien für die boomende Schafzucht – und die anglikanische Mustergesellschaft war Geschichte.

**Restaurants**
- 1 Inati
- 2 The Tannery
- 3 Twenty Seven Steps
- 4 Beach Bar
- 5 Mumbaiwala
- 6 The Good Home
- 7 Fridays Street FoodMarket

**Hotels**
- 1 Rendezvous Hotel Christchurch
- 2 The Heartland Hotel Cotswold
- 3 The Grange Boutique B & B and Motel
- 4 Eco Villa

## CHRISTCHURCH ERLEBEN

### CHRISTCHURCH I-SITE

Botanic Gardens, Rolleston Ave
Tel. 03 379 96 29
www.christchurchnz.com
www.christchurchattractions.nz

### HERITAGE TRAM

Im Zentrum der Stadt startet die Oldtimer Tram und kutschiert Sie gemütlich schaukelnd durch Christchurch inklusive Shoppingmall!
Start: Cathedral Junction, Fahrpreis: 15 NZ$, www.christchurchattractions.nz/christchurch-tram

Mode am Puls der Zeit und Kiwi-Labels wie Kilt und Ruby finden Sie im ehemaligen Industrieviertel **The Tannery**, führende Fashion Stores und schräge Mitbringsel hat die Fußgängerzone **The Colombo**. Nachhaltige Mode für Sie und Ihn hat **Untouched World** im Snowy Peak Outlet an der Roydvale Ave 155. Der Christchurch **Farmers' Market** mit Spezialitäten der Region wird samstags am Riccarton House abgehalten.

### RICCARTON SUNDAY MARKET

Bei Livemusik von lokalen Künstlern kann man auf Neuseelands größtem Outdoor-Markt stundenlang shoppen. Von frischem Obst und Gemüse bis hin zu neuseeländischem Kunsthandwerk findet man hier alles – und für das Mittagessen ist auch gesorgt.
Riccarton Racecourse, Christchurch, So. 9–14 Uhr
www.riccartonmarket.co.nz

### 1 INATI €€€€

Sehen Sie zu, wie Kunstwerke auf dem Teller entstehen und kulinarische Höhenflüge theatralisch inszeniert werden können – der richtige Ort für besondere Anlässe, unbedingt rechtzeitig reservieren.
48 Hereford St, Central
Tel. 03 390 15 80, http://inati.nz

Lust Auf Eis? Das Rollickin Café in der New Regent Street hat super Sorten.

**2 THE TANNERY €€€€–€**
Schicke Boutiquen und Secondhandläden, kleine Cafés, Bars und Restaurants, Livemusik, selbst gebrautes Bier und knusprige Steinofenpizza bekommen Sie am Ufer des Heathcote.
3 Garlands Rd, Woolston
Tel. 03-21 608 777
https://thetannery.co.nz

**3 TWENTY SEVEN STEPS €€€**
Emma Mettrick und Paul Howells teilen die Leidenschaft für gutes Gerichtte. Emma stammt aus Christchurch, wo die beiden 2015 ihr angesagtes Lokal eröffneten mit toller Atmosphäre, fantastischem Essen und super freundlichem Service.
16 New Regent Street
Tel. 03 366 27 27
www.twentysevensteps.co.nz

**4 BEACH BAR €€**
Bei schönem Wetter isst man draußen auf der Terrasse mit traumhaftem Blick auf die Pazifikwellen.
25 Esplanade, Sumner
Mo., Di. geschl., Tel. 03 326 72 26
www.beachbar.co.nz

**5 MUMBAIWALA €€**
Wer gerne indisch speist und mit Freunden aromatische Häppchen teilen möchte, sollte hier reservieren.
120 Hereford Street
Tel. 03 943 95 36, www.mumbaiwala.co.nz

**6 THE GOOD HOME €€**
Herzhafte Kost vom saftigen Lammkotelett bis zum Burger – und dazu süffiges Craft Bier
2A Waterman Place
Tel. 03 376 40 71, www.thegoodhomeferrymead.co.nz

**7 FRIDAY STREET FOOD MARKET €**
Kleine Essensstände rund um die Kathedrale laden jeden Freitag zum Schlemmen ein. Eingerichtet wurde der Markt kurz nach dem Erdbeben und hat sich bis heute gehalten.
100 Cathedral Square
Nov.–März Fr. 11–21 Uhr, ansonsten bis 20 Uhr
www.ccc.govt.nz

**1 RENDEZVOUS HOTEL CHRISTCHURCH €€€€**
Stilvolles modernes Boutiquehotel im Stadtzentrum, nur einen Block vom Cathedral Square entfernt, mit Fitnesscenter, Restaurant und Bar
166 Gloucester Street
Tel. 03 668 06 70
www.rendezvoushotels.com/hotel/christchurch

**2 THE HEARTLAND HOTEL COTSWOLD €€€**
Elegante Unterkunft im Tudor-Stil mit gepflegtem Garten, Außenpool, Sauna und Fitnessraum. Das Restaurant bietet neuseeländische Küche und eine umfangreiche Weinkarte.
88 – 96 Papanui Road
Tel. 03 355 35 35
www.scenichotelgroup.co.nz

**3 THE GRANGE BOUTIQUE B & B AND MOTEL €€€/€€**
Sechs wunderschöne, zentrale Zimmer mit ausgezeichnetem Frühstück, 5 Gehminutem vom Cathedral Square und dem Botanischen Garten entfernt
56 Armagh Street, Central
Tel. 0800 93 28 50
www.thegrange.co.nz

**4 ECO VILLA €€**
Umweltfreundliche, schöne Holzvilla mit acht Zimmern, voll ausgestatteter Küche als Treffpunkt für die Gäste, wundervollem Garten und Pool
251 Hereford St
Tel. 03 595 1364
www.ecovilla.co.nz

### We will smile again

Aufer-standen aus Ruinen

Die schweren Canterbury-**Erdbeben 2010 und 2011** trafen die größte Stadt auf der Südinsel bis ins Mark. Selbst Seismologen waren überrascht von der Stärke bis 7,1 auf der Richterskala. Christchurch gehörte bis dahin nie zu den gefährdeten Gebieten des Landes, in dem die Erde häufig wackelt (▶Das ist Neuseeland S. 10). Die neugotische Kathedrale von 1881, das Wahrzeichen der Stadt, stand nach dem zweiten Beben nicht mehr. 185 Menschen wurden getötet, mehrere Tausend verletzt. Viele Gebäude stürzten ein, Straßen und Brücken barsten. Am größten war die Zerstörung in den östlichen Stadtteilen, vor allem um den Tiefseehafen Lyttelton. Die Innenstadt musste weitgehend abgerissen werden. Drei Viertel aller Hotelzimmer gingen verloren, die Besucherzahlen sanken dramatisch. Den Gesamtschaden bezifferte die Regierung auf 14 Mrd. Euro. Noch immer läuft der Wiederaufbau, sind die Spuren deutlich zu sehen, doch der Wille aller, diese Stadt wieder lebenswert zu machen, zeigt Erfolg. Im März 2019 stand die Stadt unter Schock, als bei einem **terroristischen Anschlag** auf zwei Moscheen 51 Menschen getötet wurden.

## Wohin in Christchurch?

### Leben auf brüchiger Erde

★

Rund um die Cardboard Cathedral

Aus 96 erdbebensicheren Kartonagenröhren und Holzbalken konstruierte der japanische Architekt Shigeru Ban am Latimer Square ein auf 50 Jahre angelegtes Provisorium für die zerstörte Christchurch Cathedral. Die Fassade der Transitional **Cardboard Cathedral** besteht aus Polykarbonat-Elementen, den Unterbau bilden ausrangierte Container. Nach dem Besuch der multimedialen **Quake City** wissen Sie so ziemlich alles über Erbeben und den Fortschritt des Wiederaufbaus.

**Cardboard Cathedral:** 234 Hereford St/Latimer Square | tgl. 9–19, im Winter bis 17 Uhr | Eintritt frei | www.cardboardcathedral.org.nz
**Quake City:** 299 Durham St. North | tgl. 10–17 Uhr | Eintritt: 20 NZ$ https://quakecity.co.nz

### Herz der Stadt

Cathedral Square

Pulsierendes, wenn auch gezeichnetes Herz von Christchurch ist der große Kathedralplatz, wo ein Denkmal an den Stadtgründer **John Robert Godley** erinnert und die beim Erbeben zerstörte **Christchurch Cathedral** wieder zu einstiger Größe aufgebaut wird. Ein ebenso teurer wie langwieriger Prozess: Der neue Turm der Kathedrale soll Mitte 2023 stehen – erdbebenfest, wie es heißt. Als Baumeister der Kathedrale konnte 1864 der Londoner Architekt George Gilbert Scott gewonnen werden. Aber bereits ein Jahr später mussten die Arbeiten wegen Geldmangel eingestellt werden. 1873 erhielt Mountfort die Bauaufsicht und ergänzte das Gotteshaus um Zinnen, Türmchen

OBEN: Die unkonventionelle Cardboard Cathedral besteht aus erdbebensicheren Kartonagenröhren und Holzbalken. LINKS UNTEN: Nach dem Erdbeben wurde die New Regent Street als erste Flaniermeile wieder herausgeputzt. RECHTS UNTEN: Mit der Oldtimertram durch Christchurch

Überlebte das Erdbeben: das Wahrzeichen»The Chalice« am Cathedral Square

und Balkone. Erst 1904 war die Kathedrale fertig. Ihr 65 m hoher Turm stürzte beim Erdbeben ein, die berühmte Rosette wurde zerstört. Neben der Kathedrale bietet die Parlour Cocktail Bar im viktorianischen **Old Government Building** stilvolle Atmosphäre und süffiges Craft Beer. Das **Old Chief Post Office** von 1905 soll bis 2023 restauriert sein. Neben der Kathedrale ragt **The Chalice**, eine 18 m hohe Stahlskulptur des Neuseeländers Neil Dawson in den Himmel, die 2001 zum 150-jährigen Stadtjubiläum enthüllt wurde. Der Kelch zeigt

42 Blätter heimischer Pflanzen. Neuer Zuwachs am Cathedral Square ist die 2018 eröffnete **Bibliothek Turanga**, was in der Sprache der Maori Stiftung bedeutet. Der moderne Bau ist ein toller Ort, um die Zeit zwischen Buchseiten zu vergessen. Der Nachwuchs kann sich in der Legospielecke austoben. 2020 wurde an der Südseite des Platzes das **Sparks Building** für das größte Telekommunikationsunternehmen Neuseelands fertig und mit dem **Braided Rivers Building** begonnen. Entworfen hat es der Schöpfer der Cardboard Cathedral und Meister unkonventioneller Konzepte Shigeru Ban mit nüchternen Linien, warmen Materialien und viel natürlichem Licht. Hier sollen in naher Zukunft Läden, Lokale und ein Freiluftcafé einziehen. Die 38 tragenden Baumsäulen des Baus werden aus heimischer Pinie gefertigt.
**Turanga Library**: Mo.–Fr. 8–20, Sa., So. 10–17 Uhr
https://my.christchurchcitylibraries.com/turanga

**Zu abgespacter Kunst**

Centre of Contemporary Art

Nur wenige Schritte entfernt eröffnet die Kunstgalerie freien Zugang zu prominenten **zeitgenössischen Künstlern** aus der Inselnation.
66 Gloucester St | Di.–Fr. 10–17, Sa., So. 10–15 Uhr | www.coca.org.nz

**Farbenfrohe Kirchenfenster**

St. Michael's & All Angels

1872 wurde beim Avon River an der Oxford Terrace die **anglikanische Holzkirche** mit frei stehendem Glockenturm von W. F. Crisp erbaut. Auch die Buntglasfenster lohnen einen Blick.
www.chchstmichaels.org.nz

**Kunstgenuss im Grünen**

★ Canterbury Museum

In den vom Avon umflossenen **Botanic Gardens** können Sie die artenreiche Flora Neuseelands studieren. Ein Historic Tree Walk führt zu prächtigen uralten Bäumen, die bereits im 19. Jh. gepflanzt worden sind. Leider sind die Gewächshäuser mit tropischen Pflanzen, Farnen und Wüstenpflanzen wegen Erdbebenschäden nicht alle zugänglich. Am Ostrand der Grünanlage punktet das von Mountfort 1870 entworfene **Canterbury Museum** mit einer spannenden Sammlung aus der kolonialen Ära sowie wunderschöner Schnitzkunst der Maori aus Holz und Jade. Im Großen Saal wird die Erforschung des Südpols von ihren Anfängen bis heute dokumentiert.
**Botanic Gardens:** Rolleston Ave | tgl. 7–18.30 Uhr | Eintritt frei
https://www.ccc.govt.nz/parks-and-gardens/christchurch-botanic-gardens
**Canterbury Museum:** Rolleston Ave | tgl. 9–17, im Sommer bis 17.30 Uhr | Eintritt frei | www.canterburymuseum.com

**Voller Überraschungen**

★ Christchurch Art Gallery Te Puna O Waiwhetu

Der wellenförmige Kulturbau am Ufer des Avon mit tags wie nachts eindrucksvoll **leuchtender Glasfront** wurde 2003 vom Architekturbüro Buchan Group entworfen. Unter den Exponaten der lichtdurchfluteten Kunstgalerie fesseln besonders die Arbeiten von Len Lye. Vor der Galerie, die immer wieder mit **spannenden Sonderausstellungen** begeistert, grüßt Graham Bennetts Stahlskulptur »**Reasons for Voyaging**«. Der Maori-Name der Galerie bezieht sich auf einen artesischen Brunnen auf dem Gelände, den »Brunnen, in dessen Wasser sich die Sterne spiegeln«.

Ecke Worcester Blvd/Montreal St. | tgl. 10–17 Uhr | Eintritt frei
http://christchurchartgallery.org.nz

**Nobelpreisträger und Philosoph**

Arts Centre

Aller Aufwand hat sich gelohnt: In die ebenfalls von Mountfort entworfenen neugotischen Gebäude, die einst von der **Canterbury University** genutzt wurden, ist wieder Leben eingekehrt. Wie vor dem Erdbeben sind inzwischen Ateliers, Kunsthandwerkerläden und Cafés eingezogen. Die ursprünglich nach Wissenschaftsbereichen getrennten Universitätsgebäude wurden 1876 begonnen. An der Universität führte der spätere Nobelpreisträger **Ernest Rutherford** (►Interessante Menschen) erste physikalische Experimente durch. Der Philosoph **Karl Popper**, der den kritischen Rationalismus begründete, lehrte hier 1937 bis 1945. Margaret Thatcher baute auf Popper-Lehren, und Helmut Schmidt empfahl den Seinen: »Popper lesen«.

www.artscentre.org.nz

**Kunsthandwerk und Kulinarik**

Handwerk und Hagley Park

Im Umfeld des Zentrums haben sich kleine Läden, Galerien, Kunsthandwerker und Gastropubs etabliert. Am **Worcester Boulevard** herrscht an Wochenenden lebhafter Marktbetrieb, werden schönes Kunsthandwerk, Schmuck und Leckeres zum Essen angeboten. Hinter dem Arts Centre erstreckt sich der 180 ha große Stadtpark mit europäischen Bäumen, Cricket Oval, Golfplatz und Reitweg.

**Ein College wie aus England**

Christ's College

Das College an der Nordseite des Canterbury Museum wurde in der Tradition englischer Grammar-Schools 1857 ins Leben gerufen. Fünf Jahre später stand die »**Big School**«, die älteste erhaltene Schule des Landes, in der heute noch unterrichtet wird.

www.christscollege.com

**Hier tickt die Uhr**

Victoria Square

Auf dem Victoria Square erinnert seit 1903 eine patinagrüne Bronzestatue an Queen Victoria, eine andere von 1932 an **James Cook** (► Interessante Menschen). Der **Uhrturm** an der Victoria Street war ursprünglich für die Provincial Government Buildings gedacht. Er erwies sich aber als zu schwer für die leichte Dachkonstruktion und steht nun auf einem massiven Steinsockel.

Glaspalast für Kreative: die Christchurch Art Gallery Te Puna O Waiwhetu

**Zurück in die Vergangenheit**

Ferrymead Historic Park

Bei Mount Pleasant im Südosten von Christchurch können Sie das Freilichtmuseum mit einer rekonstruierten Pioniersiedlung, historischer Tram und der **ersten Eisenbahn** Neuseelands besuchen, die hier ab 1863 verkehrte.

Sa. und So. 10–16.30 Uhr | Eintritt: 17 NZ$ | www.ferrymead.org.nz

## Im westlichen Christchurch

**Zu Gast bei den ersten Bewohnern**

Riccarton House

Ein ganzes Stück westlich vom Hagley Park liegt das 1856 erbaute und beim Erdbeben stark beschädigte einstige Wohnhaus der **Familie Dean** in einer gepflegten Grünanlage. Diese Familie war bereits vor Ankunft der Canterbury-Pilger hier ansässig. Die nahe gelegene Hütte von 1843 kann auf einer Führung besucht werden.

16 Kahu Rd, Riccarton | Führungen: Mo.–Fr. und So. einstündige Touren ab 10 Uhr | Eintritt: 208 NZ$ | Samstags halbstündige Touren ab 12 Uhr | Eintritt: 10 NZ$ | www.riccartonhouse.co.nz

### Abgehoben

Air Force Museum

Auf dem **alten Flugplatz** von Wigram, 9 km westlich der City, unterhält die Royal New Zealand Air Force ein Museum mit ausgedienten Militärflugzeugen, Navigationsgeräten und Filmen zur Flugkunst.

45 Harvard Ave, Wigram | tgl. 10–17 Uhr | Eintritt frei
www.airforcemuseum.co.nz

### Neuseelands Nationalvogel

★ Orana Park Wildlife Reserve

Ganz in der Nähe des Flughafens überzeugt der weitläufige Zoo mit naturnahen Freigehegen und viel besuchtem **Kiwi-Nachthaus.** Wer also während seines Aufenthalts in Neuseeland noch keinem Nationalvogel begegnet ist (▶ Das ist Neuseeland, S. 16, 71), bekommt hier eine gute Gelegenheit vor dem Abflug.

793 Mcleans Island Rd | tgl. 10–17 Uhr | Eintritt: 36.50 NZ$
www.oranawildlifepark.co.nz

Kommen Sie auf einen Kaffee in die gemütliche Lyttelton Coffee Company.

**Entdeckung, Erkundung und Erhalt der Antarktis**

International Antarctic Centre

Am Orchard Drive, nur einen kurzen Fußweg vom Flughafen-Terminal entfernt, können Besucher in der **künstlichen Polarlandschaft** des »Snow & Ice Experience« mit Windmaschine spüren, welch widrigen klimatischen Bedingungen sich Antarktis-Forscher aussetzen müssen, und Spannendes über das ewige Eis erfahren.

38 Orchard Rd | ganzjährig tgl. 9–17.30 Uhr | Eintritt: 49 NZ$
www.iceberg.co.nz

## Lyttelton Harbour

**Atemberaubende Aussichten**

★ Port Hills

Südlich zwischen Stadt und Lyttelton Harbour erheben sich 446 m hohe Gipfel vulkanischen Ursprungs. Über diese Berge mussten die ersten weißen Siedler Mitte des 19. Jh.s ihre Habe vom Naturhafen Lyttelton auf dem steilen »**Bridle Path**« landeinwärts transportieren, unter ihnen auch die Gründerväter von Christchurch. Heute kann man bequem auf der zwar kurvigen, aber **panoramareichen Summit Road** über die Port Hills fahren. Auf den **Mount Cavendish** bringt Sie eine Seilbahn für einen **Panorama-Rundblick** über die Küste und weite Ebene bis zu den Südalpen.

**Auf historischen Pfaden**

★ Lyttelton

Der Naturhafen, der nach Lord Lyttelton von der Canterbury Association benannt ist, war im 19. Jh. für Tausende von Europäern das Einfallstor nach Neuseeland. Im Februar 2010 lag hier das Epizentrum des verheerenden Erdbebens. Der **Farmers Market** in der London Street ist Samstagvormittag ein lohnendes Ziel. Nachtschwärmer lieben die schräge **Wunderbar** mit Blick auf den erleuchteten Hafen. Das **Lyttelton Historical Museum** am Gladstone Quay soll 2023 in einem Neubau eröffnen. In der **Lyttelton Coffee Company** bestellt man an der Theke Kaffeeköstlichkeiten, hausgemachte Kuchen oder andere Häppchen aus der Vitrine und setzt sich bei schönem Wetter auf die Terrasse mit Hafenblick.

**Wunderbar:** 19 London Street | www.wunderbar.co.nz | **Museum:** www.lytteltonmuseum.co.nz | **Lyttelton Coffee Company:** 29, London St. | Mo. - Sa. 8 -16 Uhr | www.lyttletoncoffee.co.nz

## ★ Banks Peninsula

**Französisches Erbe, Delfine und ein bisschen Magie**

★ Akaroa

Die aus zwei Vulkankegeln geformte, wildzerklüftete Halbinsel, die ihren Namen dem Botaniker **Joseph Banks** verdankt, der mit Kapitän Cook auf der Endeavour segelte, liegt zwischen den beiden tiefen

Naturhäfen von Lyttelton und Akaroa. Der **Summit Scenic Drive** über eine gewundene schmale Kammstraße eröffnet atemberaubende Ausblicke über die Vulkan-Flanken zu beiden Seiten – gönnen Sie sich in einer der Parkbuchten eine Pause und genießen Sie einfach.
Die **einzige französische Siedlung** Neuseelands, die 1838 von Kapitän Langlois als Basislager für Walfänger angelegt wurde, begeistert mit historischem Hafen und Leidenschaft für gutes Essen. Hauptattraktion in Akaroa sind Bootsfahrten und **Schwimmen mit Hector-Delfinen** – die kleinste Delfinart der Welt lebt in einem Schutzreservat, um nicht von Fischernetzen verletzt zu werden. Das 1845 für den französischen Kapitän Langlois erbaute **Maison Langlois-Eteveneaux** war bis 1906 von der Familie Eteveneaux bewohnt und blieb im Stil der damaligen Zeit eingerichtet. Eine gelungene Zimmermannsarbeit ist das alte **Zollhaus** (Customs) von 1852. Auf dem »L' Aube« genannten Hügel erinnert neben dem **Leuchtturm** der Friedhof an die französischen Siedler.
Einen Ausflug lohnt **The Giant's House**, das von der Künstlerin Josie Martin verzaubert wurde. Mit Skulpturen, Springbrunnen, eigenartigen Möbeln und mit Liebe zum Detail hauchte sie Haus und Garten eine fast magische Atmosphäre ein.

**Mit Delfinen schwimmen:** Black Cat Cruise | Main Wharf, Akaroa 2 Std., maximal 12 Personen | Erw. 185 NZ$ | https://swimmingwithdolphins.co.nz | https://blackcatcruises.ibisnz.com

**Maison Langlois-Eteveneaux:** Rue Lavaud | n. V.: Tel. 03 304 10 13 tgl. 10.30–16 Uhr | Eintritt: frei | www.akaroamuseum.org.nz

**The Giant's House:** Okt.–April: 11–16, Mai–Sept. 11–14 Uhr Erw. 20 NZ$, Kinder 10 NZ$ | http://thegiantshouse.co.nz

### Eintauchen in die Kultur der Maori

Okains Bay

In Okains Bay zeigt das **Maori & Colonial Museum** Exponate aus der Region und von den Chatham-Inseln. Recht eindrucksvoll sind das geschnitzte Maori-Versammlungshaus sowie die alten Pionierhäuser.

1146 Main Road | tgl. 10–17 Uhr | Eintritt: 10 NZ$ www.okainsbaymuseum.co.nz

## Im Norden und Osten von Christchurch

### Wachsende Weinregion

★ Waipara Vineyards

Etwa eine Autostunde nördlich von Christchurch erstreckt sich die am stärksten wachsende Weinregion Neuseelands. Während die ersten Reben in Akaroa bereits 1855 gepflanzt wurden, begannen kommerzielle Pflanzungen im warmen Waipara-Tal erst in den 1980ern. Rasch stellte sich heraus, dass auf den kreidigen Lehmböden mit hohem Kalkanteil hochwertiger Chardonnay, Pinot Noir und Riesling gedeihen. Der Australier Nick Gill, der bereits in seiner Heimat für die renommierte Marke

Penfolds verantwortlich war, keltert auf **Greystone** einen fantastischen Pinot Noir und vielschichtigen Riesling. **Pegasus Bay** gehört nicht nur zu den besten Weingütern Neuseelands, sondern besitzt auch ein erstklassiges Restaurant mit wunderschönem Garten.

www.waiparawine.co.nz | **Greystone Wines:** Omihi Road, Waipara Führung tgl. 11.30 Uhr inkl. Keller, Weinberg, Verkostung mit Häppchen | 125 NZ$ p. P. | www.greystonewines.co.nz | **Pegasus Bay Winery & Restaurant:** 263 Stockgrove Rd, Waipara | tgl. 10 – 17 | Verkostung 5 NZ$ | Rest. Do. – Mo. 12 –16 Uhr | www.pegasusbay.com

**Pottwale, Orcas und Delfine**

Kaikoura liegt zwei gemütliche Fahrstunden von Christchurch entfernt. Vom Erdbeben, das die Region Ende 2016 traf, hat sich die kleine Küstenstadt zwischen Seaward Kaikoura Range und Pazifik inzwischen erholt. Auch die Panoramazüge des **Coastal Pacific** – der

★★ Kaikoura

BAEDEKER MAGISCHE MOMENTE

## SCHNORCHELN MIT DELFINEN

Taucherbrille aufsetzen, Schnorchel anlegen und abtauchen in die faszinierende Unterwasserwelt Kaikouras. Schauen Sie sich in Ruhe um und erschrecken Sie nicht, wenn plötzlich ein Delfin vorbeischwimmt. Hier können Sie die Meeresakrobaten hautnah erleben (tgl. 5.30/sunrise tour, 8.30, 12.30 Uhr, Erw. 210 NZ$, Kinder 8 – 14 Jahre 195 NZ$, www.dolphinencounter.co.nz).

schönsten Bahnstrecke des Landes – sind seit Ende 2018 wieder auf der Spur zwischen Christchurch und Picton. Kaikoura ist Neuseelands **bester Spot für Whale Watching**. Im 1600 m tiefen Meeresgraben vor Kaikoura wirbeln zwei Strömungen ineinander, die eine kalt, die andere warm, und versorgen die Wale auf ihren Wanderungen optimal mit Plankton, Krill und kleinen Fischen. An der Uferpromenade der North Bay erzählt der »Garten der Erinnerung« vom Walfang. An der South Bay legen heute die modernen Katamarane von Dolphin Encounter zur Walbeobachtung ab (▶Magischer Moment S. 189). Fangfrische Krebse, Fisch und Grünlippmuscheln gibt es beim kultigen **Nin's Bin** auf einem Parkplatz am Meer.

Während einer Bootstour vor Kaikoura schwimmen nicht selten Hunderte von Delfinen ums Boot.

★ Hanmer Springs

**Wellness und Wintersport**
Der kleine Ferienort zwischen Lewis Pass und Molesworth Station, der größten Farm Neuseelands, lockt heute mit **heißen Pools** und preisgekröntem Spa (▶Baedeker Wissen S. 310). Anziehungspunkt im Winter ist ein munteres **Skizentrum** mit gut erschlossenen Pisten, ungefähr 20 km vom Ort entfernt. Im Sommer winken Fahrten mit dem Mountainbike, Bungee Jumping, eine rasante Fahrt mit dem Jet-Boot oder eine Runde Golf, auch in der Miniausführung.

**Hanmer Springs Thermal Pools & Spa**: 42 Amuri Ave
Hanmer Springs | tgl. 10 21 Uhr | https://hanmersprings.co.nz
**Actionangebote:** www.hanmerspringsattractions.nz

# ★ DUNEDIN · OTAGO

**Region:** Otago | **Höhe:** 0–390 m | **Einwohner:** 131 000

F17

*Dank ihrer schottischen Gene wird die zweitgrößte Stadt der Südinsel gern mit Edinburgh verglichen. Wie Schottlands Hauptstadt ist auch Dunedin UNESCO-Stadt der Literatur mit Neuseelands ältester Universität, junger Pubszene und lockeren Studenten, die gern feiern – die erste Semesterwoche fühlt sich an wie ein Festival.*

City of Literature

»Dun Edin«, der alte Name von Edinburgh, erinnert daran, dass die Gründungsväter **schottische Einwanderer** waren. Umgeben von grünen Hügeln der Otago-Region, gehört Dunedin zu den besterhaltenen viktorianischen Hafenstädten der südlichen Hemisphäre mit prachtvoll restaurierten historischen Gebäuden, die alle im Zentrum liegen und leicht zu Fuß erreichbar sind. Ihre Blütezeit erlebte die Stadt mit dem **Otago-Goldrausch** ab 1861. Allein aus Australien kamen Zehntausende, um hier ihr Glück zu machen. Dunedin war bald größer als ▶ Auckland und wurde zur reichsten Siedlung der jungen Kolonie, Drehscheibe für Handel und Gewerbe, Kunst und Technik. Ab 1863 gab es eine Straßenbeleuchtung, es folgten erste Fernbusse, das erste Telefon, die erste Tageszeitung und das erste Kühlhaus der Inselnation. Ab 1879 fuhren nach dem Vorbild von San Francisco in der steilen Baldwin Street Cable Cars. 1869 wurde in Dunedin auch die **erste Universität** Neuseelands errichtet, ein Prunkbau und die allererste Hochschule des British Empire, an der Frauen zum Studium zugelassen wurden! Dank seiner kreativen Köpfe erhielt Dunedin 2014 die Ernennung zur UNESCO-Stadt der Literatur. Lesungen, Buchpräsentationen und andere literarische Events finden Sie unter **www.cityofliterature.co.nz**. Ein **Writers' Walk** informiert ab Octagon mit lustigen und denkwürdigen Zitaten über literarische Größen, die Dutybound Book Bindery stellt alte Buchbindetechniken vor, seltene Ausgaben verkauft der Hard to Find Bookshop. Teils versteckt in Gassen, teils unübersehbar an riesigen Häuserwänden begeistert die City am **Dunedin Street Art Trail** mit Graffiti internationaler und heimischer Künstler (http://dunedinstreetart.co.nz).

## Wohin in Dunedin?

**Im Herzen der Stadt**

★ Octagon

Mittelpunkt Dunedins ist der achteckige Platz, auf dem seit 1887 ein Bronzedenkmal für den schottischen Nationalbarden Robert Burns steht. Mittags nutzen die Angestellten der City den Platz im Sommer zur Lunchpause. Zum Einkaufen bummelt man von hier nach Norden durch die **George Street** mit jeder Menge Läden und drei großen Malls, die teilweise auch sonntags offen haben. An der Westseite des Octagon wurde 1915 die neogotische **St. Paul's Anglican Cathedral** von dem Londoner Architekturbüro Sedding & Wheatley entworfen. Die Nordseite beherrscht das Rathaus, die repräsentative **Town Hall** (Municipal Chambers) mit einer Fassade im Stil der Neorenaissance, die 1880 der schottische Stararchitekt **Robert Arthur Lawson** entwarf, der auch für das Theater und die **First Church** der Presbyterianer im Stil der normannischen Gotik am nahen Moray Place verantwortlich zeichnete.

**Einer der schönsten Bahnhöfe der Welt ...**

... wurde 1906 von George A. Troup im **flämischen Renaissancestil** errichtet. Die zahlreichen Verzierungen am Bau, die es fast wie ein Lebkuchenhaus wirken lassen, brachten dem vom König geadelten Architekten den Spitznamen »Gingerbread George« ein. Heute ist

★ Railway Station

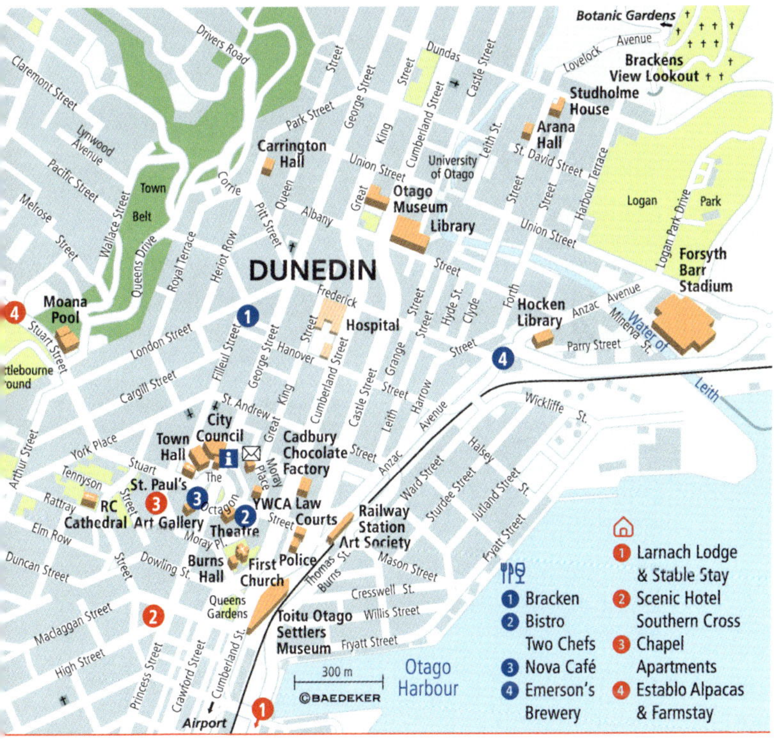

## DUNEDIN UND OTAGO ERLEBEN

### DUNEDIN I-SITE VISITOR CENTRE
50 The Octagon
Tel. 03 474 33 00
www.dunedinnz.com/visit/i-site

### OAMARU I-SITE VISITOR INFORMATION
Centre, 1 Thames Street
Oamaru, Waitaki District
Tel. 03 4 34 16 56
http://waitakinz.com

### ALEXANDRA I-SITE VISITOR CENTRE
1 Dunorling Street
PO Box 122, Alexandra
Tel. 3 440 00 56
www.centralotagonz.com

### CITY WALKS
Geführte Touren durch die Altstadt von Dunedin zu Herrenhäusern und den Hotspots der Stadt, auf Wunsch mit Whiskytasting
50 The Octagon
Stadtführungen ab 30 NZ$
www.citywalks.co.nz

### NATURE WONDERS
Mit einem Amphibienfahrzeug geht es auf einer Küstenfarm zu Gelbaugenpinguinen und Robben.
Taiaroa Head, Otago Peninsula
Kosten: 99 NZ$
www.natureswonders.co.nz

### OTAGO PENINSULA TOURS
Geführte Königsalbatros-Tour
1260 Harington Point Rd, Dunedin, Erw. ab 55 NZ$
https://albatross.org.nz

### JAFFA RACE
Nicht nur süße Verführung sind die beliebten Schokoladenkugeln mit Orangengeschmack, sondern auch richtige Roller! Beim alljährlichen **Jaffa Race** im Juli kullern Tausende der roten Kugeln die Baldwin Street hinunter. Mitmachen kann jeder und seine eigene Schokolade auf die Rennstrecke schicken: auf die Plätze, fertig, los!
www.cadbury.co.nz/event/cadbury-jaffa-race

### ID FASHION SHOW
Im März liegt Pariser Flair über dem Bahnhof. Etablierte Designer wie die neuseeländische Mode-Ikone Emilia Wickstead, eine der Lieblingsdesignerinnen von Herzogin Kate, und kreative Talente aus aller Welt stellen ihre neuesten Kreationen vor, verwandelt sich der 1 km lange Bahnsteig in den längsten Laufsteg der südlichen Hemisphäre.
www.idfashion.co.nz

### DUTYBOUND BOOKBINDER
In David Stedmans Buchbinderei können Sie David bei der Arbeit zusehen, wenn handgemachte Einzelstücke entstehen – im digitalen Zeitalter ein wunderschönes Mitbringsel. Außerdem werden alte Schreibmaschinen ausgestellt.
57 Crawford Street
Mo.–Fr. 10–15 Uhr
https://dutybounddunedin.wordpress.com

### STAFFORD 6 BOOKS AND BRIC A BRAC
Nicht nur neue Literatur, sondern auch rare Antiquitäten wie eine Orgi-

nalausgabe von Nancy Drew stehen hier auf dem Plan.
6 Stafford St, Mo.–Fr. 12–17, Sa., So. 10–13.30 Uhr
www.cityofliterature.co.nz

### BOX OF BIRDS

Kitsch für die Küche oder Plüsch zum Anziehen? Im Retroladen findet sich alles zum Thema »Kiwiana«, aber auch neue Vintagemode bekannterer Labels wie Maiden Hair, Men Swear und Zipster.
15 George Street
Port Chalmers
Mo., Di. 10.30–16.30
Mi.–So. 11.30–16.30 Uhr
www.boxofbirds.kiwi.nz

### 1 BRACKEN €€€€

Göttliche Vier- oder Acht-Gängemenüs mit frischen saisonalen Zutaten der Region und wunderschönes Ambiente für besondere Anlässe.
95 Filleul Street
Tel. 03 477 97 79
www.brackenrestaurant.co.nz

### 2 BISTRO TWO CHEFS €€€

Edles Bistro mit Pariser Flair, viel dunklem Holz und antiken Spiegeln. Serviert werden französische Klassiker und neuseeländische Küche.
121 Stuart Street
Tel. 03 477 7293
www.twochefsbistro.com

### 3 NOVA CAFE €€

Stylisches, aber gemütliches Café direkt am Octagon, mit toller Frühstückskarte und ausgezeichneten Lamm- und Fischgerichten.
29 The Octagon
Tel. 03 479 0808
http://novadunedin.co.nz

### 4 EMERSON'S BREWERY €€

Beste süffige Biere der Lokalbrauerei, Kellerführungen, Tastings, saftige Steaks und fantasievolle Burger, Garnelen und knackige Salate
70 Anzac Avenue, Tel. 03 477 18 12
https://emersons.co.nz

### 1 LARNACH LODGE & STABLE STAY €€€€

Auf dem Gelände des hochherrschaftlichen Larnach Castle logieren Sie in individuell eingerichteten Zimmern mit Panoramablick auf den Hafen und die Halbinsel Otago. Im Preis inbegriffen sind der Eintritt zum Schloss und das Frühstück in den historischen Stallungen.
145 Camp Rd, Larnach Castle
Tel. 03 476 16 16
www.larnachcastle.co.nz

### 1 SCENIC HOTEL SOUTHERN CROSS €€€

Seit 1883 wird hier nur einen kurzen Spaziergang vom Bahnhof im Herzen von Dunedin logiert. Zwei Restaurants, Café, Bar und Fitnesscenter.
118 High St, Tel. 03 477 0752
www.scenichotelgroup.co.nz

### 3 CHAPEL APARTMENTS DUNEDIN €€€

Die ehemalige Kirche 5 Gehminuten vom Octagon ist in geräumige und stilvolle Apartments mit einzigartigem Design umgewandelt worden.
81 Moray Place
Tel. 027 205 01 63
www.chapelapartments.co.nz

### 4 ESTABLO ALPACAS & FARMSTAY €

Etwa 6 km vom Zentrum entfernt haben sich Angela and Dean Ruske ein Eigenheim mit weißen Alpakas aufgebaut und bieten nun helle, freundliche Unterkünfte samt familiärem Urlaub auf dem Bauernhof an.
42 Dalziel Rd
Tel. 021 45 21 11
www.stonebarn.co.nz

Lebkuchenarchitektur: der Prachtbahnhof von Dunedin

der Bahnhof Fotohotspot und begeistert mit seinen Kolonnaden, Balustraden und Mosaikfußböden mit Eisenbahnmotiven. Einen Kilometer lang ist der Bahnsteig, der längste von ganz Neuseeland. Im ersten Stock widmet sich die **New Zealand Sports Hall of Fame** den gefeierten Helden des neuseeländischen Sports, vor allem Rugby- und Cricket-Spielerlegenden.

**New Zealand Sports Hall of Fame**: Anzac Avenue | tgl. 10 – 16 Uhr
Erw. 6 NZ$ | www.nzhalloffame.co.nz

**Schottisches Erbe und technische Erfindungen**

★ Toitu Otago Settlers Museum

Der interaktive Rundgang des Stadtmuseums mit Art-déco-Fassade startet bei den frühen Maori-Einwohnern und führt über schottische Pionierleistungen und den kurzen Goldrausch bis zu technischen Errungenschaften wie Straßenbeleuchtung, Tram und Eisenbahn sowie dem Alltag in modernen Zeiten mit vielen persönlichen Exponaten. Der kleine **Chinese Garden** hinter dem Museum an der Cumberland Street ist im chinesischen Gartenstil des 17. Jh.s angelegt und erinnert daran, dass viele der ersten Siedler aus dem Reich der Mitte kamen.

31 Queens Gardens | tgl. 10–17 Uhr | Eintritt frei | www.toituosm.com

**Die älteste Universität Neuseelands …**

University of Otago

… wurde bereits 1869 nördlich des Zentrums gegründet. Der schottische Geistliche Thomas Burns, Gründer Dunedins, war ihr erster Kanzler. Die repräsentativen Bauten der renommierten Hochschule wurden ab 1878 im Stil der schottischen Neogotik am River Leith nach Vorbild der Universität von Glasgow errichtet. Architekt war Maxwell Bury, der zeitgleich die schönen **Professorenhäuser** aus roten Ziegeln mit weiß abgesetzten Giebelbögen schuf.

**Wunderschönes Panorama**

Botanic Garden

Die Nationalhymne der Kiwis »God Defends New Zealand« stammt von Thomas Bracken (1843–1898), nach dem auch der **Bracken's Lookout** nordwestlich der Dunedin Art Gallery benannt ist, mit herrlichem Blick auf die Stadt. Nordwestlich erstreckt sich der Botanische Garten mit Schatten spendenden uralten Bäumen. Ins Reich der Geschichten aus Kindertagen entführen Statuen von Peter Pan und Wendy. Am schönsten ist die 30 ha große Gartenanlage zur Zeit der **Azaleen- und Rhododendrenblüte** von August bis Oktober.

Garteneingänge Cumberland St und Love Lock Ave | tgl. Sonnenauf- bis Sonnenuntergang, Gewächshäuser 10 – 16 Uhr

**Moas und Maori**

Otago Museum

Die Sammlungen im viktorianischen Museumsbau dokumentieren die Kultur des Pazifischen Raumes und widmen sich der Natur Neuseelands mit der Sonderschau **Discovery World Tropical Forest.** Besondere Begeisterung ernten die riesigen Skelette der Moa-Laufvögel, ein am Shag Point gefundenes Dinoskelett und die kunstvollen Maorischnitzereien aus Nephrit (Greenstone) sowie ein Marae-Versammlungshaus, das 1875 in Whakatane auf der Nordinsel entstand.

Great King/Cumberland St | tgl. 10–17 Uhr | Eintritt frei, mit Discovery World Tropical Forest 12 NZ$ | http://otagomuseum.nz

**Steilste Straße der Welt**

★ Baldwin Street

Mit einer **Steigung von 38 %** ist die 350 m lange Baldwin Street im Norden laut Guinness Buch der Rekorde die steilste Wohnstraße der Welt. Wer den steilen Aufstieg geschafft hat, kann sich oben an einem Trinkwasserbrunnen erfrischen. Besonders spektakulär wird die Straße an einem Tag im Juli beim **Jaffa Race**. Dann rollen Hunderte Schokoladenkugeln den Hang hinunter. Die erste, die unten ankommt, gewinnt. Und jeder kann Kugeln kaufen und mitmachen.

www.cadbury.co.nz/event/cadbury-jaffa-race

**Zurück in die Kolonialzeit**

Olveston Historic Home

Oberhalb des Univertels beeindruckt das **prachtvolle Herrenhaus**, das 1906 für einen wohlhabenden Geschäftsmann und Kunstsammler aus Bristol erbaut wurde, der sein Heim mit kostbaren Gemälden und Nippes verschönte, die das Leben des Geldadels in der jungen Kolonie widerspiegeln.

42 Royal Terrace | tgl. 9–17 Uhr | Erw. 22 NZ$ | www.olveston.co.nz

### Von Aussichten und Bronzefiguren

Signal Hill

Vom 393 m hohen Signal Hill nördlich der Stadt bietet sich ein **herrlicher Blick** über den Otago Harbour und die City. Anlässlich des 100-jährigen Jubiläums der Vertragsunterzeichnung von Waitangi wurde 1940 ein **Denkmal** enthüllt – ein Stein vom Burgfelsen von Edinburgh Castle war Schottlands Jubiläumsgeschenk.

## Otago Peninsula

### Spektakuläre Küste

Tunnel Beach

Mit kilometerlangen Sandstränden und Esplanade punktet der Badeort **St Clair** südlich von Dunedin auf der Otago Peninsula. Hier beginnt der steile Tunnel Beach Track. Gut eine Stunde brauchen Sie hin und zurück zum Strand, der von markanten steilen Sandsteinfelsen umrahmt wird und nur durch einen kleinen Tunnel zu erreichen ist. Allerdings nur bei Ebbe, aber die Aussicht auf das Meer ist einmalig!

25 Tunnel Beach Rd | www.doc.govt.nz

### Neuseelands einzige Burg

★ Larnach Castle

Das extravagante **Bilderbuchschlösschen** 20 Autominuten von Dunedin ist ab 1871 für den wohlhabenden Bankier und Politiker William Larnach errichtet worden – als Geschenk für seine erste Frau Eliza. Der Sohn schottischer Eltern übertrug die Bauleitung dem damaligen Stararchiteken Dunedins R. A. Lawson. Hundert Jahre später erwarb Famile Baker das Anwesen und ließ es sorgsam restaurieren. Nun können auch Besucher hier hochherrschaftlich nächtigen (► S. 195) und durch den wundervoll hergerichteten Park spazieren. Im 250 m² großen Ballsaal, der ein Vermögen kostete, wird täglich um 15 Uhr ein britischer Nachmittagstee serviert und der hohe Turm eröffnet weite Ausblicke über die Otago Peninsula.

145 Camp Rd | tgl. Sommer: 9.–19 Uhr, Winter: 9–17 Uhr | Eintritt variiert von 15 bis 35 NZ$ | www.larnachcastle.co.nz

### Albatrosse und Pinguine

★ Taiaroa Head

Die Nordspitze der Otago-Halbinsel ist Heimat einer der weltgrößten Kolonien von **Königsalbatrossen** und kann auf geführten **Touren** erkundet werden (► S. 194). Im **Albatross Centre** können Sie die majestätischen Flugkünstler mit 3 m Spannweite das ganze Jahr über live erleben. Im privaten Schutzgebiet des **Penguin Place** können Sie den bis zu 65 cm großen Gelbaugenpinguine in die Augen sehen, denen sich Besucher bis auf wenige Meter nähern dürfen. Das Rettungsprojekt finanziert sich nur über den Eintritt und Spenden.

**Albatross Centre:** 1260 Harington Point Rd | https://albatross.org.nz
**Penguin Place:** 90-Min.-Führung | Okt. – März 10.15, 18.15, April – Sept. 15.45 Uhr | Erw. 55 NZ$ | https://penguinplace.co.nz

BAEDEKER ÜBERRASCHENDES

# 6X FÜR KINDER

*Langeweile verboten!*

## 1. GELB UND BLAU

Nur im schwarz-weißem Frack? Farbenfroher watscheln die putzigen Gelbaugenpinguine und die kleinen Blauen Pinguine durch Neuseeland. Inzwischen sind die Kolonien selten geworden, doch bei **Dunedin** am Taiaroa Head können Sie noch welche sehen. (▶ **S. 198**)

## 2. WAS FÜR EIN GLÜCK!

Kinder lieben den **Campervan**, um stressfrei die Natur zu entdecken. Kein Packen, das Zuhause immer dabei und das Lieblingsessen selber kochen. (▶ **S. 349**)

## 3. EIGENER POOL

Wenn das keinen Spaß macht: bei Ebbe am **Hot Water Beach** im weichen Sand nach Herzenslust Löcher graben, bis heißes Quellwasser den eigenen Whirlpool füllt. Schaufel nicht vergessen! (▶ **S. 75**)

## 4. GRAUE GIGANTEN

Beim **Whale Watch** in **Kaikoura** nähern sich wendige Katamarane den faszinierenden Meeressäugern, die sich scheinbar schwerelos aus den Fluten heben. Auch Robben und ganze Delfinschulen begleiten die Boote. (▶ **S. 189**)

## 5. TE PAPA TONGAREWA

Das sensationelle Nationalmuseum in Wellington begeistert den Nachwuchs mit authentischer Maori-Kultur, interaktiven Spielereien und experimentellen Überraschungen. (▶ **S. 151**)

## 6. UNTERWEGS IM AUENLAND

Wer mit Teenagern unterwegs ist, kommt an den tollen Filmsets für Jacksons »Herr der Ringe«- und »Hobbit«-Kultstreifen in **Hobbiton** nicht vorbei. (▶ **S. 22, 131**)

**Entspannte Hafenstadt**

Port Chalmers

Die nach Dr. Chalmers, einem Mitbegründer der »Free Church of Scotland« benannte **Hafenstadt** schmiegt sich 12 km nördlich von Dunedin ans Ufer des Otago Harbour. Von hier aus wurde 1882 erstmals Lammfleisch per Kühlschiff nach England geschickt, und von hier aus brachen die **Südpolforscher** Scott, Shackleton und Byrd zu ihren Expeditionen auf. Von Oktober bis Mitte April bekommt der Hafen häufig Besuch von großen Kreuzfahrtschiffen. Zur gleichen Zeit ist Hochsaison für Lachse, die hier gefangen werden. Das **Maritime Museum** stellt Exponate zur Geschichte des Hafens und der neuseeländischen Seefahrt aus.

**Museum:** Mo.–Fr. 10–15 Uhr, Sa., So. 13–16 Uhr | Eintritt: 5 NZ$
http://portmuseum.org.nz

## ★ Otago

**Bücher und Pinguine**

Oamaru

Schon wegen seiner Prachtbauten aus cremefarbigem Kalkstein sollte man einen Tag für das historische Hafenstädtchen einplanen.

Wie aus einem Fantasyfilm: die mächtigen Moeraki Boulders

Bummeln Sie durch den **Victorian Precinct** an der Harbour Street mit originellen Läden, Cafés und Künstlerateliers. Im **Janet-Frame-Haus** in der Eden Street 56 wuchs die Autorin des autobiografischen Romans »Ein Engel an meiner Tafel« auf, der durch seine Verfilmung auch in Europa bekannt wurde. In der **Blue Penguin Colony** brüten die kleinsten Pinguine der Welt – ein Erlebnis ist es, wenn die blauen Zwergpinguine abends aus dem Meer zurückkehren und zu ihrer Kolonie watscheln. Auch Gelbaugenpinguine lassen sich beobachten.

**Janet-Frame-Haus:** Nov.–April tgl. 14–16 Uhr | Eintritt: 5 NZ$
www.jfestrust.org.nz
**Blue Penguin Colony**: 2 Waterfront Road
verschiedene Führungen ab 20 NZ$ | www.penguins.co.nz

**Winzer, Gold und Kunsthandwerk**

Central Otago

Die meisten Besucher mieten sich einen Campervan, um das sonnenverbrannte »Big Sky Country« zu erkunden. Vom verschlafenen **Clyde** folgt der **Otago Central Rail Trail** einer stillgelegten Bahntrasse dicht an Goldgräbergeschichten durch die Weiten Central Otagos. Am **Central Otago Arts Trail** können Sie in **Cromwell** und **Alexandra** Kunsthandwerkern bei der Arbeit zusehen. Zum wahren Gold der Region hat sich der **Pinot Noir** der südlichsten Weinregion der Welt entwickelt (▶Das ist Neuseeland S. 26).

**Einfach fantastisch!**

★ Moeraki Boulders

Sie sind ein Muss an der North-Otago-Küste: Wie vergessen ruhen die mysteriösen, kugelförmigen Felsen im Sand des **Koekohe Beach.** Jeder Fels wiegt mehrere Tonnen und ist bis zu 2 m hoch. Laut Maori-Legende handelt es sich um an Land gespülte Flaschenkürbisse aus dem Reisekanu Araiteuru der Urahnen, als dieses vor hunderten von Jahren vor Neuseeland Schiffbruch erlitt. Tatsächlich sind es Calcit-Konkretionen, die sich vor 65 Millionen Jahren durch Ablagerung von Kalksalzen um ein kleines Mittelstück gebildet haben.

Koekohe Beach liegt zwischen den Städtchen Moeraki und Hampden. Die Anfahrt führt über den State Highway 1.

**Dem Gold nachjagen**

Otago Goldfields

Als ein Netzwerk von Wander- und Mountainbikewegen verbindet der **Otago Goldfields Heritage Trail** rund zwei Dutzend Goldminen, die ab 1861 beim Goldrausch ähnlich wie in Kalifornien und Australien ausgebeutet wurden. In Gabriels Gully wurde das erste Gold entdeckt, andere Minen wie Lonely Graves spiegeln das harte Leben der Minenarbeiter. Im **Goldfields Mining Centre** erfahren Sie alles über den Goldrausch und dürfen selber nach Gold schürfen.

**Goldfields Mining Centre**: State Highway 6, Kawarau Gorge
Cromwell | Touren Erw. ab 30 NZ$, Kinder ab 120 NZ$
www.goldfieldsmining.co.nz/tours

# ★★ FOX GLACIER · FRANZ JOSEF GLACIER

**Region:** West Coast | **Höhe:** 300 – 3085 m

*Ein Besuch der Eis-Zwillinge gehört zu den Höhepunkten jeder Neuseeland-Reise. Die Rede ist vom Fox Glacier und dem benachbarten Franz Josef Glacier, die vom ewigen Eis in den höchsten Gipfeln der Südalpen auf 300 m herunterfließen, wo ihre frostigen Zungen im grünen Regenwald dahinschmelzen. Die eisigen Nachbarn führen Besuchern den Klimawandel direkt vor Augen.*

## Fox Glacier

★★ Geführte Tour über die Eisfelder

**Rohe Naturgewalt**

Der 13 km lange Fox Glacier oder Te Moeka o Tuawe, wie ihn die Maori nennen, überwindet 2600 Höhenmeter, bevor er über den Fox River in die Tasmanische See entwässert. Benannt wurde er nach seinem ersten Besucher Sir William Fox, dem damaligen neuseeländischen Premierminister. Während der letzten Eiszeit reichte der Gletscher bis ans Meer. Beim Rückzug formten seine Moränen vor 14 000 Jahren einen Kessel, den heute der Lake Matheson füllt. Der Fox Glacier ist einer der am einfachsten zugänglichen Gletscher, die es überhaupt gibt. Vom **Fox Glacier Village** aus können Sie zum Parkplatz im Gletschertal fahren und in 30 Minuten zur Gletscherzunge laufen. Durch das Geröllfeld strömt milchiges Schmelzwasser, das seine Farbe dem Felsstaub verdankt, den die Eismassen beim Wandern über den felsigen Grund zurücklassen. Für die unebene Strecke ist **festes Schuhwerk Pflicht**! Die zunehmende Eisschmelze macht den Gletscher gefährlich, sodass Wanderungen über die Eisfelder nur noch als geführte Tour unternommen werden dürfen. Im **Fox Glacier Guiding Building** können Sie Helikopterflüge und Touren mit erfahrenen Gletscherspezialisten buchen, die für Sicherheit sorgen und mit dem nötigen Equipment ausstatten. Zum 20 km enfernten Franz-Josef-Gletscher brauchen Sie mit dem Auto eine halbe Stunde. Auch Busse von Nakedbus und Intercity Bus fahren das Fox Glacier Village an, das einen Fox Glacier Shuttle zum Gletscher und dem Lake Matheson anbietet.

**Fox Glacier Guiding Building**: 44 Main Road, Fox Glacier
Tel. 03 751 08 25 | moderate 4-std. Gletscherwanderung auf dem Fox Glacier mit Helikoptertransfer ab 499 NZ$ | www.foxguides.co.nz

Eisiges Abenteuer: eine geführte Wanderung auf dem Franz-Josef-Gletscher

**Fantastisches Spiegelbild**

Wenige Kilometer westlich spiegeln sich im dunklen Wasser des Matheson-Sees die höchsten Gipfel Neuseelands: ▶Aoraki Mount Cook und Mount Tasman (▶Abb. S. 204/205). Ein einfacher 40-minütiger Spaziergang (hin und zurück) bringt Sie vom Parkplatz über die Clearwater-River-Hängebrücke durch Regenwald zur ersten Aussichtsplattform. Der komplette Rundweg um den See dauert 1,5 Stunden.

★ Lake Matheson

## Franz Josef Glacier

**Must see!**

Der Franz-Josef-Gletscher, der einst bis zum ▶Aoraki Mount Cook reichte, ist heute 10 km lang. Entdeckt wurde er 1865 von dem deutschen Geologen **Julius von Haast,** der ihn nach dem österreichischen Kaiser Franz Josef I. benannte. Das Schmelzwasser bildet den **Waiko River**, der in die Tasmanische See mündet. Die Maori nennen den Gletscher »Ka Roimata o Hine Hutakere«, die »Tränen von Hine Hutakere«. Laut Legende war Hine Hutakere in Tawe verliebt. Die junge Frau war passionierte Bergsteigerin und bat ihren Geliebten, sie zu begleiten. Dabei stürzte Tawe ab und starb. Untröstlich vergoss Hine bittere Tränen, die von den Göttern zu einem gewaltigen Gletscher

★★ Geführte Touren im ewigen Eis

Im Matheson-See spiegeln sich Neuseelands höchste Berge: der Aoraki Mount Cook und der Mount Tasman.

## FOX GLACIER UND FRANZ JOSEF GLACIER ERLEBEN

### WWW. GLACIERCOUNTRY.CO.NZ
Touren, Rundflüge, Skydive

### HELIKOPTERFLÜGE
Hubschrauber fliegen auch entlegene Winkel an, die zu Fuß nicht erreichbar sind, oder bringen auf die Gletscher für geführte Touren.

### GLACIER HELICOPTER LTD
Fox Glacier: Main Road, Fox Glacier, Tel. 03 751 08 03, Franz Josef Glacier: Main Road, Franz Josef Glacier, Tel. 03 752 07 55
Flüge ab 199 NZ$
www.glacierhelicopters.co.nz

### FOX & FRANZ HELISERVICES
HeliServicesNZ / Fox Glacier
Fox Glacier Guiding Building
44 Main Road, State Highway 6
Fox Glacier, Tel. 03 751 08 25
HeliServicesNZ / Franz Josef
Alpine Adventure Centre
29 Main Road, Franz Josef Glacier
Tel. 0800 80 07 93, Flüge ab 199 NZ$, www.scenic-flights.co.nz

### COOK SADDLE CAFÉ & SALOON €€/€
Im rustikalen Ambiente mit Kachelofen schmecken nach einer ausgiebigen Wanderung die Spare Ribs oder auch der Camenbert mit Honig.
Main Rd, Fox Glacier, Tel. 03 751 07 00, www.cooksaddle.co.nz

### SCENIC FRANZ JOSEF GLACIER €€€
Moderne Zimmer, gute neuseeländische Küche und Gletscherblick
36 Main Road, Franz Josef
Tel. 03 7 52 07 29
www.scenichotelgroup.co.nz

### HEARTLAND HOTEL GLACIER COUNTRY €€€/€€
Gemütliches Berghotel zwischen Fox Glacier und Lake Matheson mit Restaurant, Bar und offenem Kamin.
39 Main Road, Fox Glacier
Tel. 03 751 08 47
www.scenichotelgroup.co.nz

gefroren wurden, um für immer an die Liebe der beiden zu erinnern. 6 km außerhalb vom **Franz Josef Village** mit Shops und Cafés liegt der Parkplatz, von dem aus drei Wanderungen in Richtung Gletschertor starten. Die kürzeste dauert 20 Minuten hin und zurück zu einem Fels mit Panoramablick ins Gletschertal, nach anderthalb Stunden erreichen Sie das Gletschertor. Buchen Sie eine der leichten geführten Touren am **Waiko River entlang** zum Gletschertor oder die geführte **Gletscherwanderung** mit Hubschraubertransfer (►Abb. S. 203).

**Franz-Josef Glacier Guides**: neben DOC & I-Site, 63 Cron St., Franz Josef Glacier Village | Tel. 03 752 07 63 | 3-std. Tour zum Gletscher durch das Waiko Valley ab 89 NZ$ | moderate 4-std. Gletscherwanderung auf dem Franz Josef Glacier mit Helikoptertransfer ab 499 NZ$
www.franzjosefglacier.com

# INVERCARGILL

**Region:** Southland | **Höhe:** 0 – 47 m | **Einwohner:** 55 500

D 18

***In der südlichsten Stadt Neuseelands dreht sich nicht alles um Sommer, Strand und Sonnenschein. Ganz im Gegenteil, Invercargill hat realtiv kühles Wetter. Trotzdem hat man den Dreh raus, denn hier drehen sich die Reifen! Spätestens seit dem Kultfilm »Mit Herz und Hand«, in dem Oscar-Preisträger Sir Anthony Hopkins die Hauptrolle von Lokallegende Burt Munro übernahm, der seine getunte Indian Twin Scout von 1920 auf dem Oreti Beach testet, ist die Stadt das Mekka der Oldtimerfans.***

Deswegen hat Invercargill allerdings nicht das »car« im Namen, sondern ist nach William Cargill benannt, einem der Gründerväter von ▶Dunedin. Der kauzige Motorradfan und Bastler **Burt Munro** brachte seine Maschine übrigens 1967 nach Utah in die Salt Flats, wo er versuchte einen neuen Geschwindigkeitsrekord aufzustellen.

Car wie Auto?

## INVERCARGILL & BLUFF ERLEBEN

### VISITOR INFORMATION CENTRE
108 Gala St, Southland Museum
Tel. 03 2110895
www.invercargillnz.com

### OYSTER COVE RESTAURANT AND BAR €€€/€€
In Bluff sollten Sie die Tiefseeaustern probieren. Aber auch die Steaks sind zu empfehlen. Reservieren Sie einen Tisch am Panoramafenster mit Blick auf die oft stürmische See.
8 Ward Parade, Stirling Point, Bluff, Tel. 03 212 88 55
https://oystercove.co.nz

### BLUE RIVER'S SHEEP MILK CAFÉ €€
Factory-Shop mit Café. Im Land der Schafe sollten Sie einen Schafsmilchkaffee probieren. Auch die Käsebrötchen mit Feta, Pecorino, Halloumi und Chedder sind sehr lecker.
11 Nth Street, Invercargill
Di.–Sa. 10–14, Fr. bis 16 Uhr
https://blueriverdairy.co.nz

### PADDINGTON ARMS €€
Gemütlicher Pub im englischen Stil mit bodenständiger Küche.
220 Bainfield Rd
Tel. 03 215 81 56
www.paddingtonarms.co.nz

### LANDS END €€
Boutiquehotel mit Bistro und Meerblick an der zerklüfteten Küste von Neuseelands südlichster Stadt
End Of State Highway 1, 10 Ward Parade, Stirling Point, Bluff
Tel. 03 212 75 75
www.landsendhotel.co.nz

## Wohin in Invercargill?

**Alles, was Räder hat**

Fantastische Oldtimer zeigt die private **Bill Richardson Transport World**. Im **Classic Motorcyle Mecca** wird Invercargills Motorradgeschichte erzählt, **Dig This** ist ein Bagger-Park, der 2017 nach dem Vorbild von Las Vegas kreiert wurde. Besucher können Bulldozer, Kompaktlader und andere schwere Maschinen ausprobieren – willkommen im »großen Sandkasten«! In den **E Hayes Motorworks** wird der lokale Held der Geschwindigkeit, Burt Munro gefeiert.

★ Transport World – Automotive Museums & Dig This

**Bill Richardson Transport World:** 491 Tay Street | Erw. 30 NZ$
**Classic Motorcycle Mecca:** 25 Tay Street | Erw. 25 NZ$
Kombiticket 48 NZ$ | beide Museen tgl. 10–17 Uhr
**Dig This Invercargill:** 84 Otepun Ave | tgl. 9–17 Uhr
www.transportworld.co.nz
**E Hayes & Sons:** 168 Dee Street | tgl. 9–17 Uhr | www.ehayes.co.nz

**Naturgeschichte und Kunst der Maori**

Unter dem modernen Dach der weißen Pyramide am Queens Park werden regionale Kunst und Maori-Kultur vorgestellt. Eine Besonderheit ist das **Tuatara House**, in dem Sie die vom Aussterben bedrohte urzeitliche Brückenechse sehen können. Das Museumscafé eignet sich wunderbar für eine kleine Pause nach dem Kunstgenuss. Im grünen **Queens Park** können Sie zwischen Ententeich, Wildpark und Wintergarten herrliche Zeit verbummeln.

Southland Museum & Art Gallery

108 Gala Street | tgl. 10–17 Uhr | www.southlandmuseum.com

## Rund um Invercargill

**Mit dem Auto zum Strand**

Am 26 km-Strand, den Burt Munro zur Rennstrecke für sein Motorrad umfunktionierte und wo er den Geschwindigkeitsrekord von 219 km/h fuhr (►S. 207), können Sie mit dem Auto bis auf den Strand fahren. Zum Sonnenuntergang sollten Sie zum **Sandy Point** laufen.

Oreti Beach

**Capital of Country Music**

Eine Gitarrenskulptur symbolisiert die große Leidenschaft der Provinzstadt nordöstlich von Invercargill. Aus ganz Neuseeland kommen die Musiker zum **Country Music Festival** im Juni. Eine überdimensionale Forellenplastik am Mataura River verweist auf das zweite Hobby. Im **Hokonui Moonshine Museum** wird über illegale Whiskybrenner während der Prohibition berichtet. Knapp 15 km westlich auf dem Old Mandeville Airfield können Sie fliegende Kisten aus den

Gore

Bluff ist berühmt für seine Austern, die in Neuseeland auch gerne frittiert werden.

Anfängen der Fliegerei bestaunen und in Doppeldeckern wie der offenen Tiger Mooth aus den 1930ern einen Rundflug buchen.
**Croydon Aviation Heritage Centre:** 1558 Waimea Hwy, Mandeville Tgl. 9.30 – 16 Uhr | Fliegermuseum 50 NZ$ | Rundflüge ab 150 NZ$ www.croydonaviation.co.nz

### Die besten Austern

★ Bluff

Der südliche Endpunkt des SH 1 eröffnet vom 265 m hohen **Bluff Hill** einen fantastischen Blick auf die oft stürmische Foveaux Strait zwischen der Südinsel und Stewart Island. Am Pfad zum Hafenleuchtturm erinnert eine überdimensionale Ankerkette an die Legende der Maori, nach der die Südinsel ein Kanu und ihr Anker Stewart Island war. Bluff ist berühmt für seine **Austern und Langusten** aus der Foveauxstraße, die Sie im **Oyster Cove** probieren sollten (▶ S. 208). Ende Mai feiert das Bluff Oyster & Food Festival die Edelmuschel. Auch das **Maritime Museum** am Hafen befasst sich mit dem Austernfang – ein typisches Fischerboot kann besichtigt werden.
**Austernfestival:** www.bluffoysterfest.co.nz | **Maritime Museum:** 241 Forestore Rd | Mo.–Fr. 10–16.30, Sa.,So. 13–17 Uhr | Erw: 5 NZ$ www.bluff.co.nz/museum

### Weit weg von allem

★ Stewart Island

Knapp 30 km vor der Südküste wartet noch etwas Spektakuläres: Neuseelands drittgrößte Insel heißt in der Sprache der Maori Rakiura, »Land der leuchtenden Himmel«, wo Sie Polarlichter der **Aurora Australis** und atemberaubende Sonnenuntergänge sehen können. Wer nach Stewart Island will, nimmt von Invercargill das Flugzeug oder setzt mit der Fähre in einer Stunde von Bluff über die tosende Foveaux Strait zur Halfmoon Bay über. Hier leben 450 Menschen in **Oban** mit dem südlichsten Fish-&-Chips-Shop der Welt und dem **Rakiura Museum**, das die Vergangenheit dokumentiert. Hier gibt es auch die einzigen, in der Hochsaison rasch ausgebuchten Unterkünfte – reservieren Sie ein Zimmer im South Sea Hotel, drei Minuten von der Fähre. Der Rest der Insel ist unberührte Wildnis im **Rakiura National Park** und absolute Einsamkeit. Vor 700 Jahren landeten die ersten Maori, im 18. Jh. kamen Walfänger und Robbenjäger. Geschätzte 20 000 braune Kiwis leben heute auf Stewart Island, da sie hier keine Feinde wie Katzen, Ratten oder Opossums haben. Mit den **Wild Kiwi Encounters** können Sie auf nächtlichen Touren den scheuen Nationalvogel entdecken (▶Baedeker Wissen S. 71).
**Flüge Invercargill Airport – Stewart Island:** www.stewartislandflights.co.nz | **Fähre:** Retourticket 170 NZ$ | www.stewartisland.co.nz | **South Sea Hotel** €€/€: 26 Elgin Terrace, Oban, www.southseahotel.co.nz | **Rakiura Museum:** 9 Ayr St, Oban | tgl. 10–13.30 Uhr www.rakiuramuseum.co.nz | **Wild Kiwi Encounters:** Main Wharf, Oban | 4-std. Tour ab 199 NZ$ | www.stewartislandexperience.co.nz

OBEN: Am Ende der Welt zum Sunset auf den Ruggedy Point im Rakiura National Park

UNTEN: Gelbaugenpinguine leben bevorzugt an einsamen Stränden wie auf Stewart Island.

# ★ MARLBOROUGH SOUNDS

**Region:** Nelson-Marlborough | **Höhe:** 0 – 1203 m | **Fläche:** 508 km²

J-K
12/13

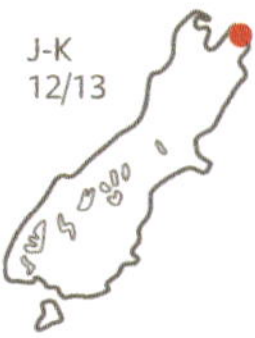

*Geschützte Badebuchten, ruhige Gewässer und versteckte Traumstrände zwischen grünem Regenwald-Dickicht und zerklüfteter Küste – das abwechslungsreiche Insellabyrinth der Marlborough Sounds bietet wunderbare Möglichkeiten zum Wandern, Kajakfahren und Mountainbiken. Chartern Sie eine Jacht oder ein Motorboot und gehen Sie auf Erkundungstour.*

Idyllisches Insel-labyrinth

Wer von ▸Wellington mit der Fähre über die Cook Strait zur Südinsel reist, ist nach anderthalb Stunden rauem Seegang auf der Meerenge froh, wenn die geschützten Marlborough Sounds erreicht sind und sich im **Queen Charlotte Sound** langsam die Wogen glätten. Die Maori sehen in der Südinsel das Kanu von Aoraki, wobei der Queen Charlotte Sound den versunkenen Bug darstellt. Zwischen den Inseln soll der sagenhafte Held Kupe den Riesentintenfisch erlegt haben, der ihm am Castlepoint auf der Nordinsel entwischt war. Namensgeber für das reizvolle Wasserlabyrinth war der Herzog von Marlborough, der zu Beginn des 18. Jh.s im spanischen Erbfolgekrieg entscheidende Siege errang. Um die deutlich längere Reise über das offene Meer zu vermeiden, trugen die Maori ihre Waka-Kanus einst über niedrige Sättel von einem Sound zum anderen.

## Wohin in den Marlborough Sounds?

### Auf den Spuren von Captain Cook

★ Queen Charlotte Sound

Im Queen Charlotte Sound erinnert ein Obelisk am **Ship Cove** daran, dass **James Cook** (▸ Interessante Menschen) hier auf allen drei seiner Reisen vor Anker ging. Nachbarbuchten tragen die Namen von Cooks Schiffen »Endeavour« und »Resolution«. Das vorgelagerte **Motuara Island** ist Vogelschutzgebiet. Auf dem Inselgipfel ließ Cook im Februar 1770 den Union Jack hissen, um die Südinsel für die britische Krone zu proklamieren. Ship Cove lässt sich heute auch wunderbar zu Fuß oder mit dem Mountainbike über den **Queen Charlotte Track** ansteuern. Der mittelschwere Wanderweg folgt einem alten Reitweg durch lichten Wald mit spektakulären Ausblicken zu kleinen Stränden und Buchten, die zum Picknick einladen. Der Großteil des Tracks ist gut ausgebaut, Wanderstiefel und gute Fitness sind allerdings Pflicht. Die 70 km können in drei bis fünf Tagen zurückgelegt werden. Gepäcktransfer lässt sich einfach arrangieren. Am Weg liegen Campingplätze

## MARLBOROUGH SOUNDS ERLEBEN

### PICTON VISITOR INFORMATION CENTRE
The Foreshore, Picton
Tel. 03 520 31 13
http://marlboroughnz.com

### MARLBOROUGH WINE FESTIVAL
Am zweiten Samstag im Februar trifft sich die Weinwelt in **Blenheim**. Wer an dem hochkarätigen Event teilnehmen möchte, sollte sich rechtzeitig um Tickets und Hotel kümmern.
www.marlboroughwinefestival.co.nz

### WRACKTAUCHEN
Im Queen Charlotte Sound gibt es Tauchgänge zum Wrack des 1986 vor Port Gore gesunkenen Kreuzfahrtschiffes »Michail Lermontov«, das unter sowjetischer Flagge fuhr.
www.godive.co.nz

### MARLBOROUGH SOUNDS ADVENTURE COMPANY
Geführte Touren und Mountainbiking über den Queen Charlotte Track, Kajaktouren in den Marlborough Sounds
London Quay, Picton
Tel. 03 573 60 78
www.marlboroughsounds.co.nz

### WILDERNESS GUIDES MARLBOROUGH SOUNDS
Sehr gut organisierte Touren zu Lande und zu Wasser inkl. Gepäcktransfer und Wassertaxi
London Quay & Wellington Street Picton, Tel. 03 573 54 32
www.wildernessguidesnz.com

### MARLBOROUGH TOUR COMPANY
Touren mit Weinverkostung und Bootsausflüge durch die Pelorus und Kenepuru Sounds mit Grünschalenmuschelzucht
2650 SH 1, Mayfield, Blenheim
Tel. 03 577 99 97, www.marlboroughtourcompany.co.nz

### THE MARLBOROUGH LODGE €€€€
Pure Romantik mitten im Weinland. Genießen Sie ein Gläschen Sauvignon Blanc vor dem offenen Kamin, bevor Sie sich im Harvest Restaurant verwöhnen lassen. Reservieren Sie einen Tisch auf der Terrasse und machen Sie vor Sonnenuntergang einen Spaziergang durch die Reben.
Rapaura Road, Blenheim
Tel. 03 5 70 57 00
www.themarlboroughlodge.co.nz

### HARBOUR VIEW MOTEL €€€/€€
Schöne Unterkunft am Jachthafen, nur ein paar Minuten von der Fähre, Cafés und Restaurants. Buchen Sie ein Studio mit Meerblick und Balkon.
30 Waikawa Road, Picton
Tel. 03 573 62 59
www.harbourviewpicton.co.nz

### ELIZA'S GARDEN COTTAGE €€
Bezauberndes Ferienhaus einer Winzerin, 5 Fahrminuten vom Zentrum
50 Staces Rd, Blenheim, Tel. 021 32 33 58, https://marlboroughnz.com/listings/elizas-garden-cottage

### FURNEAUX LODGE €€
Wunderschönes viktorianisches Anwesen mit leckerer Hausmannskost im Howden Room Restaurant und erster Stopp am Queen Charlotte

Track – tolle Adresse für eine Tagesetappe am Great Walk
Queen Charlotte Track, The Pines
Tel. 03 579 82 59
www.furneaux.co.nz

### PUNGA COVE RESORT €€

Eine Bootsstunde nördlich von Picton versteckt sich die idyllische Anlage mit Balkonzimmern, Pool und tollem Restaurant in einer kleinen Bucht.
Endeavour Inlet
Queen Charlotte Sound
Marlborough Sounds
Tel. 03 5 79 85 61
www.pungacove.co.nz

### LOCHMARA LODGE €€

Gemütliche Bleibe in zauberhafter Landschaft mit eigenem Strand. Per Wassertaxi ist die Lodge von Picton aus bequem zu erreichen. Zum Programm gehören kostenlose Kajaks, Massageservice und Nachtfahrten zu einer Glühwürmchenhöhle.
Lochmara Bay, Queen Charlotte Sound, Tel. 03 573 45 54
www.lochmara.co.nz

### WEINVERKOSTUNG MIT LECKERER LANDHAUSKÜCHE

Mit super Lage für den Lunch punktet **Saint Clair Family Estate**, dessen Vineyard Kitchen zwischen den Reben auftischt (13 Selmes Rd, Blenheim, tgl. 9 – 17 Uhr, www.saintclair.co.nz). Fantastischen Wein und kulinarische Häppchen bekommen Sie bei **Cloudy Bay**, dessen Sauvignon Blanc jedes Jahr Bestnoten erzielt (230 Jacksons Rd, Blenheim, tgl. 10 – 16 Uhr, www.cloudybay.co.nz, ▶Das ist Neuseeland S. 26). Nach den Walnussbäumen an am Eingang benannte Allan Scott sein Weingut **Twelve Trees** mit toller Küche(229 Jacksons Rd, Blenheim, tgl. 10 – 16 Uhr, http://allanscott.com). **Hans Herzog** produziert erlesene Weine und verwöhnt nach der Kellertour in einem wunderschönen Gourmetrestaurant (81 Jeffries Rd, Blenheim, www.herzog.co.nz, ▶S. 27).

Für diejenigen, die Neuseelands Küste mit einem Kajak erkunden möchten, sind die unzähligen Buchten der Marlborough Sounds ein wahres Paradies.

und Lodges, die auch außerhalb der Saison reserviert werden sollten. Wer nur eine Tagesetappe z. B. zwischen Ship Cove und Furneaux Lodge (►S. 213) laufen möchte, kann sich per Boot abholen lassen.
**Boottransfer:** Cougar Line, Tel. 0800 50 40 90, www.cougarline.co.nz
**Queen Charlotte Track:** www.queencharlottetrack.co.nz
www.qctrack.co.nz | www.doc.govt.nz/parks-and-recreation/places-to-go/marlborough/places/queen-charlotte-sound-totaranui-area/things-to-do/tracks/queen-charlotte-track

### Hübsche Hafenstadt

Picton

Cafés, Restaurants und kleine Läden finden Sie an der attraktiven Flaniermeile von Picton, wo die Fähren zur Nordinsel ablegen. Das Hafenstädtchen ist guter Ausgangspunkt, um die Marlborough Sounds zu erkunden. Besuchen Sie das **Edwin Fox Maritime Museum**, wo einer der ältesten Teaksegler in der Dunbar Wharf auf dem Trockenen liegt. Der Truppentransporter aus den 1850ern transportierte später Tee und wurde schließlich zum Gefrierschiff umfunktioniert.
**Edwin Fox Maritime Museum:** Dunbar Wharf | tgl. 9–17 Uhr
www.edwinfoxsociety.com

### Reben soweit das Auge reicht

★ Marlborough Wine

Mit fast 2500 Sonnenstunden pro Jahr zählt **Blenheim** zu den sonnigsten Orten Neuseelands und ist Hochburg der Winzer im **größten Weinbaugebiet** der Inselnation. International preisgekrönter Bestseller ist der fruchtige **Sauvignon Blanc**, aber auch Chardonnay, Riesling und Pinot Noir gedeihen prächtig (►Das ist Neuseeland S. 26). Fast 30 Weingüter rund um Blenheim bieten Verkostungen, Direktverkauf und leckere Landhausküche (► S. 214). Im Februar wird auf dem **Brancott Vineyard** das **Weinfestival** gefeiert.
**Marlborough Wine Tours:** 280 Tyntesfield Rd, Blenheim | Halbtägige Touren im Kleinbus durch die Weinregion ab 199 NZ$ | https://marlboroughwinetours.co.nz | **Wine Tours By Bike:** mit dem Rad durch die Reben | www.winetoursbybike.co.nz | **Marlborough Wine & Food Festival:** 160 Brancott Rd | http://wine-marlborough-festival.co.nz
www.wine-marlborough.co.nz | www.destinationmarlborough.com

### Welthauptstadt der Grünlippmuscheln

Havelock

Da Havelock im Pelorus Sound Grünlippmuscheln in großer Zahl züchtet, empfiehlt es sich, im **Mussel Pot** an der Main Road 73 eine Platte mit unterschiedlich zubereiteten Grünlippmuscheln zu bestellen. Morgens und mittags fährt die »MV Spirit« der **Marlborough Tour Company** ab Marina Pier durch die Pelorus und Kenepuru Sounds und gewährt Einblicke in die Grünschalenmuschelzucht. Als Krönung der dreistündigen Tour können Sie Grünlippmuscheln mit einem Glas Sauvignon Blanc probieren.
**Mussel Cruise:** ab 135 NZ$ | www.marlboroughtourcompany.co.nz

# ★★ MILFORD SOUND

**Region:** Southland | **Höhe:** Meereshöhe | **www.fiordland.org.nz**

C 16

*Schon die Anreise über die fantastische Milford Road ist unvergesslich. Das schönste Ende der Südinsel ist der dramatische Milford Sound an der Westküste. Meist liegt ein zarter Schleier über dem Fjord, ein Niederschlag, so fein, dass man ihn fast atmen kann. Der üppige Regenwald ringsum scheint zum Greifen nah, dazwischen plätschern Kaskaden, dröhnen Wasserfälle, steigt der steile Mitra Peak als Wahrzeichen aus dem Wasser, eine majestätische Bergpyramide, die einer Bischofskrone gleicht.*

Achtes Welt-wunder

Rudyard Kipling beschrieb den Milford Sound als achtes Weltwunder. Um den 15 km langen Fjord intensiv erleben zu können, empfiehlt sich eine **Overnight Cruise**, die nachmittags um 16 Uhr startet. Abends geht das Schiff in einer der Buchten im Fjord vor Anker. Wer will, kann im kalten Gletscherwasser schwimmen oder mit einem Schlauchboot die Küste erkunden, wo Seehunde sich bei schönem Wetter auf den Felsen sonnen. Da es hier weder Luft- noch Lichtverschmutzung gibt, erscheint der Sternenhimmel in klaren Nächten besonders klar und eindrucksvoll. Am nächsten Morgen geht es raus auf die Tasmanische See, wo nicht selten Delfine in der Bugwelle spielen. Die **Bootstouren** durch den tief eingeschnittenen Fjord ziehen jeden Tag Tausende Besucher an, sodass rechtzeitig gebucht werden muss. Ein tolles Erlebnis sind auch **Rundflüge** über den Sound (► S. 221).

### Der Weg ist das Ziel

★ Milford Road

Die 120-km-Sackgasse bis zum Milford Sound gehört zu den schönsten Roadtrips der Welt. Lila Lupinenwiesen, stille Bergseen und lichte Birkenwälder, üppiger Urwald und mächtige Wasserfälle begleiten den Weg durchs Fiordland, hinter jeder Kurve neue, atemberaubende Eindrücke. Denken Sie daran, dass es an der Strecke **keine Tankstellen** gibt. Ideal für einen Fotostopp sind die ausgeschilderten **Mirror Lakes**, in denen sich bei Windstille die Earl Mountains zauberhaft widerspiegeln. Kluge Keas hüpfen am winzigen **Homer Tunnel** herum und zupfen gern alles ab, was nicht fest ist, besonders Gummiteile am Auto – Füttern verboten! Der einspurige Tunnel wurde zwischen 1930 und 1954 durch die Felsen geschlagen, ist unbeleuchtet und weist ein Gefälle von 10 % auf. Der Verkehr wird durch Ampeln geregelt und die Wartezeiten können die Geduld schon mal strapazieren. Wieder draußen, windet sich die Milford Road auf zahlreichen Serpentinen durch das grandiose **Cleddau Valley** mit Blick auf den höchsten Gipfel im Fiordland, den **Mount Tutoko**, bevor sie am Eingang zum Milford Sound endet. Im **Besucherzentrum** mit dem Blue

Duck Cafe können Bootsausflüge, Kajaktouren und Tauchgänge auf dem Sound gebucht werden. Das **Milford Discovery Centre and Underwater Observatory** an der Milford Wharf stellt das Ökosytem der wilden Unterwasserwelt vor. Von Milford können Sie auch einen kurzen Spaziergang zu den 160 m hohen **Bowen Falls** machen.

**Milford Sound Discovery Centre and Underwater Observatory:** Harrison Cove | tgl. außer So. 9–17 Uhr | www.milford-sound.co.nz

1 Redcliff Cafe
2 The Moose

1 Lakefront Lodge
2 Explorer Motel & Apartments
3 Milford Lodge

Abgelegen, wild und wunderschön präsentiert sich der Milford Sound an der Westküste.

## Sehnsuchtsziel schlechthin

★★ Milford Track

Seit über 100 Jahren begeistert der 53 km lange legendäre **Great Walk** durch die Fjordlandschaft Trekkingfans aus aller Welt. Schon 1908 bezeichnete ihn der London Spectator als »The finest track in the world«. Um einen der 40 Plätze zu ergattern, die pro Tag vom Department of Conservation (DOC) an Wanderer ausgestellt werden, müssen Anwärter bis zu einem halben Jahr im Voraus reservieren. Der Track beginnt am Nordende des Lake Te Anau und führt durch eine Bilderbuchlandschaft über Hängebrücken und Holzstege. Geführte Touren dauern fünf Tage, unabhängige Wanderer brauchen meist einen Tag weniger. Die leichte bis mittelschwere Strecke wird der Umwelt zuliebe **immer von Süden nach Norden** begangen. Unterwegs gibt es drei Hütten und drei Lodges, Camping ist nicht erlaubt. Beste Zeit zum Wandern ist Ende Oktober bis Ende April – gute Wanderstiefel, Outdoorkleidung und Mückenschutz sind Pflicht. Die ersten zweieinhalb Tage geht es hinauf zum 1069 m hohen **MacKinnon Pass**. Sein Gipfel belohnt mit einem atemberaubenden Blick auf die Trogtäler des Clinton Valley, Arthur Valley und den von Bergen umrahmten Milford Sound. Am dritten bzw. vierten Tag erreichen Sie die von mehreren Gletschern gespeisten, 580 m hohen **Sutherland Falls**, Neuseelands höchste Wasserfälle, die über drei Stufen zu Tal donnern.

www.doc.govt.nz

Neuseeländische Seebären sonnen sich gern auf den Felsen im Milford Sound.

## MILFORD SOUND & FJORDLAND ERLEBEN

### FIORDLAND I-SITE VISITOR CENTRE

19 Town Centre, Te Anau
Tel. 03 2 49 79 59
www.fiordland.org.nz

### REAL JOURNEYS

Die 120 km lange **Milford Road** und der 54 km lange **Milford Track**, der wohl berühmteste der Great Walks, führen zum magischen Milford Sound (www.greatwalks.co.nz). Einziger Veranstalter von Übernachtungstouren auf dem Milford Sound ist das preisgekrönte Familienunternehmen Real Journey, das auf der Südinsel außerdem Kreuzfahrten im Doubtful Sound und Gourmet BBQ Dinner auf der Walter Peak Schaffarm, Vintage-Dampferfahrten mit der TSS Earnslaw auf dem Lake Wakatipu, Touren zu den Te-Anau-Glühwürmchenhöhlen, nach Stewart Island und ins alpine Hochland von Cardrona sowie zum Antarktis-Zentrum in Christchurch anbietet.
www.realjourneys.co.nz

### RUNDFLÜGE UND BOOTSTOUR

Über das Fiordland kann man spektakuläre Rundflüge machen. Einstündige **Scenic Flights** werden ab Queenstown Airport zweimal tgl. ab 499 NZ$ angeboten (www.milfordflights.co.nz). Oder folgen Sie den Spuren von Captain Cook auf einer 6-Tage-**Kreuzfahrt** an Bord der »Milford Wanderer« (www.realjourneys.co.nz).

### 1 REDCLIFFE CAFE €€

Auf der Speisekarte von Megan und Kurt stehen Languste, Lamm, Jakobsmuscheln und Wild aus dem Fjordland. Gemütliches Lokal im Cottage-Stil und sehr nette Bedienung.
12 Mokonui Street, Te Anau
Tel. 03 249 74 31
www.theredcliff.co.nz

### 2 THE MOOSE €€

Saftige Steaks, Veggie-Burger und hausgemachten Käsekuchen bekommen Sie in dem populären Lokal, wo am Wochenende auch Live-Entertainment geboten wird.
84 Lakefront Drive, Te Anau
Tel. 03 249 71 00
24 Std. geöffnet

### 1 LAKEFRONT LODGE €€€/€€

Schöne Studios mit Kochgelegenheit direkt am Seeufer, 5 Gehminuten von Restaurants und Geschäften in Te Anau entfernt. 2 Minuten laufen Sie zur Real Journeys Wharf für Ausflüge zu den Glühwürmchenhöhlen.
58 Lakefront Drive, Te Anau
Tel. 03 249 77 28
www.lakefrontlodgeteanau.com

### 2 EXPLORER MOTEL & APARTMENTS €€

Freundlicher Hotelbetrieb in einer schönen Parkanlage unweit vom See, mit Waschmaschine und Trockner gegen Gebühr, 5 Min. vom Zentrum
6 Cleddau Street, Te Anau
Tel. 03 249 71 56
www.explorermotel.co.nz

### 3 MILFORD LODGE €€

Wunderschöne Gartenchalets mit traumhaftem Blick in die Berge, 2-Gänge-Dinner und leckerem Frühstück im Pio Pio Cafe.
State Highway 94, Milford Sound
Tel. 03 249 75 11
www.milfordlodge.com

## ★ Fiordland National Park

### Leuchtende Insekten

★ Te Anau Glowworm Caves

Der Milford Sound gehört wie Doubtful und Dusky Sound weiter südlich zu dem mit 12 500 km² größten neuseeländischen Nationalpark, der seit 1990 UNESCO-**Welterbe** ist. Durch das lebhafte **Te Anau** am gleichnamigen See führt die Milford Road (SH94) zu den geheimnisvollen **Glühwürmchen-Grotten** der Te Anau-Tropfsteinhöhlen, eine fantastische, von Pilzmückenlarven illuminierte Unterwelt, die Sie auf einer Bootstour erleben sollten.

**Real Journey Visitor Centre:** Te Anau | tgl. 2 Std.15 Min.-Bootstouren vom Lake Te Anau zu den Glowworm Caves | Erw. ab 99 NZ$
www.realjourneys.co.nz

### Im Kajak oder Katamaran

★ Doubtful Sound

Der über 400 m tiefe Lake Manapouri speist die unterirdische Manapouri Underground Power Station. Von **Manapouri** fahren Boote zum zauberhaften Doubtful Sound abseits der Touristenströme. Bei einer Busfahrt über den Wilmot Pass haben Sie den spektakulärsten Blick auf den unberührten Fjord, mit 420 m der tiefste Neuseelands. Kein Hotel, nur Kajaks und Katamaranen gehört die Inselwelt. Halten Sie Ausschau nach Delfinen, Pelzrobben und Pinguinen.

**Real Journeys:** Pearl Harbour, Manapouri | Kajaktrips und Katamarantörn Erw. ab 250 NZ$ | www.realjourneys.co.nz

### James Cook auf Durchreise

★ Dusky Sound

Wild, grandios und unberührt ist auch der mit 44 km längste Fjord, der seinen Namen 1770 von **James Cook** erhielt, der während seiner ersten Weltreise an einem dämmrigen Abend hier vorbeikam. Drei Jahre später ließ er hier seine »Resolution« überholen und die Vorräte auffüllen. Als Plagegeister entpuppten sich auch schon für Cook **Sandflies**. Nach Meinung der Maori schuf die Göttin des Todes die blutgierigen Biester, um den Menschen die vollkommene Schönheit der Landschaft zu verderben – also unbedingt Mückenschutz einpacken! Eine Besonderheit sind die **Fiordland-Pinguine** mit buschigen gelben Augenbrauen.

### Leicht bis moderat

Weitere Wanderwege

Am **Lake Monowai** verläuft ein leichter, familienfreundlicher Naturlehrpfad und informiert 40 Minuten über Neuseelands Buchenwälder. Grandiose Ausblicke auf fruchtbare Flussebenen, Tussockgräser, Wasserfälle und Gletschertäler vereint der 60 km lange, mäßig anspruchsvolle **Kepler Track** zwischen den Seen Te Anau und Manapouri, der drei bis vier Tage dauert. Mit etwas Glück sehen Sie gelbgekrönte Papageien am Waiau River (www.doc.govt.nz/keplertrack).

OBEN: Staunen garantiert: In stiller Dunkelheit erleuchten Tausende von winzigen Insektenlarven die Kuppeln der Te Anau Caves. UNTEN: Wie kleine blaue LED-Lichter lassen die Larven ihre klebrigen Fäden von der Decke hängen, um Beute anzulocken, die sich darin verfängt.

# ★★ NELSON

**Region:** Nelson-Marlborough | **Höhe:** 0–458 m | **Einwohner:** 50 000

J 13

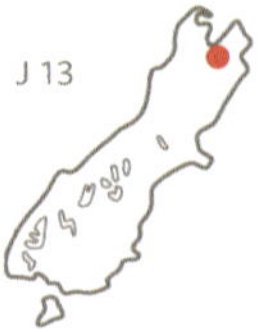

*Obwohl immer im Schatten des übermächtigen ▶Marlborough auf der anderen Seite der Bergkette, produziert Nelson einige der besten Weißweine der Welt. Sein landschaftlich reizvolles Rebland bringt auf leichten, sandigen Lehmböden ganz unterschied-liche Terroirs für Sauvignon Blanc, Chardonnay und Riesling hervor. Als Sonnenhauptstadt Neuseelands war und ist Nelson ein Anziehungspunkt für Kreative. Zahlreiche Künstler produzieren in der Hafenstadt traditionelle wie zeitgenössische Kunst – beim Stadtbummel finden Sie sicher passende Mitbringel für zu Hause.*

Innovative Sun City

Die hübsche Sonnenstadt ist das Tor zum 65 km entfernten ▶**Abel Tasman National Park**, den man auf organisierten Touren erkunden kann. Als erste Siedlung Neuseelands erhielt Nelson 1858 von Queen Victoria den Status einer **City**, drei Jahre später begann der große Aufschwung mit dem **Goldrausch**. 1871 kam hier der Atomphysiker

Zu den Schmuckstücken der Oldtimersammlung im National WOW Museum gehören auch erste Revival Cars der amerikanischen Automarke Stutz.

## NELSON ERLEBEN

### NELSON I-SITE
Millers Acre Centre, 77 Trafalgar Street, Nelson, Tel. 03 548 23 04
www.nelsonnz.com

Die **Casa del Vino** (214 Hardy St, http://casadelvino.co.nz) bietet eine gute Auswahl edler Tropfen und Verkostungen. Bioobst, Kunsthandwerk und Kurioses finden Sie Samstagvormittag auf dem **Nelson Market** am Montgomery Square, sonntags findet hier ein Flohmarkt statt (www.nelsonmarket.co.nz).

### ARTS FESTIVALS
In den letzten beiden Oktoberwochen steht Nelson Kopf, beherrschen Künstler die Stadt. Täglich gibt es tolle Konzerte, Maskenparaden, Theater, Lesungen und mehr.
www.nelsonartsfestival.co.nz

### HOPGOOD'S €€€€/€€€
Kevin und Jane Hopgood punkten mit stylischem Ambiente, preisgekrönter Küche mit saisonalen Bioprodukten und ausgezeichneten Weinen von den Winzern der Region.
284 Trafalgar Street, Tel. 03 545 71 91, www.hopgoods.co.nz

### COD & LOBSTER €€€
Hübsche, helle Brasserie im Zentrum mit fangfrischen Meeresfrüchten und wunderbarem Lunch-Menü – bestellen Sie die Seafood Platte für zwei oder das regionale Wild und Lamm.
300 Trafalgar Street
Tel. 03 546 43 00
http://codandlobster.com

### THE BOAT SHED CAFE €€€
Auf Stelzen direkt am Wasser gebaut mit Blick Richtung Golden Bay genau der richtige Platz für Fischfreunde – probieren Sie die Te Kouma Bay-Austern und den gegrillten Snapper.
350 Wakefield Quay
Tel. 03 546 97 83
www.boatshedcafe.co.nz

### THE WORKSHOP NELSON €€/€
Hippe Atmosphäre, freundliche Barkeeper, leckere Burger und süffiges, selbst gebrautes Craft Beer
32C News St., Tel. 021 55 61 58
www.theworkshopbrewery.co.nz

### TRAILWAYS €€€
Modernes Haus am Maitai River im Zentrum mit Pool und nettem Terrassenrestaurant – buchen Sie ein Studio mit Blick auf den Fluss.
66 Trafalgar Street, Nelson
Tel. 03 548 70 49
www.trailwayshotel.co.nz

### THE HONEST LAWYER €€€
Ganz vorn am Wasser hat man einen alten englischen Country Pub mit Garten nachempfunden. Die Zimmer sind gemütlich, das Restaurant serviert regionale Küche, keine 3 km vom WOW Art & Classic Cars Museum entfernt.
1 Point Road, Monaco, Nelson
Tel. 03 547 40 70
www.honestlawyer.co.nz

**Ernest Rutherford** (► Interessante Menschen) zur Welt. Port Nelson ist der wichtigste Fischereihafen der Südinsel. Im Zentrum wie in der Umgebung haben sich viele Kunsthandwerker niedergelassen – folgen Sie den **Nelson Region Arts Trails**!

**Wanderungen, Kajaktouren und Wassertaxi im Abel Tasman NP:**
www.abeltasmantravel.co.nz | www.abeltasman.co.nz
**Künstler & Kunsthandwerker:** www.nelsonartists.co.nz
www.arttrails.nz/nelson/index.htm

» Wo die Realität aussetzt und die Fantasie den Träumern Flügel verleiht «

*Suzie Moncrieff, Gründerin der World of Wearable Art Show*

## Wohin in Nelson?

### Bunt, schrill und immer sensationell

★★ National WOW Museum & Nelson Classic Car Collection

Modedesigner und andere Kreative bringen alljährlich Ende September beim **WOW-Wettbewerb** in ►Wellington (►S. 147) zwei Wochen lang Kunst auf den menschlichen Körper, die eine Geschichte erzählt. Über 60 000 Menschen reisen dafür jedes Jahr in die Hauptstadt. Musik, Tanz, Drama, Comedy und Lichteffekte untermalen die verrücktesten Designs jedes Jahr aufs Neue, ein einmaliger Wettbewerb, in dem die Finalisten Preisgeld und begehrte Stipendien erhalten. Die Idee hatte die Bildhauerin Suzie Moncrieff 1987 in Nelson. Sie wollte Kunst von der Wand auf die Bühne bringen und auf eine ganz neue Art präsentieren. 20 Jahre später zog die Show nach Wellington um, wo jetzt Designer aus aller Welt mit viel Fantasie und Enthusiasmus ihre Outfits vorstellen. Arbeiten der vergangenen Jahre begeistern Besucher im National WOW Museum von Nelson, wo die **tragbare Kunst** ganz aus der Nähe betrachtet werden kann. Im zweiten Museumsgebäude warten über 140 **Classic Cars** der letzten hundert Jahre darauf, bestaunt zu werden (►Abb. S. 224).

1 Cadillac Way, Annesbrook | tgl. 10–17 Uhr | Erw. 25 NZ$
Karten: Tel. 0800 496 974 | www.worldofwearableart.com

### Bummeln Sie zum Herrn der Ringe

★ Trafalgar Street

Rechtwinklig angelegte Straßen machen den Stadtrundgang einfach. Hauptachse ist die breite Trafalgar Street, die auf die monumentale **Christ Church** zuläuft, die 1925 begonnen wurde. Fast ein halbes Jahrhundert dauerte die Fertigstellung. In und um die lebhafte Geschäftsstraße finden Sie jede Menge Läden, Cafés und Restaurants. Am Trafalgar Square 320 fertigt der Juwelier **Jens Hansen** Schmuck nach Maß. 1999 gab Peter Jackson persönlich bei dem Dänen den

Fusion aus Polyester, Wolle und Organza: »Ladies in red« im WOW Museum

originalen Movie-Ring mit elbischer Runeninschrift für die Herr-der-Ringe-Trilogie in Auftrag (▶Das ist Neuseeland S. 20), heute liefern Hansens Söhne passgenaue Repliken für Hobbit-Fans. Einen Straßenblock weiter widmet sich das viktorianische **Nelson Provincial Museum** der Kolonialzeit und den Maori der Region.

**Juwelier Hansen**: www.jenshansen.com | **Nelson Provincial Museum**: tgl. 10–17, Sa., So. bis 16.30 Uhr | Erw. 5 NZ$ www.nelsonmuseum.co.nz

### Neuseelands Mitte

Botanical Hill

»Centre of New Zealand« verheißt eine Skulptur auf dem 150 m hohen Botanical Hill. Der echte geografische Mittelpunkt liegt zwar 46 km südwestlich, aber der Blick auf die Stadt und die alten Bäume des Botanical Garden lohnen den einstündigen Auf- und Abstieg.

### Kunst der Kolonialzeit

Suter Art Gallery

Die vom kunstsinnigen Bischof Suter 1889 ins Leben gerufene Galerie besitzt Gemälde von der Kolonialzeit bis zur Gegenwart. Gönnen Sie sich nach dem Kunstgenuss im lichtdurchfluteten Museumscafé einen Havana Coffee mit Blick auf den Queens Garden.

208 Bridge St | tgl. 9.30–16.30 Uhr | Eintritt frei | www.thesuter.org.nz

## Rund um Nelson

### Zwischen Grün und Geschichte

★ Founders Park

Nördlich der City am Atwahai Drive 87 bewahrt das **Freilichtmuseum** Bauten aus viktorianischer Zeit. Schauen Sie Kunsthandwerkern bei der Arbeit zu, fahren Sie eine Runde im Museumszug und werfen Sie einen Blick ins Hop & Beer Museum, wo Sie das Craft Beer der Duncans probieren können, die seit sechs Generationen in Nelson brauen. In der alten Windmühle gibt es nette Mitbringsel.

tgl. 10–16.30 Uhr | Erw. 7 NZ$ | www.founderspark.co.nz

### Auf ein Bier

McCashin's Brewery

Seit den frühen 1980ern produziert die nach eigenen Worten beste Brauerei Neuseelands ihre süffigen Craft-Biere Stoke und Rochdale, die alle Kiwis kennen. Wie das Bier gebraut wird, erklären Touren mit viel Liebe zum Getränk – auch Nichtalkoholisches ist im Angebot.

660 Main Rd, Stoke | 40-Min.-Führung nur n. V.: Mo., Di., Do. 11, Mi. und Fr. 14 Uhr | Tel. 03 547 53 57 | Erw 7 NZ$ | www.mccashins.co.nz

### Badevergnügen

★ Tahunanui Beach und Cable Bay

Ein **toller, breiter Strand** wartet auf Sonnenanbeter, Schwimmer und Surfer südlich am Ende der Rocks Road mit Parkplätzen, Toiletten und Umkleidekabinen. Auch die Cable Bay besitzt einen schönen Badestrand – mieten Sie sich für ein Wochenende im **Cable Bay Nest** ein mit eigenem Strand und Wassersportmöglichkeiten.

**Cable Bay Nest €€€**: 682 Cable Bay Rd, Hira, Nelson
Tel. 03 539 05 00 | www.cablebaynest.nz

### Schroffe Gipfel und glitzernde Gletscherseen …

★ Nelson Lakes National Park

… erwarten Besucher im 102 000 ha großen Nationalpark, wo die Neuseeländischen Alpen beginnen. Dichte Scheinbuchenwälder, von Lupinen gesäumte Seeufer und grüne Wiesen sind ein herrlicher Anblick.

Ob gemütliche Spaziergänge am Ufer der idyllischen Gletscherseen **Rotoroa** und **Rotoiti** oder alpine Klettertouren für passionierte Bergsteiger, hier findet jeder den passenden Wanderweg. Bester Ausgangspunkt ist das Dörfchen **St Arnaud** am Lake Rotoiti. Wer will, kann im DOC Centre Bootsausflüge, Wasserski und Kajaktouren buchen. Einen besonderen Blick auf die Natur an den Hotspots erhalten Sie bei einem eintägigen **Fotoworkshop** mit dem Lokalfotografen Dave Buckton.

**DOC Visitor Centre**: View Road, St Arnaud | www.doc.govt.nz
**Fotoworkshop**: Tel. 02 108 45 73 22 | 8 Std., 495–950 NZ$ p. P.
www.photographyworkshops.co.nz/package/nelson-photography-tour

# ★★ QUEENSTOWN

**Region:** Otago | **Höhe:** 330 m | **Einwohner:** 20 500

D 16/17

*Im Jetboat den Dart River hinaufrasen, haarscharf an Felsen vorbei mit waghalsigen Wendungen, die meterhohe Wasserfontänen erzeugen – Adrenalinkicks und Action pur verspricht das energiegeladene Queenstown, weltberühmt für Bungee Jumping und wahnwitzige Unterhaltung. Bei einem Rundflug über die Adventure Capital Neuseelands erfasst der Blick schneebedeckte Berge, majestätische Gletscher und den kristallklaren Lake Wakatipu – die Schönheit dieser Landschaft raubt einem den Atem.,*

BAEDEKER MAGISCHE MOMENTE

## UNTERM STERNENZELT

Schaukelnd schwingt die Bahn nach oben auf den **Bob's Peak**. Die Fahrt ist tagsüber bereits ein besonderes Erlebnis, bei Nacht aber wird es atemberaubend, wenn die Lichter von Queenstown immer kleiner und die Sterne am Himmel immer größer werden. Oben angekommen können durch Teleskope eine Stunde lang Gestirne beobachtet werden, die man so nur selten sieht.
**Gondola & Stargazing**, 119 NZ$, www.skyline.co.nz

OBEN: Kein anderes Lokal bietet abends eine so fantastische Aussicht wie das Stratosfare auf dem Bob's Peak.
UNTEN: Mit der »TSS Earnslaw« über den Lake Wakatipu schippern

»
Whenever I get stressed I just want to hop on a plane to Queenstown.
«
*John Travolta*

**Lebenslustiger Abenteuerspielplatz**

An jeder Straßenecke der ehemaligen Goldgräberstadt am See wirbt ein Anbieter groß und bunt mit Fallschirmsprüngen, Jet Boat- und Rafting-Trips, Tandemsprüngen, Heliflügen, Skydiving, Bungee Jump und Hüttenzauber: »Buchen Sie das Abenteuer Ihres Lebens jetzt!«. Begonnen hatte alles 1988 mit Eröffnung der Plattform an der Kawarau Bridge, der Geburtsstunde des **Bungee Jump**. Seitdem boomt der schnelllebige Markt der Megaverrücktheiten. Wenn abends die Tourenbusse ihre Klientel aus der Umgebung zurückbringen, füllen sich die Pubs, Restaurants und Bars zwischen dem **Steamers Wharf** Complex am Seeufer und den Fußgängerzonen von **The Mall**, Camp und Shotover Street mit Shoppingfans und Partygängern.

Schneller, höher, weiter

**Dinner mit Aussicht**

Skyline Gondola

Den schönsten Blick auf Queenstown gewährt die Gondelfahrt auf den 450 m hohen Gipfel des **Bob's Peak** mit dem Panoramarestaurant **Stratosfare** (▶S. 233). Die steilste Seilbahn der südlichen Hemisphäre bietet eine Rundumsicht auf das glitzernde Gewässer des Lake Wakatipu und den schroffen Gebirgszug der Remarkables.

Brecon Street | Gondelfahrt ab 44 NZ$, ▶S. 229 | www.skyline.co.nz

**Nostalgische Momente**

Lake Wakatipu

Der 80 km lange, aber nur knapp 5 km breite und bis zu 380 m tiefe **Gletschersee** entstand während der letzten Eiszeit vor 15 000 Jahren. Passagiere und Fracht schippert der 1912 bei Kingston vom Stapel gelaufene Oldtimerdampfer »**TSS Earnslaw**« mit 12 Knoten über den See. Bevor die Straße nach Glenorchy 1963 fertig war, transportierte das Dampfschiff bis zu 1500 Schafe von der **Walter Peak Station** am anderen Ufer. Dort können Sie bei der Schafschur zusehen, Ausritte, E-Bike-Touren, High Tea und BBQ-Dinner im Kolonialstil buchen.

»TSS Earslaw« und Walter Peak Station: Real Journeys, ▶S. 232

**Abseits der Massen**

Skippers Canyon

Eine **geführte Tour im Allradfahrzeug** bringt Sie auf abenteuerlich schmaler Straße in den wilden Canyon, wo Szenen von »Herr der Ringe« gedreht wurden und ein altes Goldgräberdorf Einblicke in das Outback Neuseelands gewährt – feste Schuhe und Jacke mitnehmen.

Transfer ab Hotel | Tour 8.30 – 13.30 Uhr | 180 NZ$
www.queenstown-heritage.co.nz

## QUEENSTOWN ERLEBEN

### QUEENSTOWN I-SITE
22 Shotover St, Clocktower Building, Tel. 03 442 41 00
www.queenstownnz.co.nz

### REAL JOURNEYS
Rundfahrten auf der »TSS Earnslaw«, Ausflüge zur Walter Peak Station, zum Milford Sound und ins Fjordland sowie nach Stewart Island
Steamers Wharf, 88 Beach Street
Tel. 0800 65 65 01
www.realjourneys.co.nz

### WWW.EVERYTHING QUEENSTOWN.COM
Action- und Adrenalintouren zu Lande, zu Wasser und in der Luft

Der **Queenstown Airport** 8 km östl. in Frankton wird von Auckland, Wellington und Christchurch angeflogen. Stadtbusse von **Orbus** bringen Sie tgl. von 6 Uhr bis Mitternacht vom Flughafen in 30 Min. zur Steamers Wharf in die Stadt. Mit dem **Journey Planner** finden Sie die schnellsten Verbindungen für Bus, Bahn und Fäh-

1 Botswana Butchery
2 Nest Kitchen & Bar
3 Stratosfare
4 The Bath House
5 Musket & Moonshine
6 Blue Kanu

1 Brown's Boutique Hotel
2 Hurley's
3 Mi-Pad Smart Hotel

ren unter (www.orc.govt.nz/public-transport/journey-planner). Preiswerte Taxis per App vermittelt **Uber** (www.uber.com). Der **Milford Explorer** bietet tgl. Hop-on-Hop-off-Touren per Bus und Boot ab Queenstown (www.kiwiexperience.com).

### 1 MINUS 5° ICE BAR
Cooles Erlebnis an der Steamer Wharf
Beach Street, Tel. 03 442 60 50
www.minus5icebar.com

### 1 BOTSWANA BUTCHERY €€€€
Das historische Archer's Cottage mit offenem Kamin ist der richtige Ort für besondere Anlässe. Zur Vorspeise Jakobsmuscheln, Austern oder Wildpastete, gefolgt von Fjordland-Hirsch, Cardrona-Lamm oder Angus T Bone und zum Schluss eine Valrhona Triple Chocolate Mousse – buchen Sie einen Terrassenplatz mit Seeblick.
17 Marine Parade, Tel. 03 442 69 94
www.botswanabutchery.co.nz

### 2 NEST KITCHEN & BAR €€€
Fantastische Aussicht auf den Lake Wakatipu und moderne neuseeländische Küche aus frischen Zutaten der Region. Probieren Sie den Fang des Tages oder die sanft geschmorte marokkanische Lammschulter mit Blumenkohlpüree und Couscous.
139 Fernhill Rd, Tel. 03 441 0097
www.nestqt.co.nz

### 3 STRATOSFARE €€€
Buffet zum Lunch oder Dinner an der Gondola-Bergstation mit Traumblick auf Queenstown. Reservieren Sie das Dinner mit Fensterplatz.
Brecon St, Skyline Queenstown
Gondelfahrt und Dinner Erw. ab 99 NZ$, Tel. 03 441 00 85
www.skyline.co.nz

### 4 THE BATH HOUSE €€
Café, Bar und Restaurant direkt am Wasser mit Terrasse, leckerem Lunch, Kinder-Menü und Dinner
28 Marine Parade
Tel. 03 4 42 56 25
www.bathhouse.co.nz

### 5 MUSKETS & MOONSHINE €€
Probieren Sie die Grünlippmuscheln, den Musket Burger oder den Kürbis & Quinoa-Salat mit Babyspinat.
10 Brecon St, Tel. 03 442 41 44
www.muskets.nz

### 6 BLUE KANU €€
Kreativ kombinierte fische, gesunde und exotische Rezepte aus dem pazifischen und asiatischen Raum
16 Church Street
Tel. 03 442 60 60
www.bluekanu.co.nz

### 1 BROWN'S BOUTIQUE HOTEL €€€€
Zehn charmante Balkonzimmer mit Super-King-Size-Betten, Gourmetfrühstück und Massagen auf Wunsch
26 Isle Street, Tel. 03 441 20 50
https://brownshotel.co.nz

### 2 HURLEY'S €€€
Schöne Studios 5 Gehmin. von Geschäften, Bars und Restaurants mit Whirlpool, Kochgelegenheit, Zugang zu einem Fitnesscenter, Sauna und beheiztem Ski-Trockenraum
Ecke Melbourne St/Frankton Rd
Tel. 03 442 59 99
www.hurleys.co.nz

### 3 MI-PAD SMART HOTEL €€€
Junges Designhotel, wenige Schritte von der City entfernt und 400 m von der Skyline Gondola. Die Dachterrasse eröffnet einen tollen Blick auf die Berge und den See.
4 Henry St, Tel. 03 409 23 44
www.mipadhotels.com

# ACTION, FUN & ABENTEUER

BAEDEKER WISSEN

*Der Atem stockt, das Herz schlägt wie wild, der Blutdruck steigt. An keinem anderen Ort der Welt wird Nervenkitzel so großgeschrieben wie in Queenstown, der Kapitale der Action-Junkies.*

Adrenalinkicks am laufenden Band verspricht **Awesome Foursome**, ein Megaabenteuer im Viererpack, bis einem die Haare zu Berge stehen. Man muss sich nur trauen und der Geldbeutel sollte gut gefüllt sein. Wer tatsächlich bucht, fährt im Geländewagen vom Besucherzentrum ins entlegene Nevis Valley zum **Bungee Jump aus 134 m Höhe** – der höchste Sprung der ganzen Inselnation. Allein schon die Seilfahrt zur Plattform wird zum Abenteuer, die 8,5 Sekunden freier Fall in die Tiefe sind nicht zu toppen! Beim nächsten Kick heißt es anschnallen: Im pfeilschnellen **Jet Boat** jagen Sie mit 70 Sachen durch die Wildwasser des Shotover River, haarscharf an kantigen Felsvorsprüngen vorbei. Mit noch weichen Knien steigen Sie um in den **Hubschrauber**, der im Achterbahnflug durch den Skippers Canyon rast, bevor Sie sich beim **White Water Rafting** im Schlauchboot durch die schäumenden Stromschnellen der Goldgräberschlucht kämpfen (Awesome Foursome: Bungee Jet Heli Raft, 733 NZ$, www.everythingqueenstown.com).

## Bungee, Catapult & Zipride

Inzwischen gibt es kaum eine Canyonbrücke, wo nicht eine Bungee-Jump-Station eröffnet hat. Der historische **Kawarau Bridge Bungee**, mit dem der Siegeszug begann, ist ideal für Anfänger, die hier »nur« aus 43 m Höhe abspringen – wer will, kann dabei ins kristallklare Flusswasser eintauchen und sich von massenhaft Zuschauern applaudieren lassen. Der Erfinder des kommerziellen Bungee-Springens, A.J. Hackett, bietet auch Absprünge aus dem Ballon in 220 m an einem Seil ins Nichts. Gelandet wird erst Minuten später, noch immer kopfüber am Seil hängend. Beim **Catapult** ist die Kugel, in der man sitzt, am Boden festgehakt. Wenn das Seil gespannt ist, wird die Verankerung gelöst und man schnellt erst nach oben, dann nach unten. Beim **Zipride** sausen Sie an Seilrutschen von Baumwipfel zu Baumwipfel über Flüsse und Schluchten. Beim **Fly-by-Wire** in einem silbergrauen Flugobjekt rast man an drei Kabeln quer über den Canyon, immer so weit, wie es der Radius der Seile erlaubt – ein heißer 10-Minuten-Ritt (Infos und Buchung unter www.bungy.co.nz, https://flybywire.co.nz und www.everythingqueenstown.com).

## Rasant unterwegs

Adrenalin garantiert auch der 120-m-**Canyon Swing** über dem Shotover Canyon oder dem Nevis Canyon. Augen auf und durch mit der XXL-Schaukel! (ab 250 NZ$, Zuschauer: 20 NZ$, www.canyonswing.co.nz). Sportliche Fahrten durch das spritzige Nass verheißt **White Water Rafting**, gern auch als Kombination mit **Jetboat**-Touren – unvergesslich ist die Passage der Dog Leg Rapids. Beim **River Surfing** liegen die Teilnehmer in Neoprenkluft auf schmalen Boogy Boards, um sich durch reißende Wogen stromabwärts treiben zu lassen. Rund 350 NZ$ kosten eine einstündige **Buggy oder Quad Tour** ab

Queenstown (Kombiticket Rafting und Jet Boat ab 260 NZ$, www.go-orange.co.nz, www.raft.co.nz, www.everythingqueenstown.com).

### Höhenrausch

**Helikopterrundflüge** über die Stadt und bis zu den Südalpen und dem Milford Sound gibt es vom Queenstown Airport ab 185 NZ$ für 10 Minuten (www.ahipara.com, www.everything-queenstown.com). Den großen Kick garantiert der 4000-Meter-**Tandem-Fallschirmsprung** aus dem Flugzeug von Coronet Peak Tandem Paragliding (ab 220 NZ$, https://tandemparagliding.com). Ganz ohne jedes Risiko schweben Sie beim **Bodyflying** im Windkanal über einem starken Gebläse, und zwar minutenlang. **Sunrise Balloons** verspricht zwar keinen Nervenkitzel, dafür schweben Sie entspannt im Heißluftballon mit atemberaubenden Ausblicken sanft dahin, wo auch immer der Wind Sie hinträgt (ab 550 NZ$, https://www.ballooningnz.com).

### Pistengaudi

Im Juni beginnt die Wintersportsaison, finden **Skifahrer und Snowboarder** rund um Queenstown am Coronet Peak, in der Treble Cone Ski Area und den Remarkables Mountains moderne Sessellifte, gepflegte Pisten, super Pipes, Parcours und Abenteuer. Queenstown sorgt dann am Abend für lebhaftes Après-Ski oder tiefe Entspannung (▶Saison für Skiwis S. 315).

Jetzt gibt's kein Zurück mehr: Beim Bungee Jump scheint der Nevis River auf einen zuzurasen.

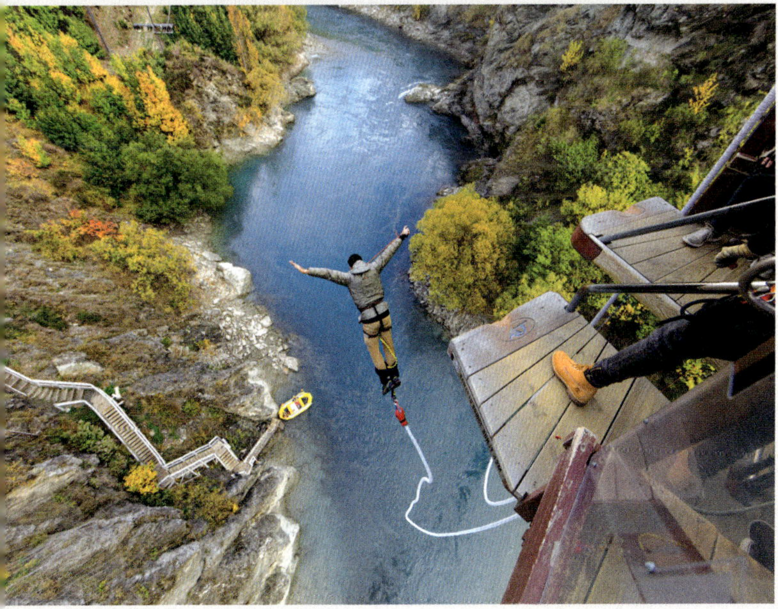

Beim Autumn Festival lässt Arrowtown die goldene Vergangenheit aufleben.

## Rund um Queenstown

**Goldene Zeiten**

★ Arrowtown

Knapp 20 km nordöstlich von Queenstown erinnert das hübsche Dorf an den **Otago-Goldrausch**, als in den 1860ern am Arrow River Gold gewaschen wurde. Das **Chinese Settlement** am Flussufer lässt den harten Alltag der Schürfer erahnen, dem sich auch das **Lake District Museum** in der Buckingham Street widmet. Die kleinen Steinhäuschen und Lehmziegelhütten der Asiaten wurden ebenso wie der Dorfladen am Bush Creek sorgsam restauriert. Im Museum können Sie Pfannen ausleihen und selbst Ihr Glück beim **Goldwaschen** versuchen. Wer will, kann einen Ausflug im Geländewagen zur Geisterstadt Macetown buchen. Wenn die zahlreichen Eichen, Ebereschen und Bergahornbäume Arrowtown im Herbst in ein Feuerwerk aus warmen Farben verwandeln, feiert das **Arrowtown Autumn Festival** Ende April die Schönheit der Jahreszeit und das glanzvolle Erbe

**Lake District Museum:** tgl. 8.30–17 Uhr | Eintritt: 10 NZ$
www.arrowtown.com

**Wein und Wagnis**

Wer Mutigen beim freien Fall zusehen möchte, die den historischen Bungee Jump aus 43 m von der **Kawarau Bridge** wagen, kann dem SH 6 ins Gibbston-Tal folgen, 25 Fahrminuten von Queenstown entfernt. Zwischen schroffen Schieferbergen wird an den Ufern des Kawarau River ein hervorragender Wein produziert. Drei Viertel der Trauben sind Pinot Noir, aber auch Chardonnay, Pinot Gris, Riesling und Sauvignon Blanc werden gekeltert. Besuchen Sie eine Verkostung auf der familiengeführten **Chard Farm Winery** und bestaunen Sie die Kunst von Lee van der Geest aus alten Chardonnay-Rebstöcken. Im Gibbston-Tal wird auch ausgezeichneter Käse aus Kuh- und Schafsmilch hergestellt, der bestens zu einem Pinot Noir passt. Oder kombinieren Sie **Jetboat-Tour** und **Verkostung** auf drei Weingütern mit Kellerführung und Lunch in den Reben.

★ Gibbston Valley

**Bungee Jump**: www.bungy.co.nz | **Chard Farm Winery**: 205 Chard Road, Gibbston | tgl. 10 – 17 Uhr | www.chardfarm.co.nz

**Wine Tour & Jet Boat**: Tel. 0800 52 92 72 | Main Town Pier, Marine Parade, Queenstown | Erw. ab 185 NZ$ | https://kjet.ibisnz.com

**Alpines Abenteuer**

Knapp 50 panoramareiche Kilometer sind es bis zur Nordspitze des Lake Wakatipu nach Glenorchy, wo das gebirgige Mount-Aspiring-Massiv beginnt mit dem gewaltigen, 3027 m hohen »Matterhorn Neuseelands«. Aus der Ferne wirken die Schneegipfel wie ein riesiger Wall. Zusammen mit dem angrenzenden Fiordland National Park (►S. 222), dem ►Westland und ►Aoraki Mount Cook National Park bildet der Aspiring-Nationalpark das **Te Wahipounamu-Welterbe**. Mehrere Eiszeiten haben gewaltige Gipfel, tiefe Fjorde, funkelnde Gletscherseen und donnernde Wasserfälle hinterlassen. In den Buchenwäldern leben die olivgrünen **Keas**, die einzigen alpinen Papageien der Welt, die gern alles stibitzen, was sie in den Schnabel bekommen, und die vom Aussterben bedrohten, flugunfähigen **Takahe**-Vögel. Zwischen Mount Aspiring und Fiordland-Nationalpark verläuft der **Routeburn Track**, der mit 32 km kürzeste Great Walk, für den Sie 4 Tage brauchen. Höhepunkte sind der tiefblaue Lake Harris und der Key Summit mit atemberaubendem Blick auf die Humboldt und Darren Mountains. Während der letzten Eiszeit vor 15 000 Jahren begrub ein riesiger Gletscher den Key Summit unter einer 500 m dicken Eisschicht, wie der Naturkundepfad am Gipfel berichtet. Am naturbelassenen **Dart River** starten Ausritte und Ausflüge im Jetboat oder Kajak.

Aspiring National Park

**Routeburn Track**: www.doc.govt.nz/routeburntrack

**Dart River**: www.dartriver.co.nz

**Knifflige Rätsel und fantastische Flugshows**

Am Ufer des **Lake Wanaka** liegt der hübsche gleichnamige Ort mit kleinen Läden, Cafés und Restaurants. Im Winter tummeln sich Ski-

★ Wanaka

Wenn sich der Himmel zum Sonnenaufgang rosa färbt, rückt die einsame Bruchweide am Lake Wanaka ganz oben auf die Bucket List.

fahrer und Snowboarder auf den schneebedeckten Flanken der benachbarten Remarkables – auf die Ski, GoPro an und das ultimative Pistenabenteuer kann beginnen (►Saison für Skiwis S. 315). Als meistfotografierter Baum Neuseelands gilt der knorrige **Crack Willow Tree**, der aus dem Lake Wanaka zu wachsen scheint und sich im Wasser widerspiegelt (►Abb. S. 238/239). Schon vor Jahrzehnten entwickelte Stuart Landsborough eine Leidenschaft für optische Täuschungen und knifflige Rätsel. Der skurrile Irrgarten in seiner mehrstöckigen **Puzzling World** mit kreuz und quer aufgestellten bunten Häuschen, Türmchen und Brücken ist eine echte Herausforderung. Oldtimer der Lüfte wie der Straße erwarten Besucher im **Warbirds and Wheels Museum** am Flugplatz. Beim **Warbirds over Wanaka**, das alle zwei Jahre am Osterwochenende stattfindet (2022, 2024), stellen Weltklasse-Piloten ihr Können zur Schau.

**Warbirds and Wheels Museum:** tgl. 8–17 Uhr | Eintritt: 20 NZ$ www.warbirdsandwheels.com | **Puzzling World:** tgl. 8.30–17.30, im Winter bis 17 Uhr | Eintritt: 16 NZ$ | www.puzzlingworld.co.nz
**Warbirds over Wanaka:** www.warbirdsoverwanaka.com

### Die höchste Passstraße Neuseelands ...

★ Crown Range Road

... verbindet Queenstown mit Wanaka. Etwa auf halber Strecke empfängt unterhalb des Cardrona Ski Field das **Cardrona Hotel** seine Gäste mit Biergarten, leckerem Pubfood und gemütlichen Zimmern. Daneben wird in der **Cardrona Distillery** mit Leidenschaft Whisky, Gin und Wodka destilliert. Einen Kilometer weiter überrascht als kurioser Hingucker der »**Bra Fence**«. Gerüchten zufolge entschieden sich vier beschwippste junge Damen an einem Winterabend kurz nach Weihnachten 1999 dazu, ihre BHs am Cardrona-Valley-Zaun aufzuhängen. Schnell kamen weitere wehende Bustiers in allen Farben und Körbchengrößen dazu. Inzwischen hängt am berühmten »**Bradrona**« auch eine pinke Box für Spendengelder an die neuseeländische Brustkrebs-Stiftung Breast Cancer Foundation NZ.

**Cardrona Hotel €€:** Cardrona Valley Rd, Cardrona | Tel. 03 443 81 53 www.cardronahotel.co.nz | **Cardrona Distillery:** tgl. Führungen 10 bis 15 Uhr | Classic Tour 25 NZ$ | www.cardronadistillery.com

### Auf der Suche nach Jade

Haast Pass

Die Fahrt von Wanaka zur wilden West Coast folgt einem Pfad der Maori, die hier auf der Suche nach Pounamu (Jade) waren. Am **Gates of the Haast** halten viele für ein Foto der wilden Wasser, die hier über steile Felsen ins Flussbett stürzen. Benannt wurde der mit 564 m niedrigste Übergang der Neuseeländischen Alpen nach dem Bonner Naturforscher Julius von Haast. Die Straße durch raue, **zerklüftete Landschaft** ist eindrucksvoll, zeitweise aber unpassierbar, auch wenn die meisten Niederschläge als Regen fallen. An der Strecke gibt es einige hübsche Rastplätze.

Bradrona: Die Bustiers am BH-Zaun helfen heute beim Kampf gegen Brustkrebs.

# TIMARU

**Region:** Canterbury | **Höhe:** 0–96 m | **Einwohner:** 33 000

*Auf halbem Weg zwischen ▸Christchurch und ▸Dunedin punktet die Hafenstadt Timaru mit ansehnlichen Bauten der viktorianischer Ära, duftenden Rosen im Botanischen Garten und endlosen Strandtagen an der Caroline Bay.*

Der Blitz aus Down under

Auch nach fast neunzig Jahren gilt er für viele auf der Südhalbkugel als das beste Rennpferd aller Zeiten: **Phar Lap** wurde in Timaru großgezogen. Sein Besitzer erkannte allerdings nicht das Potenzial und verkaufte ihn für lächerliche 160 Pfund nach Sydney. Der Aufstieg zum Spitzenrennpferd wurde von Hollywood mit Russell Crowe als Pferdeflüsterer und treuer Stallbursche Tommy Woodcock verfilmt. Nach anfänglichen Rückschlägen brach Phar Lap in Australien alle Streckenrekorde, gewann der scheinbar unbesiegbare »Blitz« namhafte Rennen wie den Melbourne Cup 1930 und das damals höchstdotierte Agua Caliente Handicap in Mexiko, bevor er 1932 auf einer Ranch in Kalifornien qualvoll an einer Arsenvergiftung starb. Nach seinem Tod wurde Phar Lap ausgestopft und im

Museum Victoria in Melbourne ausgestellt, wo der Hengst noch heute zu bewundern ist. In Timaru erinnert ein Bronzedenkmal an das legendäre Wunderpferd.

## Wohin in Timaru?

**Immer was los**

Caroline Bay

Der **sichere Badestrand** an der Caroline Bay nördlich vom Hafen ist Familienziel. Die angrenzenden Grünanlagen mit Botanischem Garten verwandeln sich beim **Christmas Carnival** mit Riesenrad, Karussell und Budenzauber zum Rummelplatz für alle Generationen.

Phar Lap war in den 1920ern ein Phänomen und räumte sämtliche Pokale ab.

### Fast hätte er Weltgeschichte geschrieben

South Canterbury Museum

Doch leider konnte der **Luftfahrtpionier Richard William Pearse** (1877–1953) nicht beweisen, dass sein Flugversuch mit einer selbst gebauten Motormaschine am 31. März 1903 vor der Bruchlandung lang und kontrolliert genug war, um den amerikanischen Gebrüdern Wright, denen neun Monate später der erste Motorflug gelang, die Ehre des ersten Fluges streitig zu machen. In der Haupthalle des Heimatmuseums hängt ein Nachbau des Flugapparats.

Perth Street | Di.–Fr. 10–16.30, Sa., So. 13–16.30 Uhr | Eintritt frei
https://museum.timaru.govt.nz

### Meister der Moderne

Aigantighe Art Museum

Das drittgrößte Kunstmuseum der Südinsel besitzt einen schönen Garten und stellt Maler und Bildhauer der Moderne aus Neuseeland vor, darunter lichtduchflutete Aquarelle von Olivia Spencer-Bower aus den 1930ern und Acrylarbeiten von Colin McCahon.

49 Wai-Iti Rd, Maori Hill | Di.–Fr. 10–16, Sa., So. 12–16 Uhr
Eintritt frei | www.aigantighe.co.nz

### Frisch Gezapftes

DB Draught Brewery und Ship Hop Brewing

Indian Pale Ale, Tui Lager oder Export Gold? Auf einer Führung in der DB Draught Brewery erfahren Sie Wissenswertes über die **Braukunst** und am Ende gibt's ein frisch Gezapftes. Erst 2017 öffnete die Mikrobrauerei in der Strathallan Street 7 mit süffigem Craft Beer.

Sheffield St, Washdyke | Tel. 03 687 42 30 | Führung Mo.–Sa. 13 Uhr
20 NZ$ | www.db.co.nz/Our-Company-Heritage/Our-Breweries

## Rund um Timaru

### Neuseelands erste Ärztin

Waimate

Am Seddon Square in Waimate, 50 km südlich, erinnert ein Denkmal an **Dr. Margaret Cruickshank**, Neuseelands erste praktizierende Ärztin, die während der Spanischen Grippe 1918 die Bevölkerung betreute, bis sie selbst Opfer der Epidemie wurde. Das **Waimate Museum** zeigt, wie Schulzimmer vor 100 Jahren aussahen.

**Museum:** 28 Shearman Street | Di.–Fr. 12–15 Uhr
www.waimatemuseumandarchives.org.nz

### Pies zum Lunch

Mackenzie Country

Goldene Brauntöne der robusten Tussock-Gräser bilden im rauen Hochland nordwestlich von Timaru einen tollen Kontrast zum Blau der drei Gletscherseen Lake Tekapo, Lake Pukaki und Lake Ohau. Im Winter wird es hier richtig kalt, fällt viel Schnee. Seinen Namen verdankt das Gebiet dem schottischen Viehdieb **James MacKenzie**, der 1855 rund 1000 Schafe von der Farm The Levels im südlichen Canter-

## TIMARU UND MACKENZIE COUNTRY ERLEBEN

### VISITOR INFORMATION CENTRE

2 George St., Timaru
Tel. 03 6 87 99 97
www.southisland.org.nz

### LAKE TEKAPO LODGE €€€€

Außergewöhnliche, wunderschöne Lodge im Zentrum mit Seeblick, Kingsize-Betten, Kristallüstern, herzlichen Gastgebern und super Frühstück und ein fantastisches Dinner auf Anfrage.
24 Aorangi Crescent, Lake Tekapo
Tel. 03 680 65 66
www.laketekapolodge.co.nz

### MACKENZIE SUITES €€€

Sehr geschmackvolle Ferienwohung 600 m vom Dorf Lake Tekapo entfernt mit Küche, Kühlschrank, Geschirrspüler und großen Terrassen mit Seeblick.
67 D'archiac Drive, Lake Tekapo
Tel. 027 680 69 26
https://themackenzie.co.nz

### ELIZABETH COURT B & B €€

Gemütliche Bleibe mit gutem Frühstück und sonniger Terrasse In einer ruhigen Straße im Zentrum
39 Elizabeth Street
Seaview, Timaru
Tel. 03 686 60 91
www.elizabethcourtbnb.com

bury stahl. Er trieb die Herde in die von ihm entdeckte, unbewohnte Grasebene, das heutige Mackenzie Country. Zum Lunch sollten Sie im **Fairlie Bakehouse** Station machen, wo sich der Deutsche Franz Lieber auf Pies spezialisiert hat, mit denen er ganz Neuseeland beliefert.
**Fairlie Bakehouse:** 74 Main St., Fairlie | www.fairliebakehouse.co.nz

**Walking on the Milkyway**

Lake Tekapo

Ziemlich genau im Zentrum der Südinsel breitet sich der türkisblaue, mit 88 km² größte der drei eiszeitlichen Gletscherseen vor den majestätischen Gipfeln der Südalpen aus. Im beschaulichen Tekapo am Südende des Sees lohnt die **Church of the Good Shepherd** einen Blick. Das Kirchlein wurde 1935 für die Hirten der riesigen Schaffarmen des Mackenzie Country erbaut, den Hirtenhund aus Bronze schuf die Frau eines Schäfers. In der dünn besiedelten Region stören weder Smog noch Lichtquellen beim nächtlichen Sternegucken. Zweistündige Touren mit Erklärung der südlichen Sternbilder veranstaltet das **Mount John Observatory** an der Südwestseite des Sees. Im Astro Café gibt es zu Kaffee und hausgemachtem Kuchen noch einen atemberaubenden Blick auf den See.
**Church of the Good Shepherd Tour:** 75 Minuten | kostenlos, dafür werden Spenden für die Kirche erbeten | **Mt. John Observatory Tour:** Erw. 185 NZ$ | Start der Touren am Western Car Park neben dem 4-Square-Supermarkt am Lake Tekapo
www.earthandsky.co.nz/night-tours

OBEN: Ohne Lichtsmog können Sie bei der Church of the Good Shepherd tatsächlich die Milchstraße und das Kreuz des Südens sehen.
UNTEN: Cooler Spot für Urlaubsfotos ist auch der kristallklare, blau schimmernde Lake Pukaki.

**Juwel in Türkis**

★ Lake Pukaki

Goldene Tussockgräser, ein endloser Himmel und die atemberaubende Landschaft des ▶Aoraki Mount Cook National Park spiegeln sich im türkisfarbenen Lake Pukaki. Wie die beiden anderen Seen wurde er durch Endmoränen von zurückweichenden Gletschern geformt. Gespeist wird der 15 km lange See vom Tasman und Hooker River, die Schmelzwasser vom Tasman Glacier und Hooker Glacier erhalten. Zusammen mit dem Lake Tekapo wird hier mehr als die Hälfte der Wasserkraft Neuseelands erzeugt. Da die »Gletschermilch« aus fein zerriebenem Gestein vor allem die blaugrünen Anteile des Lichts reflektiert, leuchten die Seen in sattem Türkis. Beim Bau der Wasserkraftwerke in der Region entstand am Südende des Sees das Dörfchen **Twizel** mit kleinen Cafés, Shops, Kajakverleih und der Lachsfarm **High Country Salmon**, wo Sie im Sommer auch besten Räucherlachs fürs Abendbrot bekommen.

**High Country Salmon:** 2602 Twizel-Omarama Rd, Twizel
www.highcountrysalmon.co.nz

**Felskunst der Maori**

Duntroon

Bei Duntroon am Südufer des **Waitaki River** zwischen Canterbury und Otago sind uralte **Felszeichnungen** der Maori erhalten, die mit rotem Ocker, Holzkohle und tierischen Fetten aufgebracht wurden und von der Jagd und vom Fischen erzählen.

Vom Highway 83 bei Dunoon gut erreichbar

# ★★ WEST COAST · WESTLAND

**Region:** West Coast | **Höhe:** 0–3754 m | **Einwohner:** 31 000

*Die wilde Westküste der Südinsel oder »the Coast«, wie die Kiwis sie schlicht nennen, besitzt zwischen Greymouth und Westport eine der schönsten Panoramastraßen der Welt. Im Paparoa National Park warten die fantastischen Pancake Rocks, ein Baumkronenweg und der neue, zehnte Great Walk der Inselnation, der als einziger für Wanderer wie Mountainbiker angelegt ist. Die gewaltigen Gletscherzungen des ▶Fox Glacier und Franz Josef Glacier reichen bis zu den Regenwäldern an der Tasmanischen See hinab. Neuseelands Jade kommt ausschließlich in den Flusstälern der West Coast vor. In Hokitika und Greymouth können Sie Jadeschnitzern bei der Arbeit über die Schulter sehen.*

### Jade, Bier und Bergbau

Greymouth

Größter Ort der dünn besiedelten Küste ist das nach dem River Grey benannte Städtchen mit 10 000 Einwohnern. In präkolonialer Zeit befand sich hier eines der wenigen großen Maoridörfer. Um den häufigen Überschwemmungen durch den Grey vorzubeugen, entstand in den 1990ern eine hohe Flutmauer, die jetzt als Promenade schöne Ausblicke gewährt. Ein Denkmal an der Brücke erinnert an die tödlich verunglückten Kumpel der Kohlegruben um Greymouth – 2010 starben bei der Pike River-Schlagwetterexplosion 29 Bergleute (►S. 255). Wechselausstellungen lokaler Kunsthandwerker und eine tolle Jadesammlung zeigt die **Left Bank Art Gallery**. Bier mit Kultstatus können Sie bei einer Führung in **Monteith's Brewing Co.** probieren.

**Hotel, Restaurant & Jadeshop:** ►S. 250 | **Left Bank Art Gallery:** 1 Tainui St | https://bankarts.com | **Monteith's Brauerei:** tgl. 11 – 21, im Winter bis 20 Uhr | Tour 29 NZ$ | www.thebrewery.co.nz

### Wie im wilden Westen

★ Shantytown

Das Highlight aber liegt 10 km südlich: Vom Golden Nugget Saloon über Kirche, Gefängnis, Theater, Bahnhof, Juwelier und Post bis zu Druckerei, Feuerwehr, Chinatown und Schuhgeschäft wurde in dem Goldgräberstädtchen alles originalgetreu wie in den wilden 1860ern aufgebaut. Ein Dampfzug zuckelt durch den Wald zu einem alten Sägewerk. Lassen Sie zur Erinnerung ein altes Foto wie anno dazumal machen und versuchen Sie Ihr Glück beim **Goldwaschen**.

**Shanty Town Heritage Park:** 316 Rutherglen Rd, Paroa | tgl. 8.30 bis 17 Uhr | Erw. 35,50 NZ$, Kinder 18,50 NZ$, Goldwaschen 7 NZ$ www.shantytown.co.nz

### Atemberaubende Ausblicke

★ Arthur's Pass

Von Greymouth verläuft der SH 73 über den Arthur's Pass durch die neuseeländischen Alpen bis nach ►Christchurch. Schon die Maori nutzten den Bergpass, um an die Westküste zu gelangen. Namensgeber war Arthur Dudley Dobson, der 1864 die ersten Europäer über den unwegsamen Pass führte, 1866 war die erste Straße fertig, 1923 rückte der 8,5 km lange **Otria Tunnel** West- und Ostküste zusammen. Während der letzten Eiszeit frästen gewaltige Gletscher u-förmige Trogtäler in die Berge. Das Dörfchen **Arthur's Pass Village** ist Gipfelstation des **TransAlpine**, der über riesige Viadukte, entlang kleiner Flüsse und durch tiefe Schluchten die Southern Alps quert und zu den schönsten Zugreisen der Welt gehört. Höchster Gipfel im **Arthur's Pass National Park** ist mit 2275 m der Mount Rolleston, der mit einem weiteren guten Dutzend Gipfel über 2000 m ein beliebtes Ziel für Trekkingfans ist. Ein leichter, einstündiger Spaziergang führt vom Nordende des Arthur's Pass Village über 2 km durch herrlichen Wald zu den 131 m hohen **Devil's Punchbowl Falls**.

www.greatjourneysofnz.co.nz/tranzalpine | www.doc.govt.nz

# STEIN DER GÖTTER

*Pounamu hatte für die Maori einen so hohen Stellenwert, dass sie die Südinsel nach dem Greenstone benannten: Te-Wai-Pounamu, »Wasser des grünen Steins«. Nur in Flüssen an der Westküste wird Jade gefunden, von den Maori seit Urzeiten als »Stein der Götter« verehrt. Sein grüner Schimmer spiegelt die Geschichte Neuseelands – von den ersten Polynesiern über die europäischen Siedler bis zur Gegenwart. Heute gilt Jade als ein Symbol für die Einheit und Identität des Inselstaats.*

Der grüne Halbedelstein wird seit Jahrtausenden von vielen Kulturen rund um den Globus verehrt. Die ersten Europäer gaben der Nephrit-Jade den Namen **Greenstone**. Dank ihrer Härte und Schönheit fertigten die Maori aus **Pounamu** Waffen, Werkzeuge und Schmuck. Per Gesetz gehört sie den Maori, für die sie etwas Heiliges hat. Mit dem grünlich schimmernden Stein zeigen sie ihre Liebe, wird Freundschaft besiegelt oder Dankbarkeit zum Ausdruck gebracht.

## Grünes Gold

Die Fundstätten sind heute Nelson, Westland, South Westland, Makarora, Wakatipu, der Milford Sound und die Livingstone-Berge. **Nephrit**-Jade besteht aus Kalzium, Magnesium und Silikat, die Tiefe der Farbe von graugrün bis fast schwarz bestimmt der Eisenanteil im Stein. Je nach Färbung und Fundort unterscheiden die Maori verschiedene Gruppen. Die nach einem

In den Jadewerkstätten von Hokitika wird Geschmackvolles in Grüntönen geschliffen.

kleinen Süßwasserfisch benannte **Inanga** hat einen milchigen bis graugrünen Ton und variiert von lichtundurchlässig bis durchscheinend. **Kahurangi** heißt »Klarheit des Himmels« für eine transparente Nephrit-Jade mit leichter Streifenbildung, die an Federwolken erinnert. Die dunkelgrüne **Kawakawa** hat Einsprengsel wie das Laub von Kawakawa-Bäumen, die von den Maori zur Wund- und Schmerzheilung genutzt wurden. Die exquisite **Kokopu**, der »Forellenstein«, hat braune Einschlüsse. Auch die seltene Marsden- Blumenjade aus dem gleichnamigen Fluss bei Hokitika hat ihren Preis. Rotbraune Färbungen wie »Das Blut des Weka« gaben der **Totoweka** ihren Namen. Älteste Jadeform ist kein Nephrit, sondern der oliv- bis bläulichgrüne, glasklare **Bowenit**, den die Maori **Tangiwai** nennen, weil er aus Tränen der Trauer entstanden sein soll. Tangiwai wird am Milford Sound gefunden.

## Treue und Freundschaft

Amulette aus Pounamu waren und sind beliebte Gastgeschenke. Viele Maori-Schnitzer stellen schöne Anhänger und Ohrringe aus Jade her. Dabei orientieren sie sich an den traditionellen Symbolen ihrer Vorfahren. Den »ersten Menschen« **Hei-Tiki** trugen Häuptlinge als Statussymbol für große Weisheit und tiefgehende Loyalität, tauschten ihn als Zeichen des Friedens und gaben ihn von Generation zu Generation weiter, wodurch sich das spirituelle Mana des Schmuckstücks verstärkte. Der Angelhaken **Hei Matau** aus Walknochen oder Pounamu erinnert an den Urvater und großen Seefahrer Maui, der die Nordinsel mit einem Angelhaken aus den Tiefen des Pazifiks fischte. Beim Träger fördert er Wohlstand und Willenskraft und sichert seine Reisen über das Wasser. Das spiralförmige **Koru**-Farnblatt findet sich als Tattoo, bei Holzschnitzereien und als Schmuckmotiv als Zeichen für ein Leben in Harmonie, Neuanfang und festen Rückhalt in der Familie. Der kunstvoll verschlungene **Twist** beschreibt ewige Freundschaft und Liebe. Hüter und Wächter zwischen den Welten ist die mythische Figur **Manaia** als Symbol für Geburt, Leben und Tod.

## Jadehauptstadt Hokitika

Nephrit-Anhänger bekommt man in Neuseeland in vielen Souvenir-Shops. Nicht immer kann man sicher sein, dass die Schmuckstücke tatsächlich aus neuseeländischer Jade gefertigt wurden und nicht billige Importware sind. In Hokitika setzen mehrere Jadewerkstätten erfolgreich auf Greenstone bzw. Pounamu mit Echtheitszertifikat und Schleifkursen. Sehr geschmackvollen Jadeschmuck bekommen Sie bei **Traditional Jade Co.** (2 Tancred St, Hokitika, http://traditionaljade.co.nz), **Tectonic Jade** (67 Revel St, Hokitika, www.tectonicjade.co.nz) und **Mountain Jade** (41 Weld St, Hokitika, www.mountainjade.co.nz).

## Mit eigener Hand

Kaufen kann jeder den Jadeschmuck. Ihn mit eigenen Händen zu schleifen, bedarf allerdings fachkundiger Anleitung. Mit Hilfe des Maori Steve, der geduldig zeigt, wie aus grauem Stein ein grün schimmerndes Schmuckstück wird, ist es im **Bonz 'N' Stonz Studio** fast ein Kinderspiel (16 Hamilton St, Hokitika, Mo.–Sa. 8/9 bis 17 Uhr, 200 NZ$, www.carveyourown.co.nz).

## WEST COAST UND WESTLAND ERLEBEN

### GREYMOUTH I-SITE AND WEST COAST TRAVEL CENTRE
164 Mackay Street, Greymouth
Tel. 03 7 68 70 80
https://westcoast.co.nz

Schönen Jadeschmuck bekommen Sie in Greymouth bei **Shades Of Jade** (22 Tainui St, www.shadesofjade.co.nz) und in den **Jadewerkstätten** von Hokitika (▶S. 249). In der **Hokitika Craft Gallery** verkaufen lokale Künstler Greenstone-Anhänger, Holzarbeiten und Aquarelle. Kuschelige Wollsachen hat das Outlet **The Possum People** (20 Weld St, Hokitika, www.possum-nz.com).

### HOKITIKA WILDFOOD FESTIVAL
Anfang März gibt es Livemusik, Kostümwettbewerbe und lokale Delikatessen, darunter auch bizarre Snacks wie frittierte Grashüpfer und gegrillte Larven des HuHu-Käfers.
https://wildfoods.co.nz

### WEST COAST TREETOP WALK
20 m hoher Baumwipfelpfad über uralten Rimu-Harzeiben mit Wendelturm, Café und Souvenirgeschäft.
1128 Woodstock-Rimu Road Hokitika, tgl. 9–16.15 Uhr, Erw. 32 NZ$, www.treetopsnz.com

### HOKITIKA SUNSET LODGE
Geschmackvolle Zimmer mit King-Size-Betten und Gartenblick, Whirlpool, Grill und leckerem Frühstück
162 Hau Hau Rd, Hokitika
Tel. 022 091 35 52
www.bedroomvillas.com

### PUNAKAIKI ROCKS RESORT €€€
Modernes Haus mit Meerblick, Club, Restaurant und Bar im Paparoa National Park nur 300 m von den fantastischen Pancake Rocks
State Highway 6, Punakaiki
Tel. 03 7 31 11 68
www.punakaiki-resort.co.nz

### ARCHER HOUSE €€€
Hier ticken die Uhren langsamer. Die drei großen romantischen Gästezimmer im viktorianischen Heim eines wohlhabenden Kaufmanns sind stilvoll mit Antiquitäten eingerichtet.
75 Queen Street, Westport
Tel. 03 7 89 87 78
www.archerhouse.co.nz

### ASHLEY HOTEL €€
Modernes, behindertengerechtes Hotel mit Club, Bar und Restaurant
74 Tasman Street, Greymouth
Tel. 03 7 68 51 35
www.hotelashley.co.nz

### JADE COURT MOTOR LODGE €€
Geräumige Apartments im Kolonialstil gruppieren sich um einen gepflegten Garten mit duftenden Blüten. Waschmaschine und gutes Frühstück.
85 Fitzherbert Street, Hokitika
Tel. 03 7 55 88 55
www.jadecourt.co.nz

### STUMPERS €€
Beliebte Bar und Restaurant nah am Meer im Zentrum mit bodenständiger Küche und hellen Studios
2 Weld Street, Hokitika, Tel. 03 7 55 61 54, www.stumpers.co.nz

Die Maori nennen die bunt gefiederte heimische Fruchttaube Kereru.

**Kohle, Klippen und eine Robbenkolonie**

Westport

In der alten Kohlestadt erzählt das **Coaltown Museum** vom Bergbau und harten Leben unter Tage. Abenteuerlustige können Jetboat-Touren, Ausritte und Rafting auf dem **Buller River** buchen. Hauptattraktion von Westport ist 10 km westlich das **Cape Foulwind**, wo ein Leuchtturm das Ende des Küstenwanderweg markiert. Vom Parkplatz an der Touranga Bay brauchen Sie nur 10 Minuten bis zu den Klippen und Felsenpools, wo sich das ganze Jahr Robben tummeln. Von der Terrasse des **Bay House Beachside** mit schicken Apartments können Sie Seebären und Surfer in der Brandung beobachten.

**Coaltown Museum**: 123 Palmerston St | April–Nov. Sa., So. 10 – 16, Mo.–Fr. 9–16.30, sonst tgl. 9–17 Uhr | Erw 12 NZ$ | westport.nz/heritage-and-arts | **Jet Boat Adventure**: 40 Minuten 135 NZ$ | www.bullercanyonjet.co.nz | **Bay House Beachside**: Seal Colony Rd, 433 Tauranga Bay Rd, Cape Foulwind | Tel. 03 789 41 51 https://bayhousebeachsideaccommodation.business.site

Fladenmäßig aufgeschichtet mit engen Buchten und Blaslöchern bieten die Pancake Rocks direkt am Meer ein fantastisches Schauspiel – kommen Sie früh und bringen Sie Zeit mit.

### Boomtown der Glücksritter

Charleston

Welche Entbehrungen in der Hoffnung auf raschen Reichtum in Kauf genommen wurden, veranschaulicht die private **Mitchells Gully Gold Mine** 22 km südlich kurz vor Charleston. Sie ist heute Museum mit 30-minütigem Rundweg zu Stollen und Gerätschaften der Glückritter – um 1870 lebten hier fast 10 000 Goldgräber. Wer auf eine Ader stieß, verdiente meist nur kurz mehr als den normalen Wochenlohn. Der Alltag war harte Arbeit. Wohlhabend wurden nur Händler und Wirte. Der Charleston Nile River Rainforest Train fährt durch den Regenwald zu den **Nile River Glowworm Caves**, die man in 3,5 Stunden zu Fuß oder beim Black Water Rafting erkunden kann.

**Mitchells Gully Gold Mine**: 7664 State Highway 6 | tgl. 9 – 16 Uhr
Erw. 10 NZ$, Kinder frei | http://mitchellsgullygoldmine.co.nz
**Nile River Glowworm Caves**: Touren tgl. 9, 11.30 und 14 Uhr
Erw. 130 NZ$ | https://caverafting.com/gloworm-cave-tour

### Geister der Goldgräber

The Old Ghoast Road

Von **Lyell** können Wanderer und Radfahrer einer alten, 85 km langen Piste aus Goldgräbertagen bis zum Mokihinui River folgen, durch dichte Regenwälder, trockene Flussbetten und vergessene Täler mit vier Geisterstädtchen, wo Sie den Hauch der Vergangenheit spüren, als die Minen noch intakt, bärtige Gesellen mit Schaufel und Schüssel unterwegs und die Sträßchen voller Leben waren.

Buchung von Hütten, Campingplatz und Track-Transfer:
www.oldghostroad.org.nz

### Into the Light

Reefton

Auch das nach goldhaltigem Quarz (reef) benannte Städtchen 80 km südöstlich von Westport kam durch den Goldrausch zu Geld und wurde so reich, dass es sich 1888 als erster Ort der Südhalbkugel eine Stromversorgung und elektrische Straßenbeleuchtung leisten konnte. Bis 2015 wurden die goldhaltigen Quarzadern ausgebeutet. Der letzte Tagebau wird renaturiert und soll als Bergbau-Attraktion im **Victoria Forest Park** eröffnen.

## ★ Paparoa National Park

### Kekerus, Nikau-Palmen und Keulenlilien

Tropischer Regenwald

Im nördlichen Teil der Westküste erstreckt sich über 300 km² vom Ozean bis zu den schroffen Granit- und Gneisgipfeln des Paparoamassivs der Paparoa National Park. Nikau-Palmen, Nordinsel-Eisenholz und Keulenlilien prägen den subtropischen Regenwald. Der endemische Westlandsturmvogel brütet nur an der Punakaiki-Küste, auch die Maori-Fruchttaube Kekeru ist hier zu Hause (►Abb. S. 251). Im **Visitor Centre** in **Punakaiki** erfahren Sie alles zur Flora und Fauna und den Pancake Rocks, verkaufen Kunsthandwerker der Region ihre Arbeiten. Kürzere Wanderungen im Park bieten der halbstündige **Truman Track** und die dreistündigen Tracks am Pororari River und zu den Fox River Caves. Für die anspruchsvolle, zweitägige Wanderung auf dem **Inland Pack Track** braucht man ein Zelt, da es keine Hütten, aber einen Campingplatz gibt.

**Paparoa NP Visitor Centre & I-Site:** 4294 Coast Road, Punakaiki
www.doc.govt.nz

### Steinerne Pfannkuchen

★★ Pancake Rocks & Blowholes

Ein leichter, 20-minütiger Rundweg mit Aussichtsplattformen führt vom Parkplatz am Dolomite Point zu den berühmten Pancake Rocks, die wie riesige, übereinander geschichtete Eierkuchen wirken (▶Abb. S. 252/253). Ihre Entstehung durch **Schichtverwitterung**, das sogenannte Stylobedding, begann vor mehr als 30 Millionen Jahren, als Schalentiere und Pflanzen auf den Meeresboden sanken. Durch Druck versteinerten sie zu unterschiedlichen Kalksteinschichten, die später von Meer, Wind und Regen zu bizarren Pfannkuchen-Stapeln erodiert wurden. Aus den **Blowholes**, tosenden Brandungslöchern zwischen den Felsen, schießen bei Flut mit Wellengang von Westen riesige Wasserfontänen wie Geysire in den Himmel. Einen Tidenkalender mit den Zeiten von Ebbe und Flut finden Sie unter www.metservice.com/marine-surf/tides/westport. Wer will, kann die Pancake Rocks mit einem Ausritt am Strand verbinden.

https://westcoast.co.nz/plan-your-trip/punakaiki-pancake-rocks-and-blow-hole | www.doc.govt.nz

### Für Biker und Hiker

Pike29 Memorial Track

Ende 2019 eröffnete als **zehnter Great Walk** der im Gedenken an die Opfer des Minen-Unglücks 2010 benannte **Paparoa/Pike29 Memorial Track**, der von Blackball bzw. dem Pike River Mine Memorial bis nach Punakaiki zu den Pancake Rocks führt. Für den 55 km langen Track für Wanderer wie Mountainbiker wurde der Park um das Gebiet am Pike River erweitert. Der Wanderweg bietet die Möglichkeit, entlang der rauen Küste durch den Nationalpark zu wandern. Der neue Great Walk soll helfen, den Tourismus zu fördern und die bedrohte Natur zu schützen. Zwei neue Übernachtungshütten mit je 20 Betten werden an der Moonlight Range und im Pororari Valley errichtet.

www.doc.govt.nz

### Gletscherland als Welterbe

★★ Westland Tai Poutini National Park

Von den Dreitausendern der Südalpen bis hinab zur Tasmanischen See erstrecken sich die gewaltigen Gletscherzungen von **▶Fox Glacier und Franz Josef Glacier**, die zum Westland Tai Poutini National gehören und zusammen mit dem ▶Aoraki Mount Cook National Park als »Te Wahipounamu« ein UNESCO-Weltnaturerbe sind.

# H

# HINTER-GRUND

*Direkt, erstaunlich, fundiert*

Unsere Hintergrundinformationen beantworten (fast) alle Ihre Fragen zu Neuseeland.

An der Half Moon Bay von Kaikoura können Sie mit etwas Glück auch die kleinen Seebären beobachten. ▶

# DAS LAND UND SEINE MENSCHEN

*Ob entspannt unterwegs oder mit reichlich Action, das kleine Land weit weg vom Rest der Welt ist für viele ein Traumziel und das zu Recht. Neuseeland ist noch magischer als seine berühmten Filmlocations und begeistert mit fantastischen Naturerlebnissen, lebendiger Maori-Kultur und sympathisch gelassenen Menschen.*

## »Best of« der Kontinente

Das Land der langen weißen Wolke

Die Legende erzählt, dass Gott nach der Erschaffung der Erde sah, dass in den Weiten des Pazifik noch genügend Platz für zwei Inseln war. So schuf er aus dem Schönsten aller Kontinente sein Meisterwerk: Neuseeland oder »**Aotearoa**«, wie die Maori, die ersten polynesischen Einwanderer das »Land der langen weißen Wolke« nannten – seine gewaltigen Vulkane lagen oft unter dicken Wolken und die schneebedeckten Gipfel erstreckten sich weiter, als das Auge reichte.

Versteckt in einer Bucht bei Coromandel: der Traumstrand von Cathedral Cove

Architekt Erde

Der Pazifikstaat rechts unten auf der Weltkarte entspricht flächenmäßig gut zwei Dritteln Deutschlands. Der große Nachbar Australien ist fast 2000 Kilometer entfernt. Vor 80 bis 100 Millionen Jahren trennte sich das heutige Neuseeland durch die Bildung der **Tasmanischen See** vom Urkontinent **Gondwana**, der Australien, die Antarktis und Neuseeland zu einer Landmasse vereint hatte. Unter der Erdoberfläche rumort es im Inselstaat gewaltig. Denn Neuseeland liegt am »Ring of Fire« auf zwei Kontinentalplatten, der **Australischen** und der **Pazifischen Platte**, deren Bewegungen dafür sorgen, dass es hier immer wieder heftige Erdbeben und einige der am häufigsten ausbrechenden **Vulkane** der Welt gibt (▶Das ist Neuseeland S. 10). Durch die Kollision der Kontinentalplatten entstand auch das junge **Faltengebirge** der Southern Alps auf der Südinsel.

Nordinsel

Die kleinere Nordinsel ist mit der größten Stadt **Auckland**, dem Art-déco-Juwel **Napier** und der charmanten Hauptstadt **Wellington** zwar urbaner, kann aber trotzdem mit grandioser Natur punkten wie der subtropischen Inselwelt der **Bay of Islands**. Die **Coromandel**-Halbinsel schmiegt sich mit Traumstränden an den Pazifik. Bei **Rotorua** brodelt und zischt es zwischen wilden Urwäldern und sanften Grashügeln aus Geysiren, Schlammtöpfen und Thermalquellen – fan-

tastische Kulissen für die »Herr der Ringe«-Filme. Vielerorts laden naturnah **heiße Pools** zum Baden ein. Unvergesslich sind Ausflüge zum vulkanischen Kratersee **Lake Taupo** und Wanderungen oder Rundflüge zu den Vulkangipfeln im **Tongariro National Park**.

Südinsel

Die Südinsel beeindruckt mit kolossalen Gegensätzen diesseits und jenseits der schneebedeckten **Southern Alps** – absolute Highlights sind Wanderungen über das ewige Eis am Franz-Josef-Gletscher. Schauen Sie sich das **Wow Museum** in Nelson an und machen Sie in Blenheim eine **Weinprobe**. An der Westküste rauschen tosende Wasserfälle in tiefschwarze Fjorde, warten feinsandige **Strände** mit den meisten Sonnenstunden im Land. Ski- und Snowboardfahrer treffen sich auf den Pisten von Wanaka und **Queenstown**, der pulsierenden »Adrenalin Capitale« Neuseelands. Nie werden Sie das »Kreuz des Südens« klarer sehen als am Sternenhimmel über dem Lake Tekapo. Mit 3724 m höchster Gipfel ist der **Mount Cook** bzw. **Aoraki**, wie die Maori den Berg nennen, »der die Wolken durchbricht«.

## Endemische Flora und Fauna

Gott des Waldes

Über Jahrmillionen ermöglichte die isolierte Lage der Tier- und Pflanzenwelt Neuseelands eine einzigartige eigenständige Entwicklung. 70 Prozent der Flora, ein Großteil der Insekten und ein Viertel aller Vögel sind endemisch, kommen also nirgendwo sonst auf der Erde vor. Für die Maori haben die mächtigen **Kauri**-Bäume eine besondere spirituelle Bedeutung als Urväter aller Lebewesen. »Tāne Mahuta« nennen sie die größte, gut 51 m hohe Kauri-Fichte im Waipoua Kauri Forest, »Gott des Waldes«. Die immergrünen Kauris sind die größten Regenwald-Bäume der Erde und nur in Neuseeland zu finden. Bis zur massiven Abholzung Anfang des 20. Jh.s war Neuseeland weitgehend von Wald bedeckt, gab es viele Kauris auf der Nordinsel. Doch nicht nur Holzfällern fielen die Giganten zum Opfer, auch »Gum Digger« waren vor Erfindung synthetischer Alternativen hinter dem bernsteinähnlichen Harz der Nadelbäume her, das für Lacke und Linoleum verwendet wurde. Heute existieren nur noch wenige Exemplare im Northland und auf der Coromandel-Halbinsel (►Baedeker Wissen S. 108).

Gefiedertes Nationalsymbol

Im feuchten Klima der Regenwälder Neuseelands gedeihen die verschiedensten Farne, Moose, Lianen, Kletterpflanzen und Epiphyten. Bis zu 10 m hoch wächst der buschige **Silberfarn** (Cyathea dealbata), der so heißt, weil seine gefiederten Zweige an der Unterseite silbern schimmern. Er ist Nationalsymbol und wird von vielen Sportteams als Emblem getragen, darunter vom Rugby Nationalteam der All Blacks (►Baedeker Wissen S. 49). Maori-Krieger nutzten die umgedrehten Farnzweige, die das Mondlicht spiegelten, als Wegweiser.

Atemberaubend schöne Panoramen garantiert ein Hubschrauberrundflug zum Franz-Josef-Gletscher, laut Maori-Legende die gefrorenen Tränen einer Frau.

Die Rinde des bis zu 20 m hohen Schwarzen Baumfarns (Cyathea medullaris) verwendeten die Maori als Wundpflaster, die Stämme als Baumaterial. Im viktorianischen Empire des späten 19. Jh.s wurden Farne zur modischen Zierpflanze des Kolonialreichs.

Der etwas andere Weihnachtsbaum

Er ist zwar genauso immergrün wie unsere Weihnachtsbäume, aber der **Pohutukawa** oder Eisenholzbaum schmückt sich zum sommerlichen Christfest gleich selbst. Dann strahlen die Pinselblüten des »Christmas Tree« in kräftigem Rot. Am besten lässt sich das Naturspektakel auf der Nordinsel an den Küstenstraßen von Coromandel und Napier beobachten. Zur Weihnachtszeit von kleinen leuchtend roten Blüten übersät ist auch der immergüne **Rata**. Sein Bestand ist allerdings durch das Opossum gefährdet. Das von Australien eingeschleppte Nagetier, heute eine der größten Plagen, ernährt sich gern von den jungen Trieben und dicken Blättern der Ratas. Durch aparte gelbe Blüten und gefiederte Blätter gefällt der Schnurbaum **Kowhai**, Neuseelands »Goldregen«.

▶ Māori Bezeichnung:

# Aotearoa

Lage:
**Südwestlicher Pazifik**
(südöstlich von Australien)

Fläche:
**270 534 km²**
Ausdehnung: Vom nördlichsten bis zum südlichsten Punkt: **1770 km**

Einwohner: **5,1 Mio.**
Im Vergleich:
Deutschland: 83,2 Mio.

Bevölkerungsdichte:
**16 Einwohner/km²**
Im Vergleich:
Deutschland: 230 pro km²

Zeit:
**MEZ + 11 Std.**

## ▶ Bewohner aus den wichtigsten asiatischen / pazifischen Ländern

(Angaben in Tausend)

| | | | |
|---|---|---|---|
| 171 | China | 144 | Samoa |
| 155 | Indien | 61 | Cook-Inseln |
| 40 | Philippinen | 60 | Tonga |
| 30 | Korea | 23 | Niue |
| 14 | Japan | 14 | Fiji |
| 11 | Sri Lanka | 7 | Tokelau |
| 8 | Kambodscha | 3 | Tuvalu |

## ▶ Ethnische Gruppen

(Angaben in %)

**Europäische Abstammung**
649

**Māori**
14,9

**Asiaten**
11,8

**Pazifische Inseln/ Polynesien**
7

**Sonstige**
0,3

## Flagge

Der Union Jack zeigt die Mitgliedschaft im Commonwealth. Die Sterne stellen das Kreuz des Südens dar, das die Lage auf der Südhalbkugel symbolisiert.

## Sprachen

Englisch, Te Reo Maori, Gebärdensprache

## Altersstruktur

(Angabe in Jahren)

**20** % unter 15
**14** % zwischen 15 und 24
**40** % zwischen 25 und 54
**11** % zwischen 55 und 64
**15** % über 65

## ▶ Staat

**Staatsform:** Parlamentarische Demokratie, zugleich konstituelle Monarchie innerhalb des Commonwealth of Nations

**Staatsoberhaupt:** Königin des Vereinigten Königreichs von Großbritannien und Nordirland, vertreten durch einen Generalgouverneur

**Ausführende Gewalt:** Premierminister und sein Kabinett

**Parlament:** House of Representatives (Ein-Kammer-Parlament)

## ▶ Verwaltung

**17** **Regional Councils** (Regionalräte; zuständig für Infrastruktur, Wasserwirtschaft etc.)

**74** **Territorial Authorities** (ähnlich deu. Stadt- bzw. Gemeindeverwaltungen), darunter:

**57** **District Councils** (Gemeindeverwaltungen)

**16** **City Councils** (Stadtverwaltungen)

**1** **Island Council** (Inselverwaltung)

**5** **Unitary Authorities** (zugleich Regional- und Gemeindeverwaltung)

## Schafe und Rinder

Die Schaf- und Rinderzucht ist einer der bedeutendsten Wirtschaftszweige. Neuseeland ist größter Milchexporteur, zweitgrößter Wollexporteur und fünftgrößter Fleischexporteur der Welt.

**Entwicklung Schaf-, Rind- und Milchviehbestand** in Mio.

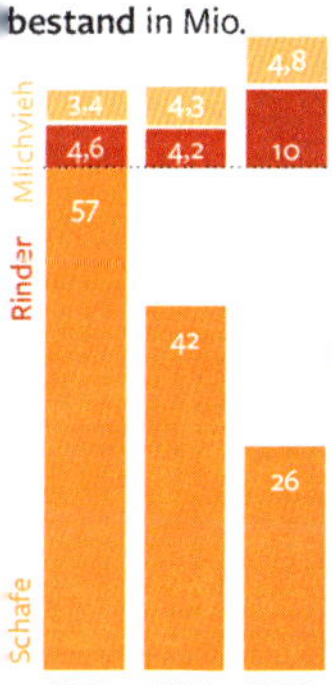


**Die sechs wichtigsten Wollproduzenten weltweit** (2020, in Prozent)

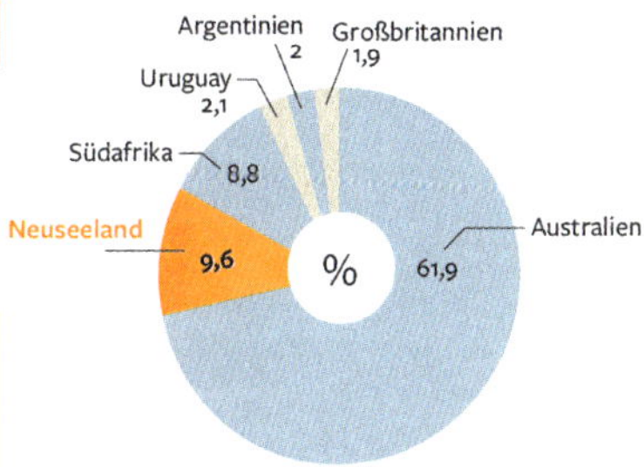


**Export 2020** in NZ$

Molkereiprodukte **19 Mrd.**

Fleisch **5,1 Mrd.**

Wolle **350Mio.**

**Gut gegen Skorbut**

Als James Cook 1773 das Fjordland im Südwesten Neuseelands ansteuerte, zeigte seine Besatzung nach langer Fahrt Anzeichen von Skorbut. Gegen die gefürchtete Seefahrerkrankheit musste schnellstens eine Vitamin-C-haltige Heilpflanze gefunden werden. Die Rettung brachten Tee aus Neuseelandmyrte und ein aus den Zweigspitzen der **Rimu-Harzeibe** gebrautes Bier. Für die europäischen Siedler war Rimu ein wichtiges Nutzholz und die Bäume wurden daher weitgehend abgeholzt. Im Winter färben sich seine Zweige rötlich, im Frühjahr werden sie wieder grün.

**Manuka-Honig**

Große Teile der Südinsel bedecken die robusten, immergrünen **Tussock**-Büschelgräser. Eine Augenweide sind im Sommer die blühenden alpinen Wiesen und Matten. Neben gänseblümchenartigen Celmisias leuchten Enziane, Orchideen, die Mount-Cook-Lilie und Weißer Hahnenfuß. Nahezu überall gedeiht der **Manukastrauch**. Der Nektar aus den Blüten der Südseemyrte verleiht dem dunkelgel-

Ein nur in Neuseeland vorkommendes Relikt des Erdmittelalters ist der Tuatara.

ben Manuka-Honig eine besondere Note. Honigbienen wurden erst 1839 von Missionaren ins Land gebracht. Heute sind es Ligistica-Bienen, die den begehrten Manuka-Honig herstellen.

Harakeke der Maori

Die grasähnlichen, bis zu 3 m langen Blätter des **Neuseeland-Flachses** wurden von den Maori für alle Arten von Kleidung, Körbe sowie zur Heilung von Wunden eingesetzt. Mit einer scharfen Muschel wurde der fleischige Blattteil von den Fasern getrennt, gewaschen und gefärbt. Bis zu 1000 m lange Fischernetze konnten vollständig aus Flachs gefertigt werden, mit ähnlichen Knoten wie in Europa. Zugfeste Flachsseile hielten die hochseetauglichen Waka-Kanus zusammen. Aus ihrer polynesischen Heimat brachten die Maori auch andere Nutzpflanzen mit wie die Süßkartoffel.

## Kiwi, Kakapo, Kea & Co.

Dinos und seltsame Vögel

Mit Fernglas, Taucherbrille und Kamera lassen sich in Neuseeland außergewöhnliche Tiere beobachten. Ein letztes, nur in Neuseeland heimisches Relikt aus dem Erdmittelalter ist die Brückenechse **Tuatara**. Die einzige Echse mit Schnabelkopf, die es noch auf der Welt gibt, war schon zu Zeiten der Dinosaurier auf unserem Planeten unterwegs. Sie kann über 100 Jahre alt werden und ist nur noch auf geschützten Inseln vor der Küste zu finden.
Die frühe Isolation hat bewirkt, dass es auf den neuseeländischen Inseln – von zwei Fledermausarten abgesehen – **keine Säugetiere** gibt. Die einst riesigen immergrünen Buschgebiete Neuseelands boten die perfekte ökologische Nische für Vögel. Im Laufe der Evolution wurden Flügel für einige von ihnen überflüssig, da es in Neuseeland schlicht keine natürlichen Feinde gab, vor denen sie hätten davonfliegen müssen. So hat der schwergewichtige Eulenpapagei **Kakapo** das Fliegen verlernt. Nur noch 140 Exemplare der seltsamen Spezies haben auf raubtierfreien Inseln überlebt. Auch die smaragdgrün gefiederten **Keas** (▶Abb. S. 267) sind vom Aussterben bedroht, weil sie ihre Nester schutzlos am Boden bauen. Touristen werden häufig Opfer der intelligenten Bergpapageien, die Gummieinlagen von Autoscheibenwischern lieben. Der fast blinde, flugunfähige **Kiwi** mit struppigem Federkleid wurde zum Nationalsymbol des Landes erklärt (▶Das ist Neuseeland S. 16 und Baedeker Wissen S. 71). Am besten lässt sich der Kiwi in Wellingtons Zealandia im Rahmen einer Abendführung oder im Kiwi-Haus von Te Puia in Rotorua beobachten, mit Habitat Tours (▶ S. 19), auf Stuart Island oder im Auckland Zoo. Wissenswertes rund um den Nationalvogel bietet www.kiwisforkiwi.org. Das flugunfähige Sumpfhuhn **Weka** hat eine Schwäche für glänzende Gegenstände. Durch wunderschöne indigofarbene Federn und einen leuchtend roten Schnabel beeindruckt der **Takahe**.

Staatsfeinde

Neuseelands endemische Fauna hat es schwer, seit Menschen fremde Tiere auf die Inseln brachten. Die Maori, die vor 800 Jahren auf ihren Auslegerkanus kamen, hatten Ratten als Fleischlieferanten an Bord. Außerdem jagten sie die straußenähnlichen, mehr als 4 m großen und bis zu 230 g schweren **Moa**-Vögel, und das bis zum letzten Exemplar. Naturschützer führen heute mit Fallen und Giftködern einen regelrechten Kreuzzug gegen das 1837 von Australien für den Pelzhandel eingeführte **Opossum**. Außer Fallenstellern hatte das Tier auf den Inseln nie einen Widersacher. Aus der Wolle werden noch immer kuschelige Schals, Mützen und Handschuhe gefertigt, doch inzwischen bevölkern 35 Millionen Opossums das Land. Zig Millionen Dollar investiert die Regierung alljährlich zur Vernichtung der Schädlinge. Die niedlichen Beuteltiere verwüsten nicht nur Gärten und Blumenbeete, sondern fressen ganze Wälder kahl und stehlen Eier aus Nestern. Die Kaninchen, die Europäer auf den Inseln freiließen, hatten sich in den 1870ern so stark vermehrt, dass die Bauern um ihre Ernte fürchteten. So holten sie Hermeline und Wiesel als natürliche Feinde, doch die **Marder** entpuppten sich ebenfalls als Eierdiebe und Bedrohung der heimischen Vogelwelt.

Glühwürmchenshow und giftige Winzlinge

In den Tropfsteinhöhlen der **Waitomo Caves** werden die Wände von Galaxien heimischer Glühwürmchen fantastisch beleuchtet. Die Glowworms sind allerdings anders als bei uns Larven von **Pilzmücken**, die von der Decke hängen. Diese sondern klebrige Fäden ab, die, um möglichst viele Insekten anzulocken, bläulich schimmern – buchen Sie am besten eine Bootstour durch das Höhlenlabyrinth. Gegen Abend können Stechmücken und Sandfliegen ziemlich lästig werden. Die seltene **Katipo-Spinne** ist das einzige gefährliche Tier Neuseelands. Ein Biss ohne Verabreichung eines Gegengifts kann für Menschen tödlich sein. Gebührender Respekt vor dem achtbeinigen Tier mit erbsengroßem schwarz-roten Körper ist deshalb geboten.

Graue Giganten und König der Lüfte

Vor der Küste tummeln sich **Wale, Delfine und Seehunde**, die Sie am besten in Kaikoura auf der Südinsel zu Gesicht bekommen. In der kleinen Hafenstadt starten Katamarane zu **Whale-Watching-Touren**. Bis zu 20 m lange Pottwale, Orcas und ganze Delfinschulen begleiten die Boote – ein unvergesslicher Moment! Hochseeangler schätzen die **fischreichen Gewässer** um Neuseeland besonders wegen Tiger- und Hammerhaien, Marlins, Schwert- und Thunfischen. Auf der Otago-Halbinsel können Sie die scheuen **Gelbaugen-Pinguine**, am Milford Sound mit Glück Dickschnabelpinguine beobachten. Wenn es so richtig windig wird, schwingen sich die **Königsalbatrosse** mit 3,5 m Flügelspannweite majestätisch in die Lüfte. Zur weltweit einzigen Festlandkolonie in Tairua Head auf der Otago Peninsula gehört ein spannendes Infozentrum. Am Cape Kidnappers bei Napier lassen sich Tölpel beobachten – Fernglas nicht vergessen!

OBEN: Vor Kaikoura können Sie Wale hautnah erleben. UNTEN LINKS: Keas sind schlau und haben eine Schwäche für Gummiteile am Auto. UNTEN RECHTS: Nachtaktives Opossum

## Zwei Völker, ein Land

Bevölkerung

Die meisten Neuseeländer leben auf der Nordinsel. Rund ein Viertel der **5,1 Millionen** Staatsbürger hat dort seinen Wohnsitz in **Auckland**, der größten Stadt des Landes, während die größere Südinsel nur gut eine Million Bewohner zählt und weite Landesteile wie das Fiordland praktisch unbewohnt sind. Der Bevölkerungszuwachs der letzten zehn Jahre geht zu zwei Dritteln auf Einwanderungen zurück. Mehr als 200 000 Aukländer stammen von den **Pazifischen Inseln** und machen die pulsierende Metropole damit zur größten polynesischen Stadt der Welt. Mit einer Bevölkerungsdichte von 17 Einwohnern pro km² – Deutschland hat zum Vergleich 232 pro km² – ist Neuseeland relativ dünn besiedelt, wenn auch wesentlich dichter als der große Nachbar Australien mit 2,6 Einwohnern pro km². Die Neuseeländer sind stolz auf ihr Land und werden ungern in einem Atemzug mit Australien genannt, als ob es ein und dasselbe wäre. Im Vergleich zum Rest der Welt ist der Lebensstil der Kiwis entspannter und weniger reglementiert. **Take it easy!** Ohne Stress und Hektik, dafür gern positiv. Die Menschen sind offen, höflich und hilfsbereit, Gemeinschaft und Can-Do-Mentalität werden großgeschrieben – nehmen Sie etwas von dieser lockeren Grundhaltung mit nach Hause!

Das eigene Land begreifbar machen, auch für die Kleinsten: Das Nationalmuseum Te Papa Tongarewa in Wellington ist mit allem gefüllt, was diese Nation ausmacht.

Multikulturelle Gesellschaft

Knapp 15 % der Bevölkerung bezeichnen sich als **Maori** polynesischer Herkunft, 64 % als **Pakeha**, wie die Hellhäutigen europäischer Abstammung genannt werden, Tendenz sinkend. Dafür nimmt der Anteil **asiatischer Volksgruppen** rapide zu, die bereits fast 12 % ausmachen. Viele Chinesen und Inder leben seit Generationen im Inselstaat. Neuseeland sieht sich heute als **Schmelztiegel**, faszinierend und bereichert durch unterschiedliche Kulturen, die sich immer wieder aneinander reiben. Gemeinsam fühlen sich alle als »**Kiwis**«, wie die Neuseeländer sich stolz nennen. Nur 55 Prozent der Bevölkerung bekennen sich zu einer **Religion**, die meisten davon zur römisch-katholischen Kirche, an zweiter Stelle kommen die anglikanische und die presbyterianische Kirche. Die animistische Religion der Maori ist in keiner Institution organisiert. Sie schließt alles auf der Welt ein, an erster Stelle die Menschen, das Land und das Meer.

## Maori

Tradition trifft Moderne

Dass die Nationalhymne zuerst auf Te Reo erklingt, ein Rugby Match mit einem Haka-Tanz und der Besuch eines Staatsoberhauptes mit einer Powhiri-Begrüßungszeremonie beginnt, dass in den Medien und allen Schulen die Traditionen der Maori berücksichtigt werden, verdanken sie dem **Vertrag von Waitangi**. Das 1840 von der englischen Kolonialmacht und 500 Maori-Häuptlingen unterzeichnete Dokument sollte ein partnerschaftliches Zusammenleben, Landbesitz und den Schutz der ethnischen Kulturgüter garantieren. Doch bis zu den Protesten der Maori in den 1970ern wurde der Vertrag von staatlicher Seite meist schlicht ignoriert, Maori wurden enteignet, ihre Sprache und Bräuche unterdrückt. Auch wenn sie sich weitaus besser wehren konnten als die australischen Aborigines, war das historische Unrecht an der »Lost Generation« so groß, dass heute staatliche Ausgleichszahlungen in Milliardenhöhe als Entschädigung geleistet werden. In keinem anderen westlichen Land mit Urbevölkerung ist das öffentliche Leben so ethnisch durchdrungen wie in Neuseeland. Allerdings beherrscht nur ein Viertel der knapp 700 000 Maori die seit 1980 zweite offizielle Landessprache **Te Reo**, doch es werden mehr. Auch **Maori TV** ist das Ergebnis der staatlichen Bemühungen, die indigene Sprache wiederzubeleben und die Kultur der ersten Einwanderer in den Alltag zu integrieren (▶Das ist Neuseeland S. 13).

Zusammenleben in Familien

Die wichtigste Einheit in der Maorigesellschaft ist der **Iwi** (Stamm), der aus mehreren **Hapu** (Unterstämmen) besteht. Bis die Europäer nach Neuseeland kamen, bildeten bis zu 500 Menschen einen solchen Teilstamm, der sich wiederum aus **Whanaus** (Familien) mit bis zu 30 Angehörigen zusammensetzte, die ein oder mehrere Schlafhäuser bewohnten. Als Krieger legten die Maori ab dem 14. Jh. an strategischen

Punkten befestigte Wehrdörfer (**Pa**) mit Pfahlwällen und Häusern um den zentralen **Marae**-Platz vor einem großen, mit Schnitzereien und Holzstatuen reich verzierten Versammlungshaus an. Zudem gab es Vorratshäuser, Kochhütten – in den Wohnhäusern durfte nicht gegessen werden – und Männerhäuser, in denen Werkzeug gefertigt und repariert wurde. An der Spitze des Stammes standen die **Rangatira** (Adelsfamilien), deren erstgeborener Sohn **Ariki** wurde, der Häuptling. Von hoher Abstammung war auch der **Tohunga** (Priester), der religiöse Rituale ausführte, aber auch ein Meister der symbolträchtigen Schnitzkunst, mündlichen Überlieferung und Tätowierung war. Heilige Karakia-Sprechgesänge und magische Formeln waren entscheidend bei kultischen Handlungen wie Opferfeiern, Gebeten und Beschwörungen. In der Rangordnung folgten die Tutua (einfaches Volk) und Taurekarera (Sklaven).

Animistisches Weltbild

Die Maori verehrten ihre Ahnen und die Natur, deren Elemente für sie alle **Mauri** (Lebenskraft) besaßen. Viele Götter und Geister mussten durch bestimmte Riten besänftigt werden. **Tane**, der seine Eltern, den Himmel und die Erde, getrennt hatte, schuf die erste Frau aus roter Erde. Er ist der Gott des Waldes, wo die für Kanus und Hausbau so wichtigen Baumriesen wachsen. So ist er auch der Gott der Boots- und Hausbauer. Wer einen Baum fällen wollte, musste Tane ein Opfer bringen, in erster Linie Speisen. Die im polynesischen Kulturkreis häufigen **Menschenopfer** forderte nur der Kriegsgott Tu, ihm gehörte immer auch der erste getötete Feind. Obwohl die Maori im 19. Jh. im großen Stil bekehrt wurden, schafften es die politisch einflussreiche Ratana-Bewegung und der Ringatu-Prophet Te Kooti, dass die traditionelle Religion lebendig blieb.

Respekt und spirituelle Kraft

Seine Legitimation zur Führung erhielt der Häuptling durch Respekt und spirituelle Kraft des **Mana** seiner Vorfahren. Dies konnte vergrößert werden durch Kriegskunst, Weisheit oder den Verzehr eines Feindes, dessen Mana er damit aufnahm. Aber es konnte auch verloren gehen durch Verstöße gegen das **Tapu** (heilig, tabu), eine positive Kraft, die durch nichts gestört werden darf. Es gab Tapu-Regeln für den Umgang mit heiligen Stätten und das Bestellen der Äcker, die Vogeljagd, Fischen und Ernte. Einige Tapu-Gebote finden sich noch heute in Bestattungsriten und dem Marae-Zeremoniell. Wichtige Entscheidungen traf der Häuptling nicht allein, sondern berief dazu eine Versammlung auf dem **Marae** ein, dem zentralen Platz vor dem Versammlungshaus. Jeder Führer einer Familie durfte sprechen, das erste und letzte Wort hatte jedoch der Häuptling.

Maori King Movement

**Tuheitia Paki** heißt der König, der 2006 zum siebten Monarchen der Maori gekrönt wurde und in Ngaruawahia seine offizielle Residenz hat. Er ist der älteste Sohn von **Te Arikinui Dame Te Atairangikaahu**, die

OBEN: Maori-Zeremonie für Touristen in Waitangi, wo einst der berühmt-berüchtigte Vertrag unterzeichnet wurde. UNTEN: Das herausfordernde »Zunge zeigen« der Maori soll abschrecken und Furchlosigkeit symbolisieren. Eine volle Gesichtstätowierung zu tragen, war früher nur den höchsten Anführern erlaubt.

Will erinnern und bewahren: der Bestsellerautor und Filmemacher Witi Tame Ihimaera in seinem Haus mit einer traditionellen Maori-Ahnenfigur

bis zu ihrem Tod im Alter von 75 Jahren vier Jahrzehnte über die Maori geherrscht hatte. Vor seiner Krönung war Paki als Kulturberater an der Universität Wellington tätig. Gewählt wurde er von den Stammesoberhäuptern der Maori-Stämme der Nordinsel. Das Amt des Königs ist zwar nicht erblich, bisher waren aber alle Monarchen direkte Nachfahren des ersten Königs Potatau, der 1858 versuchte, die Maori zu einen und so der weißen Übermacht entschiedener zu begegnen.

Renaissance der Maori-Kultur

Durch die Verstädterung verloren viele Maori im 20. Jh. ihre Verbindung zu den **Stammeswurzeln**. Gut ein Fünftel kennt seinen eigenen Iwi nicht mehr. Nach den Protestaktionen der 1970er setzte eine Wiederbelebung der Maori-Kultur ein. Heute leben die Maori in der Mitte der Gesellschaft, sichtbar und selbstbewusst (►Das ist Neuseeland S. 14). Internationale Aufmerksamkeit bescherten große Filme Neuseelands wie »**Das Piano**« und »**Whale Rider**«, die die Welt der Maori in schönen Bildern würdigen. »**Die letzte Kriegerin**« schockierte schonungslos mit dem aus den Fugen geratenen Leben der Maori-Underdogs im Dschungel der Großstadt. Vom Erwachsenwerden abseits der weißen Norm erzählt »**Boy**« mit Witz und Poesie.
Wegweisende Wanderin zwischen den Welten wurde **Patricia Grace** (geb. 1937, ►Das ist Neuseeland S. 14). **Keri Hulme** (geb. 1947), deren Vorfahren mütterlicherseits Maori waren, erhielt für »Unter dem Tagmond« den renommierten Booker Prize. Mit dem bedeutendsten Literaturpreis ihres Heimatlandes, dem New Zealand Post

Book Award, wurde **Paula Morris** (geb. 1965) für »Rangatira« ausgezeichnet, die Memoiren eines Maori-Häuptlings, ihrem Ururgroßvater. Als bedeutendste Maori-Autoren gelten derzeit der Schriftsteller, Librettist und Filmemacher **Witi Tame Ihimaera** (geb. 1944) und **Alan Duff** (geb. 1950), der den Zerfall der Familien und die fehlende Eigenverantwortung der Maori thematisiert.
Ein großartiger Zugang zur Kultur der Maori und gute Gelegenheit zum geselligen Beisammensein ist das **Hangi**, das traditionelle Essen aus dem Erdofen, wo Fisch, Huhn und Wurzelgemüse stundenlang auf heißen Steinen garen. Spitzenkoch Charles Royal organisiert in Rotorua spannende **Maori Food Trails**. Monique Fiso, die die indigene Küche revolutionieren will, experimentiert seit Ende 2018 im **Hiakai** in Wellington mit indigenen Zutaten und Techniken ihrer Heimat.

»
Der Mensch mag sein Moko in die Erde tätowieren, aber sobald seine Wachsamkeit nachlässt, nimmt die Natur sich zurück, was er sich angeeignet hatte, um seine Eitelkeit zu befriedigen.
«

*Witi Tame Ihimaera, The Whale Rider – Die magische Geschichte vom Mädchen, das den Wal ritt.*

## Wirtschaft: Tourismus, Hightech und Milch

**Export und Freihandel**

Die wirtschaftliche Entwicklung Neuseelands folgt seit Jahren einem **stabilen, positiven Trend**. Obwohl zwei Drittel des Bruttoinlandsproduktes im Dienstleistungssektor erwirtschaftet werden, ist der Anteil der Landwirtschaft mit 6 % noch immer hoch. Eine erhebliche Rolle spielt der **Tourismus**, von dem jede zehnte Arbeitsstelle direkt oder indirekt abhängt - pre-Covid besuchten zuletzt rund 3,8 Mio. Touristen jährlich Neuseeland. Weitere wichtige Branchen sind **Hightech** und Filmproduktion. Ähnlich wie in Deutschland, ist ein Fachkräftemangel zu verzeichnen, vor allem im IT-Bereich.
Nach dem pandemiebedingten Einbruch wächst Neuseelands Wirtschaft seit 2021 wieder. Sorgen bereitet allerdings der sich abzeichnende Arbeitskräftemangel. Als vergleichsweise kleines Land ist Neuseeland erheblich vom **Export** abhängig und entsprechend stark am Freihandel orientiert. Ein Viertel der Exporte sind **Milchprodukte**. Ihre Verarbeitung kontrolliert zu 95 % die Firma **Fonterra**, eine von 11 000 Milchbauern kontrollierte Kooperative und mit 16 000 Angestellten der größte Molkereibetrieb der Welt. Neuseeländische Agrarprodukte sind heute im internationalen Vergleich eine Messlatte für Qualität. Milchpulver, aber auch Butter, Sahne und Käse sind in

den letzten Jahren zu gefragten Massennahrungsmitteln geworden, vor allem in China. Wichtige Einfuhrprodukte sind Automobile, technische Geräte, Lebensmittel und Pharmaprodukte. Mit dem Haupthandelspartner **Australien** besteht seit 1983 die Freihandelszone **CER**. Zweitgrößter Handelspartner ist die EU. 2018 unterzeichneten Neuseeland, Australien, Brunei, Chile, Japan, Kanada, Malaysia, Mexiko, Peru, Singapur und Vietnam das Trans-Pazifische Handelsabkommen **CPTP** für einen neuen Binnenmarkt von 500 Millionen Menschen. Bis 2030 will die Regierung 90 % aller neuseeländischen Exporte mit Freihandelsabkommen abdecken.

Die Kiwis bitten zur Kasse

Der Inselstaat ist für viele ein Sehnsuchtsziel. Allein in den letzten fünf Jahren wuchs der Tourismussektor um 30 Prozent. Was gut für die Wirtschaft ist, muss nicht unbedingt für die Natur gelten. So kritisieren viele Kiwis, dass einst einsame Wanderwege inzwischen übervölkert, zugeparkt und zugemüllt sind. Neuseeland droht das Opfer des eigenen Erfolges zu werden. Für den Erhalt von Natur und Infrastruktur bezahlen internationale Besucher daher **seit 1. Oktober 2019** eine **Tourismussteuer** von 35 NZ$, die bei der Einreise erhoben wird. Ausgenommen sind die Südsee-Inselstaaten und Australien.

Rinder statt Schafe

Captain Cook brachte 1773 einen Widder und ein Mutterschaf vom Kap der guten Hoffnung mit, die nach wenigen Tagen starben. Erst 60 Jahre später startete die Schafzucht mit Erfolg. Neben Rindern, Schweinen und Geflügel sollten Schafe die europäischen Einwanderer ernähren. Heute besitzt Neuseeland über **26 Millionen Schafe** und die Schafschur ist ein regelrechter Sport. Neben der Disziplin der Schur gibt es noch das Woll-Handling und Ballenpressen. Beim internationalen »Golden Shears« Anfang März in Masterton auf der Nordinsel können Sie drei Tage lang echte Schaf-Scherer beim Wettstreit sehen. Doch wer über die Inseln reist, sieht zunehmend mehr Kühe und Rinder, die höhere Erträge versprechen. **10 Mio. Rinder** grasen bereits auf Neuseelands Weiden zwecks Fleischproduktion vor allem für den asiatischen und arabischen Markt. Leider erzeugen die Wiederkäuer beim Verdauen Methan-Gase, die in Massentierhaltung erheblich zur Erderwärmung beitragen und durch ihre Exkremente die Gewässer belasten. Trotz strikter Umweltauflagen ist der Fischbestand im Waikato River, Lake Taupo und Lake Rotorua stark bedroht, von Algenwachstum und Trinkwasserverunreinigung ganz zu schweigen. 170 000 km² werden in Neuseeland landwirtschaftlich genutzt, einige der 27 000 Schaffarmer sind Großgrundbesitzer. Über 4000 Farmen liefern **Rotwild** nach Europa. Exportschlager ist Obst, besonders Äpfel und die Vorzeigefrucht **Kiwi** (▶Das ist Neuseeland S. 19).

Auf der Nordinsel liefert Sheepworld bei Warkworth einen guten Einblick in die traditionelle Schafwirtschaft inklusive Schur und Verarbeitung der Wolle.

**Erneuerbare Energien** Neuseeland hat in den vergangenen zehn Jahren 1,5 Mrd. NZ$ in erneuerbare Energien investiert und kann heute fast 90% seines Stroms mit **Geothermie, Wind- und Wasserkraft** decken. Große Flüsse, viel Regen und Schneeschmelzen, Staudämme und Talsperren auf der Südinsel sorgen für kontinuierliche Wasserkraftreserven. Für Geothermie sind die Inseln aufgrund des Zusammentreffens der Australischen und Pazifischen Platte und vulkanischen Aktivitäten besonders geeignet. Mit bis zu 2500 Sonnenstunden im Jahr sind die Voraussetzungen auf der Nordinsel ideal für **Solarenergie**. 2020 ging das bisher größte Solarkraftwerk der Kiwi-Nation auf einem Abwassersee bei Auckland in Betrieb. Regierungschefin Ardern hatte bereits im Wahlkampf angekündigt, dem Klimaschutz hohe Priorität einzuräumen. Sie treibt die Abkehr von fossilen Rohstoffen voran und untersagte neue Erdöl- und Gasförderungen vor der Küste. Bis 2035 ist der Ausstieg aus der Kohle geplant, 2050 soll Neuseeland $CO_2$-neutral sein.

# GESCHICHTE

*Woher kamen die polynesischen Urahnen, wann die ersten Europäer und wie sieht sich Neuseeland heute? Eckdaten und Wendepunkte im Werdegang des selbstbewussten Inselstaates.*

**Ankunft in Aotearoa** Der isolierte Überrest des Superkontinents Gondwana wurde als letzte große Landmasse der Erde besiedelt. Laut Legende der Maori war **Kupe** der Entdecker Neuseelands, der mit großer Flotte aus dem polynesischen Hawaiki um 925 v. Chr. übers Meer segelte und am Hafen von Hokianga in Northland an Land ging. Er nannte es »Aotearoa«, »**Land der langen weißen Wolke**«. Dort musste Kupe mit einem Riesenkraken kämpfen, bevor er in die Heimat zurückkehrte. Als Zweiter soll 225 Jahre später Häuptling **Toi** nach Neuseeland aufgebrochen sein und dort die **erste Maori-Siedlung** gegründet haben. Die polynesische Mythologie erzählt auch von **Maui**, Halbgott des Windes und der Meere, der mit seinem Angelhaken den Lauf der Sonne verlangsamte und die Nordinsel aus den Fluten hob.

**Polynesische Urahnen** Historiker vermuten, dass Neuseeland im 13./14. Jh. durch die **Maori** besiedelt worden ist. Um 1350 sollen sieben große **Stammes-Kanus** aufgebrochen sein, von denen sich die Iwi bis heute herleiten. Als gesichert gilt, dass die polynesischen Urahnen von den Cookinseln und den Gesellschaftsinseln rund um Tahiti und Hawaii stammten und ihre Reise über den Pazifik in **Waka** antraten, großen Doppelrumpfkanus, die ankreuzen konnten und mit Hilfe der Sterne und

# GESCHICHTE

## DIE ANFÄNGE

| | |
|---|---|
| **13./14. Jh.** | Erste Polynesier besiedeln die Inseln. |
| **1642** | Abel Tasman sichtet als erster Europäer Neuseeland. |
| **1769** | James Cook erreicht die Ostküste der Nordinsel und annektiert das Land für die britische Krone. |
| **1840** | Vertrag von Waitangi zwischen Pakeha (Weißen) und Maori – die Geburtsstunde der Nation |

## BRITISCHE KRONKOLONIE

| | |
|---|---|
| **1841** | Neuseeland wird britische Kronkolonie. |
| **1843–1881** | Landkriege der Maori gegen die Kolonialmacht |
| **1861** | Beginn des Goldrauschs auf der Südinsel |
| **1867** | Die Maori erhalten vier Sitze im Parlament. |
| **1893** | Als erstes Land der Welt führt Neuseeland das Wahlrecht für Frauen ein. |
| **1907** | Neuseeland wird zum Dominion erklärt, einer sich selbst verwaltenden Kronkolonie. |
| **Erster Weltkrieg** | Tausende Neuseeländer fallen 1915 bei Gallipoli. |
| **Zweiter Weltkrieg** | Neuseeland kämpft auf Seiten der Alliierten. |

## NATION NEUSEELAND

| | |
|---|---|
| **1947** | Neuseeland wird unabhängig, bleibt aber Mitglied im Commonwealth. |
| **1975** | Einrichtung des Waitangi-Tribunals für strittige Fragen und Verstöße gegen den Vertrag von 1840 |
| **1985** | Neuseeland erklärt sich zur ersten atomwaffenfreien Zone weltweit. |
| **2000/2002** | Peter Jackson dreht Tolkiens Trilogie »Herr der Ringe«. Die Produktion der Superlative setzte neue Maßstäbe und macht Neuseeland weltberühmt. |
| **2011** | Ein schweres Erdbeben zerstört Christchurch. |
| **2015** | Die All Blacks werden zum 3. Mal Rugby-Weltmeister. |
| **2016** | Heftige Erdbeben erschüttern Kaikoura. |
| **2017** | Labour stellt mit der eher rechts orientierten NZ First und den Grünen die Regierung. Premierministerin wird Jacina Ardern – sie wird 2020 im Amt bestätigt. |
| **2019** | Bei einem terroristischen Anschlag auf zwei Moscheen in Christchurch werden 51 Menschen getötet. |
| **2020** | Neuseeland schottet sich ab und geht in einen harten Covid-19-Lockdown. |
| **2021** | Die Grenzen bleiben außer für NZ Residents, Australien und die Cook Islands geschlossen. Neuseeland gewinnt zum 4. Mal den America's Cup. |
| **2022** | Nach zwei Jahren öffnet Neuseeland seine Grenzen wieder für ausländische Reisende. |

Gezeiten navigiert wurden. Die weiten Seefahrten waren kein Zufall, sondern geplante Kolonisation. Anders als die tropische Heimat war Neuseeland ungewohnt kalt, bergig und fruchtbar. Die Maori lebten von Beeren, spinatartigem Puha, Farnwurzeln, Fischfang und der Jagd auf Robben und Pinguine. Mit ausgeklügelten Fallen erlegten sie den einst größten Laufvogel der Welt, den **Moa**, der 100 Jahre später ausgerottet war. Die Federn des ausgestorbenen **Huia** schmückten die Köpfe der Häuptlinge. Im 14./15. Jh. wurden die **Iwis** (Stämme) sesshaft und bauten die Kumara (Süßkartoffel) an. Die Maori kauten auch **Gum**, das Harz der Kauri-Baumriesen. In Flachskörben transportierten sie Proviant in die Pataka, Lagerhäuser auf Stelzen. Im **Hangi-**Erdofen wurden Fleisch und Gemüse stundenlang auf heißen Steinen gedünstet, was das Fleisch extrem zart machte. Holz und grüner Flachs sorgten für einen delikaten Räuchergeschmack.
Im Gegensatz zur Besiedlung Australiens durch die Aborigines, die vor 40 000 bis 50 000 Jahren über damals vorhandene Landbrücken aus Südostasien einwanderten, ist die Besiedlung Neuseelands also wesentlich jüngeren Datums. Die völlig unterschiedlichen Gruppen der Aborigines und Maori hatten vermutlich nie Kontakt miteinander.

**Europäische Seefahrer**

Auf der Suche nach dem sagenhaften Südkontinent umrundete der Niederländer **Abel Tasman** 1642 im Auftrag der Ostindien-Kompanie (VOC) Australien und entdeckte die nach ihm benannte Insel Tasmanien. Vor der Westküste der Südinsel erblickte Tasman ein »großes, hoch gelegenes Land« und annektierte es für Holland: **Nieuw Zeeeland**, Neuseeland. In der Golden Bay hatte er ersten Kontakt zu den Maori, die vier seiner Männer töteten – Tasman selbst setzte nie einen Fuß auf Neuseeland. Auch **James Cook** hatte den Auftrag, den Südkontinent zu finden. Cooks Schiffsjunge, Young Nick, sichtete am 8. Oktober 1769 nahe Gisborne Land. Bei Mercury Bay auf der Coromandel-Halbinsel wurde die englische Flagge gehisst und das Land **für König Georg III.** in Besitz genommen. Vielen Buchten und Landvorsprüngen gab der Pionier Namen. Cook umsegelte Nord- und Südinsel, leitete zwei weitere Expeditionen nach Neuseeland und kartografierte es ausgiebig (►Interessante Menschen).

**Maori und Pakeha**

Vor 1840 kamen vor allem Walfänger, Robbenjäger und Missionare auf die Inseln. Maori und Pakeha, wie die hellhäutigen Europäer genannt wurden, handelten rege miteinander. Weizen und Kartoffeln, Schweine und Pferde wurden auf den Inseln eingeführt, aber auch Beile, Äxte und Gewehre, die ebenso wie eingeschleppte Krankheiten die Maori dezimierten. Durch Verletzung von heiligen Tapu-Geboten (►S. 270) kam es zu gewaltsamen Konflikten. Weihnachten 1814 wurde in der Bay of Islands die erste Missionsstation gegründet. Außer den **Anglikanern** bemühten sich bald auch **Methodisten**, die 1823 in Whangaroa Harbour eine Mission errichteten, um das See-

Wie die Urahnen in Wakas über den Pazifik segelten und mit Sternen und Gezeiten navigierten, erfahren Sie im Te Papa Tongarewa Nationalmuseum in Wellington.

lenheil der Maori. Aber erst die Ohnmacht der Stammespriester gegen europäische Krankheiten und die »Fähigkeit« der Weißen, ohne Strafe der Götter die Regeln des Tapu zu brechen, ließ die Bekehrungen ansteigen, bis sich Mitte des 19. Jh.s die meisten Maori in irgendeiner Form zum Christentum bekannten.

Gründungsdokument Neuseelands

Der **6. Februar 1840** gilt als Gründungsdatum Neuseelands. An diesem Tag wurde im Dorf Waitangi auf der Nordinsel der **Treaty of Waitangi** zwischen der britischen Krone und einer Abordnung von 40 der einflussreichsten Maori-Häuptlinge unterzeichnet. Damit traten die Maori ihre Hoheitsrechte an die englische Königin ab, gaben ihre Souveränität auf und wurden britische Staatsbürger. Die Krone erhielt das Vorkaufsrecht für Landbesitz der Maori. Im Gegenzug versprach der Vertrag den Maori, den »uneingeschränkten, exklusiven und ungestörten Besitz ihres Landes, ihrer Wälder, Fischgründe und anderer Besitztümer, gleich ob kollektives oder individuelles Eigentum« zu garantieren, ihr Eigentum zu schützen und ihre Rechte gegenüber den weißen Siedlern zu verteidigen – doch schon wenige Jahre später kam alles anders. Ohne juristisches Wissen hatte William Hobson im Auftrag der Krone den Vertragstext ausgearbeitet, den der Missionar Reverend Henry Williams in die Sprache der Maori

Wildes Kampfritual: Beim Haka soll stürmisches Stampfen, wildes Augenrollen ...

übersetzte – was zu gravierenden Missverständnissen führte, da bei den Maori bestimmte Begriffe und Wendungen gar nicht vorkommen. Im Anschluss reiste Hobson mehrere Monate durch ganz Neuseeland, um die Unterschriften von rund 500 Häuptlingen zu sammeln. Mancher Stammeshäuptling sah den Verlust der politischen Macht und der Selbstständigkeit voraus und unterzeichnete nicht. Und schon bald begann die britische Kolonialregierung das von ihr erworbene Land mit beträchtlichen Gewinnen an weiße Siedler weiterzuverkaufen, die ab 1840 zu Abertausenden ins Land strömten. Dagegen setzten sich die Maori gewaltsam zur Wehr – mit der Konsequenz, dass nach den jahrelangen »Neuseelandkriegen« viele enteignet wurden. Inzwischen hatte die britische Krone zwar die Enteignungen als Vertragsbruch eingeräumt und den Maori Entschädigungen in Milliardenhöhe gezahlt, doch unterschiedliche Interpretationen des

… und das provozierende Herausstrecken der Zunge die Gegner einschüchtern.

Vertrages gibt es noch immer. Seit 1975 untersucht das **Waitangi-Tribunal** strittige Fragen und Verstöße gegen den Vertrag, allerdings spricht das Tribunal nur Empfehlungen aus, die nicht rechtlich bindend sind. Platz und Gebäude der Vertragsunterzeichnung sind heute die Touristenattraktion **Waitangi Historic Reserve**. Den Originalvertrag besitzt das Nationalarchiv in Wellington.

Kronkolonie Neuseeland

Gestützt auf den Vertrag von Waitangi annektierten die Briten im Mai 1840 die Nordinsel. Zudem leiteten sie aus dem Vertrag das Recht ab, auch die Südinsel erforschen zu dürfen und damit in ihren Besitz zu bringen. Im Mai 1841 wurde Neuseeland Kronkolonie und Captain Hobson ihr **erster Gouverneur**. Er verlegte die Hauptstadt von der immer noch unruhigen Bay of Islands weiter nach Süden in die 1840 gegründete Stadt **Auckland**.

Widerstand der Maori

Vorangetrieben durch die **New Zealand Company** und wohlhabende Gönner in London, waren bis Ende der 1850er bereits 60 000 weiße Siedler in die neue Kolonie gekommen, genauso viele wie Maori. Je mehr Land jedoch an die Europäer überging, desto klarer wurde den Maori, dass sie bald mit leeren Händen dastehen würden. Auch das **Wahlrecht** der Kolonie benachteiligte sie, denn zur Wahl zugelassen waren damals nur persönliche Eigentümer von Grund und Boden. Weil das Land der Maori immer Stammeseigentum und kein individuellerBesitzwar,blieben sie bei Wahlen ausgeschlossen – Konflikte waren vorprogrammiert. So kam es 1843 bei der Vermessung eines heftig umstrittenen Landes der Maori durch einen Trupp weißer Siedler auf der Südinsel bei Nelson zum »**Wairau Affray**« – die blutige Auseinandersetzung um Landrechte kostete 21 Siedlern das Leben. Häuptling Hone Heke fällte 1844 mehrmals den **britischen Flaggenmast** in Kororareka/Russell und brannte 1845 die ganze Siedlung nieder – ein Jahr später wurde seine Festung Ruapekapeka von britischen Truppen eingenommen. Im Hutt Valley nahe Wellington kam es 1846 zu Überfällen von Maori-Stämmen, 1847 bei Wanganui im Südwesten der Nordinsel.

Als Reaktion auf die verstärkte Besiedlung durch Weiße zogen sich die Maori ins schwer zugängliche Landesinnere zurück. Am **Waikato**-Fluss im Zentrum der Nordinsel berief die **Kingitanga-Bewegung** Häuptling Te Wherowhero 1857 zum **Maori-König Potatau I**. Das Bollwerk gegen die Landkonfiszierungen durch britische Kolonialisten wurde vor allem von den Stämmen der Tainui, Waikato und Maniopoto getragen. Die Waikato-Stämme leisteten den Regierungstruppen jahrelang heftigsten Widerstand. Doch keineswegs alle Maori erkannten den Monarchen als geistiges, kulturelles oder gar politisches Oberhaupt an.

Die Kämpfe von **Waitara** bildeten den Auftakt zu den eigentlichen **Neuseeland-Kriegen**. Auch nach dem 1861 in Taranaki ausgehandelten Waffenstillstand gab es immer wieder Guerilla-Überfälle der Maori. Regierungstruppen trieben die Anhänger der Königsbewegung nach Süden. Mit Kanonenbooten wurden vom Waikato aus Stellungen in Meremere und Rangiriri angegriffen und die **Residenz** des Maori-Königs eingenommen. Zuletzt vertrieben britische Soldaten aufbegehrende Maori auf brutale Art bis hinunter zum Punui River. Südlich davon begann **King Country**, wie es heute noch heißt, das die Regierung den überlebenden Anhängern des geflohenen Maori-Königs überließ. Das Stammesland der Aufständischen wurde konfisziert.

Hauhau-Bewegung

In der Schlacht um die **Maori-Festung** Gate Pa bei Tauranga 1864 erlitten die Regierungstruppen an der Ostküste hohe Verluste. Erst Wochen später wurden die Maori bei Pa Te Ranga geschlagen und ihr Stammesgebiet vom Staat eingezogen. Die Hauhau-Bewegung verband um 1865 auf der Nordinsel Traditionen der Maori mit der Lehre des Christentums von Erlösung und Auferstehung. Die Hauhau waren überzeugt, durch ihren festen Glauben von Gewehrkugeln nicht getroffen zu werden. Sie lieferten den Regierungstruppen erbitterte Kämpfe bei Ruatoria und Gisborne, bevor sie besiegt wurden.

Moses der Maori

Von der Ostküste kam **Te Kooti**, der zwar eine lange Ahnenreihe aufzuweisen hatte, aber kein Häuptling war und auch keine Tätowierung trug. Er arbeitete für die Regierung gegen die Hauhau-Bewegung, doch nachdem er 1866 unter dem Verdacht der Spionage ohne Gerichtsverhandlung mit 300 Hauhau-Anhängern auf die entlegenen Chatham-Inseln verbannt worden war, gründete er dort die Sekte »**Ringatu**«. Er wollte den Maori das gelobte Land wieder verschaffen. Nach der Flucht von der Insel 1868 töteten er und seine Anhänger in der Poverty Bay 70 Weiße und regierungstreue Maori. 1872 setzte er sich in das King Country ab, wo er im Schutz von Maori-König Tawhiao lebte, bis er 1883 von der Regierung begnadigt wurde.

Die Maori sind besiegt

Nach den Neuseelandkriegen wurden selbst Stämme, die sich regierungsloyal verhalten hatten, zum größten Teil **enteignet**. Folge waren wirtschaftlicher und sozialer Abstieg. Zwar waren den Maori 1867 **vier Sitze im Parlament** zugestanden worden, doch erst im 20. Jh. wurden sie zum Teil durch **Ausgleichszahlungen** für das erlittene Unrecht entschädigt. 1881 wurde zwischen dem Maori-König und der Regierung **offiziell Frieden** geschlossen, die Rebellen wurden amnestiert und durften das King Country wieder verlassen.

Wollbarone und der Goldrausch

Während auf der Nordinsel die Landkriege tobten, konnten sich auf der Südinsel die **Schaf- und Rinderherden** auf riesigen Weiden ausbreiten. 1847 wurden erste Schiffsladungen Butter und Käse von der Südinsel nach Sydney transportiert. 1860 gab es in Neuseeland 1,5 Mio. Schafe, drei Jahrzehnte später waren es zehn Mal so viele, verdienten Wollbarone auf der Südinsel ein Vermögen. Doch den wahren Boom bescherte Gold. Der große Ansturm begann 1861, als der Australier Gabriel Read bei Lawrence südwestlich von Dunedin die reichen Vorkommen von »Gabriel's Gully« fand. Zu dieser Zeit waren die Goldvorkommen in Kalifornien und im australischen Victoria bereits weitgehend ausgebeutet, sodass **Goldgräber** von dort und viele Neulinge nach Otago strömten und in kurzer Zeit die Vorkommen von Clyde, Queenstown und Arrowtown erschlossen hatten. Die Goldfunde machten Dunedin wohlhabend und bedeutend: 1869 wurde hier Neuseelands **erste Universität** eingerichtet. Nachdem die Vorkommen erschöpft waren, zogen die Prospektoren und Abenteurer an die entlegene Westküste. Hokitika wuchs und wurde zum wichtigen Versorgungshafen, doch auch die Pässe über die hohen Südalpen wurden erkundet und Verbindungsstraßen gebaut. So gab es seit 1866 eine **Postkutschenverbindung** zwischen Christ-

Ende des 19. Jh.s griffen Tausende von Goldsuchern nach den Sternen: Mit mehr als 50 historischen Gebäuden ist Arrowtown Paradebeispiel einer Goldgräberstadt.

church und Hokitika. Mit dem Ende des Goldrauschs Ende der 1860er wanderte die Bevölkerung nordwärts, doch nicht in die neu entstandene Hauptstadt Wellington, sondern nach **Auckland**, das nun zur aufstrebenden Wirtschaftsmetropole wurde. Der Reichtum der Südinsel weckte das Verlangen nach politischer Eigenständigkeit. **Wellington** löste Auckland 1865 als **Hauptstadt** ab, um den Separationswünschen zu begegnen.

1891–1912: Liberale Ära

Das ausgehende 19. Jh. wurde bestimmt durch neue Entwicklungen in der Landwirtschaft. Mit dem Export von **Gefrierfleisch und Milchprodukten** begann die Entwicklung zur Führungsposition in der Industrie für Neuseeland – 1882 verließ das erste Kühlschiff den

Hafen von Port Chalmers, um gefrorenes Fleisch nach England zu bringen. Nach einer Depression gelangen der Liberal Party tiefgreifende Sozialreformen. Eine Landreform schränkte besonders auf der Südinsel den Großgrundbesitz ein und ermöglichte es Landarbeitern, selbst Grund und Boden zu erwerben. Für soziale und wirtschaftliche Absicherung der Arbeiter sorgten die Einführung des **8-Stunden-Arbeitstages** (1899), Kinderarbeitsschutz, Fabrikaufsicht, Unfallhaftung, Gesundheitsfürsorge und staatlich **garantierte Renten**. Aber nur wer in einer Gewerkschaft war, kam in den Genuss dieser Fürsorge. Dank **Kate Sheppard**, die jahrelang mit Petitionen dafür gekämpft hatte, erhielten 1893 die **Frauen das Wahlrecht**. Neuseeland war damit das erste Land der Welt, das den Frauen Stimmrecht gewährte.

Fremde im eigenen Land

Während die Gesamtbevölkerung stetig wuchs – 1901 zählte Neuseeland 815 900 Einwohner – ging der Anteil der **Maori** auf unter zehn Prozent zurück. Sie waren eine Minderheit im eigenen Land geworden und spielten gesellschaftlich wie politisch kaum noch eine Rolle. Angesichts des unaufhaltsamen Vordringens der Europäer machte der weitsichtige Häuptling Te Heuheu Tukino IV. der Regierung 1887 die den Maori heiligen Vulkangipfel von **Tongariro, Ngauruhoe und Ruapehu** zum Geschenk, mit der Auflage, hier ein Schutzgebiet einzurichten – so entstand der **erste Nationalpark** Neuseelands.

## Nation Neuseeland

Status eines Dominion

Neuseeland schloss sich nicht den britischen Kolonien auf australischem Boden an, die sich zum selbstständigen Commonwealth of Australia zusammenfanden, sondern blieb Kronkolonie, bis es 1907 den Status eines Dominion erhielt, einer **sich selbst verwaltenden Kronkolonie**, mit dem eine größere Unabhängigkeit vom Mutterland verbunden war. Trotzdem schickte es Truppen zum Burenkrieg in Südafrika und erhielt die Cookinseln und Niue als Kolonie. 1911 erreichte die **Einwohnerzahl** die Millionenmarke.

Weltkriege

Fast 17 000 Neuseeländer fielen im Ersten Weltkrieg, als sie mit den **Australian & New Zealand Army Corps** (ANZAC) in Europa und im Mittelmeer kämpften. Auch Maori schlossen sich den Truppen an. Am 25. April 1915 landeten australische und neuseeländische Soldaten auf der Halbinsel **Gallipoli**, um die osmanischen Dardanellen unter Kontrolle zu bringen. Doch das britische Oberkommando hatte die Soldaten zum falschen Uferabschnitt geschickt und die Invasion wurde zum Desaster – fast 8000 australische und 2800 neuseeländische Soldaten kamen ums Leben. Für den kleinen Inselstaat ein traumatischer Verlust, der eine ganze Generation prägen sollte. Seither wird am **Anzac Day** aller Gefallenen Neuseelands gedacht und den Soldaten gedankt, also auch denen, die jüngst in Afghanistan und im Irak stationiert waren. 2019 inszenierte Peter Jackson (▶ Interessante Menschen) im Te Papa Nationalmuseum in Wellington mit überlebensgroßen Figuren Schlachtszenen, die Gallipoli zeigen sollten, wie es damals wirklich war. Die **Weltwirtschaftskrise** der 1930er-Jahre traf auch Neuseeland mit aller Härte. 1935 stellte die **Labour Party** erstmals die Regierung, ein Jahr später wurde die 40-Stunden-Woche eingeführt. Im Zweiten Weltkrieg kämpften neuseeländische Truppen ab 1940 in Griechenland, Nordafrika und Italien. Dieses Mal sah sich Neuseeland zudem direkt durch die Japaner bedroht. Erst die Intervention der US-Streitkräfte im Südpazifik wendete die Gefahr ab. Die Hilfe der Amerikaner signalisierte eine Verschiebung der außenpolitischen Gewichtung, die ihren deutlichen Ausdruck 1951 im **ANZUS-Miliärpakt** fand, in dem sich Australien, Neuseeland und die USA zusammenschlossen – Neuseeland schickte daher auch Soldaten in den Vietnamkrieg.

Für die Rechte der Maori

Nach dem Ersten Weltkrieg engagierte sich die **Young Maori Party** für die Wiederbelebung der Maori-Traditionen, nutzte jedoch gleichzeitig westliches Wissen und westliche Werte. **Sir Apirana Ngata**, der als erster Maori einen Universitätsabschluss erlangte, trat als Sekretär der Young Maori Party im Parlament für die Rechte der Maori ein – bis 1999 zierte sein Bild die 50-Dollar-Note Neuseelands. **James Carroll**, besser bekannt als »Timi Kara«, Sohn einer Häuptlingstochter und eines weißen Farmers aus Wairoa, setzte sich um 1900 als Parlamentsmitglied, Minister und Premier für »Maoritanga« ein, die Bewahrung von Kunst und Kultur der Urbevölkerung.
**Dame Te Atairangikaahu** wurde 1966 die erste Maori Queen. Während ihrer 40 Regierungsjahre förderte sie nicht nur die Kultur ihres Volkes, sondern auch deren Einbindung in die moderne neuseeländische Gesellschaft. **Dame Whina Cooper** gründete die Maori Women's Welfare League und führte 1975 den zweimonatigen friedlichen Marsch von Northland zum Parlament in Wellington an, um für den Erhalt ihres Landes und ihrer Kultur zu protestieren. Im selben Jahr wurde das **Waitangi-Tribunal** installiert für Rechtsansprüche der Maori aus dem Vertrag von Waitangi – 2008 einigte sich die Regierung mit sieben Maori-Stämmen auf eine umfassende **Entschädigung**, die diese zu den größten Waldbesitzern Neuseelands machte. 1987 wurde **Te Reo**, die Sprache der Maori, zweite offizielle Landessprache, die in Schulen, bei kulturellen Zeremonien wie öffentlichen Veranstaltungen inzwischen fester Bestandteil ist. Der Maori-Wirtschaft wurde 2021 ein Wert von rund 70 Billionen NZ$ zugeschrieben, ein Wachstum von 60 Prozent in nur fünf Jahren. Doch auch wenn die Maori heute stärkeren

Feierliche Parade am ANZAC Day zur Erinnerung an die Gefallenen Neuseelands

politischen Einfluss besitzen, sind sie durchschnittlich schlechter ausgebildet, häufiger krank und öfters arbeitslos als der Rest der Neuseeländer (▶Das ist Neuseeland S. 14).

Souveräner Inselstaat

Seine **volle Unabhängigkeit** erreichte Neuseeland 1947, als das Parlament das Westminster-Statut ratifizierte und Neuseeland Mitglied des Commonwealth of Nations wurde. Großbritannien blieb aber für die meist von dort Eingewanderten und deren Nachkommen das eigentliche Zuhause. In den 1960ern und 1970ern öffneten Fernsehen und erschwingliche Flugpreise das Tor zur Welt, begannen Feministinnen die bullige Rugby-Männlichkeit als Bürgschaft für Authentizität zu hinterfragen, forderten **Protestmärsche** mehr Rechte für die Maori, die Heimkehr der Truppen aus Vietnam und das Ende der Rugbyspiele mit dem Südafrika der Apartheid. Neuseelands **Anti-Nuklearpolitik** führte zur Kündigung der ANZUS-Pakt-Verpflichtungen seitens der USA. Konsequent zeigte sich die neuseeländische Regierung auch nach Ankündigung französischer **Atomwaffentests** im Mururoa-Atoll: Sie rief ihren Botschafter aus Paris zurück. Auf seiner Protestfahrt ins Mururoa-Atoll wurde das **Greenpeace-Flaggschiff** »Rain-

Die Kiwis lieben das Segeln, jeder vierte Aucklander besitzt ein Boot.

bow Warrior« am 10. Juli 1985 vom französischen Geheimdienst im Hafen von Auckland versenkt. Als erste Nation weltweit erklärte sich Neuseeland zur **atomwaffenfreien Zone**.

Neuseeland heute

In den letzten drei Jahrzehnten hat Neuseeland sich zunehmend vom britischen und australischen Einfluss gelöst. Vor allem der Zuzug von Pazifikinsulanern sowie Süd- und Ostasiaten hat die neuseeländische Gesellschaft **multikulturell** geprägt. Eine nachhaltige Veränderung brachte die erstarkte Kultur der **Maori**, die im Alltag immer präsenter sind – selbst die Strophen der britischen Nationalhymne »God save the Queen« werden mittlerweile abwechselnd auf Englisch und Maori gesungen. Übrigens ist Neuseeland weltweit das einzige Land mit **zwei Nationalhymnen**. Seit 1977 stehen die Kiwis auch zu »God defend New Zealand« ehrfurchtsvoll auf.
Durch seinen harten Lockdown rutschte das Land 2020 in eine Wirtschaftskrise, noch immer sind die Grenzen geschlossen, die Tourismusbranche liegt am Boden. Wichtigste Wachstumsträger sind die Milchwirtschaft, der Bausektor und der Tourismus. Seine urwüchsigen Naturlandschaften machten Neuseeland nach der Jahrtausendwende als Drehort der Tolkien-Triloge »**Herr der Ringe**« weltberühmt. Die Schauplätze der Saga um Mittelerde ziehen Kinofans bis heute in ihren Bann und stehen bei Besuchern ganz oben auf der To-Do-Liste. Immer wieder halten **Erdbeben** und Vulkanausbrüche die Inseln in Atem: 2011 zerstörte ein schweres Beben auf der Südinsel die zweitgrößte Stadt **Christchurch**, 2016 blieb **Kaikoura** nach heftigen Erdstößen zwei Jahre nur von Süden aus erreichbar. 2019 wurden bei einem **terroristischen Anschlag** auf zwei Moscheen in Christchurch 51 Menschen getötet.
2020 schottete Neuseeland sich ab und ging Ende März für 33 Tage in einen **harten Covid-19-Lockdown**. Danach gab es im Land kaum Einschränkungen und nur wenige Infektionen, die schnell entdeckt wurden – überwiegend in Quarantäne. Von 4451 Erkrankten haben das Virus laut Statistik 27 Menschen nicht überlebt (Stand Oktober 2021). Auch **2021** blieben die Grenzen außer für NZ Residents geschlossen, doch eine »Bubble« mit Australien und den Cook Islands sorgte für willkommene Reisemöglichkeiten. Nach zwei Jahren Abschottung wurden die Grenzen 2022 wieder für ausländische Reisende geöffnet. Zum vierten Mal in der Geschichte des **America's Cup** ging der älteste Regattapokal der Welt 2021 an die **Seglernation** Neuseeland.

Regierung unter Labour

Die sozialdemokratische Labour Partei holte bei den **Parlamentswahlen** im Oktober 2020 mit 48,9 Prozent der Stimmen die absolute Mehrheit. Damit erhielt **Jacinda Arderns** (▶Interessante Menschen) Labour Partei 64 von 120 Sitzen im Parlament von Wellington. Die 40-Jährige, die seit 2017 Premierministerin ist, hätte Neuseeland somit künftig allein regieren können, beteiligte aber die Grünen.

# KUNST UND KULTUR DER KIWIS

*In Neuseeland galt Kunst lange als Luxus. Doch der Wunsch nach eigener Identität und Anerkennung auf der Weltbühne brachte die Wende, deren Anfang die erfolgreiche Filmindustrie machte. Entdecken Sie die Verbindung zu Vergangenheit und Zukunft in der gelebten Kultur der Maori, bestaunen Sie viktorianisches Erbe, Art déco und gefeierte Newcomer wie Michael Parekowhai und Dane Mitchell, der Neuseeland 2019 auf der Biennale in Venedig vertritt.*

Stammeskunst der Maori

Die mit großem handwerklichen Können hergestellten Objekte der Maori beschreiben eine lebende Kultur, die fest im **Maoritonga** verankert ist (▶Baedeker Wissen S. 86). Kunstvolle **Schnitzereien** (Whakairo), die die Stammesgeschichte erzählen und von Generation zu Generation weitergereicht werden, verzieren Schmuckstücke, Musikinstrumente, Kanus, Waffen, Werkzeuge sowie Wandpaneele und Pfosten der Dorfgebäude. Vor Ankunft der Weißen wurden aus glasähnlichem Obsidian messerscharfe Schaber und Klingen hergestellt. Häufige Motive sind dank des **Ahnenkults** menschliche Gestalten, aber auch Vögel, Schlangen und das eingerollte Farnblatt (Koru). Die schräg gestellten Augen sind entweder hohl oder mit eingelegten **Paua-Perlmuttmuscheln** verziert. **Jade** (Pounamu) war nicht nur wegen ihrer Robustheit, sondern auch wegen ihrer Schönheit sehr beliebt (▶Baedeker Wissen S. 248). Für Holzschnitzereien wurden überwiegend Kaurifichten und Totara-Steineiben verwendet.

Begegnungsstätte

Wichtigste Begegnungsstätte der Maori ist der **Marae**, ein zentraler Platz mit Gebäuden und dem kunstvoll geschnitzten **Versammlungshaus** (Wharenui). Die meisten befinden sich auf der Nordinsel, allen voran das in den 1930ern errichtete Versammlungshaus der Waitangi Treaty Grounds, das an den Gründungsvertrag erinnern soll. Ihr Marae ist für die Maori der Ort, an dem sie Bestand haben, wo sie hingehören, sich treffen und wichtige Stammesereignisse feiern. Das Versammlungshaus ähnelt dem menschlichen Körper und symbolisiert einen bestimmten Stammesvorfahren. Den Dachfirst krönt die geschnitzte Figur des hochverehrten Ahnen (Tekoteko), darunter ist dessen Gesicht in Form einer Maske zu sehen. Seine ausgestrecktern Arme (Maihi) an den Dachplanken sollen Besucher willkommen heißen. Kurze Bretter (Amo) an der Frontseite stellen zwei Beine dar, der Balken, der das Dach trägt (Tahuhu), repräsentiert das Rückgrat. Dachsparren (Heke) und Seitenpfosten stellen die Rippen dar. Die Schnitzereien an den Innenwänden schildern wie ein Bilderbuch die

OBEN: »Cultural Experience« in Rotorua: Tourismus ist heute ohne die Maori undenkbar.
UNTEN: Schimmernde Paua-Perlmuscheln zieren die Augen eines hochverehrten Ahnen am Dachfirst eines Versammlungshauses aus dem 1870ern auf der Nordinsel.

Stammesgeschichte (Whakapapa) und Mythen der Maori, wie der Entdeckung Neuseelands durch den Seefahrer Kupe. Die Reliefs und Figuren sind meist **rot** bemalt – in ganz Polynesien die Farbe der Götter. Die Mischung aus rotem Ocker und Fischöl lässt die Holzmaserung gut erkennen. Vergessen Sie nicht, vor dem Betreten eines Versammlungshauses die Schuhe auszuziehen. Um in die Bevölkerung eines Marae aufgenommen zu werden, nehmen alle Besucher an der formellen Willkommenszeremonie des **Powhiri** teil.

**Körperschmuck und Tanz**

Ein **Moko** ist nicht einfach ein ornamentreicher Körperschmuck der Maori – jede Linie, jede Form des Tattoos erzählt etwas Persönliches aus dem Leben des Trägers (▶Baedeker Wissen S. 86). Idealer Ort, um die Maori-Kultur zu entdecken, ist das **Te Papa Tongarewa** in Wellington, was übersetzt »die Schätze unseres Landes« bedeutet. Verpassen Sie hier nicht das prachtvolle »Marae« mit authentischem Versammlungshaus und das Kanu für hundert Ruderer. Auch das Auckland Museum, das Rotorua und das Otago Museum in Dunedin stellen die Kulturen des Pazifiks ins Rampenlicht. Bei Kulturvorführungen können Besucher den wilden **Haka**-Kriegstanz erleben und den **Poi**-Tanz der Frauen, die dabei anmutig an Bändern befestigte Flachs-

Das Te Papa Tongarewa in Wellington zeigt auch junge Graffiti Street Art.

bälle über dem Kopf schwingen. Im **Te Puia** von Rotorua können Sie Maori-Schnitzmeistern und Flachsweberinnen bei der Arbeit über die Schulter schauen.

Vergangenheit trifft Zukunft

Als einer der wichtigsten zeitgenössischen Künstler mit Māori-Abstammung gilt der Bildhauer und abstrakte Maler **Ralph Hotere** (1931–2013), dessen Wahlheimat Port Chalmers war. **Michael Parekowhai** (geb. 1968), Bildhauer und Kunstprofessor an der University of Auckland, überraschte 2012 auf der Biennale in Venedig mit einem knallroten Steinway-Flügel als traditionelle Maori-Schnitzerei. Sein Fiberglaselefant »Standing on Memory« gehörte 2018 zur Eröffnungssaustellung der neuen Abteilung im Te Papa Tonagrewa Nationalmuseum. Parekowhais Akrylfigur eines nachdenklichen **James Cook** begleitete 2019 die landesweite Te-Mapouriiki-Tour des New Zealand Symphony Orchestra zur Erinnerung an die Entdeckung Neuseelands durch den Seefahrer vor 250 Jahren.

Pionierzeit und viktorianisches Erbe

Unter Denkmalschutz gestellte Hütten und Herrenhäuser, Brauereien, Hotels und Art-déco-Städte gewähren einen Blick in die Pionierzeit und viktorianische Ära. Die ersten weißen Wal- und Robbenfänger errichteten Zelte und primitive Hütten aus Binsen. Mit Verbreitung der Sägewerke wurden Holzhäuser üblich. Stein kam zunächst nur bei öffentlichen Bauten zum Einsatz. Die **ersten Häuser** nach europäischem Muster entstanden an der Bay of Islands für die Missionsstationen von Kerikeri und Waimate North. Mitte des 19. Jh.s entwarfen Frederick Thatcher und Benjamin W. Mountfort repräsentative Kirchen, Museen und Colleges im **neogotischen Stil** wie das Canterbury Museum in Christchurch. Für Aucklands Ferry Building in **englischem Barock** zeichnete Alex Wisemann 1909 verantwortlich.
Auf der Südinsel errichteten die Siedler stattliche Städte, zeugen Gebäude vom Goldrausch im letzten Drittel des 19. Jh.s und vom mühevollen Alltag der Pionierlandwirte. Hier steht auch die vornehme Industriellenvilla **Larnach's Castle**, das einzige Schloss Neuseelands, das sich ein exzentrischer Bankier um 1870 bei Dunedin errichten ließ. Auf der Nordinsel markieren die **Waitangi Treaty Grounds** den Geburtsort der jungen Nation. Um Auckland präsentieren **historische Herrenhäuser** die elegante Seite des Koloniallebens, wie das Anwesen von Sir George Grey auf Kawau Island. Der Gouverneur importierte exotische Pflanzen und Pfaue, deren Nachfahren heute noch dort leben. Für die neue Hauptstadt **Wellington** entwarf William H. Clayton 1876 das Government Building im **neoklassizistischen Stil**. Auch wenn es wie ein Steinbau wirkt, ist es das größte Holzgebäude in der südlichen Hemisphäre.

Maori-Porträts

Ikonen der frühen neuseeländischen Malerei sind die realistischen Maori-Porträts von **Gottfried Lindauer** (1839–1926), der an der

Wiener Kunstakademie ausgebildet worden war. 1874 wanderte er nach Auckland aus, wo er seinen Mäzen traf, den Geschäftsmann Henry Partridge, der die Maori-Kultur bewahren wollte. Auch **Charles Goldie** (1870 – 1947) wurde durch Porträts von Würdenträgern der Maori bekannt. Der Landvermesser **Charles Heaphy** (1820 – 1881) zeichnete auf seinen Reisen schöne Landschaften – ihm zu Ehren wurde der Heaphy Track von der Golden Bay zum Kohaihai Bluff benannt, einem der reizvollsten Great Walks Neuseelands.

Art déco bis Moderne

**Napier** verdankt seine einzigartigen Art-déco-Gebäude einem traurigen Umstand: 1931 zerstörte ein schweres Erdbeben die Stadt, die daraufhin in nur drei Jahren mit der architektonischen Freiheit der 1930er neu aufgebaut wurde. **Frances Hodgkins** (1869–1947) machte mit ihren expressionistischen Stillleben und Landschaften in Großbritannien Karriere, ebenso wie der bekannteste Bildhauer **Len Lye** (1901–1980). Eine echte neuseeländische Tradition entwickelte sich mit den Bildern von **M. T. Woollaston** (1910 – 1998) und **Rita Angus** (1908 – 1970), die mit farbenfrohen Ölgemälden eine Pionierin der Moderne wurde. Der begnadete Maler, Architekt und Umweltschützer **Friedensreich Hundertwasser**, der 1928 als Österreicher geboren wurde und 2000 als Neuseeländer starb, hinterließ in seinem Refugium Kawakawa an der Bay of Islands die vielleicht berühmteste Toilette der Welt im typischen Hundertwasser-Ambiente. Im Sommer 2018 wurde in Whangarei mit dem Bau des Hundertwasser Arts Centre nach Plänen des Künstlers begonnen, das Ende 2021 eröffnen soll. Der Aucklander **Dane Mitchell** (geb. 1976), der Neuseeland 2019 auf der Biennale in Venedig vertrat, kreiert Erlebnisräume, die mit Elementen aus Alchemie, Schamanismus und Hypnose Wissenschaft und unwissenschaftliche Phänomene kombinieren.

Spektakuläre Architektur

Höchster Fernsehturm der südlichen Hemisphäre und Highlight im wahrsten Sinne des Wortes ist der **Sky Tower** in Auckland mit atemberaubenden Aussichten in 220 m Höhe. Durch seinen außergewöhnlichen Mix aus Moderne und Klassik besticht das **Parlamentsgebäude** in Wellington. Die Schaltzentrale der Macht ragt 72 m in den Himmel. Ihr zehnstöckiger, konischer »Beehive« (Bienenstock) ist Sitz der Regierung. Jeden Abend sehen die Kiwis das graue neoklassizistische Parlamentsgebäude im Fernsehen, wenn Nachrichtensprecher ihre Berichte von der Freitreppe senden. Ein gelungenes Beispiel für Bauen im Bestand ist die 1887 im Renaissance-Stil entworfene, hell verputzte **Auckland Art Gallery**, die 2011 einen Neubau mit heimischen Kauri-Hölzern und umlaufender Glasfassade erhielt. Für nachhaltige Bauweise steht die zum Rugby World Cup 2011 errichtete Arena **The Cloud** an der Queen’s Wharf in Auckland. Die geschwungenen Dachträger erinnern tatsächlich an eine lange, weiße Wolke. Nach der Zerstörung der Christchurch Cathedral während

Markanter Blickfang am Hafen von Auckland ist der 328 m hohe Sky Tower.

der Erdbeben 2010 und 2011 entwarf der japanische Architekt Shigeru Ban die 24 m hohe **Cardboard Cathedral,** ein auf 50 Jahre angelegtes Provisorium aus Kartonröhren, Holzträgern und durchsichtigen Platten als Front, die eine besondere Lichtstimmung erzeugen. Mit einem Feuerwerk aus tragbarer Kunst zwischen Barock und Heavy Metall überrascht alljährlich das National Wow Museum in Nelson.

Warum, wie und wer

Wenn Sie verstehen möchten, was Neuseeland bewegt, sollten Sie seine **Museen** besuchen, die vielerorts ein lebendiges Zeugnis und spannende Einblicke in Geschichte und zeitgenössische Themen der jungen Nation liefern, allen voran das Auckland Museum, Te Papa in Wellington und das Otago Museum in Dunedin. Stöbern Sie auch auf Märkten, in Kunsthandwerksläden und Galerien. Mit dem Fokus auf **neuen Ideen** fördern Galerien wie Artspace (www.artspace.org.nz) und die John Leech Gallery (www.johnleechgallery.co.nz) in Auckland zeitgenössische Malerei, Skulptur und Installation. Die Kura Gallery (www.kuragallery.co.nz) und Toi o Tāmaki (www.aucklandart gallery.com) widmen sich authentischer Maori-Kunst von etablierten wie aufstrebenden Künstlern.

# INTERESSANTE MENSCHEN

## Minister und Mom: Jacinda Ardern

*1980
Neuseelands Premierministerin

Sie trinkt gern Whisky, legt manchmal in Clubs auf und trägt, wie bei ihrem Besuch der Queen, mit Stolz den Federmantel der Maori. »Ahdörn«, wie der Name der jungen Sozialdemokratin ausgesprochen wird, ist seit Oktober 2017 Neuseelands Regierungschefin. Mit 17 trat die Tochter eines Polizisten aus Hamilton der Labour-Partei bei. Nach dem Studium der Politikwissenschaften an der Uni Waikato arbeitete sie für Premierministerin Helen Clarke. 2008 wurde Ardern jüngste Abgeordnete in der Geschichte Neuseelands, 2017 erst Vizechefin, dann Vorsitzende der Oppositionspartei. Drei Monate nach ihrer Vereidigung zur **Premierministerin** verkündete sie an der Seite ihres Lebensgefährten Clarke Gayford ihre Schwangerschaft. Kinder und Karriere? »Ich bin nicht die erste Frau, die Multitasking macht«, erklärte die bodenständige Politikerin. Drei Angelhaken illustrierten die gute Nachricht – eine Anspielung auf Clarkes populäre Fernsehsendung übers Fischen und das Maori-Symbol für Glück, Willenskraft und Wohlstand. 2018 wurde Tochter Neve geboren. Ihr zweiter Name Te Aroha aus der Sprache der Maori bedeutet Liebe. Während sich Clarke als Vollzeit-Vater um die Kleine kümmert, kehrte Ardern nach sechs Wochen Babypause ins Amt zurück. Ganz oben auf ihrer Agenda stehen **Armutsbekämpfung, soziale Gerechtigkeit und Naturschutz**. Der Mindestlohn soll auf 20 Dollar steigen, die Regierung will 70 000 Kinder aus der Armut holen und Tausende Sozialwohnungen bauen. Als Krisenmangerin in der Corona-Pandemie erwarb Ardern große Popularität. Sie verordnete dem Land 2020/2021 strenge **Lockdowns** mit Hausarrest und dichten Grenzen. Und die Neuseeländer feierten sie dafür. Bei den Parlamentswahlen im Herbst 2020 wurde sie mit absoluter Mehrheit im Amt bestätigt.

## Tochter des Himmels: Jean Batten

1909 – 1982
Pilotin

Mit Fliegermütze, Pilotenbrille und einem Hauch Parfüm präsentierte sich Jean gern beim Signieren ihrer Autogrammkarten. Die glamouröse »Garbo der Lüfte« war der erste Mensch, dem 1936 ein

Eine ganz normale Familie: Premierministerin Jacinda Ardern und ihr Partner Clarke Gayford leben mit Tochter Neve in Auckland.

# SCHNELLER ALS DER WIND

*Und wieder hatten die Men in Black das schnellere Boot: Zum vierten Mal feierten die Kiwis ihre Cup-Helden, eroberte Neuseeland 2021 nach 1995, 2000 und 2017 die begehrte Silberkanne des America's Cup, der ältesten Segelregatta der Welt. Zum zweiten Mal in Folge gewann der erst 30-jährige Steuermann Peter Burling mit seiner Crew.*

Nach dem ersten Sieg 2017 postete »**Pistol Pete**« **Burling** die Weltkarte mit einem roten Pfeil auf Neuseeland und schrieb: »Es gibt keinen besseren Ort als zu Hause.« Experten und Fachpresse feierten den sympathischen Überflieger. Die Taktiken des Ausnahmeseglers, Wind und Wellen optimal zu nutzen, seien schneller, besser und schlauer – zweifellos ein Jahrhunderttalent. In Neuseeland ist **Segeln Nationalsport**. Burling wuchs in Tauranga praktisch auf dem Boot auf und wurde mit 17 Jahren jüngster Olympionike seines Heimatlandes. Zusammen mit seinem Vorschoter und Freund **Blair Tuke** aus Kawakawa holte Burling viermal in Folge den Weltmeistertitel im 49er und Olympiagold.

## Auf und davon

Als kongeniales Duo brachten die beiden auf dem Hightech-Katamaran des Emirates Team New Zealand 2017 zum dritten Mal in der 166-jährigen Geschichte des **America's Cup** den ältesten Sportpokal der Welt nach Neuseeland. Mit acht Siegen in neun Rennen enthronten sie den ewigen Rivalen aus

Glückliche Gewinner: Peter Burling (links) und Skipper Glenn Ashby genossen 2017 das Bad in der Menge mit dem »Auld Mug«-Pokal des America's Cup in Händen.

Fast wie Fliegen: Die foilende »Aotearoa« siegte 2017 beim America's Cup weit überlegen.

den Vereinigten Staaten bei der 35. Auflage der Regatta im Großen Sund vor Bermuda. Dank einer neuen Velotechnologie, bei der die Energie der Hydrauliksysteme an Bord mit Fahrradergonometern statt mit klassischen Handkurbeln erzeugt wurde, radelte die neuseeländische »Aotearoa« den Rivalen praktisch davon.

## Mount Everest der Segler

In ihrer Heimat gelten Burling und Tuke längst als Sportlegenden. 2018 traten die beiden mit den Teams Brunel und Mapfre beim **Volvo Ocean Race** gegeneinander an. Die härteste Regatta der Welt verlangt Topseglern Höchstleistungen ab. Innerhalb von neun Monaten führt das prestigeträchtigste Rennen einmal um den Erdball. Die Teams legen auf elf Etappen 80 000 Kilometer zurück – die sechste Etappe endet vor Auckland. Bei der berühmt-berüchtigten Hatz um den Globus fliegen die pfeilschnellen Jachten der Open-65-Klasse auf Hydrofoils mit 50 Knoten über die Weltmeere. Viermal queren sie den Äquator und umrunden bei haushohen Wellen und Wind in Orkanstärke Kap Hoorn, Kap Leeuwin und das Kap der Guten Hoffnung. Beim **36. America's Cup**, der 2021 vor Auckland ausgetragen wurde, traten Burling und Tuke wieder gemeinsam für die Kiwis an und ließen die Konkurrenz auf allen Kursen technisch überlegen weit hinter sich.

## Willkommen an Bord!

Zwei Stunden dauern die **Törns** auf einer ehemaligen America's Cup Yacht durch **Aucklands Waitemata Harbour**. Wer Lust hat, kann an den Winschen, beim Reffen und Segelsetzen mit Hand anlegen (ab Viaduct Harbour; America's Cup Tour: Nov. – März 11 und 14, April – Okt. 13 Uhr, ab 110 €, www.viator.com/Auckland/d391-ttd).

**Alleinflug von England nach Neuseeland** gelang – ihre einmotorige Percival Vega Gul hängt heute im Flughafen von Auckland. Geboren wurde Jean im provinziellen Rotorua in den Pioniertagen der Luftfahrt, als die Fliegerei als reine Männersache für kühne Teufelskerle galt. Bei einem Festessen in Auckland verkündete Jean 1928, dass sie nicht wie geplant Pianistin, sondern Pilotin werden wollte. Während der Vater versuchte, die Tochter von dem gefährlichen Plan abzubringen, tat ihre Mutter Nellie genau das Gegenteil. Die engagierte Feministin trennte sich von ihrem untreuen Ehemann und den beiden Söhnen, zog mit der Teenager-Tochter nach London und bestärkte Jean darin, den Himmel zu erobern – mit 22 Jahren hatte sie den Pilotenschein. In nur 14 Tagen flog Jean 1934 von England nach Australien, ein Weltrekord. In Down Under wurde sie begeistert empfangen, genauso wie bei ihren Flügen nach Indien und Brasilien.1936 folgte der Soloflug von England nach Neuseeland. Die Nachricht von Jean's Touchdown in Auckland verursachte einen kilometerlangen Stau vor dem Flughafen. Die Kiwis wollten ihre abenteuerlustige Tochter willkommen heißen. In Rotorua überreichten ihr die Maori einen Häuptlingsfedermantel und verliehen ihr den Titel **Hine-o-te-Rangi**, »Tochter des Himmels«. Ihre große Liebe hieß Beverley. Der junge Mann wartete Jahre auf Jean. Auch er war Pilot und wurde nach einem Flug als vermisst gemeldet – an dem Tag, an dem Jean nach Sydney zurückkehrte, um nicht mehr fortzugehen. Ihr letzter Besuch in Neuseeland war 1977 als Ehrengast zur Eröffnung des Luftfahrtmuseums in Auckland. Danach kehrte das Fliegerass nach Spanien zurück, lebte dort zurückgezogen und starb 1982 völlig unbemerkt von der Weltöffentlichkeit. Die Lebensgeschichte der Flugpionierin erzählt die Neuseeländerin Fiona Kidman in ihrem Roman »**Jean Batten, Pilotin**« (Weidle 2016).

## Entdecker der Südsee: James Cook

1728 – 1779
Seefahrer im Auftrag Ihrer Majestät

Niemand hat so viele weiße Flecken auf den Karten dieser Welt gefüllt wie James Cook. Der Sohn eines Tagelöhners aus Nordengland durchkreuzte alle Ozeane, entdeckte Länder und kartografierte ihre Küsten. Im Gegensatz zu vielen anderen Entdeckern war er kein brutaler Eroberer, sondern begegnete den Eingeborenen meist friedlich und wollte von ihnen lernen. Der junge James heuerte nach dem Besuch der Armenschule auf Kohlefrachtern an. Zwischen den Fahrten büffelte er Astronomie, Mathematik und Navigation. Bei Kerzenlicht studierte er alte Seekarten und prägte sich Sternbilder ein. Für die Marine entschied sich Cook mit 26 Jahren, um die Welt zu umsegeln. Dank seiner Fähigkeiten wurde er schnell Offizier und mit Vermessungen in Kanada und Neufundland betraut. Seine Karten erwiesen sich als erstaunlich präzise. Im Mai 1768 ernannte ihn die Admiralität zum Kommandanten der »**Endeavour**« mit 90 Mann Besatzung, die drei Monate später zur **ersten Entdeckungsreise** in See stach. Cooks offizieller Auftrag lautete, vor Tahiti den Venus-Durchgang vor der Sonne zu beobachten, um den genauen Abstand der Erde zur Sonne berechnen zu können. Doch Cook hatte noch einen Geheimauftrag. Er sollte die Terra Australis Incognita finden, den **sagenumwobenen Südkontinent**. Nach dem Venustransit nahm die Endeavour Kurs auf Neuseeland und landete am **8. Oktober 1769** beim heutigen Gisborne in einer Bucht, die Cook »Poverty Bay« nannte, da es hier weder Wasser noch Proviant gab. Nach ersten feindseligen Begegnungen, aber auch gelungenen Annäherungsversuchen mit den Maori umsegelte Cook das komplette Land und bewies Neuseelands **Inselcharakter**. Die Wasserstraße zwischen Nord- und Südinsel trägt heute seinen Namen.

Schon ein Jahr nach seiner gefeierten Rückkehr nach England brach Cook 1772 zu seiner **zweiten Entdeckungsreise** auf. Diesmal sollte er südlich vom Kap der Guten Hoffnung den Superkontinent suchen. Anfang 1773 überquerten seine beiden Schiffe den Polarkreis. Monate vergingen ohne Land in Sicht. Nach dieser Antarktiserkundung stand endgültig fest: Es gibt keinen Südkontinent.

Auf seiner **dritten Fahrt** von 1776 bis 1780 wollte Cook die Nordwestpassage finden, die den Atlantik mit dem Pazifik oberhalb von Kanada verbindet. Dabei entdeckte er Hawaii, landete an der Küste Alaskas und passierte die Behring-Straße. Als 1779 ein Fockmast brach und die Schiffe für die Reparatur umkehren mussten, gab es beim zweiten Besuch auf Hawaii Konflikte. Cook verlor die Nerven und schoss in die Menge. Ein tödlicher Fehler: Die Insulaner erschlugen ihn. Den höchsten Gipfel Neuseelands hat Cook selbst wohl nie gesehen, aber ihm zu Ehren wird er **Mount Cook** genannt.

## Everest-Bezwinger: Sir Edmund Hillary

1919 – 2008
Bergsteiger

Wer als Erster von beiden oben ankam, zählte am 29. Mai 1953 nicht. Ohne einander hätten es der hünenhafte Neuseeländer Edmund Hillary und sein nepalesischer **Sherpa Tensing Norgay** niemals auf 8848 Meter über dem Meer geschafft, auf den höchsten Gipfel der Erde, den **Mount Everest**. Die Großtat machte den Gipfelstürmer über Nacht weltberühmt. Die wenige Tage nach der Everest-Besteigung gekrönte Königin Elizabeth II. schlug den 34-Jährigen zum Ritter. Hillarys Sherpa Tensing Norgay blieb diese Ehrung zeitlebens verwehrt, was niemanden mehr ärgerte als Hillary selbst. Immer wieder wies er darauf hin, dass sein Erfolg am Berg der Berge ohne die fast 500 Sherpas, die Zelte, Nahrung und Sauerstoffflaschen zum Basislager schleppten, niemals möglich gewesen wäre. Mit dem Geld des Hillary Trust wurden am Fuße des Schneeriesen Ärzte und Schulen für die Sherpa-

Dörfer finanziert. Der Mount Everest blieb der Höhepunkt in Hillarys Karriere, zu der weitere 23 Erstbesteigungen und mehrere Expeditionen in die Antarktis zählten. Obwohl Hillary zeitweise im Himalaya lebte, blieb Auckland sein Zuhause. Dort wurde seine Asche gemäß seinem Wunsch im Hauraki-Golf verstreut, wo Neuseelands Segler wie damals auch 2021 wieder zum »America's Cup« antreten.

## Der Herr der Oscars: Sir Peter Jackson

*1961 Regisseur, Produzent und Drehbuchautor

Beim Blick auf Jacksons Werdegang erscheint es fast wie ein Omen, dass der eigenwillige Filmemacher in einer Halloween-Nacht nicht weit von Wellington zur Welt kam. Denn, auch wenn die meisten ihn durch seine »Herr der Ringe«-Trilogie und die Hobbit-Filme kennen, Jacksons Karriere begann im Horror-Genre. Seinen ersten Streifen drehte er mit 12, vier Jahre später schmiss er die Schule, um nur noch Filme zu machen. Mitte der 1980er nahm er sein Lieblingsprojekt über Aliens in Angriff. Dabei lernte er seine Frau Fran Walsh kennen, die seinen schrägen Humor teilte. Das Dreamteam Peter & Fran wurde zum äußerst produktiven Gespann. Auch ihre beiden Kinder Billy und Katie haben immer wieder kleine Auftritte vor der Kamera.

Tolkiens Fantasy-Epos »**Der Herr der Ringe**« galt als unverfilmbar, bis Peter sich der Saga annahm und Filmgeschichte schrieb. Seine drei »Herr der Ringe«-Filme über Elben, Orks und Hobbits erhielten 30 Oscar-Nominierungen, 17 der begehrten Trophäen konnte er mit nach Hause nehmen. Das nächste Großprojekt wurde die ebenfalls mehrfach oscarnominierte **Hobbit**-Trilogie. Mittelerde-Fans können in Hobbiton durch die Hügel des Auenlandes spazieren, filmreife Fotos schießen und ein kühles Ingwerbier im Green Dragon Inn trinken (▶Das ist Neuseeland S. 22). Zu den großen Überraschungshits des Jahres 2018 zählte Jacksons Doku »**They Shall Not Grow Old**«, für die er über 100 Jahre alte Filmaufnahmen des Ersten Weltkriegs so restaurierte und kolorierte, dass sie fast wirken, als wären sie erst gestern entstanden. Ende 2018 kam der von Jackson produzierte Fantasystreifen »Mortal Engines: Krieg der Städte« in die deutschen Kinos, die Romanverfilmung einer dystopischen Zukunft, in der sich Menschen auf fahrenden Raubstädten einen erbitterten Kampf um die letzten Rohstoffe der Erde liefern.

## Häuptling Hone Heke Pokai

1810 – 1850 Maori-Krieger

Er war der erste Stammesfürst, der 1840 seinen Namen auf den **Vertrag von Waitangi** setzte, in dem die Maori zugunsten der britischen Königin auf ihre Souveränität verzichteten, um im Gegenzug Schutz und die gleichen Rechte wie die Bürger Großbritanniens zu erhalten.

Häuptling Hone Heke Pokai mit seinem Gefolge

Bis 1841 hatte Hone Hekes Stamm der Ngapuhi von den Abgaben profitiert, die alle Schiffe zahlen mussten, die den Hafen von Kororareka, dem heutigen Russell, anliefen. Der Geldsegen endete, als die Briten 1841 Zölle erhoben. Die Schiffe der Walfänger blieben aus. Zum Verlust der Einnahmen kam das aufkommende Misstrauen, die Regierung würde den Vertag nur so lange einhalten, bis sie das Land in Besitz nehmen konnten. Um seinem Unmut gegen die britische Souveränität Ausdruck zu verleihen, sägte Hone Heke viermal eines ihrer Symbole ab: den Schiffssignal-**Fahnenmast auf dem Maiki Hill**. Beim letzten Mal griff er dabei auch die Niederlassung der weißen Siedler an. Diese flüchteten umgehend aus der Stadt. Alle Häuser bis auf die Kirchen und die Missionsstationen brannten nieder. Damit begann 1845 der

**Fahnenmastkrieg** der Maori, der erst mit der Niederlage gegen britische Truppen bei Ruapekapeka 1846 endete. Bis heute wird Hone Heke Pokai als großer Führer der Maori verehrt.

## Schönste Stimme ihrer Zeit: Dame Kiri Te Kanawa

*1944
Sopranistin

Millionen Menschen waren tief bewegt, als Kiri Te Kanawas sanfte Sopranstimme 1981 in der Londoner St Paul's Cathedral bei der **Hochzeit von Prinz Charles und Lady Diana** erklang. Zum Jahrtausendwechsel hatte die Primadonna gar ein Milliardenpublikum, als sie am 1. Januar 2000 zum Sonnenaufgang am Strand ihrer Heimatstadt Gisborne sang, der ersten Stadt, wo die Millenniums-Sonne zu sehen war. Bereits mit 20 hatte die Tochter einer irischen Mutter und eines **Maori-Vaters** alle Gesangswettbewerbe gewonnen, die es im südpazifischen Raum gab. Den Durchbruch schaffte Te Kanawa 1971 als Gräfin Almaviva in Mozarts »Hochzeit des Figaro« am Royal Opera House Covent Garden in London. Sie sang an allen großen Opernhäusern der Welt – in Paris, Mailand, Wien, New York, beim Glyndebourne Festival und bei den Salzburger Festspielen. Zu ihren wichtigsten Rollen zählten Partien von Mozart, Verdi, Puccini und Strauss. Berühmte Partner waren die Tenöre José Carreras und Placido Domingo. Über die Grenzen der Oper hinaus wurde sie bekannt, als Leonard Bernstein sie 1984 für die Rolle der Maria in seinem Musical »West Side Story« besetzte. Außerdem sang sie Maori-Lieder. Nach einer mehr als 50-jährigen Karriere zog sie sich 2017 endgültig von der Bühne zurück.

## Kein Wort zu viel: Katherine Mansfield

1888 – 1923
Schriftstellerin

»Ich war eifersüchtig auf ihre Kunst zu schreiben – die Einzige, auf die ich je eifersüchtig gewesen bin.«, notierte Virginia Woolf drei Tage nach Mansfields frühem Tod 1923 in ihr Tagebuch. Geboren wurde Katherine als Tochter eines Bankiers in die Wellingtoner High Society der britischen Kolonie Neuseeland. Mit ihren Schwestern besuchte sie das Queen's College in London, wo sie ab 1908 unter den Bohemiens ein freizügiges Leben führte. Im regen Austausch mit ihren Freunden Aldous Huxley, Virginia Woolf und D. H. Lawrence begann Mansfield **meisterhafte Kurzgeschichten** zu verfassen, die die Tradition der modernen »Short Story« begründeten. Sie schrieb kühl und präzise über Konventionen, Standesdünkel und Affären, Ehe und Liebe, Selbstachtung und Freiheit. Feinfühlig schilderte sie die Diskrepanz zwischen eigenem Anspruch und Realität, dem Verlangen nach Glück und der Ahnung des Scheiterns. Mit wenigen Äußerungen konnte sie berühren, verzaubern, überwältigen, nachdenklich oder zornig machen. Ihre bekanntesten Sammlungen sind »In einer deutschen Pension«, »Das Gartenfest« und »Etwas Kindliches, aber sehr Natürliches«. Ihren literarischen Ruhm konnte sie nicht mehr auskosten. Tuberkulose zwang sie zu häufigen Aufenthalten in europäischen Sanatorien, mit nur 34 Jahren starb sie in Fontainebleau bei Paris.

## Vater der Atomphysik: Ernest Rutherford

1871 – 1937
Nobelpreisträger

Goldfolie war der Schlüssel, mit dem der in Spring Grove bei Nelson geborene Physiker den Atomkernen auf die Schliche kam. Der Sohn schottischer Einwanderer war ein ausgezeichneter Schüler, der mehrfach Stipendien erhielt. In seinem bahnbrechenden Experiment beschoss Rutherford 1906 eine Goldfolie mit Alphateilchen und belegte durch die Reaktion, dass der größte Teil der Masse eines Atoms in seinem Kern konzentriert ist. Rutherford unterschied radioaktive Strahlen nach ihrer Durchdringungsfähigkeit in Alpha-, Beta- und Gamma-Strahlen und entlarvte die **Radioaktivität als Zerfallserscheinung von Elementen** – 1908 erhielt er dafür den Nobelpreis für Chemie. In den Adelsstand erhoben, führte er im englischen Cambridge den ehrenwerten Titel Lord Rutherford of Nelson.
1913 erweiterte Niels Bohr das Atommodell Rutherfords um die Vorstellung, dass Elektronen sich auf stabilen Kreisbahnen mit festen Durchmessern bewegen. Damit war die Quantentheorie in Rutherfords Atommodell eingeführt.

## Der Erfinder des Reiseführers: Karl Baedeker

1801 – 1859
Verleger

Als Buchhändler kam Karl Baedeker viel herum, und überall ärgerte er sich über die »Lohnbedienten«, die die Neuankömmlinge gegen Trinkgeld in den erstbesten Gasthof schleppten. Nur: Wie sollte man sonst wissen, wo man übernachten könnte und was es anzuschauen gäbe? In seiner Buchhandlung hatte er zwar Fahrpläne, Reiseberichte und gelehrte Abhandlungen über Kunstsammlungen. Aber wollte man das mit sich herumschleppen? Wie wäre es denn, wenn man all das zusammenfasste? Gedacht, getan: Zwar hatte er sein erstes Reisebuch, die 1832 erschienene »Rheinreise«, noch nicht einmal selbst geschrieben. Aber er entwickelte es von Auflage zu Auflage weiter. Mit der Einteilung in »Allgemein Wissenswertes«, »Praktisches« und »Beschreibung der Merk-(Sehens-)würdigkeiten« fand er die klassische Gliederung des Reiseführers, die bis heute ihre Gültigkeit hat. Bald waren immer mehr Menschen unterwegs mit seinen **»Handbüchlein für Reisende, die sich selbst leicht und schnell zurechtfinden wollen«**. Die Reisenden hatten sich befreit, und sie verdanken es bis heute Karl Baedeker.

# E

# ERLEBEN & GENIESSEN

*Überraschend, stimulierend, bereichernd*

Mit unseren Ideen erleben Sie typische, tolle und ganz neue Seiten Neuseelands.

Enjoy your meal! Neuseelands Multikulti-küche wird gern mit einem Lächeln serviert. ►

# BEWEGEN UND ENTSPANNEN

*Ob zuschauen oder mitmachen, Kiwis sind extrem sportbegeistert und lieben Outdoor-Aktivitäten. Neuseeland ist Seglernation und Rugby eine wahre Religion. Wanderer und Mountainbiker können atemberaubende Landschaften und wunderbare Wildnis erkunden. Tausende Kilometer Küste, Seen und Flüsse machen den Inselstaat zu einem Traumziel für Wassersportfans. Vielerorts laden heiße Pools zu wohltemperierter Wellness ein. Von Juni bis Oktober werden die Pisten für Ski- und Snowboardfahrer präpariert. Das Maximum an Nervenkitzel garantieren Bungee Jumping und Wildwassertouren im pfeilschnellen Jet Boat.*

## Traumziel für Trekkingfans

Wandern und Bergsteigen

Mehrere Tausend Kilometer Wanderwege durch atemberaubende Landschaften machen Neuseeland zu einem Traumziel für Trekkingfans mit mehr als genug Auswahl für alle Fitnesslevel, vom entspannten Strandspaziergang bis zur anspruchsvollen Bergtour. Drei spektakuläre, leichte **Kurzstrecken** sind auf der Südinsel der Kura Tawhiti Access Track (20 Min.) mit fantastischen Felsformationen, der Devil's Punchbowl Walking Track (30 Min.) im Arthur's Pass National Park mit 130 m hohem Wasserfall und der Lake Gunn Nature Walk (Rundweg 45 Min.) am Seeufer entlang und durch uralte Buchenwälder. Gut zwei Stunden dauert der moderate Rangitoto Summit Track (25 Min. Anfahrt mit der Fähre von Auckland) direkt vom Kai über Lavafelder und durch Pohutukawa-Wald auf den Gipfel eines schlafenden Inselvulkans mit tollem Ausblick auf Auckland und die Inseln im Hauraki-Golf. Etwa drei Stunden dauert der beliebte Hooker Valley Track im Aorakti/Mount Cook Nationalpark, immer am Hooker River entlang über drei Hängebrücken mit Blick auf schwimmende Eisberge im Gletschersee und schneebedeckte Berggipfel. Einfach ist auch die wunderschöne Wanderung am Seeufer des Lake Taupo.

Anspruchsvoll, aber unvergesslich ist die achtstündige **Tageswanderung** des Tongariro Alpine Crossing durch schroffe Vulkanlandschaften zu den Emerald Lakes. Gleich mit einem steilen Anstieg beginnt der anspruchsvolle, sechsstündige Te Whara Track, der einem Maori-Pfad durch Küstenwälder von der Urquharts Bay bis zum Ocean Beach folgt. Leichter ist der sechsstündige Roy's Peak Track mit grandiosen Bergpanoramen und Ausblicken auf Lake Wanaka. Mangrovenwälder, Fährenfahrten und Sandstrände gehören zum abwechslungsreichen, leichten Bay of Islands Coastal Walkway. Nur bei

Vom Arthur River Valley führt ein Great Walk durch den Fiordland National Park zum Milford Sound, dem vielleicht schönsten Ende der Welt.

Ebbe zugänglich ist der leichte, fünfstündige Cape Kidnappers Walking Track zur größten Tölpel-Festlandkolonie. Zehn einzigartige **Great Walks** führen durch unberührte Natur und spektakuläre Landschaften der Inselnation (▶ Baedeker Wissen S. 32).
www.doc.govt.nz/parks-and-recreation/places-to-go

## Rauf aufs Rad

New Zealand Cycle Trail

»Nga Haeranga« lautet die Übersetzung der Maori für das 2500 km lange Radwegenetz auf Nord- und Südinsel, sinngemäß »die Reisen«. 23 Teilstrecken, die **Great Rides,** führen abseits der Straßen über historische Pfade, am Meer entlang, durch Flusstäler oder folgen stillgelegten Bahntrassen durch unterschiedlichste Landschaften und lassen jeden Radler zum Entdecker werden, im Alleingang oder auf geführten Touren. In Neuseeland besteht Linksverkehr und **Helmpflicht** für alle Radler! Erster der Radwege und Vorbild für alle Great Rides war der **Otago Rail Trail** auf der Südinsel, wo Abenteurer vor 150 Jahren nach Gold schürften und damit den Bau der Eisenbahn erst ermöglichten. Je nach Fitness können Sie bei den **Motu**

# WELLNESS IM WARMEN

*In Neuseeland laden vielerorts heiße Pools zum Baden ein. Die meisten Thermalbäder haben unterschiedlich temperierte Becken bis zu 40 °C. Einige Quellen sprudeln bei Ebbe aus dem Sandstrand, andere Badeplätze empfangen mit dampfenden Felsenpools oder schickem Spadesign und Panoramablick unterm Sternenhimmel.*

## Wairakei Terraces & Thermal Health Spa

Seidenweich und ganz ohne chemische Zusätze perlt nördlich von **Taupo** das Thermalwasser in die dampfenden Pools der Wairakei Badelandschaft zwischen Silikatterrassen und türkisblauen Felsenbecken. Schon die Maori wussten um die heilende Wirkung der warmen Quellen. Entspannung garantiert eine Massage mit heißen Basaltsteinen. Abends können Sie an einem Maori Cultural Experience teilnehmen (SH 5/Thermal Explorer Highway, Waikarei, tgl. 8.30 –21 Uhr, www.wairakeiterraces.co.nz).

## Kawhia Hot Water Beach

Sie würden gern Ihren eigenen Whirlpool graben? Bei Ebbe sprudeln westlich von **Hamilton** an der Tasmani-

Wohlfühloase: die naturnahen Maruia Hot Springs im entlegenen Lewis National Park

schen See heiße Thermalquellen aus dem Sand. Nehmen Sie einen Spaten mit und fahren Sie bis zu den Dünen von Kawhia. Hier stimmt die Aussicht und der Strand ist weniger überlaufen als der Hot Water Beach auf der Coromandel-Halbinsel (Kawhia, Parkplatz am Ende der Ocean Road, www.hamiltonwaikato.com).

## Polynesian Spa

Zwei Dutzend unterschiedlich aufgeheizte Pools am Ufer des **Lake Rotorua** bieten naturnahes Baden von rustikal bis chic gestylt mit Blick auf den See. Der Adultbereich ist oft überlaufen, wer für sich sein will, bucht einen Private Pool, um den Tag entspannt ausklingen zu lassen. Vielleicht gönnen Sie sich zum Schluss noch eine polynesische Signature Aix Massage (1000 Hinemoa Street, Rotorua, tgl. 8–22 Uhr, www.polynesianspa.co.nz).

## Hanmer Springs Thermal Pools & Spa

Anderthalb Stunden Fahrzeit trennen **Christchurch** vom weitläufigen Hammer Springs Spa, das 2019 bei den World Luxury Spa Awards nominiert wurde. Zwischen 15 großen Pools mit Wasserfall hat der Nachwuchs Spaß auf Riesenwasserrutschen. Zwischendurch können Sie sich in der Sauna und im Dampfbad aufwärmen oder im Kosmetiksalon mit Beauty Packages verwöhnen lassen (42 Amuri Avenue, Hammer Springs, tgl. 10–21 Uhr, https://hanmersprings.co.nz).

## Maruia Hot Springs

Sie brauchen dringend eine Auszeit im Grünen? Die idyllische Badelandschaft mit Innen- und Außenpools liegt inmitten des naturbelassenen **Lewis Pass National Park**, den Sie auch auf Wanderungen erkunden sollten. Wer länger bleiben will: Zum Hotel gehört ein gutes Restaurant. Wundervoll ist der Winteraufenthalt in der verschneiten Bergwelt (SH7, Lewis pass, tgl. 8–21 Uhr, www.maruiahotsprings.nz).

## Glacier Hot Pools

Zum Abschluss einer Wanderung am **Franz-Josef-Gletscher** sollten Sie vorab einen privaten Hot Pool buchen, um ungestört mitten im tropischen Regenwald zu relaxen. Im Pamper Package sind auch ein gesunder Snack, Handtücher und Bademäntel enthalten. Die 36–40 °C heißen Becken werden mit Gasbrennern erhitzt, was die wohltuende Wirkung nicht beeinflusst. Es gibt zudem drei Hauptbecken, die jedoch schnell überfüllt sind(63 Cron Street, Franz Josef Glacier, tgl. 9–21 Uhr, www.glacierhotpools.co.nz).

## Onsen Hot Pools

Wer zum Skifahren nach **Queenstown** kommt, sollte seinen Badeplatz im Holzzuber unbedingt frühzeitig reservieren, denn der Spa ist dann in der Regel ausgebucht. Abends werden die Pools dezent beleuchtet und das Dach geöffnet, sodass Sie unterm Sternenhimmel den sensationellen Blick auf den Shotover River genießen können – »Awesome!«, wie die Kiwis sagen würden. Wer will, kann Kerzen, Wein und Snacks dazubuchen (160 Arthurs Point Road, Arthurs Point, Queenstown, tgl. 9–23 Uhr, www.onsen.co.nz).

Neuseelands Thermalquellen finden Sie unter **www.nzhotpools.co.nz**.

**Trails** an der Ostküste zwischen drei verschiedenen Routen wählen. Den **Rimutaka Cycle Trail** rund um die Hauptstadt Wellington können geübte Fahrer in zwei bis drei Tagen bewältigen. Längster Fahrradweg ist mit 300 km der **Alps 2 Ocean Cycle Trail** vom Aoraki Mount Cook, Neuseelands höchstem Berg, bis zur Küstenstadt Oamaru. Besucher jeden Alters können zwischen acht Etappen wählen oder in sechs Tagen die komplette Strecke von den Neuseeländischen Alpen bis zum Pazifischen Ozean fahren.
www.nzcycletrail.com

## Im Galopp durch Neuseeland

Populärer Reitsport

Die raue Wildnis Neuseelands lässt sich wunderbar zu Pferd erkunden. Auf vielen Farmen können Sie sich in den Sattel schwingen oder an Ausritten von einigen Stunden bis zu mehreren Tagen teilnehmen. **Alpine Horse Safaris** hat in North Canterbury tolle, mehrtägige Wanderritte mit Übernachtung im Doppelzimmer im Programm. **Walter Peak High Country Farm** bei Queenstown bietet Farmleben mit Schaf- und Rinderzucht, BBQ Dinner und Ausritte am Seeufer.
**Geführte Ausritte:** www.alpinehorse.co.nz, www.realjourneys.co.nz/en/experiences/tours/walter-peak-farm-tours

## Wale, Wassersport & Abenteuer

Badestrände und heiße Quellen

Die Neuseeländer lieben das Wasser. Wer im Badeanzug schwimmen möchte, sollte seine Reise während der Sommermonate von **Dezember bis Februar** auf der Nordinsel buchen, wo die Wassertemperatur 24 °C, an heißen Sonnentagen sogar 27 °C erreicht. Das Meer vor der Südinsel ist immer ein paar Grad kühler. Die einsamen Strände der wilden Westküste sind wegen gefährlicher Meeresströmungen nicht zum Schwimmen geeignet, aber wunderbar für lange Strandspaziergänge. Gehen Sie nur dort schwimmen, wo die **grüne Flagge** sicheres Baden signalisiert. Hai-Attacken sind sehr selten, Schwimmer werden durch Netze geschützt. Einen der tollsten Strände besitzt **Piha** westlich von Auckland, aber auch auf der **Coromandel Peninsula** und in der sonnigen **Bay of Plenty** um Tauranga liegen überwältigend schöne Badestrände. Bei gutem Wetter und wenig Seegang können Sie auf geführten Touren sogar mit Delfinen schwimmen. Die angenehm warmen Lagunen im **Abel Tasman National Park** der Südinsel sind nur mit dem Wassertaxi zu erreichen. Dafür gibt es in Neuseeland jede Menge **Thermalquellen**. Graben Sie bei Ebbe Ihren eigenen Pool in den Sand am Hot Water Beach. In Hammer Springs und Rotorua können Sie sogar unter Schneeflocken baden gehen (▶Baedeker Wissen S. 310).

## GRAUE GIGANTEN

Eine riesige Fontäne schießt aus dem Blasloch, ein dunkler Rücken wie ein glatter, schwarzer Baumstamm taucht in die Wellen ab, und dann der große Moment: Die Fluke ragt steil aus dem Wasser, während der Wal in Zeitlupe in die Tiefen des Meeres entschwindet. **Whale Watch Kaikoura** fährt mit modernen Katamaranen die Tummelplätze der Pottwale, Orcas und Delfine an. Während der zweitstündigen Touren können Sie auch Pelzrobben, Seeelefanten und Königsalbatrosse beobachten (Flukes Café, Kaikoura, Tel. 03 319 67 67, www.whalewatch.co.nz).

Willkommen an Bord!

Über 15 000 Kilometer Küste, geschützte Buchten, versteckte Inseln und gemütliche Häfen versprechen einen tollen **Segelurlaub**. Buchen Sie einen Sundowner-Törn in der Bay of Island oder einen Segeltag auf dem Lake Taupo. Erkunden Sie auf einer Charteryacht den Hauraki Gulf und die Marlborough Sounds oder setzen Sie Segel auf einer ehemaligen America's Cup Yacht (▶Baedeker Wissen S. 298).

**Törns**: www.sailbarbary.com, https://tucker.co.nz/sailing-in-the-bay-of-islands, www.viator.com/de-DE/Bay-of-Islands-tours
**Chartern**: www.charterlink.co.nz
**America's Cup Yacht**: www.exploregroup.co.nz/unique-experiences

**Fun Rides für Surfer** Selbst für gänzlich Unerfahrene kann in Neuseeland der Traum vom Wellenreiten wahr werden. Die meisten Strände haben Surfschulen. Nur 30 km trennen Auckland vom Bilderbuchstrand in **Piha** mit Surfschule für Anfänger wie Fortgeschrittene. Ein Neoprenanzug hält warm im kühlen Wasser der Tasmanischen See, am Ortseingang vermieten Pam und Mike Jolly das passende Bord. Abends wird am Strand Party gemacht. Der Kultfilm »The Endless Summer« machte **Raglan** an der wilden Westküste zur Surferhochburg. Unglaubliche Rides ermöglichen die Wellen bei **Mangamaunu**, die oft mehrere Hundert Meter brechen. Sehr beliebter Surf Spot ist auch der **Aramoana**-Küstenabschnitt eine halbe Stunde nordöstlich von Dunedin.
**Surfschule in Piha:** www.pihasurfschool.com

**Tauchspots** Das **Poor Knights Island Marine Reserve** der Bay of Islands war für den Meeresforscher Jacques Cousteau einer der fünf besten

Zurücklehnen, anschnallen und die Beschleunigung genießen: Die Abenteuertour im Jet Boat am Arthurs Point bei Queenstown ist ein Riesenspaß für alle.

Tauchspots der Welt. Neuseeland bietet Höhlen- und Wrack-Tauchen, subtropische Riffe und riesige Tangwälder. Tauchen Sie mit Fischschwärmen, Delfinen und Robben (▶Magischer Moment S. 189).

**Tauchgänge zu den Poor Knights Islands:** http://diving.co.nz
www.aperfectday.co.nz

Im Kajak unterwegs

Ein Paradies für Kajakfans sind der **Abel Tasman National Park** und der **Milford Sound**. Oder paddeln Sie durch geschützte Buchten der **Marlborough Sounds** und **Bay of Islands**. Auf dem **Lake Taupo** können Sie vom Wasser aus Maori-Felsenkunst ansteuern.

**Abel Tasman National Park:** www.abeltasman.co.nz/a-day/sea-kayak
**Milford Sound:** www.roscosmilfordkayaks.com

Catch & Release!

Neuseeland ist ein **Anglerparadies**. In den Seen und Flüssen werden Forellen, Bachsaiblinge, Königslachse und Aale geangelt, vor der Küste gehen Thunfisch, Kingfisch, Hai, Kahawai und Baracuda an den Haken. Die **Angelkarte** für Binnengewässer ist überall gültig bis auf den Lake Taupo. Angellizenzen werden in Sportshops und bei der Touristeninformationen verkauft. Auf der Nordinsel beginnt die Saison im Oktober und endet im Juni, auf der Südinsel schon im April.

Adrenalin pur

Das Maximum an Nervenkitzel verspricht **Queenstown** mit rasanten Wildwassertouren im **Jet Boat**, **White Water Rafting** im Schlauchboot zu schäumenden Stromschnellen, **Abseiling** und atemberaubendem **Bungee Jump** aus 134 m Höhe im Nevis Valley – mehr Thrill geht in ganz Neuseeland nicht (▶Baedeker Wissen, S. 234).

## Saison für Skiwis

Paradies für Pistenfans

Nicht ohne Grund ist Neuseeland für fantastisches Skifahren und Snowboarden bekannt. Zwischen Juli und September verwandelt Schnee die Alpen in ein Winterwunderland. Die Schneefallgrenze liegt bei 1000 m. Besonders attraktiv ist der Blick vom schneeweißen Berg ins immergrüne Tal. Die meisten Skigebiete befinden sich auf der Südinsel bei **Wanaka** und **Queenstown**. Das größte und spektakulärste Wintersportzentrum besitzt die Nordinsel am **Mount Ruapehu** im Tongariro National Park. Da es im Inneren des Vulkans immer noch rumort, sind dampfende Schlammquellen an der Piste nichts Außergewöhnliches. Außer den mit Schneekanonen ausgestatteten großen Liftanlagen unterhalten Skiklubs auch eigene, einfache **Club Fields**, wo die Kiwis meist unter sich sind. Als Hotspot der Snowboarder gilt Cardrona bei Wanaka. Pure Freiheit erwartet gute Skifahrer beim **Heliski**-Vergnügen auf den Gletschern der Südinsel.

www.snow.co.nz, www.skiandride.nz
www.unofficialguide.co.nz, www.mtruapehu.com

## Rugby und Cricket

National-sport Nr. 1

Die Nationalmannschaft und amtierenden Weltmeister der **All Blacks** (▶Baedeker Wissen, S. 48) sind absolute Stars in Neuseeland. Auch das Frauenteam hat fünf der letzten sechs Rugby-Weltmeisterschaften gewonnen. Das recht raue Spiel ist Familien-Event, das die meisten zu Hause oder im Pub am Fernseher verfolgen. Selbst wenn man den Wettkampf sehr ernst nimmt, herrscht Sinn für Humor. Aucklands **Eden Park** ist das größte Stadion des Landes mit 60 000 Zuschauerplätzen. Bevor die All Blacks im schwarzen Trikot den wilden Haka tanzen, um die Gegner einzuschüchtern, ertönt aus den Lautsprechern des Stadions der Soundtrack von »Men in Black« oder »Paint it Black« von den Rolling Stones. Neuseeländisches Fairplay begeistert, wenn das ganze Stadion die Hymnen beider Mannschaften singt. Tickets für den Nationalsport sind echt erschwinglich: Karten für ein Profispiel gibt es schon ab 11 NZ$, für die All Blacks ab 50 NZ$.

**Tickets:** www.ticketmaster.co.nz, www.ticketdirect.co.nz

Kiwi-Klassiker

Noch heute spiegelt die Liste der besten **Cricket**-Nationen das britische Kolonialreich: Australien, Neuseeland, Südafrika, Indien, Pakistan, Sri Lanka und die West Indies. Die Regeln sind simpel: Der Bowler versucht, einen kleinen Lederball so geschickt in ein Tor mit drei Beinen (wicket) zu werfen, dass ihn der Batsman nicht wegschlagen kann. Gelingt diesem das doch, müssen die anderen Feldspieler den Ball so schnell wie möglich zurückbringen. Gute Werfer beherrschen das Geschoss mit 150 Stundenkilometern ebenso wie den langsamen Flatterball. Schon im Vorschulalter kennen Kinder die Spielregeln, in der Grundschule steht Cricket oft auf dem Lehrplan. Zum Kiwi-Sommer gehört traditionell eine Partie Cricket mit der Familie oder Freunden im Garten oder am Strand. Beim letzten World Cup 2015 wurde Neuseeland nach Australien Zweiter.

# ESSEN UND TRINKEN

*Die Kiwis mögen keine jahrhundertealte Gourmetküche haben wie etwa Frankreich, dafür bestimmen Aromen aus aller Welt, fangfrische Meerestiere und saftige Steaks, knackiges Obst, erlesene Weine und süffiges Craft Beer die spannende Speisekarte.*

» I myself prefer my New Zealand eggs for breakfast. «

*Queen Elizabeth II*

# TYPISCHE GERICHTE

*Neuseeland auch kulinarisch zu entdecken macht Spaß, schmeckt und birgt keine größeren Risiken. Abgesehen vielleicht von einer cremigen Paste zum Frühstück, die nur wie Nuss-Nougat-Creme aussieht.*

**Vegemite oder Marmite:** Auf den meisten Frühstücksbuffets findet sich in Neuseeland wie Australien ein Brotaufstrich, der an Nutella erinnert. Dabei handelt es sich um eine ausgesprochen salzige Hefepaste, an deren Geschmack man vermutlich von klein auf gewöhnt sein muss, um sie zu mögen.

**Kumara und Tamarillo:** Die Kumara ist botanisch zwar nicht mit den Kartoffeln verwandt, wird aber trotzdem als Süßkartoffel übersetzt. Das traditionelle Wurzelgemüse der Maori schmeckt ähnlich wie Maronen. Die Tamarillo gehört zu den Nachtschattengewächsen und wird wegen ihrer roten Farbe Baumtomate genannt. Ihre bittere Schale ist nicht essbar.

**Whitebait Fritter:** Die transparenten Larven forellenähnlicher Süßwasserfische werden in verquirltem Ei gebraten. Für europäische Gaumen eher geschmacksneutral, sind die leicht süßlichen Whitebaits eine Delikatesse der Neuseeländer. Gefangen werden die Minifische an der West Coast, wenn die Schwärme im Frühjahr vom Meer die Flüsse hinaufwandern. Schon die Maori hatten sie auf ihrem Speiseplan

**Bluff Oyster & Greenshell Mussel:** Feinschmecker schwärmen von Neuseelands Muscheln. Die fleischige Bluff Auster mit nussigem Geschmack gibt es nur zwischen Ende März und August. Ganzjährig können Sie Grünlippmuscheln bestellen, deren Extrakt man in Europa als Mittel gegen Arthrose kennt. Gekocht, mariniert oder geräuchert sind die Muscheln eine Delikatesse.

**Fish & Co.**: Ob Hoki, Tarakihi, Cod oder Gurnard, der meiste Fisch wandert ebenso wie Muscheln paniert in die Fritteuse, um mit Pommes frites in Papier eingewickelt als Fish & Chips verzehrt zu werden. Am besten irgendwo am Strand, bei frischer Brise und mit Brandung im Ohr. Fans von Sushi und Sashami werden von Neuseeland begeistert sein und staunen, wie relativ preiswert die japanischen Häppchen allerorten mit Sojasoße, Wasabi und Ingwer gereicht werden.

Günstig sind Grünlippmuscheln, ähnlich wie Miesmuscheln, nur fast doppelt so groß.

OBEN: In der neuseeländischen Küche gibt es Austern satt. UNTEN: Süße Sünden mit Zimt und Puderzucker verführen in den Auslagen der vielen Cafés.

Enjoy your meal!

Rib-Eye, Sirloin oder doch ein tellergroßes T-Bone Steak? Kiwis laden gern zum BBQ am heimischen Grill, wo **Rind, Lamm, Huhn und Wild** auf den Rost kommen. Daneben türmen sich auf dem Buffet Salate, Brot und Gemüsebeilagen. Fleisch ist teuer, auch wenn das hochwertige Rindfleisch vorwiegend in den Export geht. Venison ist zartes Rotwild, das zahm hinter Zäunen auf Farmen gehalten wird und daher überhaupt nicht wild schmeckt. Ob als gebratene Hühnerbrust oder panierte Hähnchenschenkel, Chicken ist allgegenwärtig und füllt mittags die Vitrinen der Imbisse und Coffee Shops, wo auch leckere Sandwiches, Rolls und Pies zur Auswahl stehen. Ein erschwinglicher Genuss für den kleinen Hunger zwischendurch sind **Fish & Chips**, fangfrische **Langusten** (Crayfish), **Pazifikaustern, Grünlippmuscheln** und **White Baits** (▶Baedeker Wissen, S. 317) vom Stand. Reichlich gefüllt ist der Obstkorb Neuseelands. Neben vielen Apfel- und Birnensorten locken Avocados, Zitrusfrüchte, Beeren, **Kiwis** (▶Das ist Neuseeland S. 19) und die guaveähnliche, süßsäuerliche **Feijoa**, ein populäres Gartengewächs.

Bitte setzen!

Morgens gibt es ein Frühstück (**Breakfast**) zum Sattwerden mit Eiern und Schinken, Würstchen und Hash browns, knusprigen Bratkartoffeln. Zum **Lunch** essen die meisten mittags leichte Speisen und Salate – viele Kiwis sind echte Gesundheitsfanatiker. Wer zum **Dinner** am weiß gedeckten Tisch einen besonderen Anlass feiern möchte, muss schon mal mit 40 Neuseeland-Dollar für sein Hauptgericht rechnen. Viele Gourmettempel sind französisch inspiriert. Spannende Gerichte servieren junge Crossover-Lokale, preisgünstig sind italienische und asiatische Restaurants, die Sie überall finden. Ansonsten gehen die preisbewussten Kiwis gerne in die mit **BYO** (bring your own) ausgewiesenen Lokale, wo Sie gegen eine geringe Gebühr (Corkage) ihren eigenen Wein mitbringen können – ein Relikt aus Zeiten, als Restaurants keine Alkohollizenz besaßen. Kostenlos ist Leitungswasser zum Essen, fragen Sie einfach nach **Tap Water**.

Cheers!

Neuseeland gilt als der große Aufsteiger im **Weinbau** der Neuen Welt. Hervorragende Weißweine aus Sauvignon Blanc und Chardonnay, aber auch edle Rotweine aus Pinot Noir, Cabernet Sauvignon und Merlot sorgen auf zahlreichen Weingütern der Nord- und Südinsel für einen exzellenten Ruf (▶Das ist Neuseeland S. 26). Das erste neuseeländische **Bier** soll Captain Cook um 1770 aus Blättern des Rimu-Baums gebraut haben. Heute produzieren über 150 Kleinbrauereien ein überraschend gutes Lager, Pale Ale und Dunkelbier. Den Markt beherrschen Speight's, Steinlager und Tui, dessen freche Werbesprüche sogar Touristen schmunzeln lassen, die kein Kiwi-Englisch verstehen. In der sonnenverwöhnten Region um Nelson wird viel Hopfen angebaut – auf dem **Craft Beer Trail** können Sie zehn angesagte Mikrobrauereien besuchen (www.craftbrewingcapital.co.nz).

# FEIERN

*Entspannt und unkompliziert wird in Neuseeland der Umgang mit Feiertagen gehandhabt: Fallen sie auf ein Wochenende, dann dürfen Arbeitnehmer und Schüler noch den darauffolgenden Montag und manchmal sogar den Dienstag blaumachen. Und sollte da auch schon ein Feiertag liegen, dann verschiebt man den Termin eben noch einen Tag weiter, sodass ein XXL-Wochenende daraus wird.*

Topevents

Gemeinsam feiern alle Kiwis die **Gründung Neuseelands**, die Gründung jeder Provinz und die ihrer Heimatstädte. Neuseelands führendes Kunstfestival und Macher außergewöhnlicher Events ist das **New Zealand International Arts Festival** in Wellington. Das **Dunedin Fringe Festival** mixt Theater, Musik, Tanz, Comedy und visuelle Kunst. Landwirtschaftliche Veranstaltungen wie Holzfällerwettbewerbe, Schafschurmeisterschaften oder Rodeos haben eine lange Tradition, allen voran das **Golden Shears Festival** in Masterton. Ziel beim **Gumboot Day** in Taihape ist es, den Weltrekord im Gummistiefel-Weitwurf zu brechen. Reisen Sie auf Napiers **Art Deco Festival** in die Vergangenheit, fahren Sie zum **Hobbit Day** ins Auenland oder kommen Sie zum **Queenstown Winter Festival** mit Parties, Feuerwerk und jeder Menge Spaß. Zur **Dunedin Fashion Week** wird die Studentenstadt zur Modemeile. **Balloons Over Waikato** ist Neuseelands größtes Heißluftballonfestival. An vier kerosingeladenen Tagen stellen Flieger beim **Warbirds Over Wanaka** ihr Können zur Schau. Etwa zur Zeit der Wintersonnenwende im Juni, wenn das Sternbild der Plejaden das erste Mal aufgeht, beginnt mit dem **Matariki** in der Zeitrechnung der Maori das neue Jahr, das überall im Land gefeiert wird. Über 60 000 Besucher kommen jedes Jahr nach Wellington, um den spektakulären Designer-Wettbewerb der **World of Wearable Art (WOW)** live zu erleben.

Stampfende Füße und coole Beats

Das größte Festival der Welt, bei dem Maori-Kunst zelebriert wird, ist das **Te Matatini**, das in ungeraden Jahren im Februar an wechselnden Orten stattfindet. Neben Tanzwettbewerben um den heiß begehrten Titel werden auch Maori-Delikatessen und traditionelles Kunsthandwerk angeboten. Bei der **Turangawaewae Regatta** in Ngaruawahia gleiten farbenprächtige Kriegskanus pfeilschnell durch die Wellen. Ganz anders präsentieren sich die **Highland Games** am 1. Januar in Waipu nach schottischem Vorbild mit dröhnender Dudelsackmusik, Hammerschleudern und Baumstammwerfen. Mit viel Musik und schweren Motorrädern wird auf dem **Beach Hop** der Coromandel-Halbinsel glorreicher Zeiten gedacht. Internationale und heimische Musiker begrüßen auf dem **Rhythm and Alps** am Fuße der Südalpen das neue Jahr, während das **Rhythm &**

Stilvoll wie in den Dreißigern: Oldtimerparade auf dem Art Deco Festival in Napier

**Vines** in Gisborne den ersten Sonnenaufgang mit Neuseelands größtem Musikfestival feiert. Kiwi-Bässe und Karnevalsstimmung gehören in Wellington zum **Homegrown** Musikfestival. Beim **Pasifika Festival** lassen Tänzer der Maori die Bühnen beben.

Kulinarische Highlights

Beim **Marlborough Wine and Food Festival** lädt das Brancott Heritage Estate zu Livemusik und ausgiebigen Verkostungen seiner legendären Sauvignon Blancs zwischen den Reben. Beim **Taste of Auckland Festival** stellen die besten Lokale der Stadt und Gourmethandwerker Köstliches vor. Kochkurse, Fest-Bankette und Food-Trails gehören zum **Visa Wellington on a Plate**. Wo sollten Sie die besten Austern besser probieren, als beim **Bluff Oyster & Food Festival** ? Die Hawke's Bay Region feiert im November und Juni die Vielfalt ihrer Speisen und Weine. Beim **Hokitika Wildfoods Festival** dreht sich alles um ungewöhnliche Speisen der wilden West Coast von Krokodilhäppchen bis zu frittierten Schweinsohren. Beim **Whitianga Scallop Festival** gibt es Koch-Demonstrationen und Kurse berühmter Köche zum Thema Jakobsmuschel.

# VERANSTALTUNGSKALENDER

## FEIERTAGE

### LANDESWEIT

**New Year's Day** (1. Januar)
**New Year Holiday** (2. Januar)
**Waitangi Day** (6. Februar zur Gründung Neuseelands
**Good Friday** (Karfreitag)
**Easter Monday** (Ostermontag)
**Anzac Day** (25. April; zum Gedenken an die Gefallenen von Gallipoli 1915 und alle neuseeländischen Soldaten)
**Queen's Birthday** (1. Montag im Juni; Geburtstag von Elizabeth II.)
**Labour Day** (4. Montag im Oktober; Tag der Arbeit)
**Christmas Day** (25. Dezember; 1. Weihnachtsfeiertag)
**Boxing Day** (26. Dezember; 2. Weihnachtsfeiertag).

### REGIONAL

Jede Provinz begeht feierlich ihren **Gründungstag**:
22. Januar: Wellington
29. Januar: Auckland, Northland
1. Februar: Nelson
23. März: Otago, Southland
31. März: Taranaki
1. Nov.: Hawke's Bay, Marlborough
9. November: Canterbury
1. Dezember: Westland

## EVENTS IM JANUAR

### GISBORNE & WANAKA

**Rhythm and Vines und Rhythm and Alps**
Neuseelands größte Musikfestivals zum ersten Sonnenaufgang des neuen Jahres

Magischer Moment: wenn die Heißluftballons in Hamilton angeheizt werden

www.rhythmandvines.co.nz
www.rhythmandalps.co.nz

WAIPU (Nordinsel)
**Hawke's Bay**
**Eastern Highland Games**
Hochlandspiele nach schottischer Tradition zum 1. Januar
www.waipugames.co.nz

AUCKLAND (Nordinsel)
**Auckland Anniversary**
**Day Regatta**
Stadtgründungsfeier (28. Januar)
www.regatta.org.nz

GLENORCHY (Südinsel)
**Horse Races & Rodeo**
Pferderennen und Hirtenspiele in der Nähe von Queenstown
www.glenorchycommunity.nz

## FEBRUAR

BAY OF ISLANDS (Nordinsel)
**Waitangi Day**
Nationalfeiertag aus Anlass des Vertrages zwischen Vertretern der britischen Krone und Maori-Häuptlingen am 6. Februar 1840 als Geburtsstunde der Inselnation.

BLENHEIM/NELSON (Südinsel)
**Marlborough Wine & Food Festival**
Frische Meeresfrüchte, Weine zwischen den Reben und kreative Küche
http://wine-marlborough-festival.co.nz

NAPIER (Nordinsel)
**Art Deco Weekend**
Am dritten Februarwochenende dreht Napier die Uhr zurück mit Oldtimern, Picknicks, Paraden, Tanz und Jazzkonzerten in den Straßen.
www.artdeconapier.com

WELLINGTON (Nordinsel)
**New Zealand**
**International Arts Festival**
Drei Wochen dauert das größte Kulturevent mit Musik, Tanz und Theater, das alle 2 Jahre Mitte Feb. bis Mitte März stattfindet.
2022, 2024, www.festival.co.nz

## MÄRZ

DUNEDIN
FRINGE FESTIVAL (Südinsel)
Extravagantes Theaterfestival mit Musik, Tanz und Comedy
www.dunedinfringe.nz

DUNEDIN
FASHION WEEK (Südinsel)
Junge Designer der neuen Welt
www.idfashion.co.nz

WELLINGTON (Nordinsel)
**Dragon Boat Festival**
Farbenprächtige Drachenboot-Regatta im Lambton Harbour zum Chinesischen Neujahrsfest
http://dragonboatfestival.co.nz

HASTINGS (Nordinsel)
**Hawkes Bay**
**Eastern Highland Games**
Hochlandspiele mit Hammerwerfen, Dudelsack und Tan nach schottischer Tradition zu Ostern
www.piping-dancing.org.nz

HOKITIKA (Südinsel)
**Hokitika Wildfoods Festival**
Ausgefallene Speisen der wilden West Coast
https://wildfoods.co.nz/

MASTERTON (Nordinsel)
**The Golden Shears**
Meistbesuchter Schafschur-Wettbewerb des Landes, Anfang März
www.goldenshears.co.nz

NGARUAWAHIA (Nordinsel)
**Turangawaewae Regatta**
Farbenprächtige Maori-Regatta mit geschnitzten Kriegskanus
www.waikatonz.com/events/turangawaewae-annual-regatta

## APRIL

**ARROWTOWN** (Südinsel)
Autumn Festival
Oldtimer, Country Songs und beste Stimmung in der alten Goldgräbersiedlung, Ende April
https://arrowtownautumnfestival.co.nz

**WELLINGTON** (Nordinsel)
**Homegrown Musikfestival**
Die Waterfront der Hauptstadt singt.
www.homegrownfest.com

**HAMILTON** (Nordinsel)
**Balloons Over Waikato**
Fünf Tage treffen sich Ballonfahrer aus aller Welt zum Riesenevent.
https://balloonsoverwaikato.co.nz

**WARBIRDS OVER WANAKA**
Spektakuläre Flugshow (2020, 2022)
www.warbirdsoverwanaka.com

## JUNI

**QUEENSTOWN** (Südinsel)
**Winter Festival**
Ultimatives Wintermärchen mit Nachtskilauf, Livemusik und Riesenfeuerwerk
www.winterfestival.co.nz

**WELLINGTON** (Nordinsel)
**Jazz Festival**
Blues und Jamsessions vom Feinsten
www.jazzfestival.co.nz

**MATARIKI**
**Neujahrsfest der Maori**
über 100 Events im ganzen Land
www.matarikifestival.org.nz

## AUGUST

**BAY OF ISLANDS** (Nordinsel)
**Bay of Islands Jazz Festival**
Jazz und Blues mit bekannten Acts
www.jazz-blues.co.nz

**WELLINGTON**
**Beervana**
Lokale und internationale Brauereien stellen die neuesten Kreationen vor.
https://beervana.co.nz

## SEPTEMBER

**WORLD OF WEARABLE ART SHOW (WOW), NELSON**
Designer-Wettbewerb mit fantastischer Bühnenshow
https://ssl.worldofwearableart.com

**HOBBITON** (Nordinsel)
**Hobbit Day am 22. September**
Party für Hobbit-Fans mit Spaß und Schlemmereien
www.hobbitontours.com

**HASTINGS** (Nordinsel)
**Blossom Festival**
Zehntägiges Blütenfest im größten Obstanbaugebiet Neuseelands mit bunten Paraden
www.artsinc.co.nz/events/blossom-parade

## OKTOBER/NOVEMBER

**MARTINBOROUGH** (Nordinsel)
**Toast Martinborough**
Die besten Weingüter laden mit ausgezeichneten Köchen und Musikern zu ausgiebigen Genussmomenten.
https://toastmartinborough.co.nz

**AUCKLAND** (Nordinsel)
**Ellerslie Flower Show**
Eine der schönsten Blumenschauen auf der Südhalbkugel
https://nzflowergardenshow.co.nz

**AUCKLAND** (Nordinsel)
**Pasifika Festival**
Ein Wochenende Küche und Kultur rund um die pazifischen Inseln
www.aucklandnz.com/pasifika-festival

# SHOPPEN

*Geschäftige Märkte und kunstvolle Maori-Schnitzerien, wärmende Wollwaren aus Merino und Opossum, junge Designermode, edle Tropfen oder Jadeschmuck als Symbol für Stärke, Wohlstand und Weisheit – in Neuseeland können Sie wunderbar einkaufen.*

Gut zu wissen

**Supermärkte** haben in Neuseeland sieben Tage die Woche geöffnet. Zur Erntezeit bekommen Sie Gemüse und Obst frischer und günstiger an den zahlreichen Straßenständen und auf **Bauernmärkten**. Viele Höfe verkaufen auch direkt an Besucher, die vorbeikommen.
**Neuseelands Bauernmärkte:** www.organicexplorer.co.nz/Events/Farmers+Market+locations+throughout+New+Zealand.html

Wollwaren, Outdoor und junge Mode

Bei 30 Millionen Schafen kommen Neuseelandbesucher an Wollwaren nur schwer vorbei. Überall werden die trendy **UGG Boots**, flache Fellstiefel, und ganze Felle verkauft und verschickt, z. B. von Classic sheepskins in Napier (www.classicsheepskins.co.nz). Ein tolles Souvenir sind die superweichen Pullover, Schals und Handschuhe aus ei-

Schicke Shoppingmeile: die Queen Street im Stadtzentrum von Auckland

OBEN: Auf den Farmermärkten bekommen Sie überall knackiges Obst und Gemüse der Region.
UNTEN: Der Hei Tiki aus Jade soll Klarheit der Gedanken, große innere Weisheit und Fruchtbarkeit bringen.

ner Mischung von **Merinowolle und Opossum**-Haaren, die es in allen Orten und großen Museen zu kaufen gibt. Zu den **Fashion**-Ikonen der Kiwis gehören Karen Walker, Laurie Foon, Trelise Cooper, Nom*d, World und Zambesi. Mehr als 80 Outletshops bieten im DressMart von **Auckland** bis zu 70 Prozent Preisnachlass (www.dress-smart.co.nz), originelle Boutiquen haben Parnell Road & Village, für Vintage und ausgefallene Mode steht der charmante Stadtteil Ponsonby. Die Neuseeländer lieben es locker und leger. Nachhaltige Kleidung aus Naturfasern entwirft das angesagte Label **Untouched World** (www.untouchedworld.com). **Swanndri** rüstet die Kiwis seit über 100 Jahren mit Hiking-Hosen und Trekking Boots aus – das klassische »Swanny«-Buschhemd aus schwerer Wolle hat einen Schnürsenkel am Hals (www.swanndri.co.nz). Größter Produzent von Funktionswäsche und Outdoorkleidung aus neuseeländischer Merinowolle ist **Icebreaker** (https://nz.icebreaker.com). Mit dem Zque Label garantiert die Merino Company eine tierfreundliche Schafhaltung samt Rückverfolgbarkeit bis zur Farm. Fast jedes zweite Paar Füße scheint im Sommer FlipFlops zu tragen, in Neuseeland »jandils« genannt. Entsprechend groß ist die Auswahl. Das gleiche gilt für Shorts, Shirts und Gummistiefel, die alle Kiwis als Naturfreunde im Schrank haben.

Maori-Kunst, Greenstone und der Herr der Ringe

Das Te Puia Arts and Crafts Centre in Rotorua hat eine gute Auswahl an **Holz- und Knochenschnitzereien** nach traditionellen Motiven der Polynesier sowie Flecht- und Webarbeiten aus Flachs. Bleibende Souvenirs sind **Moka**-Tattoos mit Maori-Ornamenten, die vielerorts von kleinen Tattoostudios angeboten werden. Geschliffen und poliert findet sich die schillernde Schale der handgroßen **Paua**-Muschel in Schmuck und Deko wieder. Durchaus erschwinglich ist die in unterschiedlichen Grüntönen vorkommende neuseeländische **Jade**, die oft nach traditionellen Maori-Motiven kunstvoll in Form gebracht wird (▶Baedeker Wissen S. 248). Beliebte Anhänger sind das spiralförmige Koru-Farnkraut, der verschlungene Twist-Freundschaftsknoten und das Tiki-Symbol des ersten Menschen, der von den Sternen kam. Gute Einkaufsadressen sind die Ateliers der Jadehauptstadt Hokitika, das Arts Centre in Christchurch und der Shop des Te Papa Nationalmuseum in Wellington. Eigentlicher »Herr der Ringe« nennt sich Jens Hansen, der den goldenen **Zauberring** für die Tolkien-Film-Trilogie entwarf (320 Trafalger Square, Nelson, www.jenshansen.com).

Honig und heimische Hölzer

Schöne Souvenirs, die sich gut mitnehmen lassen, sind Bretter und Besteck aus heimischen Hölzern. Den bernsteinfarbenen **Manuka-Honig** nutzen die Maori als natürliches Antibiotikum. Einen kräftigen Karamellgeschmack hat der an Antioxidantien reiche, dunkle Rewarewa-Honig aus den Blüten des Honeysuckle-Baums, den die Maori Rewarewa nennen. Seltener ist der helle, milde Honig von Pohutukawa-Bäumen, die zur Weihnachtszeit leuchtend rot an den Stränden blühen.

# ÜBERNACHTEN

*Hip, edel oder Budget? Von luxuriösen Lodges und Landhäusern über traditionelle Gasthäuser und junge Boutiquehotels bis zum familiären Bed & Breakfast, Backpacker Hostel, authentischen Kiwifarmen und tollen Campingplätzen an Stränden und Seeufern bietet Neuseeland Unterkünfte für jeden Urlaubsetat.*

Hotels und Motels

Für die ersten Nächte nach der Ankunft und während der Hochsaison von Ende November bis Ende März empfiehlt sich eine **rechtzeitige Zimmerreservierung**. Wenn größere Konzerte oder Sportevents stattfinden, sind die Unterkünfte meist schon Monate im Voraus ausgebucht. In größeren Orten und Städten können Sie Motelzimmer häufig spontan ohne Vorreservierung finden. Bei der Auswahl hilft die **Qualmark**-Klassifizierung, die alljährlich 1 bis 5 Sterne gold an Hotels, Motels, Jugendherbergen, Zeltplätze, Ferienparks, Autovermieter und Aktivitäten vergibt.

Online buchen

Bei Buchung über Onlineportale wie **www.booking.com, www.hrs.de** und **www.newzealand.com/de/accommodation** lassen sich Zeit und Geld sparen. Viele Häuser bieten die günstigsten Tarife bei direkter Onlinebuchung beim Hotel. Die meisten verlangen die Angabe einer Kreditkartennummer. Die Tarife können je nach Saison und Internetangebot stark variieren, die Preise gelten in der Regel für ein Doppelzimmer ohne Frühstück.

Ferienhäuser und Apartments

Sie suchen für Ihren Urlaub ein schönes Ferienhaus in einer idyllischen Gegend mit viel **Platz, Privatsphäre und Selbstversorgung**? Auf der Nordinsel heißen sie »bach«, sprich Bätsch, auf der Südinsel »crib«. Die Auswahl reicht von einfachen Holzhäuschen am Meer bis zu luxuriösen Lodges in den Bergen. **Apartments** mit regelmäßigem Service, die die Vorzüge eines Hotels mit der Flexibilität der Selbstverpflegung verbinden, sind eine gute Option für große Städte. Einige haben auch Zugang zu Fitnessstudios und Schwimmbädern.

B & Bs, Backpacker Hostels und private Unterkünfte

In den persönlich geführten **B & Bs** haben Sie ein eigenes Zimmer mit Frühstück im Haus der Gastgeber. Bei Eiern, Speck und Kaffee erfahren Sie Wissenswertes über die Region und finden nicht selten sogar neue Freunde. **Hostels** sind die perfekte Unterkunft für Reisende, die nicht zu viel Geld ausgeben möchten, und für Backpacker eine gute Möglichkeit, Gleichgesinnte und Travelbuddies zu finden. Über 250 Jugendherbergen sind unter www.german.hostelworld.com. aufgelistet. Auf **Airbnb** lassen sich private Unterkünfte vom einfachen Zimmer bis zum ganzen Ferienhaus buchen (www.airbnb.de).

Hiergeblieben: Art déco Feeling im charmanten Hotel Masonic mitten in Napier

**Urlaub auf dem Bauernhof**

Sie helfen gern beim Füttern der Kälber und Zusammentreiben der Schafe? Spannenden Farmalltag versprechen zahlreiche Bauernhöfe – die ideale Adresse, wenn Sie mit Kindern unterwegs sind.
www.newzealand.com/int/farmstays | https://truenz.co.nz/farmstays

**Campingplätze und Freedom Camping**

Auf Campingplätzen und in Holiday Parks können Sie kostengünstig inmitten herrlicher Landschaft Ihr Zelt aufschlagen oder Ihren **Campervan** parken. Zur Ausstattung gehören Stellplätze mit oder ohne Stromanschluss, Gemeinschaftsküchen und Sanitärbereiche. Campingplätze vermieten oft auch einfache Hütten, Selbstversorger-Motelzimmer und Backpackerschlafplätze. Campingplätze, Toiletten und Abfallstationen finden Sie auf den Apps von **CamperMate** (www.campermate.co.nz) und **Campable** (https://campable.com). Wer auf einem der 500 öffentlichen Plätze für freie Camper übernachten möchte, muss eigene Toiletten, Frisch- und Abwassersysteme mitführen und seinen Müll mitnehmen. Verklappen von Abfall und Abwasser wird mit hohen Geldbußen geahndet (www.freedomcamping.org).

# P
# PRAKTISCHE INFOS

*Wichtig, hilfreich präzise*

Unsere Praktischen Infos helfen in (fast) allen Situationen in Neuseeland weiter.

Neuseeland heißt auf dem neuen 10-Dollar-Schein auch Aotearoa. ▶

RESERVE BANK OF
NEW ZEALAND
TE PŪTEA MATUA
GOVERNOR
THIS NOTE IS LEGAL TENDER FOR FIVE DOLLARS
5
A015690320
SIR EDMUND HILLARY
NEW ZEALAND
AOTEAROA
10
WHIO
RESERVE BANK OF
NEW ZEALAND
20
GOVERNOR
CA 13260452
THIS NOTE IS LEGAL TENDER FOR
TWENTY
DOLLARS
ONE DOLLAR
RESERVE BANK OF
NEW ZEALAND
50
GOVERNOR
THIS NOTE IS LEGAL TENDER FOR
FIFTY
DOLLARS
SIR APIRANA NGATA

## KURZ & BÜNDIG

### ELEKTRIZITÄT
230/240 Volt/50 Hz; Mehrfachadapter mit flachen Stiften und Mehr-Volt-Option (sog. Weltstecker) sind notwendig. Die Bezeichnung dafür in Neuseeland: powerplug adapter.

### SPERRNOTRUF
Wer seine Kredit- oder Bankkarte, Handy- oder Krankenversicherungskarte verloren hat, lässt sie umgehend sperren unter Tel. **0049 11 61 16** – jeweilige Nummern der Karte bereithalten!

### NOTRUFE

#### GEBÜHRENFREIER NOTRUF
Polizei, Feuerwehr, Ambulanz
Tel. 111

#### PANNENHILFE (ADAC-MITGLIEDER KOSTENGÜNSTIG)
Tel. 0800 500 222

### WÄHRUNG
Bezahlt wird mit Neuseeland-Dollar.
1 EUR = 1,69 NZ$
1 CHF = 1,57 NZ$
1 NZ$ = 0,59 EUR
1 NZ$ = 0,64 CHF

### WAS KOSTET WIE VIEL?
Einfaches Doppelzimmer: ab 70 NZ$
Einfache Mahlzeit: ab 10 NZ$
Glas Wein: ab 9 NZ$
Benzin: ab 2,20 NZ$ pro Liter Super
Intercity-Bus: Auckland – Wellington ab 59 NZ$

### ZEIT
Neuseeland liegt 11 Stunden vor der Mitteleuropäischen Zeit (MEZ). Während der Sommerzeit beträgt die Zeitverschiebung 12 Stunden.

### SOMMERZEIT
Anfang Oktober – Ende März

# ANREISE · REISEPLANUNG

Auf den Kopf gestellt

Es ist natürlich scherzhaft gemeint, wenn man behauptet, unsere **Antipoden** (griech. = Gegenfüßler) stünden auf dem Kopf. Doch wer von Europa nach Neuseeland auf die andere Seite des Globus reist, muss sich mit den »verkehrten« Verhältnissen auf der Südhalbkugel vertraut machen: Die von Europa gewohnte Erfahrung, dass man die Himmelsrichtung Nord mit kühl und kalt assoziiert, Süd dagegen mit warm und heiß, ist in Neuseeland genau umgekehrt: Je weiter Sie nach Süden kommen, desto kälter wird es, je weiter nach Norden, desto wärmer.

Vom Stand der Sonne

Dies hängt mit dem Sonnenstand zusammen. Die Sonne hat ihren Höchststand über dem Äquator bzw. im Korridor zwischen dem nördlichen und südlichen Wendekreis. Dieser liegt von Europa aus gesehen im Süden und von Neuseeland aus gesehen im Norden. Der Sonnenstand hat entsprechende Konsequenzen für die **Jahreszeiten**: Während es in Europa Sommer ist, herrscht in Neuseeland Winter, wenn in Europa im Frühling die Tage allmählich länger werden, ist es in Neuseeland Herbst und abends wird es immer früher dunkel. Gar vollends ins Grübeln kommt, wer das Wasser seiner Badewanne auslaufen lässt: Über der Nordhalbkugel unserer Erde bewirkt die **Coriolis-Kraft,** dass sich ein im Uhrzeiger rotierender Strudel bildet. Auf der Südhalbkugel dreht die Spirale gegen den Uhrzeigersinn.

## Anreise

Mit dem Flugzeug

Ein Flug von Mitteleuropa nach Neuseeland dauert mit einem Zwischenstopp zwischen **21 und 26 Stunden.** Etliche international operierende Fluggesellschaften bieten zusammen mit ihren Codeshare-Partnern täglich Linienverbindungen von den wichtigsten mitteleuropäischen Flughäfen nach Neuseeland an, entweder »eastbound« via Asien über Hongkong, Bangkok, Singapur, Kuala Lumpur oder Sydney oder »westbound« Richtung USA via London, Los Angeles, Vancouver und Honolulu. **Zeit sparende Verbindungen** mit kurzen Stopps bieten Air New Zealand, Deutsche Lufthansa, British Airways, Cathy Pacific, Emirates, Singapore Airlines, Qantas und Qatar Airways. Neuseelands **bedeutendster internationaler Flughafen** befindet sich am Stadtrand von Auckland (Nordinsel). Einige international operierende Fluggesellschaften bedienen aber auch die Airports von Wellington (Nordinsel) und Christchurch (Südinsel). Je nach Jahreszeit differieren die Preise erheblich. **Am günstigsten** sind die Flüge – und natürlich auch die Unterkünfte – im neuseeländischen Herbst/Winter zwischen April und September. In dieser Zeit kann ein Flugticket für die Strecke von Frankfurt am Main nach Auckland und zurück gut 30 Prozent weniger kosten als während der **Hauptsaison** zwischen Oktober und März, wobei die Preise um Weihnachten und Neujahr am höchsten sind.

Entspannt und bequemer

Da der Flug von Europa nach Neuseeland lange und anstrengend ist, sind **Premium Economy Class**-Angebote attraktiv und viel bequemer. Die meisten Fluggesellschaften bieten die Möglichkeit, den **Zwischenstopp** mit einem preisgünstigen Stopover-Programm über mehrere Tage zu verlängern. So lassen sich auf dem Hin- bzw. Rückflug noch sehenswerte Städte wie Hongkong, Dubai, Bangkok oder Singapur einplanen.

Einreise und Visum

Bei der Einreise nach Neuseeland muss der **Reisepass** noch mindestens drei Monate nach Abreisedatum gültig sein. Kinder müssen einen eigenen Ausweishaben. Bei Stopover in asiatischen Ländern muss der Pass noch sechs Monate gültig sein. Seit Oktober 2019 brauchen Touristen und Geschäftsreisende jeden Alters ein **Visum** (NZeTA), das Sie online unter https://visumantrag.de/neuseeland beantragen können. Das Visum gilt für drei Monate und kostet 49,95 €.
Die neuseeländischen Behörden haben drastische Maßnahmen gegen die weitere Verbreitung von **Corona** ergriffen. Bis Anfang 2022 werden keine Visa erteilt, gilt ein generelles **Einreiseverbot**, ausgenommen neuseeländische Staatsangehörige und Reisende aus Australien und den Cook Islands. Da der Andrang ausländischer Besucher nach der Grenzöffnung sehr groß sein wird, ist dann eine frühzeitige Buchung zu empfehlen und zu überlegen, erst ab August/September 2022 anzureisen, zumal der Vorlauf für Visumsanträge, Flugbuchungen etc. eingeplant werden muss. Die Einreise nach Neuseeland wird nur mit einem **Covid-19**-Impfnachweis und unter Vorlage eines negativen Covid-19-Tests möglich sein. Bei Einreise wird auch eine **Touristensteuer** in Höhe von 35 NZ$ erhoben. Die Einnahmen sollen Infrastruktur und Naturschutz zugutekommen.

Strenge Einfuhrbestimmungen

Neuseeland hat außerordentlich strenge Einfuhrbestimmungen für **pflanzliche und tierische Produkte**, die ein Risiko für die indigene Flora und Fauna des Landes darstellen könnten. Reisende müssen alle Lebensmittel, Pflanzen, Saaten, Tierprodukte und gebrauchte Sportschuhe deklarieren, denen Reste von Erdreich aus anderen Ländern anhaften könnte. Bei der Ankunft muss mit eingehenden Kontrollen gerechnet werden. Selbst ein versehentlich mitgeführter Apfel im Handgepäck kann teuer werden. Sogar Laptops oder andere elektronische Datenträger dürfen vom Zoll durchsucht und die Herausgabe des Passworts hierzu verlangt werden. Bei Verweigerung drohen hohe Geldstrafen. Zollfrei mitnehmen dürfen Personen über 17 Jahre 4,5 Liter Wein oder Bier, drei Liter Spirituosen, 50 Zigaretten oder 50 Gramm Tabak bzw. Zigarren. Andere Waren dürfen bis zu einem Gesamtwert von 700 NZ$ pro Person eingeführt werden. Ausführliche Informationen finden Sie beim neuseeländischen Zoll.
Weitere Infos unter www.mbie.govt.nz/border-changes

Rückreise nach Europa

Bei der Rückreise nach Europa können Waren und Geschenke bis insgesamt 430 Euro zollfrei mitgenommen werden. Den bei Verkostungen liebgewonnenen Wein können Sie sich von Neuseeland auch direkt nach Hause schicken lassen. Viele Weingüter bieten das an.

Private Reiseversicherung

Ein ausreichender Krankenversicherungsschutz einer **privaten Auslandsversicherung** einschließlich einer Reiserückholversicherung, Gepäck- und Reiserücktrittsversicherung ist sehr zu empfehlen.

# AUSKUNFT

## TOURISTEN-INFORMATION

### TOURISM NEW ZEALAND
Neuseeländische Zentrale
für Fremdenverkehr
www.newzealand.com/de

## BOTSCHAFTEN

### DEUTSCHE BOTSCHAFT
90-92 Hobson St, Wellington
Tel. 04 473 60 63
https://wellington.diplo.de

### ÖSTERREICHISCHES KONSULAT
75 Ghuznee St, Wellington
Tel. 03 540 30 00
www.consul.info/de/consul-general-austria-wellington

### SCHWEIZER BOTSCHAFT
Maritime Tower, 10 Customhouse Quay, Wellington
Tel. 04 472 15 93
www.eda.admin.ch/countries/new-zealand/de/home/vertretungen/botschaft.html

## INTERNET

### WWW.DOC.GOVT.NZ
Neuseelands Naturschutzbund mit Tipps zu tollen Wanderungen

### WWW.GOVT.NZ
Historisches Erbe, Gesundheit, Visum und Jobs in Neuseeland

### WWW.NEUSEELAND-HAUS.DE
Manukaprodukte, Wein und Bier, Schönes und Nützliches aus Neuseeland

### WWW.360GRAD-NEUSEELAND.DE
Informativer Newsletter und Neuseeland-Magazin

# ETIKETTE

Begrüßung

Zur Begrüßung reicht es einfach, die Hand zu reichen oder nur freundlich »Hello« oder »Good morning/afternoon/evening« zu sagen. Wer sich nett verabschieden will, ergänzt das »Goodbye« mit einem »Nice to meet you«. In lockerer Runde reicht »Hi« oder »Gidday« für den Anfang, »Cheers« oder »See you« am Ende. Ein »Kia ora«, was bei den Maori so viel wie »Mögest du gesund sein« heißt, wird inzwischen von allen Neuseeländern gern als Gruß verwendet – zum Abschied sagt man »Ka kite ano«, auf ein Wiedersehen! Sollten Sie die Ehre haben, von einem Maori beim Willkommensritual auf dem Marae mit **Hongi** begrüßt zu werden, reichen Sie die rechte Hand, die linke Hand können Sie auf die Schulter des Gegenübers legen. Der Kopf wird geneigt, bisweilen Stirn an Stirn gebettet, und stets der Blick gesenkt. Anstarren wirkt wenig freundlich. Dann werden die Nasen ein- oder zweimal aneinandergedrückt und ausgeatmet.

Höflichkeit und Respekt

Lassen Sie sich nicht vom Kiwi-Slang nicht entmutigen, der selbst Englischprofis zu schaffen machen kann. Wetter, Sport und die Schönheit der neuseeländischen Landschaft sind sichere Gesprächsthemen. Neuseeländer sind sehr offen, wahren aber thematisch einen **Wohlfühlabstand**. Höflichkeit gehört zum guten Umgangston. Ein »Nein« wird eher mit »not sure«, »not really« oder »yeah na« umschrieben, was »wahrscheinlich nicht« bedeutet, also haken Sie das Gewünschte ab. Achten Sie darauf, was für Maori »**tapu**« ist wie etwa im Versammlungshaus Schuhe zu tragen, und natürlich sollten Sie die Maori fragen, bevor sie fotografieren. Mit Australien in einem Atemzug genannt zu werden, gefällt den Kiwis gar nicht. Neuseeland will zwar Nachbar sein, aber kein provinzielles Anhängsel.

Im Pub und auf der Grillparty

Im **Pub** geben Neuseeländer unter Freunden gerne eine Runde aus. Bieten Sie zumindest eine Revanche an. In den **BYO** (Bring yourself) Restaurants darf Wein gegen eine Corkage-Gebühr fürs Glas selbst mitgebracht werden. **Trinkgeld** ist kein Muss, doch auch Kiwis freuen sich über die Wertschätzung. Neuseeländer gelten als locker, aber pünktlich. Bittet man Sie »**bring a plate**«, sorgen Sie für kleine Häppchen oder Kuchen. Ansonsten reichen eine Flasche Wein oder Mitbringsel aus der Heimat als Gastgeschenk.

Kleidung

Krawattenzwang ist in Neuseeland selten, die Kiwis sind **gern leger** unterwegs und Shirt, Short und Flipflops reichen meistens aus. Auf Bikini und Badehose ganz zu verzichten, wird allerdings nicht gerne gesehen, und »Oben ohne« und FKK sind nur an (sehr) abgelegenen Stränden geduldet.

# GELD

Währung

Währung ist der **Neuseeland-Dollar** (1 NZ$ = 0,59 EUR bzw. 0,64 CHF). In den Ankunftshallen der großen Flug- und Seehäfen sind **Wechselstuben** eingerichtet. Größere Beträge sollten wegen des günstigeren Wechselkurses erst in Neuseeland getauscht werden.

Bargeld, Bank- und Kreditkarten

Weit verbreitet sind **Geldautomaten** (ATM), wo Sie mit Kredit- und Bankkarten Geld abheben können. Hilfreich ist das **Verified by Visa** System, bei dem per SMS nochmals eine TAN-Nummer zur sicheren Bezahlung übermittelt wird. Das muss bereits vor der Reise eingerichtet werden und wird in manchen Orten als Bezahlungsmethode vorausgesetzt. Banken, Hotels, Restaurants, Autovermieter und Geschäfte akzeptieren die international gängigen Kreditkarten.

# GESUNDHEIT

**Corona/Covid-19:** ►S. 334. Die medizinische Versorgung entspricht den Maßstäben in Europa. Auf jeden Fall sollte eine **Reisekrankenversicherung mit Rücktransport** abgeschlossen werden. Nach einem Unfall erhalten auch Touristen kostenlose Erstbehandlung. Allgemeinmediziner heißen **GP** (= General Practitioner). Dort zahlt man für die Behandlung und reicht die Rechnung zu Hause bei der Krankenkasse ein. Zum Facharzt kann nur der GP überweisen.

Apotheken

Apotheken gibt es in fast jeder Stadt. Sie führen meist dieselben Medikamente wie in Deutschland, manchmal unter einem anderen Namen – so heißt Aspirin »Panadol«. **Dringend benötigte Medikamente** sollten Sie mitbringen – bei Narkotika sind für den Zoll entsprechende Rezepte bzw. Originalverpackungen vorzulegen. Apotheken sind zu den üblichen Geschäftszeiten geöffnet. In allen größeren Orten gibt es eine 24-Stunden-Notapotheke.

Schutz vor der Sonne

Die **ausgedünnte Ozon-Schicht** über der Südhalbkugel bietet weit weniger Schutz vor der UV-Strahlung der Sonne als in Europa. Deswegen sollten Sie unbedingt hohen Sonnenschutz, Sonnenhut und Sonnenbrille einpacken.

Sandflies

Neuseeland hat zwar weder Giftschlangen noch Raubtiere, dafür können die juckenden Bisse der kleinen schwarzen **Sandfliegen**, die am liebsten in Schwärmen auftreten, sehr unangenehm werden. Fast jeder Reisende macht an der feuchten West Coast und im Fiordland Bekanntschaft mit den Sandflies, die bei den Maori »Namu« heißen. Sprays, Moskitonetze und langärmlige Kleidung sollten Sie dort unbedingt im Gepäck haben. Oberhalb der Baumgrenze und überall, wo Wind weht, sind Sie Sandfly-frei.

# LESETIPPS

Klassiker, Krimis und Schmöker

**Armstrong, Adam:** Der Gesang der Wale. Blanvalet 2008. Großartiger Debütroman über das Schicksal zweier Menschen, die sich vor dem Panorama eines der letzten Paradiese der Erde treffen. Im gemeinsamen Kampf für eine unberührte Natur müssen sie sich gegen Profitgier und Intrigen, Urgewalten und die langen Schatten der eigenen Vergangenheit bewähren.

**Carter, Alan**: Doom Creek. Suhrkamp 2021. Sergeant Nick Chester und Constable Latifa Rapata haben am Marlborough Sound doppelten Ärger mit einer Leiche und einem alten ungelösten Mordfall.

**Crow, K. C.**: Schwarzer Sand. List Tb 2017. Auf der Nordinsel wird am Strand von Piha Beach die Leiche einer Unbekannten angespült. Inspektor Parnell ist dem Mörder auf der Spur. Oder ist es der Mörder, der ihn schon die ganze Zeit nicht aus den Augen gelassen hat?

**Frame, Janet**: Ein Engel an meiner Tafel. C.H. Beck 2012. Der hervorragend verfilmte autobiografische Roman liefert feinfühlig den Beweis für die lebensrettende Kraft der Literatur. Frame erzählt von Armut, Psychiatrie und tragischen Schicksalsschlägen, eine melancholische Mischung aus Depression und glücklichem Ausgang.

**Ihimaera, Witi**: Whalerider: Die magische Geschichte vom Mädchen, das den Wal ritt, Rowohlt 2018. Wer kann die heiligen Wale retten und Koros Volk Stärke und Stolz zurückgeben? Ein weises Buch vom bekanntesten Autor der Maori über die Verbundenheit von Mensch und Tier, die Kraft der Tradition und ein junges Mädchen, das neue Hoffnung in ihre Welt trägt.

**Mansfield, Katherine**: Das Gartenfest. Marix 2016. Autobiografisch geprägte, sensible Augenblicksimpressionen der viel zu früh verstorbenen Meisterin der Short Story (▶ Interessante Menschen).

**Meimberg, Claudia**: Restsüße. Books on Demand 2018. Während ihrer Reise durch Neuseeland lernt die Kölnerin Sarah den Winzer Josh kennen. Aus ihrer unerwarteten Romanze wird schnell mehr – Dramatik, Gefühle und Intrigen, eine bittersüße Liebesgeschichte.

**Moris, Paula**: Rangatira. Walde + Graf 2013. Authentisch und einfühlsam erzählt Moris von ihrem Ururgroßvater Paratene Te Manu, einem Häuptling der Maori. Als alter Mann sitzt er dem deutschen Maler Gottfried Lindauer für ein Porträt Modell und erinnert sich an eine Reise 1863 nach England mit anderen hochrangigen Maori.

**Pollard, Belinda**: Verschollen in der Poison Bay. Small Blue Dog Publishing 2017. Fernsehreporterin Callie Brown wandert mit alten Freunden durch die unwirtliche Wildnis Neuseelands. Was sie nicht wissen: Jemand hat es auf sie alle abgesehen. Erster Band der spannenden Wild Crimes-Reihe mit Gänsehautgarantie.

Zur Einstimmung

**Dumont Bildatlas Nr. 194:** Neuseeland. DuMont Reiseverlag 2021. Die Bilder von Markus Kirchgessner und die Texte von Bruni Gebauer und Stefan Hui wecken die Sehnsucht nach Neuseeland.

# PREISE UND VERGÜNSTIGUNGEN

Pässe helfen sparen

Reisen per **Bahn** sind günstiger mit den **RailBus Scenic Passes**. Wer einen oder mehrere **Inlandflüge** plant, sollte sich nach Airpässen bei den Fluggesellschaften erkundigen. Air New Zealand, Qantas New Zealand und Origin Pacific bieten besonders preisgünstige **Airpässe**, allerdings nur in Verbindung mit einem internationalen Flug.
**Bahn- und Buspässe:** https://railnewzealand.com

Günstig Essen und Schlafen

**Restaurants** sind je nach Preisniveau etwa so teuer wie in Deutschland (▶ Essen und Trinken). Man kann aber einiges in **BYO** (Bring Your Own)-Restaurants sparen, in denen man seinen mitgebrachten Wein trinken darf. Günstig übernachten lässt sich in **Backpacker-Hostels** und bei **Privatvermietern** wie Airbnb. Hier bekommt man auch hilfreiche Tipps für Unternehmungen, kann Erfahrungen austauschen und findet oft Reisegefährten. Die meisten Hostels auf der Nord- und Südinsel haben sich mit ihrem Service auf Rucksackreisende eingestellt, bieten Waschmaschinen, gratis WLAN und kostenlos Tee oder Kaffee (▶ Übernachten).

# REISEZEIT

Maritimes Klima

Das Klima Neuseelands ist vom Meer geprägt – kein Ort ist mehr als 130 km von einer Küste entfernt. Im **Frühling** von September bis November kann man mit angenehmen Temperaturen rechnen. Überall blüht und grünt es, nur in den Hochgebirgslagen der Südinsel herrschen noch winterliche Verhältnisse. Schon jetzt sind erlebnisreiche Wanderungen und Radtouren möglich, Hochgebirgstouren aber erst ab Mitte Oktober ratsam. Regenzeug und einen warmen Pullover sollten Sie immer dabeihaben, denn tagsüber ist durchaus mit kräftigen Schauern zu rechnen, und abends wird es empfindlich kalt. Wie in Europa ist der **Sommer** in Neuseeland die beliebteste Reisezeit und Hochsaison. Bei relativ hohen Temperaturen und langer täglicher Sonnenscheindauer lassen sich von Dezember bis Februar die landschaftlichen Schönheiten Neuseelands in vollen Zügen genießen. Zudem ist der Sommer auf der Nordinsel die Jahreszeit mit den geringsten Niederschlägen. Regenschutz und eine warme Jacke für kühle Abende gehören aber immer ins Gepäck. Im Sommer herrscht Hochbetrieb an Badestränden und auf Bergeshöhen, in Hotels, Hostels, auf Campingplätzen, Wanderwegen und in Berghütten. Eine **frühzeitige Reservierung** von Unterkünften, Fährpassagen etc. ist dann dringend zu empfehlen. Der **Herbst** ist für stabile Schönwetterlagen bekannt. Bis in den Mai können Sie herrliche Wanderungen unternehmen, allerdings können bereits in den Gipfelregionen erste Schneeschauer niedergehen. Die meisten Hochgebirgspfade werden Mitte April geschlossen. Im **Winter** ist von Juni bis August **Skisaison**. Sonnige Tage laden zu Busch-Wanderungen, Radtouren und Bädern in natürlichen heißen Quellen ein.

# SPRACHE

Drei Amtssprachen

**Englisch** und **Te Reo Maori** sind beide Amtssprachen in Neuseeland. Dritte offizielle Landessprache ist die **Gebärdensprache**. In Neuseeland wird ein eher »breites« Englisch gesprochen, das jedoch im Gegensatz zum australischen Englisch ganz gut zu verstehen ist. Es gibt allerdings etliche **Slang-Ausdrücke,** die in keinem Wörterbuch zu finden sind.

Te Reo Maori

Die **polynesische Sprache** der Maori ist mit den Sprachen von Hawaii und Tahiti verwandt. An vielen neuseeländischen Schulen ist ein **Grundkurs** in Maori heute für alle Schüler Pflicht. Amtliche Verlautbarungen erscheinen in Englisch und Maori. Viele Ortschaften, Flüsse, Berge usw. tragen Maori-Bezeichnungen. So bedeutet etwa die Vorsilbe »wai« so viel wie Wasser. Das Maori ist sehr **weich und melodisch.** Die Buchstaben der Maori-Wörter werden wie im Deutschen ausgesprochen. Ausnahme: »wh« am Wortanfang wird als »f« gesprochen. Anfängerkurse werden an einigen Universitäten kostenlos angeboten, Infos unter www.maorilanguageweek.co.nz.

## SPRACHFÜHRER ENGLISCH

### AUF EINEN BLICK

| | |
|---|---|
| Vielleicht. | **Perhaps./Maybe.** |
| Bitte. | **Please.** |
| Danke./Vielen Dank! | **Thank you!/Thank you very much!** |
| Gern geschehen. | **You're welcome.** |
| Entschuldigung! | **I'm sorry!** |
| Wie bitte? | **Pardon?** |

| | |
|---|---|
| Ich verstehe Sie/dich nicht. | **I don't understand you** |
| Ich spreche nur wenig (Englisch)... | **I only speak a little (English)...** |
| Können Sie mir bitte helfen? | **Can you help me, please?** |
| Ich möchte ... | **I'd like ...** |
| Das gefällt mir (nicht). | **I (don't) like this.** |
| Haben Sie ...? | **Do you have ...?** |
| Wie viel kostet es? | **How much is it?** |
| Wie viel Uhr ist es? | **What time is it?** |

## KENNENLERNEN

| | |
|---|---|
| Guten Morgen! | **Good morning!** |
| Guten Tag! | **Good afternoon!** |
| Guten Abend! | **Good evening!** |
| Hallo! Grüß dich! | **Hello! Hi!** |
| Ich heiße ... | **My name's ...** |
| Wie ist Ihr/dein Name? | **What's your name?** |
| Wie geht es Ihnen/dir? | **How are you?** |
| Danke. Und Ihnen/dir? | **Fine, thanks. And you?** |
| Auf Wiedersehen! | **Goodbye!/Bye-bye!** |
| Tschüs! | **See you!/Bye!** |

## AUSKUNFT UNTERWEGS

| | |
|---|---|
| links/rechts | **left/right** |
| geradeaus | **straight on** |
| nah/weit | **near/far** |
| Bitte, wo ist ...? | **Excuse me, where's ..., please?** |
| ... die Bushaltestelle | **... the bus stop** |
| ... der Hafen | **... the harbour** |
| ... der Flughafen | **... the airport** |
| Wie weit ist das? | **How far is it?** |
| Ich möchte ... mieten. | **I'd like to hire ...** |
| ... ein Auto | **... a car** |
| ... ein Fahrrad | **... a bike/bicycle** |

## EINKAUFEN

| | |
|---|---|
| Wo finde ich eine/ein ..? | **Where can I find a ...?** |
| Apotheke | **chemist/pharmacy** |
| Bäckerei | **bakery** |
| Kaufhaus | **department store** |
| Lebensmittelgeschäft | **grocery store** |
| Markt | **market** |
| Was kostet ...? | **How much is ...?** |

## ÜBERNACHTUNG

| | |
|---|---|
| Können Sie mir ... empfehlen? | **Could you recommend ... ?** |
| ... ein Hotel/Motel | **... a hotel/motel** |
| ... eine Pension | **... a guest-house** |

| | |
|---|---|
| Ich habe ein Zimmer reserviert. | **I have reserved a room.** |
| Haben Sie noch ...? | **Do you have ...?** |
| ... ein Einzelzimmer | **... a single room** |
| ... ein Doppelzimmer | **... a double room** |
| ... mit Dusche/Bad | **... with a shower/bath** |
| ... für eine Nacht | **... for one night** |
| Was kostet das Zimmer | **How much is the room** |
| ... mit Frühstück? | **... with breakfast?** |
| ... mit Halbpension? | **... with half board?** |

## ARZT

| | |
|---|---|
| Ich brauche einen Arzt/Zahnarzt. | **I need a doctor/dentist.** |
| Ich habe hier Schmerzen. | **I've got pain here.** |

## BANK/POST/KOMMUNIKATION

| | |
|---|---|
| Wo ist hier bitte eine Bank? | **Where's the nearest bank, please?** |
| Ich möchte ... Euro (Franken) wechseln. | **I'd like to change ... Euro (Swiss Francs).** |
| Was kostet ... | **How much is ...** |
| ... ein Brief ... | **... a letter ...** |
| ... eine Postkarte ... | **... a postcard ...** |
| nach Deutschland? | **to Germany?** |
| nach Österreich? | **to Austria?** |
| in die Schweiz? | **to Switzerland?** |
| Handy, Mobiltelefon | **mobile phone** |
| Wo ist das nächste Internetcafé? | **Where is the next internet café?** |
| Ich brauche eine Prepaid-Karte für mein Handy. | **I need a prepaid card for my mobile phone.** |
| Ich brauche eine Speicherkarte für meine Kamera. | **I need a memory card for my camera.** |

## SPEISEKARTE

| | |
|---|---|
| Breakfast | **Frühstück** |
| coffee (with cream/milk) | **Kaffee (mit Sahne/Milch)** |
| hot chocolate | **heiße Schokolade** |
| tea (with milk/lemon) | **Tee (mit Milch/Zitrone)** |
| scrambled eggs | **Rühreier** |
| bacon and eggs | **Eier mit Speck** |
| fried eggs | **Spiegeleier** |
| hard-boiled/soft-boiled eggs | **harte/weiche Eier** |
| (cheese/mushroom) omelette | **(Käse-/Champignon-) Omelett** |
| bread/rolls | **Brot/Brötchen/Toast** |
| brown/white toast | **Körnertoast/Weißbrottoast** |
| butter | **Butter** |
| honey | **Honig** |
| jam/marmalade | **Marmelade/Orangenmarmelade** |
| yoghurt | **Joghurt** |
| fruit | **Obst** |

| STARTERS AND SOUPS | VORSPEISEN UND SUPPEN |
|---|---|
| clear soup/consommé | **(Fleisch-) Brühe** |
| cream of chicken soup | **Hühnercremesuppe** |
| cream of tomato soup | **Tomatensuppe** |
| mixed/green salad | **gemischter/grüner Salat** |
| onion rings | **frittierte Zwiebelringe** |
| seafood salad | **Meeresfrüchtesalat** |
| shrimp/prawn cocktail | **Garnelen-/Krabbencocktail** |
| smoked salmon | **Räucherlachs** |
| vegetable soup | **Gemüsesuppe** |

| FISH AND SEAFOOD | FISCH UND MEERESFRÜCHTE |
|---|---|
| cod | **Kabeljau** |
| crab | **Krebs** |
| eel | **Aal** |
| haddock | **Schellfisch** |
| herring | **Hering** |
| lobster | **Hummer** |
| mussels | **Muscheln** |
| oysters | **Austern** |
| plaice | **Scholle** |
| salmon | **Lachs** |
| scallops | **Jakobsmuscheln** |
| sole | **Seezunge** |
| squid | **Tintenfisch** |
| trout | **Forelle** |
| tuna | **Thunfisch** |

| MEAT AND POULTRY | FLEISCH UND GEFLÜGEL |
|---|---|
| barbequed spare ribs | **gegrillte Schweinerippchen** |
| beef | **Rindfleisch** |
| chicken | **Hähnchen** |
| chop/cutlet | **Kotelett** |
| fillet | **Filetsteak** |
| duck(ling) | **(junge) Ente** |
| gammon | **Schinkensteak** |
| gravy | **Fleischsoße** |
| ham | **gekochter Schinken** |
| kidneys | **Nieren** |
| lamb (with mint sauce) | **Lamm (mit einer sauren Minzsoße)** |
| liver (and onions) | **Leber (mit Zwiebeln)** |
| minced meat | **Hackfleisch** |
| mutton | **Hammelfleisch** |
| pork | **Schweinefleisch** |
| rabbit | **Kaninchen** |
| sausages | **Würstchen** |
| sirloin steak | **Lendenstück vom Rind** |
| turkey | **Truthahn** |
| veal | **Kalbfleisch** |

| | |
|---|---|
| venison | **Reh oder Hirsch** |
| Dessert and Cheese | **Nachspeisen und Käse** |
| apple pie | **gedeckter Apfelkuchen** |
| cheddar | **kräftiger Käse** |
| cream | **Sahne** |
| custard | **Vanillesoße** |
| fruit salad | **Obstsalat** |
| goat's cheese | **Ziegenkäse** |
| ice-cream | **Eis** |
| pastries | **Gebäck** |

| VEGETABLES AND SALAD | GEMÜSE UND SALAT |
|---|---|
| baked beans | **gebackene Bohnen in Tomatensoße** |
| baked potatoes | **gebackene Kartoffeln mit Schale** |
| cabbage | **Kohl** |
| carrots | **Karotten** |
| cauliflower | **Blumenkohl** |
| chips | **Pommes frites** |
| cucumber | **Gurke** |
| fritters/hash browns | **Bratkartoffeln** |
| garlic | **Knoblauch** |
| leek | **Lauch** |
| lettuce | **Kopfsalat** |
| mashed potatoes | **Kartoffelpüree** |
| mushrooms | **Pilze** |
| onions | **Zwiebeln** |
| peas | **Erbsen** |
| peppers | **Paprika** |
| spinach | **Spinat** |
| sweetcorn | **Mais** |
| tomatoes | **Tomaten** |
| Fruit | **Obst** |
| apples | **Äpfel** |
| apricots | **Aprikosen** |
| blackberries | **Brombeeren** |
| cherries | **Kirschen** |
| grapes | **Weintrauben** |
| lemon | **Zitrone** |
| oranges | **Orangen** |
| peaches | **Pfirsiche** |
| pears | **Birnen** |
| pineapple | **Ananas** |
| plums | **Pflaumen** |
| raspberries | **Himbeeren** |
| strawberries | **Erdbeeren** |

| BEVERAGES | GETRÄNKE |
|---|---|
| beer on tap | **Bier vom Fass** |
| cider | **Apfelwein** |

| | |
|---|---|
| red/white wine | **Rot-/Weißwein** |
| dry/sweet | **trocken/lieblich** |
| sparkling wine | **Sekt** |
| soft drinks | **alkoholfreie Getränke** |
| fruit juice | **Fruchtsaft** |
| milk | **Milch** |
| mineral water | **Mineralwasser** |

## MAORI-BEGRIFFE

| | |
|---|---|
| a | **von, gehörend zu** |
| ahi | **Feuer** |
| Ahitereiria | **Australien** |
| ao | **Wolke** |
| Aotearoa | **Lange weiße Wolke, Neuseeland** |
| ara | **Weg, Straße** |
| ariki | **Häuptling, Oberpriester** |
| aroha | **Nächstenliebe** |
| ata | **Schatten** |
| atua | **Gottheit, Geistwesen** |
| awa | **Fluss, Kanal, Tal** |
| haere mai! | **Willkommen!** |
| haere ra! | **Lebe wohl!** |
| haka | **Kriegstanz** |
| hau | **Wind** |
| Hawaiki | **legendäre Urheimat der Maori** |
| hei-tiki | **Schmuck aus Nephrit (Greenstone)** |
| hongi | **traditionelle Begrüßung (Nasenreiben)** |
| hua | **Frucht, Ei** |
| ika | **Fisch** |
| iti | **klein** |
| iwi | **Stamm** |
| kai | **Speise** |
| kainga | **unbefestigte Siedlung** |
| karakia | **Beschwörungsformeln** |
| kia ora! | **Hallo! Begrüßung** |
| kino | **schlecht** |
| ko | **Grabstock zum Pflanzen** |
| koru | **Schleifenmuster** |
| kumarar | **Süßkartoffel** |
| ma | **weiß, klar** |
| mana | **Ansehen** |
| manga | **Nebenfluss** |
| manu | **Vogel** |
| marae | **Versammlungsplatz** |
| mata | **Feuerstein; auch Vorgebirge** |
| maunga | **Berg** |
| mauri | **Lebenskraft** |

| | |
|---|---|
| moana | **See** |
| moko | **Muster der Tätowierung** |
| muri | **Ende** |
| mutu | **beendet** |
| noa | **gewöhnlich, frei von »tapu«** |
| nui | **groß, viele** |
| o | **von, Ort des** |
| one | **Strand, Schlick** |
| pa | **befestigte Siedlung** |
| pae | **Ruheplatz, Horizont** |
| pakeha | **Fremder, Weißer (auch fremd)** |
| papa | **bewachsene Fläche, Wiese** |
| patu | **Waffe, Keule** |
| po | **Nacht** |
| pounamu | **Nephrit (neuseeländische Jade)** |
| puke | **Hügel** |
| puna | **Quelle** |
| rangatira | **hochgestellte Persönlichkeit** |
| rangi | **Himmel** |
| rau | **hundert, viele** |
| riki | **klein, wenige** |
| roa | **lang, hoch** |
| roto | **See** |
| rua | **Höhle** |
| tah | **einer** |
| tai | **Meer, Küste, Gezeiten** |
| tangi | **Trauer** |
| tapu | **göttliches Verbot, »tabu«** |
| te | **der (und viele andere Bedeutungen)** |
| tea | **durchsichtig, hell, weiß** |
| Te Papa Atawhai | **Natur- und Denkmalschutzbehörde** |
| Te Puna Korero Whenua | **Behörde für Landesvermessung** |
| tiki | **erster Mensch, Giebelfigur** |
| tipua | **Dämon** |
| tohunga | **Priester, Experte** |
| tuahu | **geheiligter Platz** |
| umu | **Erdofen** |
| utu | **Rache** |
| wai | **Wasser** |
| wairua | **Seele, Geist** |
| wainui | **Meer, Ozean** |
| waka | **Kanu** |
| waka huia | **Schatzkästchen** |
| whanau | **Großfamilie** |
| whanga | **Bucht, Meeresarm** |
| whare | **Haus, Wohnung** |
| whare wananga | **höhere Lehranstalt** |
| whare whakairo | **geschnitztes Versammlungshaus** |
| whata | **Podest, Vorratsgestell** |
| whenua | **Land** |

# TELEKOMMUNIKATION · POST

**Mobiltelefon (mobile phone)**

Um E-Mails zu checken, die neusten Fotos zu teilen und WhatsApps verschicken zu können, gibt es in Neuseeland unterschiedliche **Prepaid-Packages** inklusive SMS, Freiminuten und Datenvolumen. Die günstigsten Anbieter sind 2degrees und Skinny Mobile, dafür haben sie im Vergleich zu den zwei großen Anbietern Vodafone und Spark NZ eine schlechtere Netzabdeckung. Insbesondere auf der Südinsel gibt es noch viel Fläche ohne Handy-Empfang. Telefonie und SMS funktioniert dann meist über das Vodafone-Netz. Neuseeländische **SIM-Karten** gibt es schon im Flughafen in den Shops der Anbieter, in Supermärkten oder online vorab in Deutschland.

**Post**

Die Briefkästen der **New Zealand Post** sind rot, ihre Shops findet man häufig in Supermärkten und Schreibwarenhandlungen. Das **Porto** für eine Postkarte oder einen Brief bis 20 g nach Europa kostet 2,50 NZ$. Eine Sendung nach Europa ist in der Regel 6 bis 10 Tage unterwegs. Die Postfilialen sind Mo. – Fr. 9 – 17 Uhr geöffnet.
www.nzpost.co.nz

# VERKEHR

**Mietwagen und Verkehrsregeln**

Wichtigster Transportweg ist die Straße und Reisen im **Auto, Campervan oder Wohnwagen** sind sehr beliebt. Über der Hälfte des insgesamt 92 000 km langen Streckennetzes ist asphaltiert. Zwischen Auckland, Wellington und Christchurch gibt es 150 km Autobahn. Die meisten Straßen sind zweispurig. Zu Ihrem Führerschein müssen Sie immer den **Internationalen Führerschein** dabei haben. In Neuseeland herrscht **Linksverkehr**, der Fahrer sitzt rechts. Es kann daher eine Erleichterung sein, wenn Sie ein **Automatikfahrzeug** mieten, um sich ganz auf das Verkehrsgeschehen konzentrieren zu können, ohne von Schaltvorgängen mit der linken Hand abgelenkt zu werden. **Mietwagen** sind oft günstiger, wenn sie vorab vom Heimatland aus online gebucht werden. Beim Blick auf eine Landkarte wird die Fahrtzeit häufig unterschätzt, da viele Straßen durch hügeliges Gelände führen und sehr **schmal und kurvenreich** sein können. Nur die Hälfte aller **Bahnübergänge** hat ein automatisches Alarmsystem, sonst heißt es anhalten und sich vergewissern, dass kein Zug kommt. Wer sich vorab mit Neuseelands Verkehrsregeln vertraut machen will, kann den Test des AA Visiting Driver's Training Program machen (www.aa.co.nz/visiting-drivers). **Höchstgeschwindigkeit** außerhalb von Ortschaften ist 100 km/h, im Stadtgebiet liegt sie bei 50 km/h. Die Beschilderung entspricht internationalem Standard, alle Entfernungen werden in **Kilometern** angegeben. Es herrscht **Anschnallpflicht** für alle Insassen. Für Fahrer unter 20 Jahren liegt die **Promillegrenze** bei Null, ab 21 Jahren bei 0,5 Promille.

Preiswerte Inlandsflüge

Dank preiswerter Inlandsflüge ist es einfach, sich zwischen Nord- und Südinsel zu bewegen. Kurze Flüge zwischen den Städten sind eine angenehme Alternative zu den oft langen Auto- oder Busfahrten. Drehkreuze sind Auckland, Christchurch, Queenstown und Wellington. Viele regionale Strecken werden mehrmals täglich von Kooperationspartnern von **Air New Zealand** und **Jetstar** (Low-Cost-Tochter der australischen Qantas) bedient, wie Eagle Air oder Air Nelson. Auckland – Christchurch kostet hin und zurück etwa 120 NZ$.

Fernbusse

Neben dem Flugzeug das wichtigste Verkehrsmittel ist in Neuseeland der Bus. **Intercity** fährt über 600 Ziele auf der Nord- und Südinsel an. Alle Busse haben kostenloses WLAN. Mit dem **Flexi Pass** kauft man ein bestimmtes Kontingent an Stunden (ab 15 Std.), das für beliebige Strecken eingesetzt werden kann. **Travel-Pässe** gelten für eine vorgegebene Gesamtroute mit beliebigen Stopps. **Stray** und **Kiwi Experience** heißen Neuseelands preiswertere Hop-on-Hop-off-Anbieter für Backpacker und Abenteuerlustige.

Mit der Bahn

Das Bahnnetz in Neuseeland ist zwar etwas eingeschlafen und wurde ausgedünnt, doch es gibt drei landschaftlich sehr reizvolle Linien, die **Kiwirail** anbietet: zwischen Auckland und Wellington (Northern Explorer), zwischen Picton und Christchurch (Coastal Pacific) und zwischen **Christchurch und der West Coast** (TranzAlpine) – eine der schönsten Bahnstrecken der Welt!

www.railnewzealand.com | www.kiwirail.co.nz
www.greatjourneysofnz.co.nz

Mit der Fähre

**Zwischen Nord- und Südinsel** verkehren durch die 90 km breite Cook-Straße regelmäßig Fähren in beide Richtungen zwischen der Hauptstadt Wellington auf der Nordinsel und dem Hafen von Picton auf der Südinsel – im Winter mindestens zweimal, im Sommer bis zu fünfmal täglich. Die Passage durch die **Cook Strait**, eine der windigsten Wasserstraßen der Südhalbkugel, dauert mit **Interislander Ferries** 3 Stunden 10 Minuten. **Bluebrige Cook Strait Ferries** ist günstiger, braucht aber mit 3,5 Stunden etwas länger. Als Fußgänger zahlt man dort 55 NZ$, bei Interislander 57 NZ$. Die Preise für Fahrzeuge variieren je nach Größe und Reisezeit. Eine frühe Buchung in der

MIETWAGEN

CHECK24
Vergleichsportal mit Mietwagen von Avis, Alamo, Europcar etc.
www.check24.de/mietwagen

JUCY
Campervans und Mietwagen für Fahrer ab 18 Jahre
Tel. 09 374 43 60
www.jucy.co.nz

FLUGGESELLSCHAFTEN

AIR NEW ZEALAND
www.airnewzealand.co.nz

JETSTAR
www.jetstar.com/nz

BUS,
BAHN & FÄHRE

INTERCITY-BUSSE
www.intercity.co.nz

KIWI EXPERIENCE
www.kiwiexperience.com

STRAY
www.straytravel.com/de

ROUTENPLANER
FÜR BUS,
BAHN UND FÄHRE
www.journeys.nzta.govt.nz
www.railnewzealand.com

TAXI

UBER
Günstige Taxis per App
www.uber.com

FÄHREN

INTERISLANDER FERRIES
BLUEBRIDGE
SEALINK NZ
FULLERS 360
STEWART ISLAND EXPERIENCE
www.directferries.de

---

Hauptsaison und zu Ferienzeiten wird dringend empfohlen. Online können Sie von Sonderangeboten profitieren, die bei Buchung vor Ort oft nicht erhältlich sind. Viele Mietwagenfirmen gestatten nicht, dass Sie Ihr Mietauto oder Wohnmobil auf eine andere Insel mitnehmen. Informieren Sie sich diesbezüglich, bevor Sie eine Überfahrt mit Fahrzeug buchen. Von den beiden Hauptinseln Neuseelands können Sie mit Fähren von **Sealink NZ**, **Fullers 360** und **Stewart Island Experience** nach Steward Island, Great Barrier Island, Waiheke, Motutapu und Rangitoto übersetzen. Zwischen Auckland oder Half Moon Bay und Waiheke können Sie mit Sealink NZ einen Pkw oder ein Motorrad mitnehmen, größere Fahrzeuge jedoch nicht.

# REGISTER

## A



## B

# C



# D

# L



# M

# N



# O



# P

## U



## V



## W

# BILDNACHWEIS

Adobe Stock/ Martin S. 101
Alexander Turnbull Library S. 303
AWLimages/Walter Bibikow S. 242
Dolphin Cruises/Dolphin Eco Experience Cruise/McLennan_ Intercity S. 112/113
Dolphin Encounter Kaikoura S. 189, 190/191
DuMont Bildarchiv/Clemens Emmler S. 248, 309
DuMont Bildarchiv/Markus Kirchgessner S. 6, 7/8, 11, 12/13, 15 (2 x), 16/17, 18, 24/25, 32, 35, 45, 55 (2 x), 56, 68, 88, 94, 105, 121, 149, 150 unten, 162, 165, 175, 178, 181 (3 x), 182, 185, 186, 208, 230 unten, 235, 261, 264, 268, 271 (2 x), 272, 274, 284, 287, 288, 291 oben, 292, 307, 310, 314, 317, 318 (2 x), 325
Forgotten World Adventures S. 102
Getty images/ARUTTHAPHON POOLSAWASD S. 245 oben
Getty images/A. Bain S. 245 unten
Getty images/Matt Champlin S. 214
Getty images/EyesWideOpen S. 168
Getty images/Tony Feder S. 172/173
Getty images/mantaphoto S. 238/239
Getty images/Kerry Marshall S. 321
Getty images/Garry Ridsdale S. 76/77
Getty images/Phil Walter S. 322
Huber images/Friedemar Damm S. 218/219
Huber images/Stefan Damm S. 74
Huber images/Justin Faulkes S. 27
Huber images/Rainer Mirau S. 196
Huber images/M. Rellini S. 29, 161
Huber images/Massimo Ripani S. 200
Huber images/R. Spila S. 150 oben
istock/anupamhatui S. 106
istock/brackish_nz S. 67
istock/chameleonseye S. 135
istock/rusm S. 46
istock/Shaycobs S. 252/253
istock/superjoseph S. 61
Laif/ Clemens Emmler U7
Laif/Arno Gasteiger S. 267 links unten
Lookphotos/Bernard van Dierendonck S. 257
Mauritius images/age fotostock 1013/ Colin Monteath S. 211 oben
Mauritius images / Walter Bibikow S. 84 unten
Mauritius images / imageBROKER/ Kim Petersen S. 84 oben
Mauritius images / Westend61 / Gaby Wojciech S. 81
Picture alliance / AP Photo S. 296
Picture alliance/Reuters S. 298, 299
Real Journey Library S. 220, 223 (2 x)
Dr. Madeleine Reincke S. 20/21, 23, 58, 130, 137, 224, 227, 258/259, 279, 291 unten, 295, 326 unten, 331
Rotorua Te Puia S. 124/125, 129 (3 x)
Shutterstock/Junki Asano S. 153
Shutterstock/Chameleonseye S. 280/281, 326 oben
Shutterstock/DestinationsIn NewZealand S. 144/145
Shutterstock/EQRoy S. 329
Shutterstock/Michael R Evans S. 204/205
shutterstock/gracethang2 S. 236
Shutterstock/Vladislav T. Jirousek S. 199
Shutterstock/Tomas Kotouk S. 5, 313
Shutterstock/Maridav S. 140/141
Shutterstock/Victor Maschek S. 158/159
Shutterstock/ Michael WNZ S. 118

Shutterstock/K. Mostert S. 267 oben
Shutterstock/Tessa Palmer S. 251
Shutterstock/ Ruklay Pousajja S. 230 oben
Shutterstock/Dmitrii Sakharov S. 241
Shutterstock/Keith Michael Taylor S. 211 unten
Shutterstock/Bildagentur Zoonar GmbH S. 267 rechts unten
Skulptureum S. 64
Waitamo Caves S. 91

Titelbild: Dave and Les Jacobs/ Getty Images


## ATMOSFAIR

Reisen verbindet Menschen und Kulturen. Doch wer reist, erzeugt auch CO2. Der Flugverkehr trägt mit bis zu 10% zur globalen Erwärmung bei. Wer das Klima schützen will, sollte sich nach Möglichkeit für die schonendere Reiseform entscheiden (wie z.B. die Bahn). Gibt es keine Alternative zum Fliegen, kann man mit atmosfair klimafördernde Projekte unterstützen.
atmosfair ist eine gemeinnützige Klimaschutzorganisation unter der Schirmherrschaft von Klaus Töpfer. Flugpassagiere spenden einen kilometerabhängigen Betrag und finanzieren damit Projekte in Entwicklungsländern, die den Ausstoß von

nachdenken • klimabewusst reisen
atmosfair

Klimagasen verringern helfen. Dazu berechnet man mit dem Emissionsrechner auf **www.atmosfair.de** wieviel CO2 der Flug produziert und was es kostet, eine vergleichbare Menge Klimagase einzusparen (z.B. Berlin – London – Berlin 13 €). atmosfair garantiert die sorgfältige Verwendung Ihres Beitrags. Alle Informationen dazu auf www.atmosfair.de. Auch der Karl Baedeker Verlag fliegt mit atmosfair.

# VERZEICHNIS DER KARTEN UND GRAFIKEN

# IMPRESSUM

**Ausstattung:**
141 Abbildungen, 26 Karten und grafische Darstellungen, eine große Reisekarte

**Text:**
Dr. Madeleine Reincke, Lisa Spägele mit Beiträgen von Doris Evans

**Bearbeitung:**
Baedeker-Redaktion
(Dr. Madeleine Reincke, Redaktion Reincke, Stuttgart)

**Kartografie:**
Christoph Gallus, Hohberg
Klaus-Peter Lawall, Unterensingen
MAIRDUMONT Ostfildern (Reisekarte)

**3D-Illustrationen:**
jangled nerves, Stuttgart

**Infografiken:**
Golden Section Graphics GmbH, Berlin

**Gestalterisches Konzept:**
RUPA GbR, München

**Chefredaktion:**
Rainer Eisenschmid, Baedeker Ostfildern

12. Auflage 2022
© MAIRDUMONT GmbH & Co KG, Ostfildern

Der Name Baedeker ist als Warenzeichen geschützt. Alle Rechte im In- und Ausland sind vorbehalten. Jegliche – auch auszugsweise – Verwertung, Wiedergabe, Vervielfältigung, Übersetzung, Adaption, Mikroverfilmung, Einspeicherung oder Verarbeitung in EDV-Systemen ausnahmslos aller Teile des Werkes bedarf der ausdrücklichen Genehmigung durch den Verlag.

**Anzeigenvermarktung:**
MAIRDUMONT MEDIA
Tel. +49 711 450 20
Fax +49 711 450 23 55
media@mairdumont.com
http://media.mairdumont.com

Trotz aller Sorgfalt von Redaktion und Autoren zeigt die Erfahrung, dass Fehler und Änderungen nach Drucklegung nicht ausgeschlossen werden können. Dafür kann der Verlag leider keine Haftung übernehmen. Infolge der Corona-Pandemie kann es darüber hinaus zu kurzfristigen Geschäftsschließungen und anderen Änderungen vor Ort gekommen sein.
Kritik, Berichtigungen und Verbesserungsvorschläge sind jederzeit willkommen. Schreiben Sie uns, mailen Sie oder rufen Sie an:

**Baedeker-Redaktion**
Postfach 3162, D-73751 Ostfildern
Tel. 0711 4502-262
www.baedeker.com
baedeker@mairdumont.com

FSC
www.fsc.org
MIX
Papier | Fördert gute Waldnutzung
FSC® C018236

Printed in Poland

# BAEDEKER VERLAGSPROGRAMM

Viele Baedeker-Titel sind als E-Book erhältlich.

A
Ägypten
Algarve
Allgäu
Amsterdam
Andalusien
Australien

B
Bali
Baltikum
Barcelona
Belgien
Berlin · Potsdam
Bodensee
Böhmen
Bretagne
Brüssel
Budapest
Burgund

C
China

D
Dänemark
Deutsche Nordseeküste
Deutschland
Dresden
Dubai · VAE

E
Elba
Elsass · Vogesen
England

F
Finnland
Florenz
Florida
Frankreich
Fuerteventura

G
Gardasee
Golf von Neapel
Gomera
Gran Canaria
Griechenland

H
Hamburg
Harz
Hongkong · Macao

I
Indien
Irland
Island
Israel · Palästina

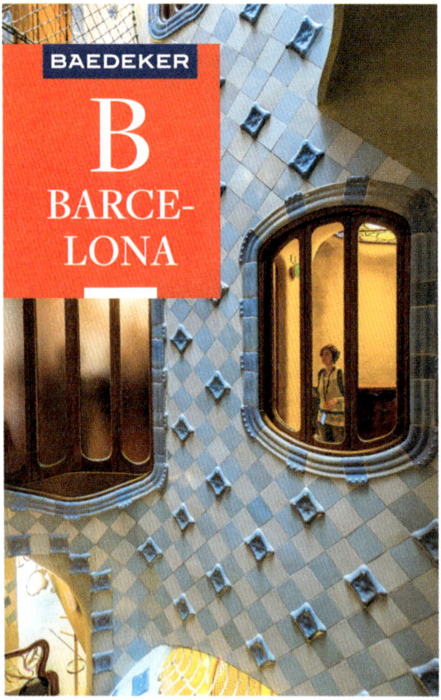

BAEDEKER
F
FLORIDA

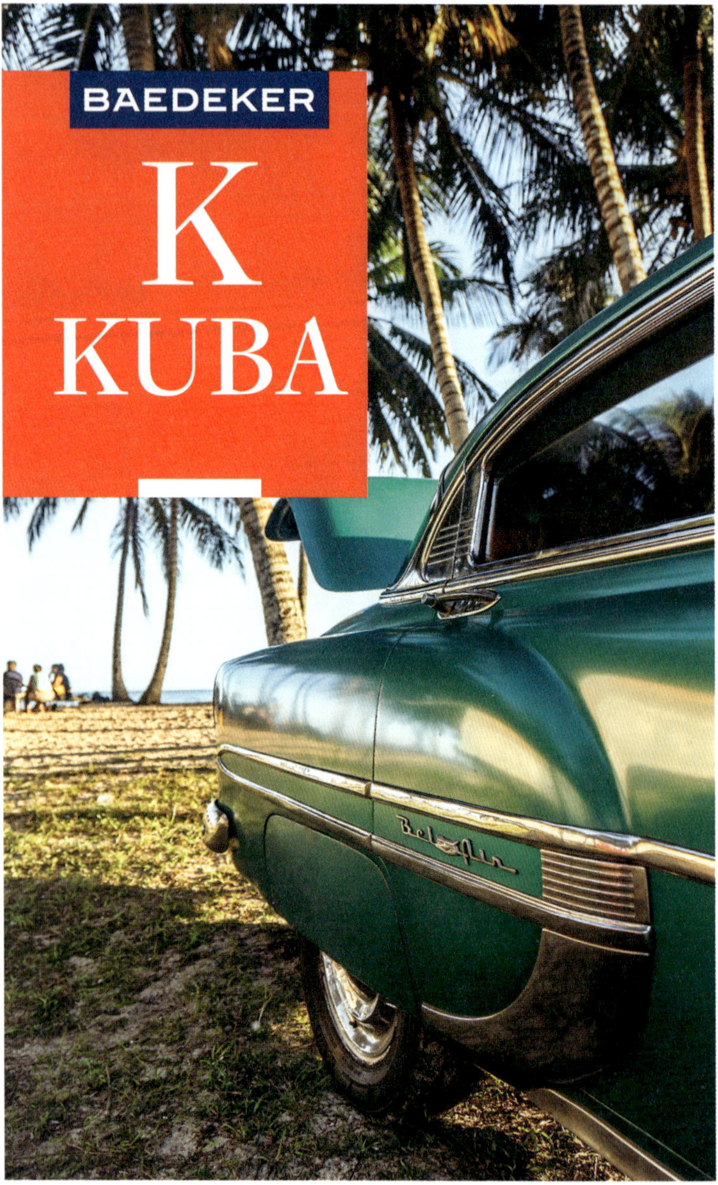
BAEDEKER
K
KUBA

Istanbul
Istrien · Kvarner Bucht
Italien

J
Japan

K
Kalifornien
Kanada · Osten
Kanada · Westen
Kanalinseln
Kapstadt · Garden Route
Kopenhagen
Korfu · Ionische Inseln
Korsika
Kos
Kreta
Kroatische Adriaküste · Dalmatien
Kuba

L
La Palma
Lanzarote
Lissabon
London

M
Madeira
Madrid
Mallorca
Malta · Gozo · Comino
Marrokko
Mecklenburg-Vorpommern
Menorca
Mexiko
München

N
Namibia
Neuseeland
New York
Niederlande
Norwegen

O
Oberbayern
Österreich

P
Paris
Polen
Polnische Ostseeküste · Danzing · Masuren
Portugal
Prag
Provence · Côte d'Azur

R
Rhodos
Rom
Rügen · Hiddensee
Rumänien

S
Sachsen
Salzburger Land
Sankt Petersburg
Sardinien
Schottland
Schwarzwald
Schweden
Schweiz
Sizilien
Skandinavien
Slowenien
Spanien
Sri Lanka
Südafrika
Südengland
Südschweden · Stockholm
Südtirol
Sylt

T
Teneriffa
Thailand
Thüringen
Toskana

U
USA
USA · Nordosten
USA · Südwesten
Usedom

V
Venedig
Vietnam

W
Wien

Z
Zypern

# Meine persönlichen Notizen

# Meine persönlichen Notizen

# Meine persönlichen Notizen

# Meine persönlichen Notizen

200 km
© BAEDEKER
Cape Reinga
North Cape
Ninety Mile Beach
Kaitaia
Dargaville
Kaipara Harbo
Auck
North Islanc
Tasman
Sea
Taranaki
Mt. Egmor
2518
Opunake
Cape Farewell
Collingwood
D'Urville
Tasman Bay
Abel Tasman N.P.
Marahau
Kahurangi N.P.
Tasman
Karamea
Nelson
Blenh
Cape Foulwind
Westport
Reefton
Nelson Lakes N.P.
Mt. Franklin 2339
Clarence R.
Paparoa N.P.
West Coast
Westland
Greymouth
Hanmer Springs
South Island
Hokitika
Arthur's Pass N.P.
Harihari
Southern Alps
Oxford
Waipara
Franz Josef Glacier
Tai Poutini/Westland N.P.
Christc
Fox Glacier
Aoraki Mount Cook N.P.
3764
Mt. Cook/Aoraki
Akaroa
Ashburton
Banks Peninsula
Cascade Point
Haast
Mount Aspiring N.P.
3030
Geraldine
Timaru
Twizel
Waitaki R.
Canterbury Bight
Milford Sound
Mt. Tutoko 2746
Fiordland National Park
Queenstown
Oamaru
Secretary Island
L. Wakatipu
Te Anau
Eyre Mts.
Alexandra
Otago
Palmerston
Manapouri
Lumsden
Clutha R.
Dunedin
Resolution Island
Ohai
Gore
Mosgiel
Caroline Pk. 1722
Balclutha
Invercargill
Catlins
Owaka
Nugget Point
Bluff
Foveaux Strait
Rakiura N.P.
Oban
Stewart Island (Rakiura)
South Cape